KB260250

하늘은
땅에서 열린다

하늘은
땅에서 열리다

지은이 | 이재훈
초판 발행 | 2013. 3. 23.

등록번호 | 제3-203호
등록된 곳 | 서울특별시 용산구 서빙고동 95번지
발행처 | 사단법인 두란노서원
영업부 | 2078-3333 FAX | 080-749-3705
출판부 | 2078-3477

책 값은 뒤 표지에 있습니다.
ISBN 978-89-531-1894-2 03230

독자의 의견을 기다립니다.
tpress@duranno.com   http://www.duranno.com

이 책의 성경 본문은 우리말성경을 사용했습니다.

두란노서원은 바울 사도가 3차 전도여행 때 에베소에서 성령 받은 제자들을 따로 세워 하나님의 말씀으로 양육하던 장소입니다. 사도행전 19장 8-20절의 정신에 따라 첫째 목회자를 돕는 사역과 평신도를 훈련시키는 사역, 둘째 세계선교(TIM)와 문서선교(단행본 · 잡지) 사역, 셋째 예수문화 및 경배와 찬양 사역, 그리고 가정 · 상담 사역 등을 감당하고 있습니다. 1980년 12월 22일에 창립된 두란노서원은 주님 오실 때까지 이 사역들을 계속할 것입니다.

하늘은 땅에서 열린다

이재훈 지음

두란노

서문

매년 연말연시에 열리는 온누리교회 40일 특별 새벽 기도회는 하늘을 사모하는 성도들의 영적 축제입니다. 참석에 대한 유별난 광고가 없어도 성도 모두가 기쁨으로 참여하는 집회입니다. 매서운 추위와 눈보라에도 포기하지 않는 순례자의 행군과도 같습니다. 매일의 큐티에서 주시는 은혜도 넘치지만, 세상이 분주해지는 기간에 특별한 작정으로 나아갈 때 주시는 은혜 또한 넘칩니다. 물론 CGN TV로 함께 참여하는 많은 성도들도 동일한 은혜를 누렸습니다.

2013년을 맞이하는 이번 40일 특별 새벽 기도회에서는 '하늘은 땅에서 열린다'라는 주제로 '산상 수훈'과 '창세기'의 말씀을 함께 나누고 기도했습니다. 산상 수훈을 통해서 '이 땅에 임한 하나님의 나라'를 살펴보았고, 창세기를 통해서는 '역사 속에 시작하신 하나님의 나라'를 살펴보았습니다. 결론은 '하나님의 나라가 이 땅에 임했다'는 것이요, '하늘이 땅에서 열렸다'는 것입니다. 예수님께서 하나님의 나라가 임했다고 하신 것은 죽어서야 들어가는 하나님의 나라가 아니라 이 땅에서 누리는 하나님의 나라를 말씀하신 것입니다. 역사 속에 뚫고 들어온 하나님의 나라, 내 삶 속에 찾아오신 하나님의 나라에 우리는 반응해야 합니다. 회개로 응답하고 순종으로 받아들여야 합니다. 오늘 이 시대의 그리스도인들이 잃어버린 것은 '하나님 나라의 현재

성'입니다. 그러나 가정과 직장에서는 물론이고 교회생활 속에 파묻혀 하나님의 나라를 보지 못하고 있습니다. 지금 이 땅에 임한 하나님의 나라를 매일의 삶과 공동체에서 체험해야 하는 것입니다.

'산상 수훈'과 '창세기'의 말씀은 우리가 잃어버린 이 땅에 임한 하나님의 나라를 되찾는 믿음의 눈을 열어 줍니다. 40일이라는 기간의 제한 때문에 창세기의 일부분밖에 강해하지 못한 아쉬움이 있지만, 하나님께서 역사 속에서 시작하신 하나님의 나라를 맛보기에는 충분한 분량이었다고 생각합니다. 가능한대로 설교의 느낌을 그대로 살리려다 보니 정리되지 않는 문체들이 있으리라 생각됩니다. 40일 동안 주신 은혜를 다시 기억하는데 도움이 되는 책이 되기를 바라며, 이 책을 읽는 모든 성도들이 먼저 그의 나라와 그의 의를 구하는 우리의 삶을 살기를 소망합니다.

온누리교회 담임목사

이재훈

Part 1

이미 시작된
하늘나라

하늘나라는 우리가 이 땅에서 살고 죽은 후에 결정되는 것이 아닙니다.
우리는 이 땅에서 이미 하늘나라의 백성이 되었습니다.
우리는 하늘나라의 백성답게 이 땅에서 소금처럼 자신을 녹이고 희생해야 합니다.
그렇게 세상에서 빛이 되어야 합니다.
이것이 하나님과 동행하며 걸어가는 좁은 길의 인생입니다.

하늘은 땅에서 열린다

[1]그때 예수께서 많은 무리를 보시고 산에 올라가 앉으시자 그의 제자들이 다가왔습니다. [2]예수께서 입을 열어 그들을 가르치시며 말씀하셨습니다. [3]"복되도다! 마음이 가난한 사람들은, 하늘나라가 그들의 것이다. [4]복되도다! 슬퍼하는 사람들은, 그들에게 위로가 있을 것이다. [5]복되도다! 온유한 사람들은, 그들은 땅을 유업으로 받을 것이다. [6]복되도다! 의에 주리고 목마른 사람들은, 그들은 배부를 것이다. [7]복되도다! 자비로운 사람들은, 그들은 자비를 받을 것이다. [8]복되도다! 마음이 깨끗한 사람들은, 그들은 하나님을 볼 것이다. [9]복되도다! 평화를 이루는 사람들은, 그들은 하나님의 아들들이라 불릴 것이다. [10]복되도다! 의를 위해 핍박을 받는 사람들은, 하늘나라가 그들의 것이다. [11]복되도다! 나 때문에 사람들의 모욕과 핍박과 터무니없는 온갖 비난을 받는 너희들, [12]기뻐하고 즐거워하라. 하늘에서 너희들의 상이 크다. 너희들보다 먼저 살았던 예언자들도 그런 핍박을 당했다.

chapter 1

복되도다

마태복음 5:1-12

우리가 이 땅에서 살다가 죽은 후에, 그때 가서 하늘나라에 갈지 못 갈지가 결정되는 것이 아닙니다. 우리는 이 땅에서 이미 하늘나라의 백성이 되었습니다. 이 땅에서 하늘나라의 백성이 된 사람들은 뭐가 달라도 다릅니다. 뭐가 다른지 설명해 주는 것이 바로 산상 수훈입니다. '장차 얻게 될 복이 아니라, 지금 이 땅에서 하늘의 복을 맛보며 사는 인생'이라는 것이 산상 수훈의 메시지입니다.

하늘을 사는 사람들

하늘은 땅에서 열립니다. 이런 믿음을 가지고 신앙생활을 할 때 하나님의 은혜가 체험 되기를 바랍니다. '하나님 앞에서 이렇게 작정하고 나가는 게 겸연쩍어서 지금까지 기도를 많이 안 했는데, 갑자기 기도하려니 어색하다'는 마음은 절대 가지지 말기를 바랍니다. 하나님은 우리가 어느 때에 어떤 마음으로 나오든지, 지금까지 우리 삶이 어떤 모습이었든지 현재의 모습을 보고 우리를 받아 주시는 분입니다. 우리가 마음을 새롭게 정하고 새로운 결단으로 하나님 앞에 나아갈 때 하나님은 언제 그랬느냐는 듯이 우리를 맞아 주시고, 또한 우리의 기도에 응답해 주십니다.

마태복음 5-7장은 예수님이 말씀하신 것 중에 핵심적인 교훈을 담고 있는 말씀입니다. 산상 수훈이라고도 하는데 보석과도 같은 말씀입니다. 가장 많이 알려져 있지만, 또 가장 이해하지 못하고 있는 말씀입니다. 우리 성도들에게는 가장 사랑받는 말씀이지만 한편, 가장 순종하지 않는 말씀이기도 합니다. 이 말씀은 예수님이 산에 올라가 앉으셨을 때 제자들에게 주신 말씀입니다.

예수님은 평지에서도 말씀하셨고 때로 해변에서도 말씀하셨는데, 산에서 말씀하신 교훈이 예수님의 가르침의 핵심이 되는 이유는 무엇입니까? 모세가 율법을 받으러 산에 올라갔을 때 하나님은 특별한 임재 가운데 율법을 주셨습니다. 특별한 하나님의 음성을 들려주셨습니다. 산에 오른다는 것은 하나님의 임재 앞에 더 가까이 나아간다는 것을 의미합니다. 예수님은 많은 무리에게 말씀을 주지 않으셨습니다. 주님의 임재 앞에 더 가까이 나아간 소수의 제자들에게 예수님은 이 말씀을 주신 것입니다. 소수의 제자들이 산에 올라가 앉으신 주님 앞에 기도하는 마음으로, 그 임재를 사모하는 마음으로 나아가 그 특별한 음성을 들었던 것처럼 오늘 우리의 신앙에도 주님의 음성을 듣는 열정이 있기를 축원합니다.

산상 수훈은 "천국의 마그나카르타"(Magna Carta) 즉, "천국의 대헌장"이라고 불리기도 합니다. 하나님 나라의 시민 윤리를 보여 주는 것입니다. 그러나 이것이 하늘나라에 들어가기 위해 지켜야 하는 법은 아닙니다. 산상 수훈은 "이러이러한 법을 지키면 당신이 하늘나라에 들어갈 것이다"라는 뜻으로 주신 말씀이 아닙니다. 정반대로 하늘나라에 이미 들어간 백성, 하나님 나라의 백성이 된 사람들에게서 나타나는 성품과 삶의 모습을 우리에게 가르쳐 주는 것입니다.

마태복음 4장 17절을 보면, 예수님은 공생애를 시작하시면서 "회개하라. 하늘나라가 가까이 왔다"라고 말씀하셨습니다. 우리가 하나님 나라를 찾아가는 것이 아니라 하늘나라가 우리에게 왔다는 것입니다. 그러므로 우리에게 필요한 것은 회개입니다. 우리가 회개만 하면 하늘나라의 백성이 되는 것입니다. 우리가 회개함으로 이 땅에서 우리에게 찾아온 하나님 나라, 예수 그리스도의 십자가의 죽으심과 부활로 우리에게 허락된 하늘나라에 들어가게 되는 것입니다. 이 차이를 깨닫는 것은 매우 중요합니다. 우리가 이 땅에서 살다가 죽은 후에, 그때 가서 하늘나라에 갈지 못 갈지가 결정되는 것이 아닙니다. 우리는 이 땅에서 이미 하늘나라의 백성이 되었습니다.

하늘은 땅에서 열린다

제가 미국에서 사역할 때 캐나다의 밴쿠버 온누리교회를 방문한 적이 있습니다. 말씀을 전하고 다시 미국으로 돌아가는데 공항에 아주 특이한 시스템이 있었습니다. 미국과 캐나다의 협정에 의해서 미국의 이민국 직원이 밴쿠버 공항 내에 들어와 있는 것입니다. 밴쿠버에서 출국 심사를 마치고 나가니 또다시 심사대가 있었습니다. 불과 10m 거리에서 미국인들이 입국 심사를 또 하는 것입니다. 입국 심사를 마치고 밑에서 기다리면서 참 이상한 시스템이라고 생각했습니다. 처음 경험해 본 일이었습니다.

미국에 도착하고 나서야 그 이유를 알았습니다. 미국에 내리면 국제선으로 들어가서 다시 입국 심사를 하고, 거기서 세관 조사를 합니다. 그런데 합니다. 그런데 국내선은 아무런 조사를 하지 않는 것이었습니다. 자기 짐만 찾아서 집으로 돌아가면 됩니다. 제가 그때 깨달은 것이 있습니다. '아, 이것이 천국이구나. 우리가 이 땅에서 죽고 난 후에 입국 심사를 받고 들어가는 것이 아니라, 이 땅에서 하늘나라에 들어간 사람은 죽음과 동시에 국내선으로, 천국으로 들어가는 것이구나.' 얼마나 간편합니까? 우리가 이 땅에 살면서 하늘나라의 백성이 됨으로, 이 땅에서는 별 차이가 없는 것 같지만, 하나님 나라의 게이트에서는 우리가 국내선으로 바로 들어가는 것입니다.

이 땅에서 하늘나라의 백성이 된 사람들은 뭐가 달라도 다릅니다. 뭐가 다른지 설명해 주는 것이 바로 산상 수훈입니다. "이 땅에서 하늘나라를 경험하고 회개함으로 그 나라에 들어간 사람은 복되다. 이런 모습이 복되고 이런 모습이 다르다"라고 설명하는 내용입니다. 따라서 이 산상 수훈의 메시지는 하늘이 땅에서 열렸다는 것입니다. 하늘의 복을 하늘에서만 누리는 것이 아니라 이 땅에서도 누릴 수 있다는 것입니다. "장차 얻게 될 복이 아니라 지금 이 땅에서 하늘의 복을 맛보며 사는 인생"이라는 것이 산상 수훈의 메시지입니다. 그래서 산상 수훈에는 대조가 많이 나옵니다. 이방인과 대조합니다. 또 외식과 위선으로 가득한 종교지도자들과 대조합니다. 이 땅에서 하늘을 사는 사람들의 모습은 이 땅에 속한 사람들과 무엇이 다른지 비교하는 것입니다.

여덟 가지 복

본문은 이 땅에서 하늘나라의 삶을 사는 사람의 여덟 가지 복을 말하고 있습니다. 여덟 가지만 잘 실천하면 복을 받을 수 있다는 말씀이 아닙니다. 이 땅에서 하늘나라를 경험하고 있는 사람들은 바로 이런 모습이라는 것입니다. "참 복되다"라고 설명하는 것입니다. 그래서 한결같이 어떤 환경을 말하는 것이 아닙니다. 성품이나 우리 마음의 내면 상태에 관련된 것입니다. 여덟 가지 성품의 한 가지 한 가지를 깊이 묵상하면, 한 주 한 주 설교를 들어야 할 정도로 깊은 메시지가 있습니다.

이 여덟 가지 복의 내용은 모두 성품에 관한 것인데, 자연적인 성품이 아닙니다. 태어날 때부터 우리가 가지고 있는 기질적인 성향이 아닙니다. 이것은 성령 안에서 이 땅에서 회개함으로 하늘나라를 경험한 사람들이 얻게 되는 성품, 바로 예수님의 성품입니다. 이 여덟 가지 복에 예수님을 대입하면 그대로 들어맞습니다. 예수님은 바로 이러한 삶을 사셨고 이러한 성품을 우리에게 보여 주셨습니다.

여덟 가지 복은 서로 연결되어 있습니다. 한 가지 복은 다른 복과, 그 복은 또 다른 복과 논리적으로 연결되어 있습니다. 예수님이 말씀하실 때 아무런 논리 없이 말씀하신 것이 아닙니다. 예수님의 한 말씀 한 말씀은 깊이와 넓이가 있어서 의미가 연결되어 있기 때문에 여덟 가지 복은 논리적인 구조로 함께 이해해야할 필요가 있습니다.

또 여덟 가지 복은 특별한 성자들에게만 해당되는 것이 아닙니다. 예수 그리스도를 믿음으로 하나님 나라의 백성이 된 모든 사람들에게 나타나는 성품, 그런 마음의 상태를 의미하는 것입니다. 그러므로 이것은 내가 이 땅에 살면서 하늘나라의 백성으로 살고 있는지 그렇지 않은지 평가할 수 있는 리트머스지 같은 것입니다. 이 말씀 앞에 대조해 보면서 나를 평가할 수 있는 중요한 기준이 되는 것입니다.

"복되도다! 마음이 가난한 사람들은, 하늘나라가 그들의 것이다"(3절).

첫 번째 복인 마음이 가난하다는 것은 경제적으로 가난하다는 것이 아닙니다. 마음과 정신이 나약하거나 무능하다는 것이 아닙니다. 지식이 많든 적든, 재물이 많든 적든, 정신적으로 튼튼하든 그렇지 않든 상관없이 그 마음이 가난하다는 것입니다. 영적인 파산 상태를 말하는 것입니다. 경제적으로 부도를 맞으면 얼마나 큰 절망이 옵니까? 영적으로 부도 상태인 영적인 절망을 의미하는 것입니다. 하나님 나라에 들어갈 때 모든 사람은 마음의 가난함을 경험

하늘은 땅에서 열린다

합니다.

이사야 선지자는 하나님의 임재를 경험했을 때 이렇게 고백했습니다. "아! 내게 재앙이 있겠구나! 내가 죽게 됐구나! 나는 입술이 더러운 사람인데…." (사 6:5). 이것이 마음의 가난함을 경험한 것입니다. 베드로는 깊은 데로 가서 그물을 내리라는 말씀에 순종해서 그물을 내렸습니다. 자신이 상상할 수 없었던, 한 번도 경험해 보지 못했던 놀라운 기적 앞에서 예수님을 경험하고 이렇게 고백합니다.

"주여, 제게서 떠나십시오. 저는 죄인입니다"(눅 5:8).

주님 앞에 감히 설 수 없는 죄인이라는 마음의 상태, 마음의 가난함입니다. 사도 바울은 예수님을 만난 후에 이렇게 고백합니다.

"내게 유익하던 것들을 나는 그리스도 때문에 다 해로운 것으로 여깁니다"(빌 3:7).

이제는 유익한 모든 것이 유익이 아니고 해로울 뿐이고, 오직 예수 그리스도를 아는 지식만이 나에게 유익할 뿐이고, 하나님만이 나의 구원자이시고, 예수 그리스도 그분의 십자가의 은총이 없다면 나는 망할 수밖에 없는 존재라는 것을 하나님 앞에서 절실히 깨닫고 하나님 앞에 나아가는 것이 마음의 가난함입니다.

그러나 우리가 믿음 생활을 하면서 자신도 모르게 마음이 부유해질 때가 있습니다. 그것이 요한계시록에 나오는 라오디게아 교회 성도들의 모습입니다. 그들은 이렇게 생각하고 있었습니다. '나는 부자다. 나는 가진 것이 많다.' 그러나 실상 그들은 헐벗었고 굶주렸습니다. 가난함에도 불구하고 '나는 부유하다. 나는 부족한 것이 없다'라고 생각한 것입니다. 이 영적인 교만이 생길 때, 하나님 앞에서 그 마음이 가난해지지 않고 부요해질 때 우리는 하늘나라의 삶을 잃어버리는 것입니다. 대개 영적인 실패와 문제는 마음이 높아질 때 경험하게 됩니다. 마음이 가난하지 않고 부유해졌을 때, 마음이 살쪘을 때 우리의 삶에 문제가 생기는 것입니다.

마음의 가난함을 회복하면 하늘나라를 다시 경험하게 됩니다. 이 첫 번째 관문을 경험하지 못한 사람은 나머지 7개의 축복을 경험하지 못합니다. 마음이 가난한 축복을 매일 일상생활 속에서 경험해야 합니다. 마음이 가난한 사람들은 복이 있습니다. 왜냐하면 하늘나라가 그들의 것이기 때문입니다.

“복되도다! 슬퍼하는 사람들은, 그들에게 위로가 있을 것이다”(4절).

두 번째는 슬퍼하는 사람들의 복입니다. 세상 사람들은 슬픔을 복이라고 말하지 않습니다. 즐겁게 웃고 기뻐하는 것을 복이라고 말합니다. 슬퍼하는 자가 복되다는 말씀은 성경에서만 볼 수 있습니다. 왜 슬퍼하는 자가 복이 있습니까? 첫 번째 복과 관련이 있습니다. 첫 번째 복은 마음이 가난한 자의 복입니다. 마음이 가난한 자는 슬퍼합니다. 마음이 가난한 자는 이 세상에 살면서 슬퍼합니다. 무엇을 슬퍼합니까? 자신의 죄를 슬퍼합니다. 하나님 앞에 나아갈 때 내가 얼마나 죄악 된 존재인지를 날마다 발견하면서 자신의 죄로 인해 슬퍼합니다. 그런 마음의 슬픔을 가지고 주 앞에서 회개하며 나아갈 때 성령님이 위로를 주십니다. 그리스도의 십자가의 보혈의 능력을 체험하게 해 주십니다. 이미 그리스도 안에서 내가 너의 죄를 용서했다고 말씀하시는 하나님의 위로의 음성을 들으면서 십자가의 은혜로 위로를 경험하게 되는 것입니다.

마음이 가난한 자가 자신의 죄를 슬퍼할 때 그 슬픔은 결코 슬픔으로 끝나지 않습니다. 성령님이 그 옆에 계셔서 위로자가 되어 주시고, 십자가의 은혜를 깨닫게 하시고, 하늘의 위로를 경험하게 하시고, 용서와 하나님의 사죄를 확신하게 하심으로써 이 세상에서 줄 수 없는 하늘의 위로를 경험하게 해 주십니다. 그러므로 그 사람은 반드시 복된 사람입니다. 자신의 죄뿐 아니라 이 세상의 죄, 심지어 다른 사람들의 죄를 보면서도 슬퍼하는 자입니다.

사람들은 신문이나 뉴스에 다른 사람의 죄와 문제가 드러날 때 슬퍼하기보다는 정죄하고 가십거리로 만들고 그들을 정죄하기 바쁩니다. 그러나 우리는 신문을 보면서 날마다 슬퍼하는 복을 누리게 되기를 바랍니다. 신문을 보면서 눈물 흘리게 되기를 바랍니다. 신문에 나오는 사람들을 보면서 정죄하고 비난하기보다는 예수님처럼 슬픔이 가득할 때 복된 하늘나라의 백성이 되는 줄 믿습니다.

예수님의 생애가 담긴 복음서를 보면 예수님이 웃으셨다는 기록이 없습니다. 물론 예수님이 웃음이 없으신 분은 아닙니다. 예수님의 말씀을 보면 위트 있고 폭소를 자아낼 수밖에 없는 말씀이 많습니다. 예를 들면 낙타가 바늘귀에 들어가는 비유와 같이 재미있고 통찰력 있는 말씀들이 있습니다. 그런데 복음서에 예수님의 표정을 묘사하는 웃으셨다는 기록은 왜 없을까요? 반면

하늘은 땅에서 열린다

에 눈물을 흘리셨다는 기록은 참 많이 있습니다. 예수님은 슬퍼할 수밖에 없는 사람들의 영혼, 방황하는 영혼, 잃어버린 영혼들을 보시면서 눈물을 흘리셨습니다. 히브리서를 보면 예수님이 육체로 계실 동안 통곡과 눈물로 하나님 앞에서 기도하셨습니다. 슬피 우는 자의 복은 마음이 가난한 자에게서만 나타날 수 있습니다. 마음이 부요해진 자는 눈물이 사라집니다.

한번 돌이켜 보십시오. 나의 죄로 인해 슬퍼했던 때가 언제입니까? 마음이 가난했을 때, 하늘나라를 처음 경험했을 때는 나의 죄로 인해 통곡하며 울었는데, 마음이 부요해지고 높아지면서 내 눈에서 눈물이 메마르지는 않았는지…. 내 죄와 세상의 죄로 인해 함께 슬퍼하면서 우리 주님처럼 그렇게 눈물 흘리는 모습이 점점 사라지지는 않았는지…. 슬퍼하는 자의 복을 회복하는 사람들은 성령님의 위로, 하늘의 위로를 경험하게 될 것입니다.

"복되도다! 온유한 사람들은, 그들은 땅을 유업으로 받을 것이다"(5절).

세 번째 복은 온유함의 복입니다. 온유함은 첫 번째와 두 번째 복의 열매입니다. 마음이 가난한 자가 자신의 죄와 세상의 죄를 보며 슬퍼할 때 많은 눈물과 통곡과 슬픔을 통해서 그 영혼이 하나님 앞에 온유하게 된다는 것입니다. 하나님 앞에서 온유함이 있고 사람들과의 관계에서 온유함이 있습니다.

하나님 앞에서의 온유함은 무엇입니까? 모세를 가리켜서 이 지상에 있는 어떤 사람들보다 온유하다고 표현했습니다. 사실 모세의 성격을 보면 온유한 것 같지 않습니다. 그는 40세 때 애굽의 관원을 쳐서 죽였습니다. 사람을 주먹으로 때려서 죽일 수 있는 사람이 온유합니까? 아무리 봐도 온유해 보이지 않습니다. 그런데 이후의 삶을 평가할 때 모세를 지상의 어떤 사람보다 온유하다고 평가합니다. 40세 때 그가 혈기를 부린 이유가 무엇입니까? 그는 자신의 무력과 힘으로 히브리 민족들을 일으켜 보려고 했습니다. 하나님보다 자신의 뜻이 앞섰던 것입니다. 하나님 앞에서 온유하라는 것은 무엇입니까? 하나님 뜻에 온전히 순종하는 것, 하나님의 주권을 인정하는 것, 하나님의 섭리를 받아들일 줄 아는 것, 내 뜻과 계획대로 앞서 가려고 하지 않고 하나님이 움직이시는 대로 순종할 줄 아는 것이 온유함입니다. 모세가 그런 사람이 되었습니다. 40년 동안 광야에서 양을 치면서 그의 마음이 온유해졌습니다. 하나님의 때를 기다릴 줄 알게 되었습니다. 그 이후에 40년 동안 쓰임 받으면서 그는 하나님의 뜻 가운데 하나님이 말씀하시면 그대로 행하는 온

17

유한 자가 되었습니다.

다른 사람 앞에서의 온유함은 무엇일까요? 마틴 로이드 존스는 온유함을 설명할 때 아주 재미있는 표현을 사용했습니다. "하나님 앞에서 우리가 죄인이라는 것을 스스로 인정하는 것은 어려운 일이 아니다. 그런데 다른 사람들이 그렇게 말하면 받아들일 수 있겠는가?" 예배를 마치고 나가는데 어떤 사람이 "당신, 죄인이지" 그렇게 말하면 "그래, 나 죄인이다" 하면서 화를 내고 싶지 않겠습니까? 맞는 얘기인데 그걸 정말로 온유한 마음으로 받아들일 수 있느냐는 것입니다. 하나님 앞에서 내가 죄인이라는 것을 인정하고 슬퍼하면서도 다른 사람들이 그런 문제를 지적하면 그것을 온유한 마음으로 받아들일 수 있느냐는 것입니다.

제가 미국에서 사역할 때 새벽 기도를 마치고 나가는데 어느 권사님이 저를 부르셨습니다. 아주 심각한 얼굴로 저를 쳐다보시더니 "목사님, 목사님은 영력이 너무 없어요"라고 했습니다. 요즘 표현대로 하면 "없어도 너~무 없어요" 하는 모습이었습니다. 저에게는 엄청난 충격이었습니다. 사실 "그렇게 말씀하시는 권사님도 없어도 너~무 없어요"라는 말이 목까지 나왔습니다. 그런데 그게 나오는 순간 목회는 끝나는 겁니다. 그래서 "죄송합니다. 제 기도가 부족했습니다"라고 했지만 사실 마음속에는 분노가 일어났습니다.

지금 돌이켜 보면 사실 제 기도가 부족했습니다. 권사님 말씀이 맞는 말씀이었습니다. 제가 영력이 있으면 얼마나 있겠습니까? 부족합니다. 그런데 그런 지적을 받을 때, 왜 마음속에 분노가 일어날까요? 온유한 자의 복을 누리지 못했기 때문입니다. 마음이 충분히 가난하지 못하고 충분히 슬퍼하지 않았기 때문입니다. 하나님 앞에서 마음이 충분히 가난하고, 자신의 죄와 허물에 충분히 슬퍼하는 사람은 누가 어떤 문제를 지적해도 화를 내지 않습니다. 누구보다 자신의 연약함을 잘 알고 있기 때문입니다. "그렇지요. 제가 부족하죠." 그러면 끝날 것을 분노를 다스리지 못하고 다시는 권사님을 보고 싶지도 않은 겁니다. 권사님이 오면 이쪽으로 가고, 이쪽에서 오면 저쪽으로 가고…. 왜 그랬을까요? 그분이 나의 문제점을 지적했기 때문입니다.

우리는 세 번째 복인 온유함을 넘어서기가 참 쉽지 않습니다. 왜냐하면 첫 번째, 두 번째의 복을 충분히 누리지 못했기 때문입니다. 어떤 목사님이 이런 표현을 했습니다. "이미 넘어진 자는 넘어질 이유가 없다." 온유한 자는 이

하늘은 땅에서 열린다

미 넘어진 상태로 살아가는 사람이기 때문에 넘어질 이유가 없는 것입니다. 왜 시험에 들고 넘어집니까? 뻣뻣하게 서서 다니니까 넘어지는 것입니다. 하나님 앞에서 기어 다니는 사람은 넘어질 이유가 없는 것입니다. 온유한 자는 엎드려 기어가는 사람입니다. 그러므로 넘어질 이유가 없고 시험받을 이유가 없고 상처 받을 이유가 없습니다. 상처를 많이 받는다는 것은 온유함이 없다는 것입니다. 온유함은 하나님 앞에 내 모습을 있는 그대로 인정하는 부드러운 힘입니다. 하나님의 주권을 인정하고 심지어 다른 사람들과의 관계에서도 나의 모습을 있는 그대로 인정할 줄 아는 온유한 사람은 땅을 기업으로 차지한다고 했습니다.

이 세상을 보면 땅을 많이 차지한 사람은 온유함과는 거리가 먼 것 같습니다. 칭기즈 칸이나 나폴레옹이나 알렉산더는 모두 강팍한 자들이었지 온유한 자는 아니었습니다. 그런데 그들이 차지했던 땅을 지금도 차지하고 있습니까? 아닙니다. 마음의 강팍함으로 차지한 땅은 절대 오래가지 못합니다. 하나님이 반드시 그 땅을 빼앗아서 온유한 자에게 주십니다.

주님은 마음이 온유하고 겸손하셨습니다. 자기의 것을 주장하지 않으셨습니다. 종교지도자들이 치면 맞고 침을 뱉으면 그대로 받아들이고, 정말로 온유하셨습니다. 죄인으로 취급받는 것을 못 견뎌 하지 않으셨습니다. 죄인의 모양만 되지 않으셨습니다. 마음은 부글부글 끓어오르는데 십자가를 참으신 것이 아닙니다. 온유함으로 십자가를 참으신 것입니다. 온유함의 클라이맥스가 여기서 나옵니다. 예수님이 십자가에 달리셨을 때 사람들이 조롱했습니다. "네가 만일 메시아라면 내려오라." 속이 막 끓어오르지 않습니까? 이 사람들이 감히 예수님에게… 내가 만일 예수님이었다면 "내가 못 내려올 줄 알아?" 그러면서 확 내려가 버릴 텐데… 내려가서 십자가를 뽑아 들고 "이것들이 그냥! 참자 참자 하니까 이것들이!" 할 텐데…. 그런데 그렇게 혈기 한번 내면 십자가는 끝나는 것입니다. 예수님은 속에서 용암처럼 부글부글 끓어오르는데 참으신 것이 아닙니다. 온유함으로 하신 것입니다. 그래서 예수님은 온 세상의 주가 되신 것입니다.

스데반도 온유한 사람이었습니다. 자신을 돌로 치는 수많은 사람들 앞에서 천사의 얼굴을 했습니다. 온유하지 않고는 견딜 수가 없습니다. 스데반이 속은 부글부글 끓어오르는데 누가가 누가복음과 사도행전에 기록할 것이라고 생각해서 자세를 취한 것입니까? 그렇지 않습니다. 마음의 온유함이 천사의 얼굴로 나온 것입니다. 세상의 정복자들은 강포함과 강퍅함으로 땅을 차지하려고 합니다. 그러나 우리는 온유함으로 하나님이 우리에게 부어 주시는 땅, 하나님이 책임져 주시는 땅을 기업으로 얻어야 합니다.

“복되도다! 의에 주리고 목마른 사람들은, 그들은 배부를 것이다”(6절).

네 번째 복은 마음이 가난하고 슬퍼하고 온유한 자는 그 고통을 의에 주리고 목마름으로 가져가는 것입니다. 우리 몸에 배고픔이 있고 목마름이 있듯이 하나님의 의에 목마르고 배고픈 자들은 배불림을 얻게 된다는 것입니다. 아프리카에 태어나서 조금밖에 못 먹는 사람들은 배고픔을 잘 모릅니다. 그 사람들을 보면서 저거 먹고 어떻게 사나 염려하지만 사실 그 사람들에게는 그렇게 큰 고통이 아닙니다. 세 끼 먹다가 한 끼 먹는 사람이 고통스러운 것입니다. 배부른 것을 경험하다가 적게 먹는 사람이 더 고통스러운 것입니다. 하나님의 임재를 경험한 사람들은 늘 배고픕니다. 하나님의 의에 목마른 자, 하나님의 의에 배고픈 자입니다. 이런 사람들은 배불림을 얻게 된다는 것입니다. 이 세상의 것들로 배불림을 얻는 사람들은 반드시 망합니다. 그러나 하나님의 의로 배불림을 얻는 사람들은 놀라운 변화가 일어납니다. 그것이 나머지 복에 나옵니다.

네 번째 복은 터닝 포인트와 같습니다. 지금까지의 복은 모두 수동적인 것입니다. 자기를 비우는 것입니다. 마음이 가난해지고 슬퍼하고 온유하고 의에 주리고 목마른 것은 모두 자신을 비워 가는 것입니다. 수동적인 것입니다. 그런데 의에 주리고 목마른 지점에 갔을 때, 하나님의 의로 배불림을 얻게 되었을 때 다른 사람과 세상을 향해 적극적이고 능동적으로 베풀고 나누고 변화시키는 삶으로 나아가는 것입니다. 그것이 네 번째 복의 클라이맥스입니다.

“복되도다! 자비로운 사람들은, 그들은 자비를 받을 것이다”(7절).

다섯 번째 복은 자비를 베풀 수 있는 자가 되는 것입니다. 배부르지 않고는 절대 다른 사람에게 줄 수 없습니다. 자기가 가지지 않은 것을 나눠 줄 수 없습니다. 사랑을 받아 보지 않고는 사랑을 줄 수 없고, 기쁨이 없을 때는 기쁨을 줄 수 없습니다. 자비를 받지 않고는 자비를 줄 수 없는 것입니다. 의에 주리고 목말라 이제 의에 배부른 자가 되었을 때 반드시 나타나는 것은 자비를 베푸는 사람이 되는 것입니다.

하늘은 땅에서 열린다

자비의 핵심은 무엇입니까? 용서입니다. 의에 주리고 목말랐을 때, 하나님의 의로 배불림을 얻었을 때, 다른 사람에게 용서를 베풀면서 하나님의 용서를 더 깊이 체험하는 것입니다. 자비로운 사람들이 자비를 받는 것입니다. 자비를 행함으로 자비를 받는 것이 아닙니다. 다른 사람을 용서할 때 우리가 경험하는 것은 내가 하나님의 용서를 받고 있다는 것을 더 깊이 체험하는 것입니다. 다른 사람을 용서해 보면 하나님의 더 큰 용서의 축복을 경험하게 됩니다. 다른 사람에게 자비를 베풀 때 하나님의 자비를 더욱 크게 경험합니다. 이제 점점 더 적극적으로 나아갑니다.

"복되도다! 마음이 깨끗한 사람들은, 그들은 하나님을 볼 것이다"(8절).

우리가 보아야 할 많은 것 중에 가장 중요한 것은 여섯 번째 복인 하나님을 보는 일입니다. 이것은 지금까지의 복된 삶을 경험한 사람들이 받는 축복입니다. 영안이 열리는 것입니다. 사람을 보아도 사람을 보지 않고, 그 사람을 다스리시는 하나님을 보게 됩니다. 어떤 사건을 보아도 사건만 보지 않고 그 사건을 섭리하시는 하나님을 보게 됩니다. 역사를 보아도 그 역사의 단편적인 사건만 보지 않고 역사를 움직이시는 하나님을 보게 되는 것입니다.

왜 마음이 깨끗하지 못합니까? 자비를 베푼 체험이 없기 때문입니다. 자신을 놓아 주고 용서하고, 다른 사람을 축복할 때 마음이 깨끗해집니다. 우리의 몸은 비누로 씻고 물로 씻을 수 있지만 우리의 영혼은 어떻게 깨끗해집니까? 마음속에 용서하지 못한 것을 용서할 때, 놓지 못했던 것을 놓을 때, 받아들이지 못한 하나님의 뜻을 받아들일 때 우리의 영혼은 깨끗해지는 것입니다. 왜 하나님이 보이지 않습니까? 우리 마음속에 죄와 미움이 가득하기 때문입니다. 자비를 베풀지 않기 때문입니다. 하나님의 뜻대로 순종하지 않기 때문입니다. 마음이 깨끗한 자의 복은 하나님이 보이게 되는 것입니다. 나와 함께하시는 하나님, 가정과 함께하시는 하나님, 민족을 통해 역사하시는 하나님이 보이게 되는 것입니다.

"복되도다! 평안을 이루는 사람들은, 그들은 하나님의 아들들이라 불릴 것이다"(9절).

일곱 번째 복도 여섯 번째 복과 연결되어 있습니다. 왜 이 세상에 평화가 없습니까? 마음이 깨끗하지 않기 때문입니다. 평화를 이룰 수 있는 사람은 마음이 깨끗한 사람입니다. 평화가 깨질 때는 반드시 거기에 죄가 있고 거짓이 있습니다. 가정의 평화는 엄청난 사기를 통해 깨지는 것이 아닙니다. 사소한 거짓말이 가정의 평화를 깹니다. 인간관계의 평화는 왜 깨집니까? 누군가 거짓말을 했기 때문입니다. 거짓은 반드시 관계를 깨뜨리고 평화를 깨뜨립니다. 마음이 깨끗하지 않았기 때문입니다. 참된 평안은 마음이 깨끗한 사람들이 만들어 낼 수 있는 것입니다. 마음의 깨끗함을 경험하지 않은 사람들이 만든 평안은 거짓 평안입니다.

어떤 사람들은 문제가 있어도 덮고, 그냥 좋은 게 좋은 거라고 말합니다. 하지만 그것은 평화가 아닙니다. 참된 평화는 마음의 깨끗함을 이루면서 의를 이루는 것입니다. 하나님 앞에서 정직함을 회복하면서 의가 충만할 때 참된 평화가 이루어지는 것입니다. 예수님이 먼저 마음의 깨끗함을 말씀하시고 평화를 말씀하신 것은 굉장히 중요합니다. 마음이 더러워진 상태로 추구하는 평화는 거짓 평화라는 것입니다. 어떤 갈등도 없고 아무 문제도 없는 평화는 거짓으로 포장된 평화입니다. 하나님 앞에서 우리의 죄를 내어 놓고 우리의 마음에 깨끗함을 추구하면서 정직함과 진실함 가운데 만들어 내는 것이 참된 평화입니다. 참된 샬롬입니다. 그때 우리는 하나님의 아들들이라고 불리게 되는 것입니다.

우리가 평화를 이루어야만 비로소 하나님의 자녀가 되는 것이 아닙니다. 하나님의 아들이라고 불린다는 것은, "저 사람을 보니 정말 하나님의 자녀답다. 하나님 나라의 시민답다. 하늘을 사는 사람답다"라는 평가를 받는 것입니다. 얼마나 큰 복입니까? 점점 더 깊게 들어가는 것입니다.

"복되도다! 의를 위해 핍박을 받는 사람들은, 하늘나라가 그들의 것이다. 복되도다! 나 때문에 사람들의 모욕과 핍박과 터무니없는 온갖 비난을 받는 너희들, 기뻐하고 즐거워하라. 하늘에서 너희들의 상이 크다. 너희들보다 먼저 살았던 예언자들도 그런 핍박을 당했다"(10-12절).

마지막 여덟 번째 복은 의를 위하여 핍박받는 자의 복입니다. 세상이 이해할 수 없는 복입니다. 의에 주리고 목마른 정도가 아니라 이제 의를 위해 살기 때문에 때로는 핍박을 받더라도 그 좁은 길을 가는 자는 참으로 복된 사람입니다. 사실 이런 복의 단계까지 오른 사람들은 그리 많지 않습니다. 10절부터 12절까지 "복되도다"라는 말이 두 번 나옵니다. 두 배의 복이라는 것입니다. 가장 큰 복이라는 것입니다. 그런데 그 복을 무엇이라고 설명했습니까?

하늘나라가 그들의 것이라고 했습니다. 첫 번째 복이 무엇입니까? 마음이 가난한 자의 복은 하늘나라가 그들의 것입니다. 또 의를 위하여 핍박받는 자도 하늘나라가 그들의 것입니다. 옥타브에는 여덟 개의 음이 있습니다. 두 개의 도가 있지만 음폭이 다릅니다. 여기서도 똑같은 하늘나라의 복이지만 깊이와 높이가 다른 것입니다. 가난한 자가 하나님 나라를 경험하기 시작하는 것과 그 하늘나라와 의를 위하여 핍박을 받는 자가 경험하는 하늘나라는 깊이가 다른 것입니다.

우리는 이 절정을 추구하는 인생이 되어야 합니다. 주님 때문에 고난 받고, 주님 때문에 희생하고, 복음을 증거하기 위해 핍박받는 것을 즐거워하는 자는 하늘나라에서 그 상이 큽니다. 두 배로 복되다고 주님이 말씀하셨습니다. 이미 우리는 하늘나라의 백성이 되었음을 믿고 삶으로 드러내길 바랍니다. 여덟 가지의 복을 날마다 삶으로 체험하면서, 이 땅에서 살지만 하늘을 사는 우리 모두가 되기를 주님의 이름으로 축원합니다.

[13]너희는 이 땅의 소금이다. 그러나 만일 소금이 짠맛을 잃어버리면 어떻게 다시 짜게 되겠느냐? 아무 데도 쓸 데가 없어 바깥에 버려지고 사람들에게 짓밟힐 것이다. [14]너희는 세상의 빛이다. 산 위에 세워진 도시는 숨겨질 수 없다. [15]등잔을 켜서 그릇으로 덮어 두지 않고 등잔대 위에 두어 그 빛을 온 집안사람들에게 비추는 것이다. [16]이와 같이 너희도 너희 빛을 사람들에게 비추라. 그래서 그들이 너희 선한 행실을 보고 하늘에 계신 우리 아버지께 영광을 돌리도록 하라.

소금과 빛이 되라

마태복음 5:13-16

무엇인가를 하기 전에 먼저 어떤 존재가 되어야 합니다. 소금 같은 존재만이 빛을 발할 수 있는 것입니다. 'doing' 이전에 'being'이 있어야 합니다. 어떤 영향력 이전에 어떤 존재가 되지 않으면 우리는 세상에 영향을 미칠 수 없습니다. 소금처럼 자신을 녹이고 자신을 내어 주는 희생이 있어야 이 세상에서 빛을 발할 수 있습니다.

하늘나라 백성의 영향력

예수님이 우리에게 전해 주신 기쁜 소식은 무엇입니까? 그것은 하늘이 땅에서 열렸다는 것입니다. 하늘나라를 이 땅에서 들어갈 수 있게 되었다는 것입니다. 그러므로 성도들의 삶의 목표는 죽어서 하늘나라에 가는 것이 아니라 이 땅에서 하늘나라의 삶을 사는 것입니다. 죽은 이후에 천국에 갈지 안 갈지 몰라서 염려하는 인생이 아니라, 이 땅에서 천국의 시민으로 확신을 가지고 살아가는 것입니다.

우리나라에는 국내선 여행이 많지 않기 때문에 대기석이 많지 않지만, 미국에서는 국내선 여행이 굉장히 많습니다. 그러다 보니 좌석을 바꿔야 할 때가 자주 있습니다. 공항에 가 보면 두 부류의 사람들이 있습니다. 한 부류의 사람들은 휴게실이나 서점이나 쇼핑몰에 가서 편안하게 보냅니다. 또 한 부류의 사람들은 게이트 앞에서 안절부절 못하면서 서 있거나 직원들의 안내방송에 귀를 기울입니다. 이 사람들은 좌석을 받지 못해서 화장실도 못 갑니다. 쇼핑도 못하고 잠도 못 자고, 그렇게 불안하게 대기하는 사람들입니다. 우리 그리스도인의 삶은 어떤 삶입니까? 천국에 내 집이 있을지 없을지 몰라서 안절부절 못하고 대기하는 인생이 아닙니다. 하나님이 우리에게 예비하신 천국을 이 땅에서 누리고, 어느 곳에 있든지 그 어디나 하늘나라라는 믿음으로 안식 가운데 살아가는 인생입니다.

예수님 안에서 천국이 우리에게 임했는데 어떤 사람들에게는 하늘나라가 보이고 어떤 사람들에게는 보이지 않습니다. 예수님은 천국은 누구에게나 보이는 것이 아니라고 말씀하셨습니다. 마음이 가난한 사람, 자신의 죄를 슬퍼하는 사람, 의에 주리고 목마른 사람에게는 그 하늘나라가 분명히 보이지만 마음이 부요하고 자신의 죄를 당연하게 생각하고 강퍅한 심령으로 살아가는 영혼에게는 하늘나라가 보이지 않습니다. 우리의 목표는 한 가지입니다. 이 땅에서 하늘나라의 삶을 사는 것입니다. 그리고 그 하늘나라를 뚜렷하게 보는 것입니다. 이 땅에서 살지만 천국의 삶을 사는 것입니다.

여덟 가지 복 중 마지막 복은 이 세상의 나라와 하나님 나라 간에 갈등이 있는 것을 내포하고 있습니다. 예수님은 이 땅에서 하늘나라의 삶을 살 때 사람들이 환영하지 않을 것이며, 심지어 배척하고 핍박할 수도 있을 것이라고 말씀하셨습니다. 어떤 갈등이 있다는 것입니다. 이 세상은 반역의 땅이고, 하나님의 다스림을 거부하는 세력들이 있기 때문에 이 땅에서 여덟 가지 복의 삶을 사는 것을 환영하지 않습니다. 이 세상 사람들은 마음이 가난한 자를 가리켜 연약한 사람이라고 말할지 모릅니다. 온유한 자를 가리켜 바보 같은 사람이라고 말할지 모릅니다. 자비로운 사람을 가리켜 자기 실속을 못 차리는 사람이라고 말할지 모릅니다. 의를 위하여 핍박받는 자를 가리켜 참으로 바보 같고 어리석은 인생이라고 말할지 모릅니다. 이 땅에서는 사람들이 하나님 나라의 삶을 사는 것을 원하지 않습니다. 이 땅은 반역의 땅입니다.

C. S. 루이스가 쓴 『순전한 기독교』(홍성사, 2005)라는 책에는 "하나님의 침공"이라는 장이 있습니다. 그 장에서 예수님을 반역한 땅을 정복하기 위해 오신 합법적인 왕으로 소개했습니다. 예수님은 무력으로 이 땅을 되찾으려

하늘은 땅에서 열린다

고 하지 않으셨습니다. 이 세상에 오셔서 여덟 가지 복의 삶을 사신 것입니다. 가난한 마음으로 슬퍼하셨고, 온유한 마음으로 의에 주리고 목마르셨고, 의를 위하여 핍박받으셨고, 그리고 십자가를 향해 나아가셨습니다. 예수님이 십자가로 가신 것은 이 땅에서 여덟 가지 복의 삶을 사셨기 때문입니다.

세상에서 핍박받지 않으려면 간단합니다. 이 세상의 기준에 순응하고 이 세상의 모습대로 따라가면 세상은 우리를 건드리지 않습니다. 그러나 이 세상을 거슬러서 사는 여덟 가지 복의 삶을 살 때 세상은 때로 우리를 힘들게 할 수 있습니다. 핍박할 수도 있는 것입니다. 그러나 예수님은 "기뻐하고 즐거워하라. 하늘에서 너희들의 상이 크다"라고 하셨습니다. 이 세상의 땅은 결코 영원하지 않기 때문에 영원한 세상에서의 삶을 바라며 살 것인지, 아니면 유한한 이 땅에서의 삶을 바라며 살 것인지를 결단하라는 것입니다.

어떤 사람이 초대 교부였던 터툴리안에게 찾아와서 상담을 했습니다. "저는 예수님을 믿는 그리스도인입니다. 저의 현재 직업이 옳지 않다는 것을 알고 있습니다. 그런데 제가 살아야 하니 어떻게 해야 합니까?" 그러자 터툴리안이 대답했습니다. "꼭 살아야겠습니까?" 엄청난 충격을 주는 말입니다. 이 땅에서의 삶에 연연한 나머지 영원한 하늘나라의 삶을 잃어버리는 것이 안타까워서 죽으라는 얘기가 아닙니다. 생명을 끊으라는 얘기가 아닙니다. 그렇게 살지 말라는 것입니다. 이 땅은 하나님 나라의 삶을 환영하지 않습니다. 이러한 땅에서 하나님 나라의 백성에게 어떠한 영향을 주면서 살 것입니까?

예수님은 우리가 너무나 잘 아는 두 가지 비유를 통해 말씀하고 계십니다. 첫째는 소금의 비유고 두 번째는 빛의 비유입니다. 여덟 가지 복의 삶이 그리스도인의 정체성, 그리스도인의 본질인 성품을 의미하는 것이라면 소금과 빛의 비유는 이 땅을 사는 하나님 나라 백성의 영향력에 대해 이야기하고 있는 것입니다.

우리는 세상의 소금이다

"너희는 이 땅의 소금이다. 그러나 만일 소금이 짠맛을 잃어버리면 어떻게 다시 짜게 되겠느냐? 아무 데도 쓸데가 없어 바깥에 버려지고 사람들에게 짓밟힐 것이다"(13절).

“너희는 이 땅의 소금이다”라고 할때 너희가 누구냐가 중요한 것입니다. 예수님은 아무나 소금이라고 말씀하지 않으셨습니다. 여덟 가지 복의 삶을 사는 사람들, 더 구체적으로 설명하면 이 땅에서 의를 위하여 핍박까지도 받을 수 있는 사람들이 곧 소금이라는 것입니다. 교회만 왔다 갔다 하는 사람이 아니라 이 땅에서 여덟 가지 복의 삶을 사는 사람들이 소금이라는 것입니다. 두 번째로, “너희는 소금일 수도 있다” 혹은 “소금이 되어야 한다”라고 말씀하시지 않고 “너희는 이 땅의 소금이다”라고 직설법으로 선언하셨습니다. 소금이 되어야 한다고 말하는 것은 소금이 아니라는 것입니다. “소금이다”라고 할 때는 현재의 상태가 소금이라는 것입니다. 여덟 가지 복의 삶을 사는 사람은 소금입니다. 빛과 소금이 되어야 한다고 말씀하시지 않았습니다. “소금이다. 빛이다”라고 말씀하셨습니다.

이 장의 제목이 “소금과 빛이 되라”인데, 더 정확하게 설명하면 “소금과 빛이다”입니다. 이것은 굉장히 중요합니다. 소금이 아닌 사람들을 가리켜 소금이 되어야 한다고 말하는 것이 아닙니다. 우리의 노력으로 소금이 되는 것이 아닙니다. 이 땅에 찾아온 하나님 나라를 받아들이고, 회개함으로 성령 안에 있고, 마음이 가난함으로 시작하여 의를 위하여 핍박받는 단계에 이른, 여덟 가지 복의 삶을 사는 사람은 이미 소금인 것입니다. 그러한 사람들에게 세상을 향한 영향력을 말씀하시는 것입니다.

하나님이 이 땅에서 하늘나라의 삶을 사는 사람의 영향력을 설명하기 위해 소금이라는 물질을 선택하신 것은 아주 지혜로운 일입니다. 소금은 아주 흔하고 요긴하게 쓰이는 물질이기 때문입니다. 소금만큼 모든 시대와 문화를 넘어서서 아주 요긴하게 사용되는 조미료가 없습니다. 어느 나라를 가든 식당에 가면 꼭 소금이 식탁 위에 있습니다. 그래서 어떤 사람은 문화적으로 해석해서 이렇게 설명합니다. “만약 예수님이 일본에서 말씀하셨다면 ‘너희는 세상의 와사비다’라고 말씀하셨을 것입니다. 한국에서 말씀하셨다면 ‘너희는 세상의 고춧가루다’라고 말씀하셨을 것입니다.” 그러나 저는 그렇게 생각하지 않습니다. 왜냐하면 소금이라는 성질은 문화를 넘어서기 때문입니다. 복음이 온 세상에 전파되어야 하기에 예수님은 문화를 넘어서서 적용할 수 있는 물질을 선택하셨을 것이라고 생각합니다. 그것이 소금입니다.

소금은 세 가지에 영향을 미칩니다. 첫 번째로 부패를 방지합니다. 냉장 시설이 되어 있지 않은 시대에 음식을 썩지 않게 했던 천연 방부제가 바로 소금입니다. 두 번째로 소금은 맛을 냅니다. 어떤 음식이든 적절한 양의 소금이 들어가면 맛을 내게 됩니다. 세 번째로 소금은, 좀 특별한 적용일 수 있겠지만, 갈증을 일으킵니다. 여러분이 만일 "당신을 보니 하나님을 믿고 싶습니다"라는 말을 듣는다면 이 세상이 하나님을 향해 갈증을 일으키도록 하는 것이라고 볼 수 있습니다.

예수님이 이렇게 말씀하셨습니다. "만일 소금이 짠맛을 잃어버리면." 화학적으로 말하면 소금은 염화나트륨입니다. 그런데 이 염화나트륨은 가장 안정적인 합성체입니다. 이 맛을 잃어버릴 수가 없습니다. 예수님이 그것을 모르셔서, 화학적 지식이 없어서 이렇게 말씀하신 것이 아닙니다. 당시에는 오늘날처럼 염전 기술이 발달하지 않았습니다. 수분을 증발시켜서 깨끗하게 만드는 기술이 발달하지 않았기 때문에 구덩이를 파서 소금을 모아 놨다가 사용했습니다. 그러다 보면 소금 덩어리가 불순물과 함께 사용되기 때문에 염화나트륨이 불순물보다 먼저 녹아 버리게 됩니다. 그러면 불순물만 남는데 그 색이 흰색입니다. 그래서 사람들은 그것을 보고 짠맛이 없으니 맛을 잃어버린 소금이라고 했습니다. 그것은 먹는 것이 아니라 땅에 버려지거나 지붕에 뿌려지는 것으로 사용되었습니다.

예수님은 우리의 믿음 생활에도 짠맛을 잃어버린 소금이 있을 수 있다고 경고하신 것입니다. 버려지는 소금, 밟히는 소금은 사실 소금이 아닙니다. 사람들은 그 불순물을 소금이라고 생각하고, 예수 믿는 사람들이라고 생각하고 비난하지만 사실은 진정한 소금이 아닙니다. 불순물인 것입니다. 맛을 잃어버린 한국 교회가 되지 않도록, 맛을 잃어버린 그리스도인이 되지 않도록 우리가 함께 기도해야 합니다.

소금이 최대의 영향력을 미치기 위해서는 세 가지 조건이 필요합니다. 너무나 단순한 조건입니다. 첫 번째, 소금기가 높아야 합니다. 소금의 순수도가 높아져야 합니다. 염분이 높으면 높을수록 소량의 염분으로도 많은 영향을 미치게 됩니다. 베풀기를 싫어해서, 인색해서 짠 것이 아니라 성령 안에서, 말씀 안에서 소금기가 높은 소금이 되어야 합니다. 하용조 목사님이 이 본문을 가지고 설교하신 내용을 보니까 제목을 너무 멋있게 잡으셨습니다. "소금보다 더 짜고 빛보다 더 밝으라."

　두 번째, 소금이 영향력을 미치기 위해서는 음식에 뿌려져야 합니다. 음식에 붙어 있어야 하는 것입니다. "이 땅의 소금이다"라는 말씀에 힌트가 있습니다. 우리가 사는 곳은 하늘이 아니라 이 땅이라는 것입니다. 그러므로 이 땅에 있는 소금은 이 세상의 더럽고 추한 곳에 붙어 있어야 합니다. 예수님은 의인을 부르러 온 것이 아니라 죄인을 부르러 왔다고 하시면서 죄인들의 친구가 되셨습니다. 죄를 짓지 않으신 분이 그들의 부패를 막아 주시면서 그들의 친구가 되어 주셨습니다. 바로 우리가 이 땅에서 그렇게 살아야 합니다. 물론 쉽지는 않습니다. 이 땅에서 살지만 땅에 속하지 않은 인생, 세상에서 살지만 세상의 원리대로 살지 않는 인생, 이것이 바로 그리스도인의 삶인 것입니다.

　초대 교회 당시에 에세네파라는 사람들은 스스로를 소금과 빛이라고 불렀습니다. 빛의 아들들이라고 불렀습니다. 그들은 세상과 격리된 삶을 살았습니다. 동굴에 들어가서 그들끼리만 살았습니다. 그것은 소금독 안에 든 소금입니다. 오늘 한국 교회를 보면 두 부류의 성도들이 있습니다. 첫 번째 부류는 소금기 없이 세상에 뿌려지기만 하려는 사람들입니다. 복음이 없이 사회에만 참여하려는 사람들입니다. 두 번째 부류의 사람들은 소금기는 많은데 소금독 안에만 있기를 원하는 사람들입니다. 복음의 능력은 아는데 사회에는 관심이 없는 사람들입니다. 둘 다 주님이 원하시는 것이 아닙니다. 우리는 소금기도 있어야 하고 세상에 뿌려져야 합니다. 이런 분명한 관점을 가지고 있어야 합니다.

　세 번째, 이 세상을 향해 분명한 메시지를 던져야 합니다. 소금기를 갖고 이 세상에 붙어 있으면서 세상이 들어야 하는 분명한 메시지를 전하는 것입니다. 종교개혁자 마틴 루터는 소금이 아주 자극성이 강한 물질이라는 것을 기억하면서 이렇게 말했습니다. "소금에 절이면 쓰라리다. 복음을 전파하고 사람들을 돕기 원한다면 소금을 그들의 상처에 팍팍 문질러야 한다. 옳지 않은 것은 옳지 않다고 날카롭게 말해야 한다. 진짜 소금은 성경을 참되게 해석하고 말씀을 전해 주는 것이다. 그들의 아픈 상처에 소금을 문질러 주는 것이다." 사람들에게 이 세상에는 종말이 있으며 예수님은 다시 오시고, 그러므로 예수님을 믿어야 한다는 구원의 기쁜 소식을 전해 주는 것이 소금으로 이 세상을 문질러 주는 것입니다.

독일의 복음주의 신학자인 헬무트 틸리케는 "어떤 그리스도인들은 세상의 꿀단지가 되려는 야망을 갖고 있는 것처럼 보인다"고 표현했습니다. 그러나 예수님은 너희는 세상의 설탕이라고 말씀하시지 않으셨습니다. 소금은 쓰라리게 합니다. 자극을 줍니다. 절여서 부패를 막아 주는 것입니다. 우리 성도들이 이 세상에서 달기만 한 설탕이 되지 않기를 바랍니다. 상처에 바르면 쓰라리지만 그 상처를 치료하는 소금처럼 이 세상의 상처와 아픔과 부패한 곳을 회복시키고 정결케 하기를 축원합니다.

우리는 세상의 빛이다

두 번째 비유는 세상의 빛이라는 비유입니다.

"너희는 세상의 빛이다. 산 위에 세워진 도시는 숨겨질 수 없다. 등잔을 켜서 그릇으로 덮어 두지 않고 등잔대 위에 두어 그 빛을 온 집안사람들에게 비추는 것이다. 이와 같이 너희도 너희 빛을 사람들에게 비추라. 그래서 그들이 너희 선한 행실을 보고 하늘에 계신 우리 아버지께 영광을 돌리도록 하라"(14-16절).

예수님이 먼저 이 땅의 소금을 말씀하시고 두 번째로 세상의 빛을 말씀하신 것은 매우 중요한 의미가 있습니다. 우리가 무엇인가를 하기 전에 먼저 어떤 존재가 되어야 하는 것입니다. 소금 같은 존재만이 빛을 발할 수 있다는 것입니다. 'doing' 이전에 'being'이 있어야 한다는 것입니다. 어떤 영향력 이전에 어떤 존재가 되지 않으면 세상에 영향을 미칠 수 없습니다. 소금처럼 자신을 녹이고 자신을 내어 주는 희생이 없으면 빛을 발할 수 없는 것입니다.

그런데 예수님은 이 세상의 빛을 말씀하시면서 두 가지 비유를 드셨습니다. 첫 번째로, "산 위에 세워진 도시는 숨겨질 수 없다"고 말씀하셨습니다. 여기에서 '숨겨질 수 없다'는 단어가 아주 중요합니다. 오늘날처럼 네온사인과 조명이 발달되어 있는 도시에서는 잘 모르지만 깊은 산속에 가면 작은 불빛도 아주 강하게 드러납니다. 이 빛을 숨기려고 하는 것만큼 어리석은 것은 없습니다. 집에서 커튼을 달아도 아주 작은 틈만 있으면 빛은 스며 나오게 되어 있습니다. 빛은 숨겨질 수 없는 것입니다. 이 땅을 살면서 나의 신앙을 숨길 수 있다고 생각하지 말라는 것입니다. 불가능하다는 것입니다. 절대

신앙은 숨겨질 수 없습니다. 빛을 숨길 수 없는 것처럼, 산 위에서 숨겨지지 못하는 것처럼 이 땅에서 하늘나라의 삶을 사는 사람, 예수 그리스도를 믿는 사람의 삶은 절대 감출 수 없는 것입니다. 감춰질 수 있는 신앙은 진짜 신앙이 아닙니다. 성격의 문제가 아닌 것입니다. 숨은 제자란 있을 수 없습니다. 사람들에게 드러나지 않는다면 무엇인가 본질적으로 구별되지 않은 것이 있는 것입니다.

예수님을 처음 믿을 때는 예수 믿는다는 것, 내가 구원받은 사람이라는 것을 말하기가 쑥스러울 수 있습니다. 그러나 여덟 가지 복의 삶을 누리는 사람은 "나는 예수 믿는 사람입니다. 나는 이 땅에서 천국을 누리고 있습니다"라고 먼저 소개하는 인생이 될 수밖에 없습니다. 숨길 수 없는 것입니다. 어떤 사람들은 세상의 빛이 아니라 교회의 빛이 되려고 합니다. 교회에서는 모든 사람이 예수 믿는 것을 아는데 직장에서는 예수 믿는 것을 감추려고 합니다. 그러나 우리는 교회에서만이 아니라 직장과 일터에서도, 무엇을 하든지 빛 된 삶으로 나타나야 합니다.

우리는 세상의 빛입니다. 숨기지 못합니다. 나타내라는 것이 아닙니다. 광고하라는 것이 아닙니다. 스스로 나타나게 된다는 것입니다. 빛이 감춰지지 않는 것처럼 참된 그리스도인의 삶은 나타나게 되어 있다는 놀라운 말씀입니다. 우리의 삶은 숨기는 인생이 아니라 많은 사람들에게 빛으로 나타나는 인생입니다.

두 번째로, 등잔대 위에 두는 등불로 비유하셨습니다. 등잔에 불을 켜서 그릇으로 덮어 두지 않고 등잔대 위에 두어 그 빛을 온 집안사람들에게 비추는 것이라고 말씀하셨습니다. 당시 팔레스타인의 집은 매우 어두웠습니다. 오늘날처럼 조명이 발달하지 않았습니다. 성냥 같은 것도 없었습니다. 불을 키고 끄는 게 참 어려웠던 시대입니다. 게다가 그 불이 밝지 않기 때문에 가급적 높은 등잔대 위에 올려놓아야 온 집안사람이 불빛의 혜택을 받을 수 있었습니다.

여기서 중요한 포인트는 등불을 등잔대 위에 올려놓는 것입니다. 그 위치가 중요합니다. 등잔대 밑이나 상자 안에 두어서는 안 되는 것입니다. 작은 불빛이라도 온 집안사람들에게 영향을 미치기 위해서는 등잔대 위에 올려놓아야 한다는 것입니다. 여기서 중요한 것은, 그리스도인들은 등잔대 위에 올

하늘은 땅에서 열린다

려놓은 등불이 되어야 한다는 것입니다. 이 세상 속에서 영향을 미치는 사람이 되려면 등잔대 위의 등불이 되어야 합니다. 이 세상에서 열심히 일하고 노력해서 빛을 비출 수 있어야 합니다. 나를 드러내기 위해서가 아니라 온 집안사람들에게 하나님의 빛을, 진리를, 복음을 드러내기 위해서 등잔대 위에 놓인 등불이 되어야 한다는 것입니다. 하나님은 우리를 그렇게 사용하기를 원하십니다.

하나님은 세상을 비추기 위해서 우리를 등잔대 위에 올려놓으려고 하시는데, 우리는 어떻습니까? 게으릅니다. 원하지 않습니다. 이것은 거짓 겸손입니다. 그리고 잘못된 신중함입니다. 한 달란트 받은 종이 불필요한 부끄러움, 게으름, 심지어 악함으로 그 달란트를 땅에 파묻은 것처럼 하나님이 우리를 등잔대 위에 올려서 등불로 사용하기를 원하시는데 원하지 않는 게으름을 범하지 말라는 것입니다.

이 세상에서 성공하려는 이유가 무엇입니까? "하나님, 내 인생이 등잔대 위에 놓인 등불처럼 온 사람들을 비추는 인생이 되기를 원합니다"라고 기도하는 인생은 하나님이 세상에서 반드시 등잔대 위에 올려놓으실 것입니다. 자녀를 위해 기도할 때 이렇게 기도하십시오. "하나님, 우리 자녀가 등잔대 위에 놓인 등불이 되어서 많은 사람에게 빛을 발하는 인생이 되게 해 주시옵소서." 이것이 참된 기도의 제목입니다. 예수 그리스도를 믿는 사람들은 등잔대 밑에 있으면 안 됩니다. 나 자신의 성공과 안락을 위해서 성공하려는 것이 아니라 등잔대 위에 있는 등불이 되도록 위치를 중요하게 생각해야 합니다.

"더 멋진 세상"의 홍보대사인 탤런트 강석우 집사님의 말씀입니다. "하나님이 더 유명하게 하실 것이라고 믿습니다. 홍보대사를 잘하려면 더 유명해져야 하니까 하나님이 저를 등잔대 위에서 더 높이 들어 주실 것이라 믿고 기도합니다." 얼마나 건강한 생각입니까? 하나님이 이 시대의 모든 성도들의 삶을 등잔대 위에 놓인 등불로 사용하시기를 축원합니다.

16절에 보면 이 빛이 무엇인지 설명합니다. 이것은 선한 행실입니다. 하나님이 우리 영혼에 비춰 주시는 그 빛은 선한 행실로 나타납니다. 여덟 가지 복의 삶을 사는 사람들은 선한 행실로 나타나는 것입니다. 너희의 선한 행실을 사람들에게 비추라는 것은 자신을 드러내고 광고하고 착한 일을 할 때마다 사람들에게 알리라는 뜻이 아닙니다. "하나님께 영광을 돌리게 하라. 너희 자신을 주목하지 않게 하고, 그 영광을 가로채지 마라. 너희의 선한 행실을 통해 하나님께 영광이 되게 하라. 등잔대 위에 있는 등불로 하나님이 산 위에 있는 도시를 숨기지 못하게 하시는 것처럼 너희의 선한 행실로 하나님 앞에 영광을 돌리게 하라"는 말씀입니다. 너무나 단순하고 쉽고, 그러나 의미 있는 주님의 말씀입니다.

여덟 가지 복의 삶을 살고 있다면 그 사람은 소금이고, 빛입니다. 그는 이 세상을 등지고 산속이나 동굴로 들어가는 것이 아닙니다. 내버려 두면 더 썩고 어두워질 이 세상의 한복판에서 그들과 붙어 있으면서 그들의 친구가 되고, 그 부패를 막아 주는 역할을 하면서 살맛 나게 해 주고, 하나님을 향해 갈증을 일으키게 하고, 때로는 쓰라리지만 그들의 상처를 말씀으로 복음으로 문질러 주면서 그들을 치유해 가고, 이 세상에 영향을 미치는 사람으로 사는 것입니다. 산 위에 있는 도시를 숨기지 못하는 것처럼 예수 그리스도를 믿는 사람들은 숨기지 못할 것이다.

중국의 그리스도인들이 굉장한 속도로 증가하고 있습니다. 최근에 베이징 온누리교회를 방문하면서 한족 그리스도인 지도자를 만났는데, 그분이 이렇게 담대히 얘기하셨습니다. "앞으로 중국 정부가 그리스도인과 교회를 인정할 수밖에 없을 것이라고 확신합니다." 지금은 삼자교회(중국 정부 공식 교회) 외에는 인정받지 못하지만 그분은 이렇게 확신했습니다. "그리스도인의 수가 어마어마하게 증가하기 때문에 중국 정부는 중국의 교회를 인정하지 않으면 안 될 것입니다. 산 위의 도시는 숨기지 못합니다." 더 이상 숨어서 예수 믿지 않겠다는 것입니다. 이 중국이 무섭게 일어날 것입니다. 저는 그분의 신앙고백이 그대로 이뤄질 것이라 믿습니다. 중국은 선교대상국이 아니라 선교대국이 될 것입니다.

그런 지도자가 있기 때문에 산 위에 있는 도시를 숨기지 못할 것입니다. 예수를 믿고 죽을까 봐, 핍박받을까 봐 두려워하는 것이 아니라 핍박을 받아도 담대하게 일어날 때 정부도, 권력도, 로마 제국도 뒤엎었던 초대 교회의 신앙이 중국 땅에서 이뤄질 것입니다. 그러한 신앙으로 여덟 가지 복의 삶으로 나아갈 때 중국에 놀라운 영적 변화가 일어날 것입니다. 저는 이러한 믿음의 고백이 한국 땅에도 다시 일어나게 되기를 축원합니다.

어쩌면 한국의 그리스도인은 세상의 소금이 아니라 세상의 설탕처럼, 꿀처럼 살아가고 있는지도 모릅니다. 다시 소금기를 회복해야 합니다. 예수 믿는 것을 숨기지 말아야 합니다. 자신의 어떤 직함보다 나는 예수 믿는 그리스도인이라는 것을 가장 소중히 여기고, 이 세상의 소금과 빛으로 담대히 살아가는 성도가 되기를 주님의 이름으로 축원합니다.

한늘은 땅에서 열리다

[17]내가 율법이나 예언자들의 말씀을 없애러 왔다고 생각하지 말라. 없애러 온 것이 아니라 완전하게 하러 온 것이다. [18]진실로 내가 너희에게 말한다. 하늘과 땅이 없어지기 전에는 율법 가운데 한 점, 한 획이라도 없어지지 않고 다 이루어질 것이다. [19]이 계명 가운데 아주 하찮은 것 하나라도 어기고 또 남에게도 그렇게 하도록 가르치는 사람은 하늘나라에서 가장 작은 사람이라고 불릴 것이다. 그러나 누구든지 이 계명을 지키며 가르치는 사람은 하늘나라에서 큰 사람이라고 불릴 것이다. [20]내가 너희에게 말한다. 너희가 율법학자들이나 바리새파 사람들보다 더 의롭지 않으면 결코 하늘나라에 들어가지 못할 것이다. [21]살인하지 말라. '살인한 사람은 누구든지 심판을 받을 것이다'라는 옛 사람들의 말을 너희가 들었다. [22]그러나 나는 너희에게 말한다. 형제에게 분노하는 사람도 심판을 받게 될 것이다. 또 형제에게 '라가'라고 하는 사람도 공회에서 심문을 당할 것이다. 그리고 '너는 바보다' 하는 사람은 누구든지 지옥 불 속에 떨어질 것이다. [23]그러므로 네가 만약 제단에 예물을 드리다가 네 형제가 너를 원망하고 있는 것이 생각나면 [24]예물을 거기 제단 앞에 두고 우선 가서 그 사람과 화해하여라. 예물은 그 다음에 돌아와 드려라. [25]너를 고소하는 사람과 함께 법정으로 갈 때에는 도중에 서둘러 그와 화해하도록 하여라. 그렇지 않으면 그가 너를 재판관에게 넘겨주고 재판관은 너를 간수에게 내어 주어 감옥에 갇히게 될 것이다. [26]진실로 내가 너희에게 말한다. 네가 마지막 1고드란트까지 다 갚기 전에는 거기서 나오지 못할 것이다. [27]'간음하지 말라'는 옛사람들의 말을 너희가 들었다. [28]그러나 나는 너희에게 말한다. 여자를 음란한 눈으로 바라보는 사람은 누구든지 이미 마음으로 간음한 것이다. [29]네 오른쪽 눈이 너를 죄짓게 하거든 그 눈을 뽑아 내버려라. 온몸이 지옥에 던져지는 것보다 몸의 한 부분을 잃는 것이 더 낫다. [30]네 오른손이 너를 죄짓게 하거든 그 손을 잘라 내버려라. 온몸이 지옥에 던져지는 것보다 몸의 한 부분을 잃는 것이 더 낫다. [31]'아내와 이혼하는 사람은 이혼증서를 주어야 한다'는 말이 있다. [32]그러나 나는 너희에게 말한다. 음행한 경우를 제외하고 아내와 이혼하면 그 아내를 간음하게 만드는 것이다. 또 누구든지 이혼한 여자와 결혼하는 사람도 간음하는 것이다.

율법을 완전케 하다(1)

마태복음 5:17-32

율법은 선한 것입니다. 율법을 다 지키면 의인이 됩니다. 문제는 다 지킬 수 있는 사람이 없다는 것입니다. 율법이 불완전한 것이 아니라 사람이 불완전한 것입니다. 예수님이 율법을 완전하게 하려고 오셨다고 말씀하신 것은 새로운 율법을 첨가하고 율법을 뜯어고쳤다는 뜻이 아닙니다. 율법의 그 모든 요구를 예수님이 삶을 통해 순종하심으로써 이루셨기 때문에 율법을 완전하게 했다는 뜻입니다.

하늘나라의 의로운 삶

예수님이 공생애를 시작하시면서 주신 말씀은 그 당시 사람들에게 충격을 주었습니다. 사람들의 가치관과 세계관의 근간을 흔들어 놓는 엄청난 충격의 말씀이었습니다. "하늘나라가 이 땅에 왔다. 하늘이 땅에서 열렸다. 거듭나지 아니하면 하나님 나라에 들어갈 수 없다"라는 예수님의 말씀은 그들이 처음 들어 본 말씀이요, 또 그들에게 익숙했던 말씀이 아니요, 그들이 믿었던 것을 무너뜨리는 말씀이었습니다.

니고데모가 밤에 예수님을 찾아왔습니다. 예수님은 당시 바리새인들의 대부와 같았던 니고데모에게 "네가 거듭나지 아니하면 하나님 나라를 볼 수도 없고 들어갈 수도 없다"고 말씀하셨습니다. 유대인들은 이미 선택받은 하나님의 백성이요, 그들에게 하늘나라는 따 놓은 당상이었습니다. 또 아브라함의 혈통에서 태어난 사람들은 하나님 나라의 백성이라고 믿었던 그들에게 거듭나지 아니하면 하나님 나라에 들어갈 수 없고, 하나님 나라의 백성이 아니라고 한 것입니다. 얼마나 큰 충격이었겠습니까?

그 당시 마음이 가난한 죄인들은 예수님의 말씀을 더 쉽게 이해했고, 천국을 경험했습니다. 그러나 스스로 하나님 나라의 백성이라고 여겼던 사람들, 특히 자신들이 만들어 놓은 종교적 체계 속에서 스스로 의인이라고 믿었던 사람들은 예수님의 말씀에 분노가 일어났습니다. 그 분노의 이면에는 시기와 질투와 거짓과 위선으로 가득 찬 자신들의 모습을 감추려고 하는 두려움이 숨어 있었던 것입니다.

그들은 예수님이 전해 주신 말씀을 가지고 다시 공격했습니다. 예수님이 새로운 종교를 창시하려는 것처럼, 또 잘못된 사상을 가르치는 이단인 것처럼 몰아세웠습니다. 구약의 가르침과 배치되는 새로운 사상의 종교를 만들려는 혁명가로 단정 지으려 했던 것입니다. 예수님은 거기에 대해 반박하시면서 하늘나라의 의로운 삶이 무엇인가를 설명해 주셨습니다.

하늘나라의 삶은 의로운 삶입니다. 본문에서 예수님은 천국의 의로운 삶을 설명하기 위해 두 가지 방법을 사용하셨습니다. 첫 번째로 구약 성경과의 관계를 통해 설명하셨고, 두 번째로 그 당시의 서기관과 바리새인들의 가르침의 관계를 통해 설명해 주셨습니다. 17-18절 말씀을 보면, 예수님의 가르침은 구약 성경과 다르지 않고 일치하며, 그 율법과 예언을 모두 완전하게 하고 성취하게 하는 것이라고 말씀하셨습니다. 또한 19-20절을 보면, 예수님의 가르침은 당시의 서기관과 바리새인들의 가르침과 전혀 다르다고 말씀하셨습니다. 서기관과 바리새인들의 가르침은 구약 성경과 다르다는 것입니다.

"내가 율법이나 예언자들의 말씀을 없애러 왔다고 생각하지 말라. 없애러 온 것이 아니라 완전하게 하러 온 것이다. 진실로 내가 너희에게 말한다. 하늘과 땅이 없어지기 전에는 율법 가운데 한 점 한 획이라도 없어지지 않고 다 이루어질 것이다."(17-18절).

우리는 율법이라는 단어에 오해와 선입견을 가지고 있습니다. 율법주의가 잘못된 것이기 때문에 율법까지도 잘못된 것으로 착각합니다. 그러나 율법은 선한 것입니다. 율법을 다 지키면 선한 사람이 됩니다. 의인이 됩니다. 문

하늘은 땅에서 열린다

제는 다 지킬 수 있는 사람이 없다는 것입니다. 율법이 문제가 아니라 사람이 문제입니다. 율법이 불완전한 것이 아니라 사람이 불완전한 것입니다. 예수님이 율법을 완전하게 하려고 오셨다고 말씀하신 것은 새로운 율법을 첨가하고 율법을 뜯어고쳤다는 뜻이 아닙니다. 율법의 그 모든 요구를 예수님이 삶을 통해 순종하심으로써 이루셨기 때문에 율법을 완전하게 했다는 뜻입니다. 이 세상 누구의 삶을 통해서도 율법이 다 이루어지지 못했습니다. 그러나 예수님의 이 땅에서의 삶을 통해 율법의 요구가 다 이루어짐으로써 율법이 완전하게 된 것입니다. "모든 예언이 그리스도 안에서 다 예가 되고 완성이 되고 성취가 되었다"라고 말씀하신 것입니다.

갈라디아서 4장 4-5절을 보면, "그러나 때가 차자 하나님께서는 자기 아들을 보내셔서 한 여자에게서 나게 하시고 율법 아래 나게 하셨습니다. 이는 율법 아래 있는 사람들을 구속하시고 우리로 하여금 아들의 신분을 얻게 하기 위함입니다"라고 했습니다. 하나님이 자기 아들을 보내셨을 때 율법 아래 보내셨다는 것은 율법이 선하다는 뜻입니다. 절대적으로 중요하다는 것입니다. 그 율법의 요구를 이루지 않으면 하나님의 의가 이루어지지 않는다는 것입니다. 그래서 율법 아래 보내신 것입니다. 예수님의 모든 삶을 보면 율법의 요구를 하나도 빠짐없이 다 이루셨습니다.

예수님이 율법 앞에 사셨고, 율법의 요구를 이루셨고, 율법의 모든 말씀에 순종하신 결과는 무엇입니까? 십자가로 나아가신 것입니다. 예수님의 십자가는 율법을 성취한 것입니다. 율법의 저주, 그 율법을 어기는 자에게 내려지는 하나님의 진노와 형벌을 예수님이 십자가에서 담당하심으로 율법의 모든 요구를 성취하신 것입니다. 그러므로 율법을 완전하게 하신 것입니다. 그것이 바로 십자가였습니다. 그로 인해 하나님이 우리를 의롭게 하실 수 있는 길이 열린 것입니다.

또한 예수님의 가르침은 구약의 모든 가르침을 완성하고 완전하게 하는 것이었지만, 서기관과 바리새인들의 가르침과는 전혀 다른 것이었습니다.

"이 계명 가운데 아주 하찮은 것 하나라도 어기고 또 남에게도 그렇게 하도록 가르치는 사람은 하늘나라에서 가장 작은 사람이라고 불릴 것이다. 그러나 누구든지 이 계명을 지키며 가르치는 사람은 하늘나라에서 큰 사람이라고 불릴 것이다. 내가 너희에게 말한다. 너희가 율법학자들이나 바리새파 사람들보다 더 의롭지 않으면 결코 하늘나라에 들어가지 못할 것이다"(19-20절).

예수님은 서기관과 바리새인들의 가르침을 가리켜 이렇게 표현하셨습니다. "자신도 어기고 남들도 어기도록 만드는 사람이다." 너무나 날카로운 지적입니다. 그러면 어떻게 해야 합니까? 자신도 지키고 다른 사람도 지키게 해야 합니다. 예수님이 바로 그런 삶을 사셨습니다. 예수님은 이렇게 말씀하십니다. "너희가 율법학자들이나 바리새파 사람들보다 더 의롭지 않으면 결코 하늘나라에 들어가지 못할 것이다." '더 의로운 삶'이란 무엇입니까? 당시의 율법학자들이나 바리새인들보다 더 열심히 계명을 지켜야 한다는 뜻입니까? 아닙니다. 여기서 '더 의로운 삶'이라는 것은 아주 중요한 말씀입니다.

당시에 율법 학자들과 바리새인들은 스스로 의롭다고 믿을 정도로 철저한 생활을 했습니다. 그런데 그들이 진정 율법을 행했느냐 하면 그렇지 않습니다. 그들이 행했던 것은 사실 율법이 아닙니다. 율법을 지키기 편하도록 자신들 나름대로 해석해 놓은 것을 지켰을 뿐입니다. 그 당시 율법을 해석한 것이 '미쉬나'(Mishnah)이고, 이 미쉬나를 다시 해석한 것이 '탈무드'(Talmud)입니다. 탈무드는 두 번 해석한 것입니다. 『탈무드 잠언집』(토파즈, 2008)을 보면 구약과 상관없는 것들이 굉장히 많습니다. 그러므로 탈무드를 묵상하는 것은 하나님의 지혜를 얻는 것과는 거리가 먼 것입니다.

구약은 안 읽으면서 그런 책은 잘 보는 사람들이 있습니다. 베스트셀러는 열심히 사 보면서 지상 최대의 베스트셀러인 성경은 안 봅니다. 그러면 하나님의 말씀에서 점점 더 멀어져 갈 뿐입니다. 성경부터 열심히 읽어야 합니다.

율법학자들과 바리새인들이 정말 율법을 행했는가 하면, 아닙니다. 탈무드를 보며 스스로 "우리는 율법을 지켰다. 의로운 삶을 살았다"라고 말하지만, 사실은 하나님의 율법과는 상관없는 삶을 살았던 것입니다. 그래서 예수님은 당시 율법학자들의 거짓된 의를 이렇게 비판하신 것입니다.

"너희에게 화가 있을 것이다. 율법학자와 바리새파와 위선자들아! 너희가 잔과 접시의 겉은 깨끗이 잘 닦으면서 그 안은 욕심과 방탕으로 가득 차 있구나. 눈먼 바리새파 사람들아! 먼저 잔 속을 깨끗이 닦으라. 그래야 겉도 깨끗해질 것이다"(마 23:25-26).

우리가 설거지를 하는데 겉만 닦고 속은 닦지 않는 것과 똑같다는 것입니다. 그들의 의는 외면적이고 형식적인 의요, 외식적이고 편파적인 의라는 것

하늘은 땅에서 열린다

입니다.

그러면 예수님이 그들보다 더 나은 의가 있어야 한다고 말씀하신 의는 무엇입니까? 첫째로, 율법의 요구를 다 이루심으로 우리에게 덧입혀 주시고 값없이 주시는 의입니다. 우리를 의롭다 여기시는 로마서 5장에서 말하는 그 의로움입니다. 우리의 행한 것으로, 우리의 어떤 깨끗함으로, 우리의 어떤 삶으로 얻을 수 있는 의가 아니라 값없이 의롭다 여겨지는 하나님의 의가 '더 나은 의'입니다. 이것이 없으면 우리는 하늘나라에 들어갈 수 없는 것입니다. "그러므로 한 사람의 범죄로 인해 모든 사람이 정죄에 이른 것처럼 한 분의 의로운 행동으로 인해 모든 사람이 의롭다는 인정을 받아 생명에 이르렀습니다"(롬 5:18).

모든 사람이 의롭다고 인정을 받는 의, 이것은 예수님의 십자가 앞에 나오는 모든 사람들에게 값없이 주시는 의입니다. 이해할 수 없는 의입니다. 놀라운 은혜입니다. 율법의 요구를 우리가 이루지 않았지만 율법의 요구를 다 이루신 예수님이 보증하시고 하나님이 인정해 주시는 의, 믿음으로 의롭다 함을 얻는 의, 은혜로 얻는 의로움입니다. 이 의가 있어야 합니다. 그런데 여기서 그치지 않습니다. 또 다른 의가 나옵니다. 그 의는 무엇입니까?

"율법이 육신으로 인해 연약해져서 할 수 없던 그 일을 하나님께서는 하셨습니다. 곧 하나님께서는 죄를 속량해 주시려고 자기 아들을 죄 있는 육신의 모습으로 보내셔서 육신 안에서 죄를 심판하셨습니다. 이는 육신을 따라 살지 않고 성령을 따라 사는 우리에게 율법의 요구가 이루어지게 하시려는 것입니다"(롬 8:3-4).

율법의 요구를 예수님만이 이루신 것이 아니라는 것입니다. 처음에는, 예수님이 다 이루신 율법의 요구로 우리에게 값없이 의롭다 여겨 주신 의이고, 은혜로 얻는 의입니다. 믿음으로 얻는 의입니다. 그런데 거기서 그치는 것이 아닙니다. 예수 그리스도와 연합함으로, 이제 그리스도가 우리 안에 거하시고 우리가 그리스도 안에서 하나가 됨으로 인해 성령 안에서 우리의 삶을 통해서도 율법의 요구가 이루어지는 의로운 삶이 있다는 것입니다. 놀랍지 않습니까? 은혜로 얻는 의로부터 시작해서 우리의 순종을 통해 이루어지는 의로운 삶이 있다는 것입니다. 우리가 육신을 따라 살지 않고 성령을 따라 살 때 이루어지는 의로운 삶, 어떤 율법의 조항을 우리의 의지와 행위와 노력으로 지킴으로써 의를 얻는 것이 아니라 성령 안에서 하나님의 의를 따라 의의 종으로 살아가는 삶이 있다는 것입니다. 그러한 삶은 당시의 율법학자들과 바리새인들이 상상할 수 없는 놀라운 의의 삶인 것입니다. 믿음으로 의롭게 되는 의의 수준에서 머무는 것이 아니라, 성령 안에서 그 율법의 요구가 우리의 삶을 통해 다 이루어지는 의로운 삶으로 나아가는 것입니다.

구약의 율법을 자세히 몰라도 성령 안에서 살면 그 율법을 이미 다 지키고 있는 것입니다. 성령 안에서 살면 율법의 요구가 우리를 통해 다 이루어지는 것입니다. 그것은 불가능한 것이 아닙니다. 그리스도가 율법의 요구를 다 이루셨고, 그리스도의 영이 계시기 때문에 그 율법의 요구가 다 이루어지는 것입니다. 율법이 하지 말라고 하는 것은 이미 하지 않고 있다는 것입니다. 율법이 하라고 하는 삶은 이미 다 하고 있다는 것입니다. 성령 안에 사는 의로운 삶, 이것이 바로 '더 나은 의'인 것입니다. 이러한 삶이 가능하다는 것이 구약에서 이미 예언되었습니다.

"그리고 내가 내 성령을 너희 안에 주어서 너희로 하여금 내 법령을 따르며 내 규례를 지키고 행하게 만들 것이다"(겔 36:27).

이스라엘의 위대한 리더였던 모세가 돌판에 율법을 새김 받았다면, 우리는 하나님께서 우리의 심비에 성령으로 율법을 새겨 주신다는 것입니다. 벌받을까 봐 두려워서 억지로 지키는 순종이 아니라 자발적으로, 기쁨으로 지키는 순종이 있다는 것입니다. 나의 공로를 세우는 의로움이 아니라 하나님과의 친밀한 교제로 순종하는 의로운 삶이 하늘나라의 삶이라는 것입니다. 율법의 요구가 나의 능력이 아니라 성령의 능력으로 이루어지는 의로운 삶입니다.

그러므로 산상 수훈의 말씀은 윤리적 실천으로 하나님 나라에 들어간다는 뜻이 아닙니다. 믿음으로 값없이 의롭다 함을 얻는 것부터 출발하지 않으면 하늘나라의 삶을 시작할 수가 없습니다. 처음에는 값없이 의롭다 함을 받았지만 이제 더 나아가서 성령 안에서 로마서 8장의 삶으로 나아가야 합니다. 로마서 5장부터 8장까지는 너무나 중요한 말씀입니다. 그것이 우리의 삶 속에서 그대로 이루어져야 합니다.

하늘은 땅에서 열린다

율법의 진정한 의미

마태복음 5장 21-48절을 보면, 예수님은 6개의 예를 통해 그 당시 율법학자와 바리새인들의 가르침이 얼마나 왜곡되었는지를 보여 주시고 대조하시면서 하나님 나라의 의로운 삶에 대해 설명해 주십니다. 이 6개의 예가 오늘날 우리에게 얼마나 적절한지 모릅니다. 마치 예수님이 오늘 신문을 보고, 우리의 삶을 보고, 그 예를 끄집어내신 것 같습니다. 수많은 시간이 흘렀지만 오늘 이 시대에 너무나 적절한 말씀인 것을 보고 놀랄 수밖에 없습니다.

6개의 예 중에 이 장에서 3개가 나오고 다음 장에서 3개가 나옵니다. 마태복음 5장에서 예수님의 말씀에는 공통적인 형식이 있습니다. 반복적인 형태를 파악해야 합니다.

"살인하지 말라. '살인한 사람은 누구든지 심판을 받을 것이다'라는 옛사람들의 말을 너희가 들었다. 그러나 나는 너희에게 말한다"(21-22절).

여기서 "옛사람들의 말을 너희가 들었다. 그러나 나는 너희에게 말한다"라는 구절이 반복됩니다. 너희가 옛사람들에게 이러하다고 들었지만 나는 이렇게 말한다고 대조시키는 것입니다.

"'간음하지 말라'는 옛사람들의 말을 너희가 들었다. 그러나 나는 너희에게 말한다"(27-28절).

"'아내와 이혼하는 사람은 이혼 증서를 주어야 한다'는 말이 있다. 그러나 나는 너희에게 말한다"(31-32절).

그 당시 사람들의 가르침과 예수님의 가르침을 대조시키는 것입니다. 이런 구조로 5장 전체가 이루어졌다는 것을 주목해야 합니다. 예수님 당시는 종교개혁 이전의 중세 말기와 아주 흡사했습니다. 중세 말기에는 모든 미사와 예배에서 가르침이 라틴어로 이루어졌습니다. 그런데 사람들은 라틴어를 알지 못했습니다. 그래서 교회사를 보면 라틴어를 모르는 신부님이 로마서를 펼쳐 놓고 구약을 설교하고, 성경을 거꾸로 놓고 설교하는 이야기가 나옵니다. 서로 모르기 때문에 다 아는 척하는 것입니다. 전해 들은 말씀이 과연 그러한지 살펴볼 여유도 없이, 점검할 필요도 없이 그냥 그렇게 흘러갔으니, 말씀으로부터 직접 영향을 받지 못한 사람들은 하나님과 점점 멀어질 수밖에 없었습니다.

예수님 당시에 사용된 공용어는 아람어입니다. 이스라엘 백성이 바벨론에 포로로 잡혀갔을 때 대부분이 히브리어를 잃어버렸고 다시 되돌아온 사람들 중에 히브리어를 아는 사람은 극소수였습니다. 그런데 형식적으로 쓰는 언어는 아람어고 성경은 히브리어로 되어 있으니 사람들이 히브리어를 잘 아는 서기관과 바리새인들의 가르침에 의존할 수밖에 없었습니다. 그들이 그렇다고 해석하면 그렇게 믿었던 것입니다. 그래서 사람들은 구약 성경을 열심히 읽기보다는 미쉬나나 탈무드처럼 그들이 해석해 놓은 해설집을 더 열심히 읽었습니다. 그 가르침이 정말 율법과 하나님의 말씀에 맞는지를 확인할 수가 없었습니다.

그렇게 구약의 원래 가르침과 멀어져 확인할 길이 없는 때에 예수님이 이렇게 말씀하셨습니다. 너희가 들은 것이 율법이 아니라는 것입니다. 하나님의 가르침이 아니라는 것입니다. 무엇이 잘못되었는지 보십시오. 첫 번째 예를 보면 살인에 대한 말씀입니다. 십계명의 6번째 계명입니다. 당시 율법학자들이 어떻게 잘못 해석했는지 보겠습니다.

"살인하지 말라. '살인한 사람은 누구든지 심판을 받을 것이다'라는 옛사람들의 말을 너희가 들었다"(21절).

맞는 말 같지만, 틀린 말입니다. 십계명에 보면 살인하지 말라고 되어 있습니다. 여기서 심판을 받을 것이라고 했는데, '심판을 받는다'는 단어가 중요합니다. 이 단어는 원어로 보면 유대 사회에서 사소한 분쟁이 일어났을 때, 지방 하급 재판소 같은 곳에서 쓰던 표현입니다. 이것은 하나님의 심판을 의미하는 것이 아닙니다. 이 사람들은 아주 중요한 실수 두 가지를 합니다. 첫 번째는 살인에 대한 하나님의 심판을 빼 버렸고, 두 번째는 살인이라는 엄청난 것을 지방재판소의 재판거리 정도로 약화시킨 것입니다. 그들은 왜 이렇게 해석하게 되었습니까? 외면적인 행위에 더 치중했기 때문에 마음의 동기에는 관심을 갖지 않았던 것입니다. 또한 율법의 부정적인 명령의 이면에 있는 긍정적인 의미를 빼 버렸습니다. 예를 들면 살인하지 말라는 명령에는 하나님의 형상대로 창조된 영혼은 단순한 물건이나 숫자가 아니고, 하나님이 천하보다도 귀중하게 여기시는 영혼이라는 의미가 있는데 이를 다 빼 버린 것입니다.

오늘날에도 우리는 이렇게 율법을 대합니다. 부정적인 명령은 문자 그대

하늘은 땅에서 열린다

로만 지키고 긍정적인 명령으로 바꾸지 않습니다. 살인하지 말라는 말씀을 영혼을 깊이 사랑하라는 말씀으로 해석하지 않습니다. 살인을 안 하면 그 명령을 지켰다고 생각합니다. 예수님은 거기서 더 나아가야 한다고 말씀하신 것입니다. 살인하지 말라는 말씀은 단지 문자적으로만 지키는 율법이 아닙니다. 왜 살인하지 말아야 하는지, 그 영혼이 얼마나 소중한 영혼인지를 깨달으면 살인은 저절로 안 하게 되는 것입니다. 그런데 우리는 문자적으로 살인하지 말라는 뜻으로 축소시킵니다.

반면에 긍정적인 명령은 반대로 해석합니다. 긍정적인 명령은 부정적인 명령으로 해석해서 지킵니다. 예를 들면 서로 사랑하라는 말씀을 어떻게 해석합니까? 미워하지 않으면 사랑하는 것으로 해석합니다. 그것을 문자적으로 안 지킵니다. 부정적인 명령은 문자적으로 지키는 것으로 끝내면서 긍정적인 명령은 부정적인 명령으로 축소시킵니다. 서로 사랑하라고 했을 때 문자 그대로 사랑하지 않으면 사랑 안 하는 것입니다. 그런데 우리는 "나는 아무도 미워하지 않아. 아무하고도 갈등이 없어. 그러면 사랑한 거야"라고 해석합니다. 그러나 미워하지 않는다고 해서 사랑하는 것이 아닙니다.

우리는 율법을 그렇게 축소시켜서 우리 나름대로 해석하는데, 율법학자들이 그것을 아주 구체화하고 명분화했다는 것이 문제입니다. 서로 사랑하라는 율법은 문자 그대로 지켜야 합니다. 또 부정적인 명령은 거기서 끝나는 것이 아니라 긍정적인 명령어로 다 바꿔서 해석해야 합니다. 그게 진짜 율법의 정신입니다.

하나님이 원하시는 것은 기계적인 삶이 아닙니다. 율법의 조항에 따라 기계적으로 움직이는 것이 아닙니다. 아담과 하와가 율법의 의미에 담긴 하나님의 뜻과 하나님과의 교제와 하나님과의 동행하는 삶을 생각했다면 선악을 알게 하는 나무를 범하지 않았을 것입니다. 먹지 말라는 딱 하나의 부정적인 명령이었습니다. 그러나 그것을 문자적으로만 해석하지 않고 그것을 넘어서서 하나님과 동행하는 삶이 있었더라면 먹지 않을 수 있었을 것입니다. 예수님은 산상 수훈에서 율법에 대한 문자적인 해석을 넘어서서 살아 계신 하나님과 동행하는 삶이 의로운 삶이라고 말씀하셨습니다. 가장 중요한 것이 우리 마음의 동기와 우리 마음의 상태라는 것입니다. 예수님은 22절에서 살인하지 말라는 율법을 이렇게 해석하십니다.

"그러나 나는 너희에게 말한다. 형제에게 분노하는 사람도 심판을 받게 될 것이다. 또 형제에게 '라가'라고 하는 사람도 공회에서 심문을 당할 것이다. 그리고 '너는 바보다' 하는 사람은 누구든지 지옥 불 속에 떨어질 것이다."

여기에 보면 3단계의 과정으로 나누어 설명하고 있습니다. 음악 악보의 크레센도처럼 점점 강도가 세지고 있습니다. 먼저 분노하는 사람도 그 지방 하급재판소에 가서 심판받아야 한다는 것입니다. 그리고 두 번째로 분노가 아니라 멸시하는 사람이 나옵니다. '라가'(Raca)는 속이 빈 사람, 텅 빈 사람이라는 뜻의 속어입니다. 그렇게 라가라고 형제를 멸시하는 사람은 어디로 가야 합니까? 산헤드린 공회 상급재판소로 가야 한다는 것입니다. 이는 최고의 결기관입니다. 오늘날로 말하면 대법원입니다. 그러나 그 정도에서 끝나는 것이 아니라 더 높은 재판에 처합니다. "너는 바보다"라는 것은 아주 가치 없는, 쓰레기 같은 인생이라는 뜻입니다. 그렇게 말하는 사람은 지옥 불에 떨어져야 한다고 강도를 높여서 말씀하시는 것입니다.

예수님은 어디서부터 시작하셨습니까? 분노로 시작하셨습니다. 그 다음은 멸시, 그 다음은 저주였습니다. 특별히 살인에 대해서는 말씀하지 않으셨습니다. 분노와 멸시와 저주의 다음 단계는 이미 살인인 것입니다. 살인이라는 행위를 먼저 볼 것이 아니라 그 이면에 있는 영혼에 대한 저주, 영혼에 대한 멸시, 영혼에 대한 분노를 봐야 합니다. 이것이 살인을 만들어 내는 것들이기 때문에 사실은 이것부터 하나님 앞에서 검증해야 한다는 것입니다. 그것을 가지고 재판해야 하고 그것을 가지고 공회 심문을 해야 한다는 것입니다. 그것이 바로 하나님 나라의 기준인 것입니다.

예수님은 살인의 행동을 말씀하지 않으셨지만 살인이 일어나는 원인과 동기를 추적하셨습니다. 살인하지 말라는 말씀을 지키기 위해서는 분노부터 다스려야 한다는 것입니다. 너무 중요한 말씀입니다. 끔찍한 살인 사건의 동기는 무엇입니까? 저주입니다. 그 저주의 이면에는 멸시가 있고, 멸시 이면에는 분노가 있는 것입니다. 그러므로 하나님 나라의 의로운 삶은 우리 내면에 있는 분노를 치유하고 해결하는 것에서부터 시작하는 것입니다. 최초의 살인인 가인의 살인은 무엇으로 시작되었습니까? 분노로부터 시작되었습니다. 하나님에 대한 분노였습니다. 나의 제사는 받지 않고 동생의 제사는 받으시는 하나님, 나의 문제는 생각하지 않고 내 제사를 받지 않으시는 하나님에 대한 분노를 동생에게 풀었습니다. 이 땅에서 하늘나라의 삶을 사는 모든 영혼은 분노를 가지고 하나님 앞에 나아가야 합니다. 살인하지 말라는 명령을 지키려면 내 마음에 있는 분노를 하나님 앞에서 해결해야 합니다. 그것을 해결하지 않으면 우리는 누구든지 살인할 수 있는 사람이고 이미 살인한 자가 되는 것입니다. 형제에 대하여 분노하는 것이 바로 형제를 살인하는 것입니다.

왜 왕따 당하는 어린 학생들이 자살을 합니까? 왜 생명을 잃습니까? 주변 사람의 멸시 때문에, 그로 인한 분노 때문에 자신의 목숨을 앗아 가는 것입니다. 연약한 사람은 자기 자신의 생명을 살인하고, 강한 사람은 다른 사람의 생명을 살인합니다. 그 이면에 있는 이 분노의 문제는 굉장히 중요합니다. 사회 윤리에 분노를 다스리는 법이 있습니까? 분노하면 벌금 500만 원, 이런 법이 있는 나라가 있습니까? 없습니다. 그러나 하나님 나라의 의로운 삶은 내 안에 있는 분노를 심각한 죄로 여깁니다. 그 분노를 하나님 앞에 내려놓고, '내가 이러한 죄를 범했구나'라는 심각한 문제의식을 가지고 우리 마음을 살펴야 합니다.

모든 분노에는 죄가 숨어 있습니다. 하나님의 진노만이 의로운 진노이며, 인간에게 있는 진노는 아무리 의로운 의도를 가진다고 해도 그 안에 죄가 숨어 있습니다. 그러므로 의로운 이야기를 하더라도 분노하지 않고 할 수 있어야 합니다. 사랑으로 의를 말해야 합니다. 그렇지 않으면 우리는 형제를 살인하는 자가 될 수 있는 것입니다. 예수님은 살인하지 말라는 부정적인 말씀을 가지고 얼마나 깊이 있게 하나님의 마음을 끄집어내셨습니까? 그런데 율법학자들은 "살인하면 지방재판소에서 재판을 받을 것이다"라는 것으로 끝낸 것입니다. 살인을 피상적이고 외면적인 것으로 축소시킨 것입니다. 예수님은 그들이 가르친 것은 진짜 율법이 아니라고 교정해 주셨습니다.

23-26절을 보면 두 가지 예가 나옵니다. 첫 번째 예를 보면, 제단 앞에 서서 예배하면서 하나님 앞에 예물을 드리는 모습을 보여 주고 있습니다. 이는 성도의 예배 중 클라이맥스입니다. 하나님 앞에 예물을 드리는 가장 중요한 순간에 나에게 화가 나 있는 어떤 형제가 생각나는 것입니다. 예수님은 "예물을 드리지 말고 중단하고 가서 화해해라. 나는 너의 마음속에 있는 그 잘못된 상태를 받기를 원하지 않는다. 형제와 화해하는 제사를 받기 원한다. 너로 인해 분노한 자가 있다면 먼저 가서 용서를 구하고 화해하고, 그러고 나

서 나에게 예물을 드려라. 그렇지 않으면 나는 그 예물을 받지 않겠다”고 하십니다. 진정한 예배란 우리 안에 있는 관계로 인한 분노를 해결하는 것입니다. 그것이 하나님이 더 기뻐하시는 제사인 것입니다.

법정에서 고소하는 예가 25-26절에 나옵니다. 우리 주변에서 끊임없이 일어나는 문제를 얼마나 사실적으로 묘사하고 있습니까? 누군가를 고소하려고 길을 가는 도중에라도 그와 화해하라고, 기회를 놓치지 말라고 말씀하십니다. 분노의 순간을 화해의 순간으로 바꾸는 것이 의로운 삶이라고 말씀하십니다. 이것을 지키지 못하면 우리는 이 땅에서 천국을 살지 못하는 것입니다.

예수님이 산상 수훈에서 말씀하시는 주제가 시대와 문화를 초월해서 우리에게 얼마나 절실한 주제인가를 보여 주는 것이 두 번째 예입니다. 간음과 이혼에 관한 문제입니다.

“‘간음하지 말라’는 옛사람들의 말을 너희가 들었다. 그러나 나는 너희에게 말한다. 여자를 음란한 눈으로 바라보는 사람은 누구든지 이미 마음으로 간음한 것이다”(27-28절).

예수님은 먼저 남자들을 겨냥하여 말씀하셨습니다. 여자를 음란한 눈으로 바라보는 사람은 이미 마음으로 간음한 것이라고 하셨습니다. 옛사람들은 간음하지 말라는 말만 했지만, 예수님은 “나는 너희에게 말한다. 음란한 눈으로 바라보는 것이 이미 간음한 것이다”라고 말씀하셨습니다. 인류의 모든 남자들의 문제점을 정확하게 *끄집어내신* 것입니다. 남자들의 문제를 분석하는 책에서 공통적으로 말하는 것은, 남자는 시각에 약하다는 것입니다. 남자의 모든 유혹은 눈으로부터 시작되는 것입니다. 그래서 결혼을 앞둔 자매들은 남자를 볼 때 눈을 잘 보기를 바랍니다. 바라볼 때 그냥 쳐다보는 것이 아니라 어떤 욕망을 가지고 바라보는 지를 알아야 합니다. 예수님은 바라보는 것에서 부터 이미 간음하는 것이라고 마음의 간음을 말씀하셨습니다. 남자들은 시각적인 자극에 굉장히 약하다는 것입니다.

눈을 통제하지 못해서 망한 사람이 삼손입니다. 삼손이 여자와 결혼하겠다고 부모에게 말하는 걸 보면 ‘본다’는 단어가 많이 나옵니다. ‘내가 보니’ 한눈에 반했다는 것입니다. 결혼을 앞둔 남성들은 한눈에 반하는 것을 조심하기 바랍니다. 마음이 눈을 통제해야지 눈이 마음을 통제하면 사고가 나고 문제가 생기는 것입니다.

그런데 삼손과 반대로 눈을 잘 통제했던 사람이 욥입니다. 욥기 31장 1절을 보면 이런 고백이 나옵니다. "내가 내 눈과 언약한 것이 있는데 어떻게 처녀에게 한눈을 팔겠는가?" 음란한 마음으로 바라보지 않기 위해서 눈과 언약을 세웠다는 것입니다. 또 7절에서 이렇게 고백했습니다. "내 발걸음이 바른길에서 벗어났거나 내 마음이 내 눈이 바라는 대로 이끌렸던가?" 마음이 눈을 따라가지 않았다는 것입니다.

성적인 순결을 지키려면 욥처럼 눈과 언약을 세워야 합니다. 이 분야의 전문가인 스티브 아토반의 글을 보면, 두 가지 언약을 세웁니다. 첫 번째는 눈길을 돌려야 한다는 것입니다. 그리고 두 번째는 눈길을 굶겨야 한다는 것입니다. 아주 재미있는 표현입니다. 모든 남성들이 눈길을 돌리고 눈길을 굶길 것을 축원합니다. 그렇다고 예배 시간에 서로 축복하라는데 여자라고 고개를 확 돌리라는 말이 아닙니다. 옳지 못한 마음을 가지고 주목하는 것을 삼가라는 것입니다. 한 남자가 조깅하는 아름다운 여자를 운전하면서 보고 가다가 경찰차를 들이받는 TV 광고를 본 적이 있는데, 참 잘 만든 것 같습니다. 남자의 심성을 잘 표현한 것 같습니다. 하나님 앞에 언약을 세우고, 눈길을 돌리고 눈길을 굶기는 역사가 있기를 축원합니다. 그럴 때 우리의 마음은 주님께로 더 가까이 나가게 되고, 하나님 나라가 우리 삶에 이루어집니다.

그러나 이것이 남자들에게만 해당되는 것입니까? 아닙니다. 여자에게 적용하면 이 말씀을 어떻게 이해할 수 있습니까? "나는 너희에게 이르노니 남자를 떠올리며 욕망을 품는 여자마다 마음에 이미 간음하였느니라." 남자들은 육신의 눈에 약하지만 여자는 마음의 눈이 약합니다. 여자들은 정서의 눈을 조심해야 합니다. 남성은 눈에 약하지만 여성은 귀에 약합니다. 달콤한 말이 들려올 때 마음이 가는 것입니다. 미국의 어느 잡지를 보니까 여성들이 하는 가장 많은 공상이 리처드 기어같이 멋진 남자와 멋진 분위기에서 식사하는 것이라고 합니다. 그런 상상을 굶겨야 하나님 나라의 백성이 되는 것입니다. 마음의 눈과 언약을 맺어서 헛된 마음의 공상을 차단하고 굶기지 않으면 이미 간음하는 것입니다. 어떤 각오로 그것을 끊어야 하는지에 대해 예수님은 이렇게 말씀하셨습니다.

"네 오른쪽 눈이 너를 죄짓게 하거든 그 눈을 뽑아내 버려라. 온몸이 지옥에 던져지는 것보다 몸의 한 부분을 잃는 것이 더 낫다"(29절).

49

눈을 진짜 뽑으라는 것일까요? 이를 진짜 실천한 사람이 있었습니다. 초대 교회의 오리겐 같은 사람은 손을 끊고 눈을 뺐습니다. 그래서 325년에 있었던 니케아 종교회의에서 "제발 손을 그만 자르라. 교회에서 발 좀 그만 자르라"고 했습니다. 이는 예수님의 말씀을 문자 그대로 지킨 것입니다. 사람들은 웃을지 모르지만 저는 그분들이 정말 위대한 분들이라고 생각합니다. 그러나 예수님이 그렇게 진짜 손발을 자르라고 하신 것이 아닙니다. 그런 각오를 가지고 지키라는 뜻입니다. 그런 각오가 있으면 왜 눈을 못 굶기겠습니까? 왜 헛된 생각을 못 버리겠습니까? 손으로 범죄하려면 손이 없는 것처럼 행동하고 발로 범죄하려면 발이 없는 것처럼 살아가라는 뜻입니다. 눈이 범죄하면 눈이 없는 것처럼 살아가 보라는 것입니다. 그럴 때 하나님 나라의 의로운 삶이 우리에게 이루어집니다.

이 땅에서 하늘나라의 삶을 살기 위해서는 세상의 문화라고 하는 이름으로 우리에게 제공되는 모든 것을 삼갈 필요가 있습니다. 온몸이 지옥에 던져지는 것보다는 문화적 결단이라는 수술을 겪는 것이 훨씬 낫습니다. 주님은 간음하지 말라는 한 명령을 가지고 우리의 마음과 생각과 신체에 이르기까지 온몸이 거룩한 삶으로 드려져야 한다는 것을 말씀하셨습니다.

예수님은 간음의 문제를 이혼으로 연결해서 결론을 내리십니다.

"'아내와 이혼하는 사람은 이혼 증서를 주어야 한다'는 말이 있다. 그러나 나는 너희에게 말한다. 음행한 경우를 제외하고 아내와 이혼하면 그 아내를 간음하게 만드는 것이다. 또 누구든지 이혼한 여자와 결혼하는 사람도 간음하는 것이다"(31-32절).

여기에 보면 유대 랍비들이 어떻게 가르쳤습니까? 아내와 이혼하는 사람은 이혼 증서를 주어야 한다는 것이 조항이었습니다. 이것은 틀린 말입니다. 신명기 24장 1절에서 "너희가 아내를 데려온 이후에 수치스러운 일을 발견하고 그를 기뻐하지 아니하면 이혼 증서를 써서 집에서 내보내라"고 했습니다. 그 당시에 여성이 이혼을 당하면 도저히 살아갈 수가 없었습니다. 버림받은 인생입니다. 이혼 증서가 없으면 돌에 맞아 죽을 수가 있기 때문에 이혼 증서를 써 줘서 그 여인을 보호해 주라는 것입니다. 그 여인에게 어떤 문제가 있을 때 이혼 증서를 통해 보호받도록 하기 위해 어쩔 수 없이 허용한 일부분을 끄집어내서 그들이 어떻게 이용했습니까? 이혼 증서만 써 주면 이

하늘은 땅에서 열린다

혼할 수 있다고 바꾼 것입니다. 얼마나 악한 것입니까? 당시에 남자들의 완악함으로부터 여인들을 보호하기 위해 허용한 하나의 조치를 가지고 그들은 이혼 증서를 강한 법으로 만들어서 누구든지 원하면 이혼 증서를 써 주어 언제든지 이혼할 수 있게 만들어 버린 것입니다. 그리고 스스로 의롭다 여기니 얼마나 가증하고 잘못된 의입니까?

당시에 힐렐학파라는 유대인 바리새인들이 이혼 증서를 써 줄 수 있는 조건을 기록한 것이 있습니다. 아내가 소금을 너무 많이 쳐서 음식을 못 먹게 되었을 경우, 아내가 수건을 쓰지 않고 대중 앞에 나타났을 경우, 아내가 다른 남자와 거리에서 이야기했을 경우, 아내가 시부모에게 무례하게 말했을 경우가 이혼 사유에 해당합니다. 마지막이 기가 막힙니다. 다른 여인이 남편의 눈에 매우 아름답게 보이는데 이에 비해 아내가 매력이 없어 보일 때 이혼 사유가 된다는 것입니다. 모든 가정을 다 파탄시킬 수 있는 법입니다. 이 시대에 태어난 것을 하나님 앞에서 감사하기를 바랍니다. 얼마나 많은 여인들이 이혼을 당했을까요? 자신의 잘못된 욕망을 채우기 위해 이혼 증서를 써서 이혼했던 것입니다. 예수님은 그것에 정면으로 도전하신 것입니다.

바리새인들은 교묘하게 사회적인 상황 윤리를 만들었습니다. 오늘날 동성애를 포장하기 위해 교묘하게 사회적인 상황 윤리를 만들고, 잘못된 성차별과 가정 폭력을 합리화하는 모든 것에 대해 예수님은 한마디로 말씀하십니다. "합당하지 않다."

예수님은 세 가지 경우만 들어서 말씀하셨지만, 주님의 말씀을 통해 하늘나라가 얼마나 의로운 삶인지 느낄 수 있습니다. 이 세상에서 사회적 윤리를 지킴으로써 만족한 인생이 되는 것이 아닙니다. 이 땅에서 하늘나라를 사는 의로운 삶은 복잡한 삶이 아니라 하나님의 율법을 진심으로 지키려고 하는 삶입니다. 그 말씀을 주신 하나님의 뜻과 의도를 깊이 묵상하고 실천하면, 이 땅에서 하늘나라의 삶을 보여 주는 의로운 삶이 될 것입니다. 이 땅에 일어나는 살인과 성폭력과 범죄들은 분노와 간음으로 인해 일어나는 것입니다. 먼저 우리 그리스도인의 삶 속에서 이런 분노와 간음과 잘못된 이혼이 사라져야 합니다. 하나님이 원하시는 의로운 삶이 우리의 삶 속에 이루어지기를 축원합니다.

³³또 옛 사람들에게 '네가 한 맹세를 어기지 말고 주께 한 맹세는 꼭 지켜야 한다'는 말도 너희가 들었다. ³⁴그러나 나는 너희에게 말한다. 아예 맹세를 하지 말라. 하늘을 두고 맹세하지 말라. 하늘은 하나님의 보좌이기 때문이다. ³⁵땅을 두고도 하지 말라. 땅은 하나님의 발판이기 때문이다. 또 예루살렘을 향해서도 하지 말라. 예루살렘은 위대한 왕의 도시이기 때문이다. ³⁶네 머리를 두고 맹세하지 말라. 너는 머리카락 하나라도 희거나 검게 할 수 없기 때문이다. ³⁷너희는 그저 '예' 할 것은 '예' 하고, '아니오' 할 것은 '아니오'만 하라. 그 이상의 말은 악한 것에서 비롯된 것이다. ³⁸'눈에는 눈으로, 이에는 이로'라는 말도 너희가 들었다. ³⁹그러나 나는 너희에게 말한다. 악에 맞서지 말라. 누가 네 오른뺨을 치거든 왼뺨마저 돌려 대어라. ⁴⁰누가 너를 고소하고 속옷을 가져가려 하거든 겉옷까지도 벗어 주어라. ⁴¹누가 네게 억지로 1밀리온을 가자고 하거든 2밀리온을 같이 가 주어라. ⁴²네게 달라고 하는 사람에게 주어라. 그리고 네게 꾸려고 하는 사람을 거절하지 마라. ⁴³'네 이웃을 사랑하고 네 원수를 미워하라'는 말도 너희가 들었다. ⁴⁴그러나 나는 너희에게 말한다. 너희 원수를 사랑하고 너희를 핍박하는 사람을 위해 기도하라. ⁴⁵그리하면 너희가 하늘에 계신 너희 아버지의 아들들이 될 것이다. 하나님께서는 악한 사람이나 선한 사람이나 똑같이 햇빛을 비춰 주시고 의로운 사람이나 불의한 사람이나 똑같이 비를 내려 주신다. ⁴⁶너희를 사랑해 주는 사람만 사랑한다면 무슨 상이 있겠느냐? 세리라도 그 정도는 하지 않느냐? ⁴⁷형제에게만 인사한다면 남보다 나을 것이 무엇이겠느냐? 이방 사람도 그 정도는 하지 않느냐? ⁴⁸그러므로 하늘에 계신 너희 아버지가 온전하신 것같이 너희도 온전해야 한다."

chapter 4

율법을 완전케 하다(2)

마태복음 5:33-48

우리는 이 땅에서 마음이 가난해져서 하나님의 자녀가 되는 것을 멈추면 안 됩니다. 예수님이 바라보고 계신 목표는 우리가 이 땅에서 하나님을 가장 닮은 자녀가 되는 것입니다. 우리는 온전해야 합니다. 하나님이 성령을 따라 사는 자에게 요구하시는 온전한 삶을 이 땅에서 살아야 하는 것입니다.

우리에게 부어진 능력

크리스마스는 하늘이 이 땅에서 열린 날입니다. 그 이전에도 물론 간헐적으로, 일시적으로 때에 맞춰 하나님이 하늘의 계시와 사건을 보여 주셨지만 예수님이 이 땅에 오심으로써 하늘나라가 이 땅에서 열리게 된 것입니다. 누구든지 회개하면, 또 예수 그리스도를 영접하면 하늘나라의 백성이 되고 하나님의 자녀가 되며 하늘의 축복과 권세를 이 땅에서 누릴 수 있도록 허락해 주신 것입니다. 그것이 구원의 기쁜 소식입니다.

성도의 삶의 목표는 죽어서 천국 가는 것만이 아닙니다. 이 땅에서 하늘나라의 삶을 사는 것입니다. 예수님이 산상 수훈을 우리에게 주신 것은 우리가 이 말씀을 지키면 천국에 가고, 이 말씀을 지키지 못하면 천국에 못 간다는 뜻이 아닙니다. 그런 뜻으로 이 산상 수훈을 이해하면 또 하나의 종교가 탄생하는 것입니다. 예수님은 종교를 창설하신 것이 아닙니다. 이 땅에서 하늘 나라의 삶을 은혜로 허락하셨고, 은혜로 그 삶을 살 수 있는 은총을 우리에게 주신 것입니다.

율법의 한계는 율법의 조항이나 내용이 부족해서가 아닙니다. 인간의 악함이 율법의 선함을 다 지키지 못하는 것입니다. 예수님이 율법을 완전하게 하셨다는 것은 새로운 율법을 만드신 것이 아니라, 그 율법의 의로움을 다 이루셨다는 것입니다. 그 결론이 십자가였습니다. 율법의 선함과 축복뿐 아니라 율법이 정죄하는 모든 형벌과 저주를 십자가에서 감당하신 것입니다. 율법의 요구를 다 이루신 것입니다. 그뿐이 아닙니다. 성령님이 우리 가운데 오셔서 율법의 요구를 우리를 통해서도 이루십니다. 우리 안에서 그리스도의 영이 역사하심으로 말미암아 우리는 하나님 나라의 삶을 살 수 있습니다.

율법은 "하라, 하지 말라"고만 합니다. 하면 축복이고 하지 않으면 저주입니다. 그런데 율법으로는 사람이 변하지 않습니다. 할 수 있는 능력이 없기 때문입니다. 또 하지 않을 수 있는 능력이 없기 때문입니다. 그러나 그리스도의 십자가와 부활과 성령의 임재하심으로 우리에게 할 수 있는 능력이 부어진 것입니다. 또 하지 않을 수 있는 능력도 부어진 것입니다. 이것이 복음의 능력입니다. 율법은 우리에게 참된 하나님의 기준을 가르쳐 주었지만 우리가 그 기준대로 살 수 있는 능력까지는 가져다주지 못했습니다. 그러나 우리 안에 그리스도의 영이 임재하심으로 우리는 이 땅에서 하늘의 삶을 살 수 있는 것입니다.

주일 예배를 드리러 교회에 올 때마다 기도가 바뀌어야 합니다. "하나님, 한 주간도 그렇게 살지 못했습니다"라고 그치는 것이 아니라(때로는 그런 회개의 기도도 있어야 하지만), "하나님, 한 주간 성령 안에서 율법의 의를 이루는 삶을 살았습니다. 이 땅에서 하늘의 삶을 살았습니다. 감사합니다"라고 승전보를 드릴 수 있는 기도가 되어야 합니다. 성도들의 기도를 들어 보면 그 수준을 알 수가 있습니다. 어떤 성도들은 "하나님, 오늘도 나가서 또 졌습니다. 오늘도 무너졌습니다"라는 패잔병의 보고밖에 없습니다. 산상 수훈의 말씀대로 살고자 하는 우리는 "하나님, 오늘도 용서했습니다. 하나님, 오늘도 양보했습니다. 하나님, 오늘도 축복했습니다"라는 기도의 승전보를 날마다 하나님 앞에 올려 드려야 합니다.

구별된 삶

예수님은 우리에게 이렇게 살라고 말씀하시기 전에, 우리가 어떤 존재인가를 먼저 말씀하셨습니다. 회개하여 하나님 나라에 들어간 자는 팔복의 삶, 팔복의 성품을 가진다고 하셨습니다. 이것은 우리가 만들어 낸 것이 아니라, 마음이 가난한 자로 주 앞에 나아갈 때 우리에게 일어나는 성령의 역사로 말미암는 것입니다. 성령의 열매로 팔복의 성품이 주어지는 것입니다. 그런 삶을 살아갈 때 이 세상에 두 가지 중요한 영향을 미치게 됩니다. 하나는 소금으로, 하나는 빛으로 이 세상에서 영향을 미칩니다. 세상 속에서 소금과 빛으로 사는 사람은 분명히 구별된 삶을 삽니다. 무언가 다른 삶을 살게 됩니다.

예수님은 이 땅에 있는 사람들의 중요한 문제들을 여섯 개로 끄집어내셨습니다. 앞 장에서 세 가지 경우를 봤습니다. 이 세상의 신문과 뉴스에서 듣는 끔찍한 소식들의 핵심을 이루는 것들로 분노에서 시작되는 살인, 마음을 통제하지 못하면서 생기는 성적인 타락과 폭력입니다. 예수님은 이 세상에 있는 문제를 내다보신 것처럼 우리가 어떠한 모습으로 세상에서 살아야 할지 말씀해 주셨습니다.

본문에서 예수님은 현대인의 문제 속에 나타나는 중요한 이슈를 미리 내다보신 것처럼 우리에게 알려 주십니다. 당시에 율법학자들은 구약에 있는 하나님의 율법, 선함을 가르쳐 주고 인도해 주는 그 율법을 오히려 이용했습니다. 인간의 악함을 포장하고, 그 율법을 지키지 않고, 자신들을 위선적으로 만들었습니다. 어쩌면 이 세상의 종교도 그러한 역할을 해 주는지 모릅니다. 자신의 악함을 적나라하게 하나님 앞에 내놓기보다는 포장하고 위장하는 일로 종교를 이용하는지도 모릅니다. 어떤 분은 1년 스케줄을 짜서 교회도 한 번 가고 절에도 한번 가고 성당에도 한번 갑니다. 어느 쪽에서 어떤 일이 일어날지 모르니까 보험 들듯이 가는 것입니다. 그러나 그런 삶이 아니라 이 땅에서 천국을 체험하고 누리는, 참으로 복된 삶을 살아야 합니다.

말의 진실성

본문에 나오는 세 가지 경우 중 첫 번째는 말의 진실성에 관한 것입니다.

예수님은 맹세에 대한 율법을 교정해 주시면서 그 원래의 뜻을 가르쳐 주십니다.

"또 옛사람들에게 '네가 한 맹세를 어기지 말고 주께 한 맹세는 꼭 지켜야 한다'는 말도 너희가 들었다"(33절).

옛사람들로부터 들었던 율법의 해석은 무엇입니까? 내가 한 맹세를 어기지 말고 주께 한 맹세는 꼭 지켜야 한다는 것입니다. 틀린 말이 없는 것처럼 보입니다. 그런데 주께 한 맹세는 꼭 지켜야 한다는 말을 추가한 이유는 무엇일까요? 주께 하지 않은 맹세는 지키지 않아도 된다고 이용하는 것입니다.

출애굽기에서 하나님 앞에서 맹세한 것은 반드시 지켜야 한다고 했습니다. 또 레위기와 신명기에서도 하나님의 이름으로 맹세한 것은 반드시 지켜야 한다고 했습니다. 레위기 19장 12절에 '너희는 내 이름으로 거짓 맹세함으로 하나님의 이름을 모독하지 말라'는 구절이 나옵니다. 하나님의 이름으로 맹세한 것은 반드시 지켜야 한다는 말씀은 하나님의 이름을 넣은 맹세만 지켜야 한다는 뜻이 아닙니다. 그런데 하지 말라는 것을 문자적으로만 이해하고, 그 이면의 것을 긍정적인 명령으로 확대시키지 않은 것입니다. "하나님의 이름이 들어간 맹세는 반드시 지켜야 한다. 그러나 하나님의 이름을 사용하지 않은 맹세는 지키지 않아도 된다." 이렇게 비껴가는 것입니다.

그래서 율법학자들은 하나님의 이름을 사용하지 않고 맹세할 수 있는 여러 대상을 많이 제시했습니다. 그들은 하늘을 가지고도 맹세했고, 자신의 생명을 가지고도 맹세했고, 예루살렘 성을 향해서도 맹세했고, 자신의 머리카락을 가지고도 맹세했고, 땅을 가지고도 맹세했습니다. 맹세가 남발되던 시대였습니다. 예수님 당시에는 사람들이 그냥 말해도 되는 것을 맹세하면서 말하는 사회였던 것입니다. 그만큼 말의 진실성, 말의 신뢰성이 떨어진 시대였습니다.

예를 들면 당시에 이스라엘 사람들은 "이것은 올리브나무입니다"라고 말하면 되는데, "내 생명을 걸고 맹세하는데 이것은 올리브나무입니다"라고 했습니다. 이는 불필요한 말입니다. "내가 진짜 장담하는데.", "손에 장을 지진다." 이런 말은 말의 신뢰도가 떨어질 때 나오는 불필요한 언어입니다. 예수님 당시에 이런 불필요한 말을 한 것입니다. "특별히 하나님의 이름으로 맹세한 것은 지켜야 한다. 안 지키면 형벌을 받는다"는 말씀 앞에서 다른 것을

하늘은 땅에서 열린다

가지고 맹세하던 사회였습니다. 말을 신뢰할 수 없던 사회의 일면을 보여 주는 것입니다.

예수님이 뭐라고 말씀하셨습니까?

"그러나 나는 너희에게 말한다. 아예 맹세를 하지 말라. 하늘을 두고 맹세하지 말라. 하늘은 하나님의 보좌이기 때문이다. 땅을 두고도 하지 말라. 땅은 하나님의 발판이기 때문이다. 또 예루살렘을 향해서도 하지 말라. 예루살렘은 위대한 왕의 도시이기 때문이다. 네 머리를 두고 맹세하지 말라. 너는 머리카락 하나라도 희거나 검게 할 수 없기 때문이다"(34-36절).

그 사람들은 하늘로 맹세하면 때로 지키지 않아도 된다고 생각한 것입니다. 그런데 예수님은 "하늘은 하나님이 계신 곳이 아니냐? 너희가 땅을 두고 맹세하느냐? 땅은 하나님의 발등상이다. 예루살렘을 두고 맹세하느냐? 이는 하나님의 위대하신 왕의 성이다. 머리카락을 두고 맹세하느냐? 머리카락을 만드신 분이 하나님이다"라고 말씀하십니다. 우리의 모든 말은 다 하나님 앞에서 하는 것이고, 모든 맹세는 하나님 앞에서 하는 맹세라는 것입니다. 하나님의 이름이 들어가지 않았다고 해서 지키지 않아도 된다고 하는 것이 문제입니다. 그러므로 예수님은 이렇게 말씀하십니다. "아예 맹세하지 마라. 맹세가 필요 없는 언어가 되어야 한다." 맹세가 없어도 되는 진실한 말이 되어야 한다는 것입니다. 서약과 맹세가 많아지는 건 문제가 많다는 것입니다. 그런 것이 없어도 말에 진실성이 있고 신뢰가 있는 공동체와 사람들이 바로 이 땅에서 하늘나라의 삶을 사는 사람입니다.

우리의 모든 삶을 하나님이 지켜보고 계십니다. 우리의 모든 언어를 하나님이 듣고 계십니다. 우리의 모든 말과 행동을 하나님이 지켜보시고 기록하고 계십니다. 이것 한 가지만 알면 우리가 굳이 맹세를 할 필요가 없는 것입니다. 그렇다고 해서 국기에 대한 맹세를 거부하라는 것이 아닙니다. 인간관계와 생활 속에서 불필요한 맹세를 남발하지 말라는 것입니다. 오늘 이 시대에 말의 신뢰성이 얼마나 떨어졌습니까? 가장 믿을 수 없는 것이 말이 되었습니다.

창세기를 보면 말이 얼마나 중요하고 파워가 있는지를 보여 주는 예가 나옵니다. 이삭이 야곱을 축복한 사건을 보면 알 수 있습니다. 그 시대에 언어를 어떻게 생각했는지를 보여 주는 단면입니다. 야곱은 어머니와 함께 아버지 이삭을 속였습니다. 속는 아버지도 문제입니다. 아버지가 되어 자식을 분별하지 못하고 에서에게 줄 축복을 야곱에게 준 것입니다. 에서가 속은 것을 알고 "내게도 축복해 주소서" 하니까 이삭은 "없다"라고 합니다. 다 축복해 줘 버렸다고 합니다. 저는 그 말씀을 보면서 '아니, 왜 그러지? 그냥 불러서 취소하면 될 거 아닌가?'라고 생각했습니다. 그러나 이삭은 취소가 안 된다고 말합니다. 그것이 그 시대의 세계관입니다.

오늘 이 시대는 얼마나 말을 믿지 않고 증거를 믿습니까? 물건은 믿는데 말은 믿지 않습니다. 물증이 있어야 합니다. 말은 못 들었다고 하면 끝납니다. 말 안 했다고 하면 끝나는 것입니다. 사람의 말은 믿을 수 없으니 예루살렘 성을 두고 맹세하고, 내 말을 믿느니 머리카락을 믿으라는 것입니다. 얼마나 우스꽝스러운 시대가 되었습니까? 오늘 이 시대에 이 땅에서 하늘나라의 구별된 삶, 의로운 삶을 살면서 우리의 말이 진실하고 신뢰할 수 있는 말이 되기를 축원합니다.

예수님은 앞에서는 눈과 생각을 통제하라고 하셨는데, 이제 말을 통제하라고 하십니다. "입에 파수꾼을 세워라. 우리의 말을 하나님이 다 듣고 계신다. 하나님 앞에서 한번 내뱉은 말은 취소할 수 없는 말인 것처럼 그렇게 살아라"고 하십니다. 그리고 보충 설명으로 37절의 말씀을 주셨습니다.

"너희는 그저 '예' 할 것은 '예' 하고, '아니오' 할 것은 '아니오'만 하라. 그 이상의 말은 악한 것에서 비롯된 것이다."

너무나 기가 막힌 말씀입니다. 말에 진지한 사람은 어떤 사람입니까? '예'와 '아니오'가 분명한 사람입니다. '예'와 '아니오'가 분명하지 않은 사람은 그 마음에 다른 생각이 있거나 악한 생각이 있기 때문입니다. 진실을 진실이라고 말하고 거짓을 거짓이라고 말할 수 있어야 합니다. 그런데 우리는 때로 그렇게 말하지 못합니다. 마음은 '예'인데 입으로는 '아니오'라고 말하고, 마음은 '아니오'인데 겉으로는 '예'라고 말합니다. 언어가 분리되어 있는 것입니다.

'예'와 '아니오'가 분명하지 않은 네 부류의 사람이 있습니다. 첫 번째는 '예'라고 말하고 싶으면서도 '아니오'라고 말하고, '아니오'라고 말하고 싶으면서도 '예'라고 말하는 위선자입니다. 두 번째는 '예'라고 해 놓고 뒤에서는 '아니오'라고 하는 배신자입니다. 세 번째는 '예'와 '아니오'를 항상 동시에 말하는 이중인격자입니다. 여기서는 '예' 하고 저기서는 '아니오' 하면서 갈 피를 못 잡습니다. 네 번째는 '예'도 안 하고 '아니오'도 안 하는 기회주의자 입니다.

때로 나에게 손해가 있더라도 '예'와 '아니오'를 분명히 할 수 있게 되기를 바랍니다. 관계 속에서 기회주의자나, 이중인격자로 자리매김하지 않기를 바랍니다. 저 사람이 '예'라고 하면 정말 '예'이고, '아니오'라고 하면 정말 아니 라고 신뢰받을 수 있는 하늘나라의 삶을 살기를 축원합니다.

보복할 수 있는 권리, 희생과 포기의 권리

두 번째는 복수에 대한 것입니다.

"'눈에는 눈으로, 이에는 이로'라는 말도 너희가 들었다. 그러나 나는 너희 에게 말한다. 악에 맞서지 말라. 누가 네 오른뺨을 치거든 왼뺨마저 돌려 대 어라"(38-39절).

어느 시대건 손해를 입은 사람에게는 손해에 해당하는 것을 보상받을 수 있는 권리가 있습니다. 눈에는 눈, 이에는 이로 갚으라는 말씀이 출애굽기 21장에 나옵니다. 그런데 그 당시에 이 법은 단순한 도덕법이 아니라 민법 이었습니다. 하나님이 사회법, 시민법으로 주신 것입니다. 출애굽기 21장 23-25절을 보면, 그런데 여자가 다치게 되면 "목숨에는 목숨으로, 눈에는 눈 으로, 이에는 이로, 손에는 손으로, 발에는 발로, 화상에는 화상으로, 상처에 는 상처로, 채찍질에는 채찍질로 갚아 주어라"고 했습니다. 문자적으로 보면 하나님이 복수를 정당화하시고 지지하시는 것처럼 보입니다. 그러나 우리는 항상 율법 이면에 있는 정신과 의미와 마음을 헤아려야 합니다.

이에는 이로, 눈에는 눈으로 갚으라는 말씀은 "복수는 좋은 것이며 반드시 해야 한다"고 지지하는 것 같지만, 더 깊이 생각해 보면 복수를 제한하는 것 입니다. 만일 눈을 상하게 한 사람에게 복수하라고 하면 눈만 상하게 할까요? 코까지 비틀어 놓고 귀까지 떼려고 할 것입니다. 인간의 복수심은 자기가 받 은 것만큼 안 됩니다. 거기에 얹혀서 더 하고 싶습니다. 인간의 복수심은 항 상 증가되고 증폭되기 마련입니다. 그래서 이 세상이 이렇게 어지러운 것입 니다. 하나를 손해 보면 하나만 복수할 수 있습니까? 절대 안 됩니다. 둘 이상을 복수해야지 마음이 풀리게 되어 있습니다. 그것이 인간의 악함입니다.

눈에는 눈으로, 이에는 이로 복수하는 것은 개인적으로 불가능한 것입니다. 그래서 이것을 법으로 주신 것입니다. 민법으로, 사회법으로 주신 것입니다. 어떤 손해를 입은 사람이 그 손해에 정확하게 해당되는 것만 보상하고 복수하도록 주신 법입니다. 개인적인 법이 아닙니다. 그런데 율법학자들은 마치 개인이 복수할 수 있는 것처럼 이용했습니다. 이것이 문제입니다.

예수님은 악한 자를 대적하지 말라고 하셨습니다. 많은 사람들이 혼동하기 쉬운 말씀 중 하나입니다. 예수님이 개인의 권리를 제한할 뿐 아니라 포기하라고 말씀하시는 것처럼 보입니다. 어떤 상황에서도 무력을 사용하지 말라고 하시는 것처럼 들립니다. 악한 세력들을 대항하는 어떤 일도 하지 말라는 말씀처럼 여겨집니다. 심지어 경찰력과 국방력도 필요하지 않다고 과격한 해석을 하는 사람들이 있습니다. 유명한 문학가인 톨스토이도 산상 수훈을 읽고 "어떤 물리적인 공권력도 이러한 모든 것을 하지 말아야 한다. 악한 자를 대적하지 말아야 한다"고 했습니다. 한 부분만 해석했기 때문입니다.

하나님이 이스라엘 백성에게 눈에는 눈, 이에는 이라고 말씀하신 것은 공권력이 정당한 법의 집행과 악에 대한 심판을 행하도록 만드신 것입니다. 개인적인 복수를 금하신 것이지, 법에 의한 복수를 금하신 것이 아닙니다. 우리는 그 차이를 잘 이해해야 합니다.

예수님은 보복할 수 있는 권리 대신에 또 다른 권리를 제한하셨습니다. 그것은 자기희생과 자기 포기의 권리입니다.

39절에서 "누가 네 오른뺨을 치거든 왼뺨마저 돌려 대어라"고 하셨습니다. 대개 오른손잡이라고 한다면 뺨을 맞는 사람은 왼쪽을 맞습니다. 그런데 오른쪽 뺨을 맞았다면, 이것은 손등으로 친 것입니다. 그 당시에 손등으로 치는 것은 손바닥으로 치는 것보다 두 배의 모욕을 주는 것이었습니다. 그런데 왼뺨까지 내어 주라니, 이런 바보 같은 것이 어디 있습니까? 이것은 무엇을 의미하는 것입니까?

세상을 살면서 한번쯤은 뺨을 맞을 수 있고 억울한 일을 당할 수 있습니다. 그럴 때 같이 달려들어서 뺨을 때리고 싸우는 것이 아니라, 왼쪽 뺨을 내밀 정도의 여유와 관용을 가져야 한다는 것입니다. 바보같이 맞고 다니라는 뜻이 아닙니다.

하늘은 땅에서 열린다

하나님의 자녀다운 삶

또한 예수님은 다른 경우를 말씀하십니다.

"누가 너를 고소하고 속옷을 가져가려 하거든 겉옷까지도 벗어 주어라"(40절).

여기서 속옷을 우리가 입고 있는 속옷이라고 생각하면 안 됩니다. 당시 유대 사람들은 속옷보다는 겉옷을 더 중요시했습니다. 일교차가 큰 중동의 날씨에 겉옷은 생명과도 직결되는 것이었습니다. 심지어 빚을 많이 진 사람에게도 겉옷만큼은 빼앗지 말고 보장해 주라고 했습니다. 이에 비해 속옷은 있어도 되고, 없어도 큰 위협이 되지 않는 것이었습니다. 그래서 누가 속옷을 가지고자 한다면 차라리 겉옷까지 줘 버리라는 것입니다. 지금 꼭 필요하지 않은 것을 누가 원할 경우에는 그냥 줘 버리라는 것입니다. 그런 것으로 시비를 다투지 말고 줄 수 있다면 기꺼이 내어 주는 여유와 관용을 말씀하신 것입니다.

"누가 네게 억지로 1밀리온을 가자고 하거든 2밀리온을 같이 가 주어라"(41절).

'밀리온'이라는 단어는 개역개정에는 오 리, 십 리로 번역되어 있는데, 밀리온에서 '마일'이 나왔습니다. 천 걸음 정도 되는 거리입니다. 당시 로마의 군법 중에 "이 물건 좀 같이 들고 갑시다" 하면 누구든지 무조건 1밀리온, 즉 1마일을 대신 지고 가야 했습니다. 구레네 사람 시몬이 예수님의 십자가를 대신 진 것도 그 법 때문입니다. 그런데 예수님은 1마일을 가고자 하거든 2마일을 가라고 하십니다. "법적 의무여서 어쩔 수 없이 하는 사람이 되지 말고 기꺼이 2마일을 가 주는 사람이 되라. 기쁨으로 해라. 내가 당한다고 생각하지 말고 내가 도와줬다고 생각해라. 그것이 이 땅에서 하늘나라의 삶을 사는 태도다"라고 말씀하시는 것입니다.

어떤 일을 하든지 시키는 일을 안 하려고 하고 최소화하려는 사람이 있습니다. 반면에 그 이상의 일을 하는 사람이 있습니다. 불필요한 일을 하라는 것이 아닙니다. 무엇이든지 의무감이 아니라 기쁨으로 하라는 것입니다. 이 땅에서 천국을 사는 성도들은 일터에서 일할 때 의무감에 눌려서 하지 않기를 바랍니다. 그 의무감을 기쁨으로 바꾸고, 봉사와 헌신으로 바꾸는 놀라운 역사가 있기를 바랍니다. 'duty'(의무)를 'delight'(기쁨)로 바꾸는 것입니다. 의무감으로 하지 않고 기쁨으로 하는 것이 바로 이 땅에서 천국을 사는 삶입니다.

"네게 달라고 하는 사람에게 주어라. 그리고 네게 꾸려고 하는 사람을 거절하지 마라"(42절).

아무에게나 돈 달라는 사람에게 주라는 것이 아닙니다. 베푸는 것도 효과적으로 해야 합니다. 예수님이 이런 말씀을 하신 배경이 있습니다.

구약에 보면 안식년과 희년의 제도가 있습니다. 50년마다 원재산이 돌아오고, 7년마다 빚이 탕감됩니다. 6년 동안 경제생활을 하면서 진 빚이 7년째가 되면 모두 탕감됩니다. 악한 세상에 익숙한 사람들은 '열심히 은행에서 돈 빌려다 쓰고 이 사람, 저 사람에게 돈 빌려서 쓰다가 7년이 되면 탕감받으면 되겠다'라고 생각하지 않겠습니까? 그런 법이 있다고 하면 이용하려고 하지 선하게 보는 사람은 없습니다. 어떤 사람이 악한 의도가 아니라 불가피하게 돈을 빌려 쓰게 됐는데 갚을 능력이 없습니다. 그렇게 빚이 쌓여 가는데 7년이 되면 다 면제됩니다. 오늘날 이런 공약을 내세우면 아마 대통령이 될 것입니다.

이스라엘 백성이 구약의 율법을 그대로 지켰더라면 이 세상의 어떤 사람들도, 어떤 조직이나 나라에서도 생각할 수 없는 천상의 축복을 받았을 것입니다. 그런데 지키지 않았습니다. 그러면 인간의 악함을 몰랐을까요? 6년째에 아무에게나 빌렸다가 7년째에 탕감받게 되었을까요? 아닙니다. 탕감되어도 내가 괜찮을 만큼만 빌려주게 되어 있습니다. 불필요하고 과도한 돈거래를 사전에 차단하는 것입니다. 그리고 가난한 자들에게 빌려 줄 때는 주었다고 생각하고 빌려 주라는 것입니다. '이제 내년이 7년째니까 아무도 못 줘'라고 생각하지 말고, 정말 가난하고 필요가 있는 사람들이 돈을 빌리러 올 때는 내년이 빚이 탕감되는 해라 할지라도 줬다고 생각하고 빌려 주라는 것입니다. 갚을 수 있으면 좋지만 못 갚아도 괜찮다는 것이 천국의 모습 아니겠습니까?

이는 무리하게 빚을 짊어지라는 것이 아닙니다. 또 아는 사람끼리 서로 돈거래를 많이 하라는 뜻이 아닙니다. 정말 필요하고 힘든 사람들에게 작은 물질이라도 빌려 주라는 것입니다. 아니, 줬다고 생각하라는 것입니다. 어떤 분은 아주 작은 돈을 빌려 준 것은 꼭 기억하면서 큰 돈 빌린 것은 잊어버립니다. 정반대의 삶입니다. 예수님이 우리에게 보여 주신 삶의 모습은 이 땅에서 상상하기 힘든 천국의 삶입니다. 그러나 불가능한 것은 아닙니다. 우리가 형

하늘은 땅에서 열린다

제에게 나눠 주고 베풀어 주는 것은 하나님이 받으시는 아름다운 제사라는 것을 기억해야 합니다.

"'네 이웃을 사랑하고 네 원수를 미워하라'는 말도 너희가 들었다. 그러나 나는 너희에게 말한다. 너희 원수를 사랑하고 너희를 핍박하는 사람을 위해 기도하라. 그리하면 너희가 하늘에 계신 너희 아버지의 아들들이 될 것이다. 하나님께서는 악한 사람이나 선한 사람이나 똑같이 햇빛을 비춰 주시고 의로운 사람이나 불의한 사람이나 똑같이 비를 내려 주신다"(43-45절).

여기서 유대인들의 가르침의 잘못은 무엇입니까? 그들은 원수를 미워하라는 말은 구약의 어느 구절에서도 찾아볼 수 없습니다. 오히려 구약에는 원수를 사랑하라는 말씀으로 가득 차 있습니다.

"네 원수의 소나 나귀가 길 잃은 것을 보면 반드시 주인에게 데려다 주어라. 네가 만약 너를 미워하는 사람의 나귀가 짐이 너무 무거워 주저앉아 있는 것을 보면 거기 그냥 놔두지 말고 반드시 도와 일으켜 주어라"(출 23:4-5).

원수의 소나 나귀가 길을 잃고 쓰러졌다면 소를 찾아주고 나귀를 일으켜 세워 주라는 것입니다. 얼마나 따뜻한 하나님의 마음입니까? 그런데 우리는 원수의 소를 만나면 어떤 마음부터 듭니까? 바비큐 해 먹고 싶은 마음이 들지 않습니까? 원수의 나귀가 쓰러져 있으면 발을 밟고 지나가고 싶은 생각이 들지 않습니까?

레위기 19장 18절을 보면 "너는 네 형제에게 복수하거나 원한의 마음을 품지 마라. 다만 너는 네 이웃을 네 자신처럼 사랑하여라"고 하셨습니다. 그런데 율법학자들은 이웃을 내 몸과 같이 사랑하라니까 이웃이 누구인지를 규정합니다. 그래서 예수님이 선한 사마리아의 비유를 통해서 누가 강도 만난 자의 이웃이 되겠느냐고 이 질문을 바꿔 주신 것입니다. 누가 이웃인지 규정하려고 세미나를 하는 사람은 사랑할 마음이 없는 것이지, 이웃이 누구인지 몰라서 사랑을 못하는 것이 아닙니다.

때로 우리는 마음이 없는 것에 구실을 댈 때가 많습니다. 그래서 율법이 복잡해지는 것입니다. 얼마나 불가능해 보이는 것입니까? "원수를 사랑하라. 너희를 핍박하는 자를 위해 기도하라." 그러나 불가능한 것이라면 예수님이 말씀하지 않으셨을 것입니다. 우리 주변에도 원수를 사랑하는 사람들이 얼마나 많습니까?

최근에 미국 코네티컷에 있었던 유치원·초등학교 총기살해 사건에서 살해당한 아이의 아버지가 아름답고 사랑스러운 딸에 대한 추모를 눈물로 하면서 마지막에 이런 말을 했습니다. "여러분, 제가 제정신으로 하는 말이니 잘 들으시기 바랍니다. 저는 정신 나간 것이 아닙니다. 제정신입니다. 저는 이 시간, 그 가해자의 부모님을 진심으로 위로합니다." 제정신으로는 할 수 없을 것 같은데, 그가 가해자의 부모를 위로한 것입니다. 얼마나 마음이 아프겠습니까? 그분은 자신의 신앙이 무엇인지 밝히지 않았지만 틀림없이 그리스도인일 것이라고 생각합니다.

미국 필라델피아의 아미쉬 마을에 똑같은 총기 사건이 일어났습니다. 그때도 모든 부모들이 가해자의 가정을 방문해서 위로했습니다. 그리고 위로 성금 중 일부를 그 가족에게 주었습니다. 원수를 사랑한 것입니다. 좋아해서 사랑하는 것이 아닙니다. 우리는 좋아해야 사랑한다고 생각합니다. 그러나 좋아하지 않고도 사랑할 수 있습니다. 사랑은 감정일 수도 있지만 감정을 넘어선 의지의 행동일 수도 있습니다. 그래서 기도하라는 것입니다. 자연적인 본능이면 왜 기도하라고 하겠습니까? 원수를 사랑하는 첫 번째 행동은 그를 위해 기도하는 것입니다. 사랑이 있어야 기도할 수 있지만, 때로는 기도할 때 사랑이 생길 수 있습니다.

C. S. 루이스는 더 재미있게 표현했습니다. "원수를 사랑하는 첫 번째 단계는 원수를 사랑하는 척하는 것이다. 원수를 사랑하는 척 행동하는 것이다." 아마 자신의 경험인 것 같습니다. 사랑하는 마음이 들 때까지 기다리면 사랑하지 못하니까 행동부터 하라는 것입니다. 그러면 마음이 생길 수도 있다는 것입니다. 예수님이 우리에게 이렇게 높은 수준의 성품과 윤리를 요구하신 이유는 무엇입니까?

"그리하면 너희가 하늘에 계신 너희 아버지의 아들들이 될 것이다. 하나님께서는 악한 사람이나 선한 사람이나 똑같이 햇빛을 비춰 주시고 의로운 사람이나 불의한 사람이나 똑같이 비를 내려 주신다"(45절).

그리하면 우리가 하나님의 아들들이 될 것이라고 하셨습니다. 그런데 오해하기 쉽습니다. 원수를 사랑해야만 하나님의 자녀가 되는 걸까요? 그러면 몇 명만 하나님의 자녀가 되고 우리 모두는 탈락하지 않을까요? 언어적 표현을 잘 이해해야 합니다. 예수님이 말씀하신 것은 아람어인데 아람어는 형용사가 많지 않습니다. 그래서 명사를 가지고 많이 씁니다. 성경을 보면 성격이 급한 사람을 '우레와 같은 사람', 아주 평화로운 사람을 '평화의 아들', 정말 위로를 잘하는 사람을 '위로의 아들'로 비유합니다. 여기서 하나님의 아들들이 될 것이라는 말은 이 땅에서 악한 사람, 불의한 사람도 하나님의 사랑으로 사랑할 때 가장 하나님을 닮은 자녀가 된다는 것입니다. 이 땅을 살면서 우리는 하나님의 자녀답게 살아야 합니다. 그래서 예수님은 이렇게 말씀하십니다.

"그러므로 하늘에 계신 너희 아버지가 온전하신 것같이 너희도 온전해야 한다"(48절).

완전하라는 것이 아닙니다. 온전해야 한다는 것입니다. 하나님이 성령을 따라 사는 자에게 요구하시는 온전한 삶을 이 땅에서 살아야 한다는 것입니다.

이 말씀을 마음에 새기고 묵상하고, 말씀 속에서 천국을 경험할 수 있게 되기를 축원합니다. 단지 율법이 아니라 능력으로 이 말씀이 우리의 삶을 통해 나타날 수 있게 되기를 주님의 이름으로 축원합니다.

하늘은 땅에서 열리다

¹"너희는 사람들에게 보이려고 의를 행하지 않도록 조심하라. 그렇지 않으면 하늘에 계신 너희 아버지께 상을 받지 못할 것이다. ²그러므로 가난한 사람을 구제할 때는 위선자들처럼 사람의 칭찬을 받으려고 회당과 거리에서 나팔 불며 떠들지 말라. 내가 진실로 너희에게 말한다. 그런 사람들은 자기 상을 이미 다 받았다. ³너는 가난한 사람을 구제할 때 오른손이 하는 일을 왼손이 모르게 하여라. ⁴그래서 네 착한 행실을 아무도 모르게 하여라. 그리하면 남모르게 숨어서 보시는 너희 아버지께서 너희에게 갚아 주실 것이다.

은밀하게 구제하라

마태복음 6:1-4

예수님은 오른손이 하는 일을 왼손이 모르게 하라고 하셨습니다. 자신도 의식하지 않게 하라는 말씀입니다. 오직 하나님만 청중으로 삼고, 하나님만 의식하고 행동하라는 말씀입니다. 하나님 앞에서 참되게 나의 삶을 살 때, 내가 무슨 일을 했는지는 중요하지 않게 되는 것입니다. 이런 삶이 곧 천국을 경험하는 삶입니다.

이 땅에서 하늘나라의 삶을 살 수 있는 특권을 우리에게 주신 하나님은 우리가 이 땅에서 간신히 구원받고 죽어서 하늘나라에 갈 때 "비로소 내가 정말 하늘나라에 왔구나"라고 깨닫기를 원하지 않으십니다. 이 땅에서 매일 우리의 삶 속에 하늘나라가 임하기를 원하시는 것입니다. 우리가 하늘나라에서 주님을 만날 때 이렇게 인사하는 일이 없게 되기를 바랍니다. "처음 뵙겠습니다!" 익숙하고 친숙하게 주님을 만나게 되기를 바랍니다. 주님을 만날 때 부끄러워하지 않고, 칭찬과 기쁨과 영광을 올려 드리는 우리의 삶이 되기를 바랍니다.

산상 수훈은 우리가 이 말씀을 잘 지켜서 하늘나라에 들어가려고 노력하는 삶의 모습이 아니라 이 땅에서 성령 가운데서 하늘나라의 축복을 누리며 사는 삶의 모습인 것입니다. 우리가 할 수 없는 것을 억지로 지키려고 노력하는 것이 아니라, 성령 안에 있을 때 그렇게 살 수 있는 하늘나라의 삶인 것입니다. 그것은 교회의 역사에서 분명히 증거되었습니다. 믿음의 선배들의 삶을 통해, 히브리서 11장의 고난 받는 성도들의 삶을 통해, 한국 교회의 역사를 통해 이 땅에서 하늘의 삶을 사는 것은 불가능한 일이 아니며, 어렵고 좁은 문이지만 그 길을 걸어가서 하늘을 보여 준 분들이 계시다는 것을 우리는 분명히 알고 있습니다.

교회란 하늘나라의 대사관입니다. 외국의 주대한민국 대사관에 가면 한국의 맛과 멋과 향기와 문화와 심지어 국력까지도 경험할 수 있습니다. 제가 예전에 하용조 목사님을 모시고 파키스탄에 갔을 때 저희 교회 장로님이 대사로 계셔서 대사관을 방문했습니다. 그 대사관은 나라에 비해서 굉장히 컸습니다. 그래서 마음으로 '아, 주변 사람들이 이렇게 가난한데 대사관이 큰 게 위화감이 들지는 않을까?'라는 질문을 던졌습니다. 물론 그런 면도 있지만, 대사관은 그 나라의 국력을 보여 주는 것이라고 합니다. 대사관이 왜소하면 그 나라가 힘이 없는 것이고, 대사관이 멋지고 크면 그 나라의 힘을 볼 수 있다는 것입니다. 그래서 우리나라를 보여 주기 위해서 이 정도의 규모를 어쩔 수 없이 유지한다고 말씀하셨습니다. 이것을 천국에 적용해야 합니다.

교회의 규모가 커야 한다는 것이 아니라, 교회에 오면 하늘나라의 맛과 멋과 향기를 느낄 수 있어야 합니다. 교회가 곧 천국은 아닙니다. 교회가 하는 모든 일과 제도와 문화가 천국은 아닙니다. 그러나 천국을 가장 잘 보여 줄 수 있는 곳이어야 합니다. 저는 충격적인 말을 들은 적이 있습니다. 어떤 사람이 싸우고 있으니까 그 옆에 서 있던 사람이 이렇게 말했답니다. "여기가 교회인 줄 알아?" 참 충격적인 얘기였습니다. 서로 사랑하고 축복하는 모습을 보고 "아, 교회 같다"고 얘기해야 하는데, 오늘날 한국 교회에는 많은 다툼과 분열이 있습니다. 서로 물리적으로 싸우고 멱살을 붙잡고 다투는 모습이 사라지기를 기도합니다.

교회는 의로워야 합니다. 문제가 없어야 합니다. 세상보다 나은 의, 외형적이고 외면적인 의가 아니라 내면적인 의가 있어야 합니다. 성령 안에서 우리가 값없이 의롭다 함을 받는 것에 그쳐서는 안 되는 것입니다. 우리가 성령 안에서 이 땅에서 이룰 수 있는 하나님 나라의 의로움을 추구해 갈 때 교회에서 다툼과 분열이 사라질 것입니다. 주님이 우리가 하나가 되기를 기도하셨던 것처럼 우리가 하나 됨으로써 세상 사람들이 교회 공동체를 보면서 "하나님 나라가 이런 것이구나. 당신들을 보니 우리가 하나님을 믿고 싶다"라고 말하게 되기를 축원합니다. 성도들이 들을 수 있는 가장 큰 욕은 "당신을 보니 하나님을 믿고 싶지 않다"는 것입니다. 하나님의 영광을 가리지 않고 이 땅에 하나님 나라를 보여 줄 수 있는 한국 교회가 되기를 주님의 이름으로 축원합니다.

마음의 동기

예수님은 구약의 율법에 나타난 문자에 국한해서 의를 행하려고 하는 당시 사람들의 어리석음을 지적하시고 문자 이면에 있는 의미를 말씀하셨습니다. 우리의 행동 이면에 있는 동기와 마음으로부터 하나님 나라를 회복해야 한다고 말씀하셨습니다. 산상 수훈에서 주님이 집중적으로 말씀하신 것은 우리 마음의 동기의 문제입니다. 진정한 경건의 행동은 행위 자체가 아니라 그 마음에 숨어 있는 동기인 것입니다.

죄는 두 종류가 있습니다. 하나는 잘못된 동기로 잘못된 행동을 하는 것입니다. 이것은 분명히 죄입니다. 우리가 살펴본 대로 살인하고 간음하고 보복하는 것들은 진짜 죄입니다. 동기도 잘못됐고 행동도 잘못된 것입니다. 그런데 또 다른 죄가 있습니다. 본문에서 주님이 말씀하시는 죄는 동기는 잘못됐는데 행동은 멋있는 것입니다. 잘못된 동기로 아름다운 행동을 하는 것입니다. 그것도 가능하다는 것입니다. 이러한 인간의 악함은 심리학적으로 설명하면 자아 분열이 됐기 때문에 가능한 것입니다. 옳지 않은 동기를 가지고도 얼마든지 선한 행동을 할 수 있는 게 인간입니다. 우리 자신을 포장하고 위장하고 가면을 쓰고 행할 수 있는 것이 바로 인간의 모습이라는 것입니다.

그래서 주님은 산상 수훈에서 우리의 마음의 동기를 철저하게 해부하고 분해해야 한다고 하십니다. 우리가 하나님 앞에서 경건의 시간을 갖는 것은 마음의 동기를 살피는 시간입니다. 홀로 하나님 앞에서 내 마음의 동기가 무엇인지를 분별하지 못하면 하나님 나라를 경험할 수 없습니다. 예수님의 말씀 속에서 우리의 모습을 발견하고, 또 참된 하나님의 의를 경험하게 되기를 바랍니다.

"너희는 사람들에게 보이려고 의를 행하지 않도록 조심하라. 그렇지 않으면 하늘에 계신 너희 아버지께 상을 받지 못할 것이다"(1절).

사람들에게 보이려고 의를 행하지 않도록 조심하고 주의하라고 말씀하십니다. 이는 우리가 너무나 쉽게 빠지는 죄입니다. 사람들에게 보이려고 의를 행하는 것입니다. 오늘날 우리에게 가장 많이 퍼져 있는 죄입니다. 특히 목회자같이 많은 사람들 앞에 자주 서는 사람들이 가장 많이 범하는 죄입니다. 때로는 자신도 지키지 못하는 말씀을 지키라고 말할 때도 있습니다. 또 하나님 앞에서 혼자 깊이 기도하지 않으면서 마치 기도가 깊은 것처럼 포장할 때도 있습니다. 그러므로 교역자들을 불쌍히 여겨야 합니다. 그리고 그들을 위해서 기도해야 합니다. 위선의 죄와 외식의 죄를 먼저 범하지 않도록 늘 많은 기도를 해야 합니다. 사람들 앞에 자주 서는 지도자들이 사람 앞에서 행하는 의에 빠지지 않도록, 우리가 늘 중보해야 합니다.

6장 1절은 6장 전체에서 서론의 역할을 합니다. 그런데 예수님은 5장 16절에서 이런 말씀을 하셨습니다. "이와 같이 너희도 너희 빛을 사람들에게 비추라. 그래서 그들이 너희 선한 행실을 보고 하늘에 계신 우리 아버지께 영광을 돌리도록 하라." 보이지 않게 하라는 6장 말씀과 상반되는 말씀처럼 들립니다. 그러나 이것은 상반된 말씀이 아닙니다. 예수님은 서로 다른 두 가지 죄를 지적하고 계십니다. 5장에서는 선하게 행동하지 않음으로써 빛을 비추지 못하고, 하나님의 영광이 드러나지 못하게 하는 것에 대해 말씀하신 것이고, 6장에서는 잘못된 동기로 자신을 나타내는 것에 대해 지적하신 것입니다.

우리는 언제나 자신이 드러나기를 원합니다. 어떤 사람이 미술관을 방문했을 때 안내하는 사람에게 자신이 미술을 아는 척하려고 이렇게 말했다고 합니다. "이것은 마네의 그림이죠?" 안내원이 "아닙니다. 모네의 그림입니다"라고 하자 그 옆에 있는 그림을 보면서 "이것은 르느와르의 그림이죠?"라고 했습니다. 안내원이 "아니죠. 이것은 고흐의 그림입니다"라고 하자, "그러면 이 괴상한 초상화는 분명히 피카소의 그림이죠?"라고 했습니다. 그랬더니 안내원이 하는 말이 "아니요. 그건 그림이 아니라 거울인대요"라고 말했다고 합니다. 이 이야기는 의미하는 바가 깊습니다. 우리는 거울 앞에서 자신의 모습을 보듯이 하나님의 말씀 앞에서 나의 괴상한 초상화를 보게 됩니다. 겉으로 볼 때는 너무나 멋있고 매너 있고 교양 있고 경건한 사람이지만 우리 내면에는 괴상한 초상화가 다 들어 있는 것입니다. 우리는 얼마든지 옳지 않은 동기를 가지고 경건한 행동을 할 수 있습니다. 이 분열된 모습, 자아의 분열이 바로 죄로 말미암은 모습입니다.

예수님 당시의 유대인들에게서도 그런 모습이 나타났습니다. 예수님은 유대인들에게 경건의 상징이었던 중요한 행동들을 예로 들면서 그들의 위선과 외식을 지적하셨습니다. 첫 번째는 구제, 두 번째는 기도, 세 번째는 금식입니다. 이것은 당시에 바리새인들이 가장 중요하게 생각했던 경건한 행동의 대표적인 모습이었습니다. 이렇게 아름답고 영적이고 하나님과 가까이 동행할 수 있는 행위를 하면서도 가장 나쁜 동기를 가지고 있었다는 것입니다. 기도란 얼마나 순수해야 합니까? 기도는 살아 계신 하나님을 만나는 것이 아닙니까? 그런데 그 기도를 하면서 외식과 위선으로 했습니다. 구제하고 금식을 하는 가장 경건한 행위를 하면서도 인간은 가장 악한 동기를 품을 수 있는 것입니다. 이것이 인간의 무서움입니다. 그리고 우리 자신의 무서움입니다. 우리는 기도를 하면서도 죄를 지을 수 있고 금식하며 구제하면서도 죄를 지을 수 있습니다. 이 모든 문제의 핵심은 동기에 있습니다. 마음의 동기, 마음의 순수함의 문제입니다.

위선의 죄

본문은 구제를 하면서 저지르는 위선의 죄에 대해 지적하시는 말씀입니다. "그러므로 가난한 사람을 구제할 때는 위선자들처럼 사람의 칭찬을 받으려고 회당과 거리에서 나팔 불며 떠들지 말라. 내가 진실로 너희에게 말한다. 그런 사람들은 자기 상을 이미 다 받았다"(2절).

본문을 이해하기 위해서 유대인들이 구제를 얼마나 중요하게 생각했는지를 알아야 합니다. 구약의 율법에서 하나님은 구제에 대한 명령을 참 많이 하셨습니다. 신명기 15장 10-11절에 보면 이렇게 말씀하십니다. "그에게 넉넉히 주되 네가 그에게 줄 때는 인색한 마음을 갖지 마라. 그러면 이 일로 인해 너희 하나님 여호와께서 너희가 하는 모든 일에, 너희 손이 닿는 모든 일에 너희에게 복 주실 것이다. 땅에는 항상 가난한 사람들이 있을 것이다. 내가 너희에게 명령한다. 너희 땅에 있는 너희 형제들 가운데 가난하고 궁핍한 사람들에게 손을 펴 도우라." 이것이 하나님의 명령입니다. 이 말씀에 그대로 순종하는 자에게는 복이 있을 것입니다.

그러나 동기가 문제입니다. 어떤 분은 하나님이 우리에게 두 손을 주신 이유를 이렇게 설명합니다. "한 손으로는 받기 위해, 한 손으로는 주기 위해 있는 것이다. 두 손으로 덥석 받기 위해 있는 것이 아니다." 그런데 유대인들이 당시 구제에 관한 하나님의 말씀을 왜곡해서 가르쳤다는 것을 알 수 있습니다. 마치 구제하면 죄를 용서받고 구원받는 것처럼 가르침으로써 구제를 하나님이 생각하시는 것 이상으로 중요하게 만들고, 그로 인해 구제를 통해 인간의 의와 자신의 의를 드러내도록 만들었던 것이 문제입니다. 이슬람교에서는 구제를 아주 중요하게 생각합니다. 이슬람교의 가르침을 보면 기도는 사람을 낙원의 중간 지점에 이르게 하고, 금식은 그 문 앞까지 이르게 하고, 구제는 그 문으로 들어가게 하는 것입니다. 그래서 그들은 구제를 참 많이 합니다. 그런데 문제는 동기입니다.

유대인들이 당시에 어떻게 구제했는지, 예수님이 이런 그림을 그려 주셨습니다. 2절에 보면 회당과 거리에서 나팔 불며 떠들지 말라고 하셨습니다. 바리새인들이 구제할 때 한 손에는 도와줄 물건을 들고 한 손에는 나팔을 들어서 붑니다. 그러면 사람들이 주목할 것 아닙니까? 그때 도와준다는 것입니다. 얼마나 유치합니까? 그런데 우리 모습 속에도 이런 유치한 모습이 있습니다. 우리가 나팔을 불지는 않습니다. 그러나 구제하고 나면 누군가에게는 꼭 얘기하고 싶습니다. 그래서 전화를 해서 "내가 아무에게도 말하지 않으려고 했는데… 당신만 알아" 합니다. 이 나팔 하나를 불면 모든 사람이 압니다. 소식을 가장 빨리 퍼트리는 방법이 무엇인 줄 아십니까? 한 사람에게만 얘기하는 것입니다. "당신만 알아." 그러면 모든 사람이 "당신만 알아" 합니다. 예수님은 당시에 나팔을 불며 구제하는 사람들의 마음의 동기를 날카롭게 지적하시고, 우리의 손이 무엇을 하느냐보다 그 손이 그 행위를 할 때 마음이 어디에 가 있느냐가 더 중요하다고 말씀하신 것입니다.

나팔을 부는 것은 보상 심리 때문입니다. 사람들은 남들에게 보이는 것만으로도 보상 심리가 채워집니다. 사람들의 관심과 칭찬, 때로는 사람들로부터 오는 영광이 인간에게는 큰 보상이 되는 것입니다. 우리가 영적인 봉사를 하면서도 인간적인 보상을 바랄 때 그 봉사는 타락할 수 있는 것입니다. 본

하늘은 땅에서 열린다

훼퍼는 인간은 죄뿐 아니라 자신의 봉사에서도 구원을 받아야 한다고 말했습니다. 우리가 하는 봉사도 하나님 앞에서 거룩하게 구별된 봉사가 되어야 한다는 것입니다.

하나님 앞에서 하는 선행

예수님은 끊임없이 우리의 동기를 살피라고 말씀하십니다. 여기에 대한 예수님의 처방은 무엇입니까? 하나님 앞에서 행하는 봉사가 되어야 한다는 것입니다. 청교도들은 예수님의 말씀을 실천하기 위해 한 단어를 만들었는데 '코람데오'입니다. 영어로는 "before the face of God"입니다. '하나님의 얼굴 앞에서'라는 뜻의 라틴어입니다. 청교도들은 늘 이렇게 오직 한 분의 청중 앞에서 살아간다는 고백을 했습니다. 아무도 모르지만 우리를 보고 계시는 단 한 분의 청중이 바로 하나님이십니다. 하나님 앞에서, 오직 한 분의 청중 앞에서 살아갈 때 우리는 경건할 수 있는 것입니다.

인격이란 무엇입니까? 어느 목사님이 이렇게 정의했습니다. "인격이란 아무도 보지 않을 때의 나의 모습이다." 나의 봉사와 섬김이 정말 순수한지, 그렇지 않은지를 무엇을 보면 알 수 있습니까? "어느 누구도 알아주지 않아도 나는 이 일을 계속 할 것인가?" 이것이 진정한 봉사를 결정하는 것입니다. 다른 누군가가 알지 못해도 하나님 앞에서 행하는 우리의 삶이 되기를 바랍니다. 천국은 어디에 있습니까? 하나님 나라의 삶은 어디에 있습니까? 어느 누구도 주목하지 않아도 하나님 앞에서 봉사하고 헌신하고 나눔의 삶을 살 때 하나님은 바로 그곳에 임하십니다. 그때 천국을 경험하는 것입니다.

날마다 우리는 큐티 시간을 통해 하나님 나라의 임재를 경험해야 합니다. 나의 동기를 살펴야 합니다. 누군가 이런 말을 했습니다. "혼자 있어서 외로운 것이 아니라 혼자 있지 못해서 외로운 것이다." 홀로 하나님 앞에 서는 삶이 없기 때문에 외롭고 힘든 것입니다. 홀로 하나님과 동행하는 인생은 혼자인 인생일지라도 외롭지 않고 방황하지 않고 승리하는 삶을 살 수 있는 것입니다. 늘 사람들의 시선이 있어야만 행동하는 삶은 외식과 위선의 삶으로 하나님 나라를 경험하지 못하는 것입니다. 하나님의 시선보다 사람의 시선이 더 강하게 느껴지기 때문입니다.

홀로 하나님 앞에서 의로운 삶을 살기 위해서 은밀함을 훈련해야 합니다. 은밀함의 뿌리를 내려야 합니다. 은밀하게 죄를 지으라는 것이 아니라, 은밀함 속에서 하나님을 만나는 것입니다. 나의 은밀한 삶은 어디에 있습니까? 나의 은밀함의 뿌리는 어디에 놓여 있습니까? 나의 은밀함의 뿌리는 죄에 있습니까, 아니면 하나님의 의에 있습니까? 뿌리는 보이지 않습니다. 그러나 그 뿌리를 파 보면 높고 깊은 나무일수록 뿌리가 깊고 넓게 퍼져 있습니다. 큰 죄일수록 그 뿌리가 깊게 내려져 있는 것입니다. 그 은밀한 죄의 뿌리를 드러내지 않으면 겉으로 나타나는 죄의 열매는 제거되지 않습니다. 은밀한 시간에, 은밀한 삶을 하나님 나라와 그 의에 뿌리내리지 않으면 우리의 삶 속에서 참된 경건의 열매는 나타나지 않습니다.

아무도 보지 않을 때 나는 어떤 사람인지 알려면 혼자 있을 때 내가 무슨 생각을 하는지를 보면 압니다. 그것이 진정한 나의 모습입니다. 우리의 은밀함은 어디에 있습니까? 하나님과 동행하는 은밀함입니까, 아니면 죄와 동행하는 은밀함입니까? 은밀함을 해부하고 드러내고 하나님 앞에 가지고 나가서 나의 모든 은밀한 시간을 하나님 앞에 드리기를 축원합니다. 우리는 수많은 사람 앞에서도 나의 은밀함을 감출 수 있습니다. 이것이 인간의 죄성입니다. 우리의 은밀함을 하나님의 임재 앞에 가지고 나가는 것을 훈련할 때 하나님 나라의 삶을 이 땅에서 살 수 있습니다.

왜 은밀함을 추구해야 합니까? 은밀해져야만 마음의 동기를 볼 수 있기 때문입니다. 왜 예수님은 한적한 곳으로 가셨습니까? 단 한 사람이라도 있으면 진정한 은밀함으로 들어가기 어렵기 때문입니다. 한적한 곳에서, 나와 하나님만이 알 수 있는 그런 장소와 시간에서 하나님을 만나야 내 마음의 동기를 살필 수 있는 것입니다. 그래서 큐티가 중요합니다. 은밀한 시간에 하나님을 만나야 하기 때문입니다. 훈련하지 않으면 나중에 이상한 사람이 됩니다. 왜냐하면 자기의 동기를 보지 못하기 때문입니다. 다투고 분열하고 교회 안에 문제를 일으키는 경우를 보면, 그분이 기도를 안 하거나 헌신을 하지 않아서 그런 것이 아닙니다. 은밀한 시간에 하나님을 만나지 못했기 때문에 자기 자신을 정직하게 보지 못하는 것입니다. 자신의 동기를 보지 못합니다. 다른 사람은 다 보는데 자신만 자신의 모습을 보지 못하는 것입니다.

예수님은 그 은밀함에 뿌리내려서 은밀히 보시는 하나님과 동행하는 삶을 어느 단계까지 나아가야 하는지 말씀하셨습니다.

"너는 가난한 사람을 구제할 때 오른손이 하는 일을 왼손이 모르게 하여라. 그래서 네 착한 행실을 아무도 모르게 하여라. 그리하면 남모르게 숨어서 보시는 너희 아버지께서 너희에게 갚아 주실 것이다"(3-4절).

가난한 사람을 구제할 때 오른손이 하는 일을 왼손이 모르게 하라고 하셨습니다. 오른손이 하는 일을 왼손이 모를 수 있을까요? 이것은 자기 자신도 의식하지 못하게 하라는 뜻입니다. 아무도 몰라도 자신은 알지 않습니까? 그런데 정말 하나님 앞에서만 선하게 살려고 노력하는 사람은 자기가 선한 행실을 한 것도 잊어버립니다.

사실 다른 사람 앞에서 나팔을 불면서 자랑하는 사람은 어떻게 보면 순진한 사람입니다. 예수님은 거기서 더 나아가서 더 무서운 모습을 지적하십니다. 다른 사람 앞에서 자랑하는 것은 사실 유치한 모습입니다. 그보다 고차원적인 위선은 아무에게도 얘기하지 않지만 자기 자신에게 도취하는 것입니다. 날마다 거울을 보면서 "나 좀 봐. 어떻게 이렇게 선할 수가 있어? 어떻게 이렇게 아름다울 수가 있어?" 하는 것입니다. 자신이 선행을 한 것을 아무도 모르지만 자신은 아는 것을 즐기는 것입니다. 자신이 청중이 되고 평가자가 되어서 "너는 참 멋진 사람이야" 하는 것입니다.

자아도취, 그것도 안 된다는 것입니다. 하나님이 원하시는 것은 하나님만 의식하는 삶입니다. 오른손이 하는 일을 왼손이 모르게 하라는 것입니다. 자신이 행한 선행을 잊어버리라는 것입니다. "내가 그런 일을 했나?" 할 정도로 오직 하나님만 청중으로 삼고, 하나님만 의식하고 행동하라는 것입니다. 그러면 진짜 천국을 경험할 수 있을 것이라고 말씀하는 것입니다. 주님이 이러한 삶을 우리에게 보여 주셨습니다.

처음 운전을 배우면 운전대가 나에게 익숙하지 않기 때문에 굉장히 어색하고, 의식을 많이 합니다. 그런데 운전을 오래 하다 보면 그냥 나와 차가 하나가 되어서 움직입니다. 내가 운전하고 있다는 것을 의식하지 않는 것입니다. 안경도 처음에 쓰면 의식하게 됩니다. 사람들이 나만 보는 것 같고 나도 나를 의식하게 되는데, 안경과 얼굴이 하나가 되면 그때부터는 의식하지 않습니다. 제일 좋은 예가 모국어입니다. 우리가 모르는 언어를 사용하려면 얼마나 의식하면서 머릿속에 단어를 떠올립니까? 그러나 모국어를 할 때는 열심히 노력하면서 하지 않습니다. 나와 언어가 하나가 되어 있습니다. 의식하지 않아도 모국어는 문화가 되어 있는 것입니다. 마찬가지로 하늘나라의 문화에 익숙해지면 내가 그 문화를 행한다는 것 자체도 인식하지 않습니다. 나와 그 문화가 하나가 되었기 때문에 나 자신도 의식하지 않는 상태가 됩니다. 오직 하나님 한 분만 의식할 때는 나 자신도 잊어버릴 수 있는 것입니다. 이것이 자기 부인입니다.

온누리교회에서 2001년에 '맞춤 전도'를 할 때, 60세 이상의 어머니들을 전도하는 집회에 갔습니다. 그곳에서 불신자를 표본조사하고 인터뷰도 하고 어떤 고민이 있는지 질문하는 시간을 가졌습니다. 교회를 가 본 적도 없는 분들에게 이런 질문을 했습니다. "요즘 어떤 고민을 하십니까?" 그러자 자식 얘기를 하셨습니다. "우리 자식이 결혼도 하고 직장도 가져야 하는데…." 그래서 "자식 얘기 말고 어머니의 고민을 얘기해 보세요" 했더니, "우리 남편이 건강해야 하는데…." 하셨습니다. "아니, 남편 얘기 하지 말고 본인 얘기요" 했더니, "우리 손자가 유치원에 갔는데…." 하셨습니다. 자기 얘기가 없는 것입니다. 자신이 사랑하는 자녀와 남편과 손자와 손녀를 위해 전심으로 살아가니까 자기를 잃어버린 것입니다. 저는 그때 '우리가 하나님께 집중하고 하나님을 전심으로 사랑할 때, 나를 잊어버릴 수 있구나'라고 생각했습니다. 이것이 진정한 자기 부인입니다.

정말 사랑해야 할 대상에 집중하면 나에 대한 관심을 잊어버리게 됩니다. 하나님 앞에서 우리가 참되게 살 때, 내가 무슨 일을 했는지는 중요하지 않게 되는 것입니다. 이것이 자의식을 갖지 않고 행하는 삶입니다. 오른손이 하는 일을 왼손이 모르게 하라는 것입니다. 그런 사람들에게는 천국이 임합니다.

그러면 이후에 하나님이 어떻게 해 주십니까? 남모르게 숨어서 보시는 아버지께서 우리에게 갚아 주십니다. 사람들로부터 오는 보상과 만족이 아니라 숨어서 보시는 하나님이 갚아 주시는 상이 있는 것입니다. 하나님은 하늘나라에서만 있다고 말씀하지 않으셨습니다. 분명히 이 땅에서도 하나님이 갚아 주시는 상이 있습니다. 그것은 사람들에게서 얻는 상과는 비교할 수 없습니다. 사람들로부터 얻는 보상에는 반드시 문제가 생깁니다. 사람들로부터 얻는 영광은 반드시 우리를 무너뜨립니다. 그러나 하나님이 주시는 상은 우

하늘은 땅에서 열린다

리를 세우고 거룩하게 하고 새롭게 합니다. 하나님의 나라를 이루어갑니다. 숨어서 보시는 아버지가 주시는 상을 기뻐하며 감사하며 살아갈 수 있게 되기를 축원합니다.

⁵너희는 기도할 때 위선자들처럼 하지 말라. 그들은 사람들에게 보이려고 회당이나 길모퉁이에 서서 기도하기를 좋아한다. 내가 진실로 너희에게 말한다. 그들은 이미 자기 상을 다 받았다. ⁶너는 기도할 때 방에 들어가 문을 닫고 은밀하게 계시는 네 아버지께 기도하여라. 그러면 은밀하게 계셔서 보시는 네 아버지께서 네게 갚아 주실 것이다. ⁷또 기도할 때는 이방 사람들처럼 빈말을 반복하지 마라. 그들은 말을 많이 해야 아버지께서 기도를 들어주실 거라고 생각한다. ⁸너희는 이방 사람들처럼 기도하지 말라. 너희 아버지께서는 너희가 구하기도 전에 무엇이 필요한지 아시는 분이다. ⁹그러므로 이렇게 기도하라. '하늘에 계신 우리 아버지, 주의 이름을 거룩하게 하시며 ¹⁰주의 나라가 임하게 하시고 주의 뜻이 하늘에서와 같이 땅에서도 이루어지게 하소서. ¹¹오늘 우리에게 꼭 필요한 양식을 내려 주시고 ¹²우리가 우리에게 죄지은 자를 용서한 것같이 우리 죄도 용서해 주소서. ¹³그리고 우리를 시험에 들지 않게 하시고 악에서 구하소서. (나라와 권세와 영광이 영원토록 아버지께 있습니다. 아멘.)' ¹⁴너희가 너희에게 죄지은 사람을 용서하면 하늘에 계신 너희 아버지께서도 너희를 용서하실 것이다. ¹⁵그러나 너희가 남의 죄를 용서하지 않으면 너희 아버지께서도 너희 죄를 용서하지 않으실 것이다. ¹⁶너희는 금식할 때 위선자들처럼 침울한 표정을 짓지 말라. 그들은 자신들이 금식하는 것을 사람들에게 보이려고 침울한 표정을 짓는다. 내가 진실로 너희에게 말한다. 그런 사람들은 이미 자기 상을 다 받았다. ¹⁷너는 금식할 때 머리에 기름을 바르고 얼굴을 씻어라. ¹⁸그래서 네가 금식하는 것을 사람에게 보이지 말고 은밀하게 계셔서 보시는 네 아버지께만 보이도록 하여라. 그리하면 은밀하게 계셔서 보시는 네 아버지께서 네게 갚아 주실 것이다.

은밀하게 기도하라

마태복음 6:5-18

하나님과 나만이 아는 은밀한 만남의 시간이 있어야 합니다. 죄는 우리의 은밀한 시간을 파괴해 버렸습니다. 겉으로는 선한 일을 하면서도 그 내면에는 죄가 있을 수 있습니다. 우리도 모르게 위선과 외식의 죄를 신앙생활이라는 이름으로 할 수 있는 것입니다. 하나님 나라는 언제나 우리 외면에 있지 않고 내면에 있습니다. 우리의 행위 이전에 있는 하나님 앞에서의 순수한 동기, 그것을 가지고 하나님 앞에서 씨름해야 합니다.

하나님과의 은밀한 만남

한 해 두 해 지나면서 믿음이 자라야 합니다. 단지 연수가 많아지는 것이 중요한 것이 아닙니다. 때로 교회 생활에 익숙해지다 보면 하나님과는 멀어지는 경우가 많습니다. 이것이 신앙생활의 중요한 시험입니다. 교회 공동체 생활을 하면서 함께 말씀을 나누고 기도하고 예배하면 하나님과 더 가까워져야 하는데, 이상하게도 하나님과 더 멀어지는 이유는 무엇입니까? 교회 생활에는 익숙해졌지만 하나님과는 가까워지지 않은 것입니다. 정말 신앙생활이 깊어지는 것은 하나님과 가까워지는 것입니다.

어떤 때는 하나님과 친밀해지고 믿음이 강해지기보다는 자신의 고집이 더 강해집니다. 믿음과 고집은 유사한 데가 있습니다. 둘 다 에너지와 열심이 있습니다. 참고 인내하고, 어떤 경우에도 포기하지 않습니다. 그래서 때로 자기의 고집을 믿음으로 착각할 때가 많습니다. 믿음은 하나님이 행하시는 새로운 일들에 대해 열려 있습니다. 하나님이 오늘, 또 미래에 새롭게 나의 삶을 인도하실 수 있다는 것에 마음을 열고 그 변화에 순종하면서 하나님이 나를 사용하시도록 내드리는 것이 진정한 믿음입니다. 어떤 문화나 관습이나 제도, 또 내가 좋아하는 어떤 것에 집착하는 것은 고집이지 믿음이 아닙니다.

예수님은 믿음의 연수가 깊어지면서 오히려 하나님과 더 친밀해지지 않는 이유를 가르쳐 주십니다. 은밀히 보시는 하나님과 친밀함을 나누지 않기 때문입니다. 은밀함 속에서 하나님과 나누는 친밀함보다는 성도 간 교제나 봉사나 다른 활동이 더 중요해질 때, 시간이 지나면서 교회 생활에는 익숙해지지만 하나님과는 친밀해지지 않을 수 있는 것입니다. 시간이 흘러가면서 더욱더 하나님과 친밀해지기 위해서는 하나님과 나만이 아는 은밀한 만남의 시간이 반드시 있어야 합니다. 쉽게 말하면 큐티를 잘 해야 한다는 것입니다.

나의 은밀한 시간에는 무엇이 있습니까? 죄가 있습니까, 아니면 하나님과의 친밀한 사귐이 있습니까? 그 뿌리가 잘못되어 있으면 나무가 잘못되고 열매가 잘못될 수밖에 없습니다. 우리 믿음의 뿌리에 하나님과의 친밀한 사귐이 있어야 합니다. 죄는 우리의 은밀한 시간을 파괴해 버렸습니다. 겉으로는 선한 일을 하면서도 그 내면에는 죄가 있을 수 있습니다. 우리는 나쁜 동기를 가지고 선한 행실을 얼마든지 할 수 있습니다. 그 위선과 외식의 죄를 우리도 모르게 종교라는 이름으로, 신앙생활이라는 이름으로 할 수 있는 것입니다. 하나님 나라는 언제나 우리 외면에 있지 않고 내면에 있습니다. 교회가 얼마나 많은 사역과 활동을 하느냐보다는 성도들의 내면에 무엇이 들어 있는가, 그 동기를 가지고 하나님은 심판하십니다. 우리의 행위 이전에 있는 하나님 앞에서의 순수한 동기, 그것을 가지고 하나님 앞에서 씨름해야 합니다.

죄는 우리로 하여금 하나님 앞에서 기도하지 않게 만듭니다. 기도하려고 하면 우리 안에서 우리의 기도를 거부하는 세력이 있다는 것을 깨닫게 됩니다. 그러므로 자연적인 본능으로는 기도하기가 어렵습니다. 성령의 도우심, 성령의 임재하심이 없으면 우리는 결코 기도하지 않습니다. 기도하지 않는 것은 바빠서가 아닙니다. 우리가 교만하기 때문이고, 죄가 우리의 기도를 막기 때문입니다. 그런데 죄는 기도를 막을 뿐만 아니라 기도하면서도 죄를 짓

하늘은 땅에서 열린다

게 만듭니다. 기도하는 그 순간에도 우리는 하나님 앞에서 진실을 말하지 않는 것입니다. 나의 모든 것을 아시고 나의 내면과 동기를 속속들이 아시는 하나님 앞에서조차 자신을 숨기고 포장하기가 쉽다는 것입니다. 이는 죄의 엄청난 파괴력입니다. 그래서 피터 테일러 포사이스라는 영국 최고의 신학자는 "가장 악한 죄는 기도하지 않는 것"이라고 했습니다. 우리의 악함이 어디서 나옵니까? 기도하지 않는 데에서 나옵니다. 기도하지 않는 것 자체가 죄입니다. 우리는 죄 가운데 눌려 있습니다. 죄성을 이겨 내고 하나님 앞에서 기도해야 합니다.

기도하면서조차 죄짓는, 하나님 앞에서도 순수함을 가지고 만나지 못하는, 진실하지 못한 나를 극복해야 합니다. 그래서 C. S. 루이스는 이런 기도를 했습니다. 모든 기도보다 앞서서 우리는 이렇게 기도해야 합니다. "주여, 기도하는 이가 진정 나이게 하시고, 내 기도를 들으시는 이가 진정 하나님이게 하소서." 기도할 때 기도하는 이가 진정 나 자신이 되어야 합니다. 나의 모든 것을 아시는 하나님 앞에서 있는 그대로의 모습으로, 가장 진실하고 정직한 모습으로 기도할 수 있을 때 진정한 기도가 시작되는 것입니다. 우리의 기도가 능력이 없는 것은 그러한 기도를 잃어버렸기 때문입니다.

예수님은 산상 수훈을 통해 우리의 영적인 상태를 점검해 주고 계십니다. 우리는 육적인 건강에 대해서는 관심이 참 많지만 영적인 건강에 대해서는 별로 확인하지 않습니다. 아침마다 거울을 보면서 외모를 다듬지만 우리의 내면을 다듬는 시간은 갖지 못합니다.

어떤 사람이 하도 몸이 아파서 의사 선생님한테 가서 건강 진단을 받았습니다. "선생님, 이상합니다. 제가 이상해서 그런지, 쇠약해져서 그런지 만지는 곳마다 아픕니다. 무릎을 누르면 무릎이 아프고 배를 누르면 배가 아프고 머리를 누르면 머리가 아픕니다." 그래서 의사 선생님이 전신 엑스레이를 촬영했고 한 시간 후에 원인이 나왔습니다. "다른 데는 이상이 없는데 선생님 손가락이 부러져 있군요." 배를 누르면 배가 아프고 무릎을 누르면 무릎이 아프고, 만지는 데마다 아픈 것은 손가락이 부러져 있었기 때문입니다.

이와 마찬가지로 우리의 기도가 잘못되어 있으면, 하나님과의 관계가 잘못되어 있으면 무엇을 하든지 문제가 생깁니다. 무슨 일을 해도, 어떤 사람을 만나도 갈등과 문제가 일어나는 것은 나와 하나님과의 관계에 문제가 있는 것입니다. 나의 은밀한 시간에 문제가 있는 것입니다. 그 은밀한 시간에 나의 진정한 모습을 발견하지 못한 것입니다. 나 자신의 모습이 어떤 모습인지, 내 영혼이 얼마나 처참하게 궁핍한 상태인지, 하나님과 얼마나 멀리 떨어져 있는지, 나의 영혼의 모습을 알지 못하기 때문에 아프고 갈등이 생기는 것입니다. "나의 은밀한 시간에 하나님과의 친밀한 사귐이 채워지게 하소서." 이것이 이 땅에서 하늘나라의 삶을 사는 자의 능력입니다.

잘못된 기도의 예

이 땅에서 하늘을 사는 사람은 다른 사람들에게 보이는 것에 치중하지 않습니다. 홀로 하나님과 만나는 시간을 가장 소중하게 생각하는 사람이야말로 이 땅에서 하늘의 삶을 살 수 있습니다. 어떤 사람에게는 하늘나라가 보이고 어떤 사람에게는 보이지 않습니다. 그것은 얼마나 은밀함 속에서 하나님을 만나고 있는지에 따라 결정됩니다. 예수님은 당시 유대인들의 기도를 진단하시면서 잘못된 태도를 가지고 기도하는 두 그룹의 모습을 예로 드셨습니다. 첫째는 외식하는 바리새인들의 기도이고, 둘째는 이방인들의 우상을 섬기는 기도입니다.

"너희는 기도할 때 위선자들처럼 하지 말라. 그들은 사람들에게 보이려고 회당이나 길모퉁이에 서서 기도하기를 좋아한다. 내가 진실로 너희에게 말한다. 그들은 이미 자기 상을 다 받았다"(5절).

회당이나 길모퉁이에 서서 기도하던 바리새인들에 대한 예수님의 지적입니다. 그들이 회당이나 길모퉁이에 서서 기도하기를 좋아한 것은, 우리는 기도하는 것을 너무 좋아하기 때문에 성전에 가기까지 기다릴 시간이 없다는 것을 나타내기 위한 것이었습니다. 가장 순수하고 정직하고 은밀해야 하는 시간을 자신을 드러내고 자랑하는 죄악의 도구로 사용한 것입니다.

우리는 그런 시간을 얼마나 자주 경험합니까? 저도 순간순간 위선의 죄를 많이 범합니다. 가장 많이 범하는 죄가 혼자 식사 기도를 할 때는 굉장히 짧게 하는데 성도들과 함께 식사할 때는 나도 모르게 길어지는 것입니다. 이는 엄청난 위선의 죄입니다. 우리 목회자들도 그렇습니다. 홀로 은밀히 있을 때는 많이 기도하지 않고, 회중들에게 기도를 인도할 때는 굉장히 기도를 많이

하늘은 땅에서 열린다

하는 것처럼 합니다. 그래서 오늘날 가장 바리새인이 되기 쉬운 사람들이 사역자들입니다. 목회자와 사역자들이 은밀한 시간에 하나님과 깊이 만나는 시간 없이 사람들 앞에 서게 될 때 위험해집니다.

두 번째로, 예수님은 이방 종교인들의 중언부언하는 기도에 대해 말씀하셨습니다.

"또 기도할 때는 이방 사람들처럼 빈말을 반복하지 마라. 그들은 말을 많이 해야 아버지께서 기도를 들어주실 거라고 생각한다. 너희는 이방 사람들처럼 기도하지 말라. 너희 아버지께서는 너희가 구하기도 전에 무엇이 필요한지 아시는 분이다"(7-8절).

이방 종교인들의 우상을 섬기는 기도는 신을 감동시키는 것입니다. 지성이면 감천이라는 말은 우리의 신앙에서는 진리가 아닙니다. 우리의 어떤 노력이나 행위나 성실함으로 하나님을 감동시키는 것이 아닙니다. 우리가 하나님의 뜻에 합하면 하나님은 움직이십니다. 이방 종교와 우상 기도의 특징은 무엇입니까? 신에게 우리의 사정을 알려야 신이 행할 수 있다는 것입니다. 그래서 빈말이라도 자꾸 반복하는 것입니다. 신이 모를까 봐 신에게 알려서 신의 응답을 받아 내는 것입니다. 그러나 우리의 기도는 하나님이 모르시는 것을 알리는 것이 아닙니다. 하나님은 우리에게 필요한 것, 우리에게 있어야 할 것, 우리에게 가장 중요한 것을 이미 아시는 분입니다. 우리가 구하기도 전에 우리에게 있어야 할 것을 아시는 하나님께 우리가 기도하는 것입니다. 이것이 이방 종교와 우리의 기도가 다른 점입니다.

하나님은 인격적이신 분입니다. 우리에게 있어야 할 것을 다 아시는 분입니다. 그래서 2011~2012년에 "주여, 우리에게 기도를 가르쳐 주소서"라는 제목으로 40일 기도를 할 때 이 간증을 했습니다. 어린 시절부터 교회에 다니면서 저에게 가장 풀리지 않는 문제는 바로 이 부분이었습니다. "너희에게 있어야 할 것을 다 아시는 하나님이라고 하는데 왜 기도하라고 하시는가?" 그래서 철야 기도회에 가고 금식 기도를 하면서 하나님 앞에 부르짖는 어른들을 보면 이해가 안 됐습니다. 저는 속으로 그분들을 이렇게 정죄했습니다. '참 철없는 어른들이다. 하나님은 있어야 할 것을 다 아신다고 했는데 왜 저렇게 조르나. 왜 저렇게 부르짖나. 하나님이 다 아시는데.'

그것은 불완전한 믿음이었습니다. 저는 "너희에게 있어야 할 것을 다 아신다"는 구절만 너무 믿었습니다. 하나님은 이미 다 알고 계시는데 왜 구하라고 하시는지, 왜 부르짖으라고 하시는지를 깨닫지 못했습니다. 저는 성인이 돼서야 깨달았습니다. 돌이켜 보니 하나님은 있어야 할 것을 이미 다 아시고 채워 주셨습니다. 그런데 문제는 내가 구하지 않고 얻으면 내가 잘나서 얻은 줄 아는 것입니다. 하나님이 주셨다는 고백을 하지 않게 됩니다. 하나님께 영광을 돌리지 않습니다. 찬양하지 않고 감사하지도 않습니다. 다 내 능력으로 내가 얻은 줄 압니다. 구하지 않고 얻었기 때문입니다. 그러나 아주 작은 것이라도 "하나님, 필요합니다. 하나님, 주세요"라고 하나님 앞에서 간구해서 얻으면 하나님의 살아 계심을 더 깊이 체험할 수 있습니다.

하나님은 우리에게 있어야 할 것을 다 아시고 채워 주시는 분입니다. 우리가 구하지 않은 것까지 다 채워 주십니다. 그러니 무조건 감사해야 하는 것입니다. 지금 나에게 있어야 할 것이 더 많은 것처럼 보이지만, 하나님은 내게 필요한 모든 것을 이미 채워 주신 분입니다. 문제는 우리에게 정말 필요한 것을 우리가 모른다는 것입니다. 정말 우리가 구해야 할 것이 무엇인지 우리가 알지 못한다는 것입니다. 그러므로 기도하면서 깨달아 가야 합니다. 하나님 앞에서 간구의 제목을 가지고 나아갈 때 하나님은 가르쳐 주십니다. "애야, 그것은 네가 구하지 않아도 된다. 애야, 그것은 나에게 맡겨라. 애야, 그것은 나에게 구하기보다 너가 행하면 되는 것이다. 애야, 그것은 기다려라. 속히 응답할 것이다." 이렇게 하나님과 더불어 대화하면서 나는 A가 필요하다고 생각했지만 사실은 B가 나에게 더 필요했다는 것을 깨닫게 됩니다. 구하면서 하나님과 동행하는 것이 이방 종교의 기도와 우리의 기도가 다른 점입니다.

하나님은 우리와 관계를 맺기를 원하십니다. 우리에게 정말 중요하고 필요한 것을 채워 주기를 원하십니다. 그런데 우리는 내게 필요한 어떤 것만을 구하려고 합니다. 정말 중요한 것은 하나님과 더 가까워지고 친밀해지는 것입니다.

저는 청소년 시절에 부모님과 떨어져서 살았는데, 일주일에 한 번씩 부모님께 가서 용돈을 받았습니다. 그런데 제 마음속에 이런 불만이 생겼습니다. '한 번에 많이 주시든지, 아니면 은행으로 보내 주시지.' 꼭 집에 가야만 용돈을 주급으로 주셨습니다. 그 나이 때는 부모님을 만나는 것에 관심이 없었습니다. 사실은 용돈 받으러 간 것입니다. 그런데 부모님은 이런 말씀을 하셨습니

하늘은 땅에서 열린다

다. "왜 이렇게 일주일씩 주는 줄 아니? 안 그러면 너가 안 오잖아." 부모님은 얼굴을 보고 싶은 것이었습니다. 용돈이야 당연히 주는 것이지만 그것을 통해 한번이라도 더 만나고 싶고, 한번이라도 더 얼굴을 보고 싶었던 것입니다.

하나님은 우리에게 필요한 것을 한꺼번에 채워 주실 수 있지만, 어떨 때는 더디신 것 같고 찔끔찔끔 주시는 것 같습니다. 우리를 괴롭히려고 그러시는 게 아닙니다. "애야, 한번이라도 얼굴을 더 보자"는 것입니다. 우리의 얼굴을 보기 원하시는 하나님, 우리와의 인격적인 사귐을 통해 우리에게 가장 좋은 것으로 채워 주기를 원하시는 하나님과 동행하는 것이 기도입니다. 이방인처럼 빈말을 반복하고, 신을 감동시키기 위해 자신을 학대하고 자신을 힘들게 하는 것이 아닙니다. 하나님의 뜻을 알아 가며, 그분과 동행하고, 그분의 임재 앞에서 은밀한 시간에 아버지의 뜻을 깨달아 가고, 아버지의 마음을 깊이 알아 가는 것입니다.

기도는 신앙생활의 수단이나 방법이 아닙니다. 믿음이 깊어지면 기도는 방법이 아니라 그 자체가 목적이 되는 것입니다. 신앙생활을 하기 위해 기도하는 것이 아니라, 우리의 기도가 신앙생활의 목표가 되어야 하는 것입니다. 무엇인가 필요해서 기도하는 것이 아니라, 하나님을 만나는 것이 우리 기도의 목적이 되는 것입니다. 예수님은 우리에게 그러한 삶을 가르쳐 주신 것입니다. 기도란 단지 어떤 것을 요구해서 받는 것이 아닙니다. 하나님이 우리에게 어떤 것을 주시는 것보다 더 중요한 것은, 하나님이 우리와 더 깊은 교제와 만남을 나누기를 원하신다는 사실입니다.

은밀한 기도

예수님은 외식의 기도, 이방 종교의 우상의 기도를 버리고 하나님과 깊이 교제하는 기도의 비밀을 어떻게 체험할 수 있는지 가르쳐 주셨습니다.

"너는 기도할 때 방에 들어가 문을 닫고 은밀하게 계시는 네 아버지께 기도하여라. 그러면 은밀하게 계셔서 보시는 네 아버지께서 네게 갚아 주실 것이다"(6절).

은밀한 기도, 하나님과 나만이 아는 기도 속에서 우리는 하늘을 경험할 수 있습니다. 스펄전 목사님은 "혼자 기도하지 않으면 전혀 기도하지 않은 것이다"라고 했습니다. 함께 모여서 기도하는 것은 혼자 기도할 수 있도록 하기 위해서입니다. 하나님 앞에서 홀로 무릎 꿇는 것, 이것이 바로 우리가 이 땅에서 하늘을 열 수 있는 축복입니다.

그러나 문을 닫고 아무도 없는 공간에 혼자 있다고 해서 저절로 기도가 이루어지는 것은 아닙니다. 문을 닫고 홀로 골방에 앉아 있으면 그때부터 싸움이 시작됩니다. 사람도 만나지 않고, TV나 책이나 인터넷도 없는 공간에 혼자 있을 때 외적인 방해 세력은 없지만 그때부터 내적인 방해 세력이 오기 시작합니다. 잡념이 떠오르고, 죄가 우리의 기도를 막고, 육체적인 피곤이 우리를 막고, 무엇보다 혼자 있는 것 자체를 두려워하게 됩니다.

왜 사람들이 혼자 있는 것을 두려워합니까? 왜 아무도 없는 고독한 시간과 장소를 두려워합니까? 자신의 솔직한 내면과 만나야 하기 때문입니다. 사람은 자기 자신을 가장 두려워합니다. 가장 만나기 싫은 사람이 자기 자신입니다. 나는 나의 추한 모습을 알기 때문입니다. 나의 더럽고 추하고 은밀한 모습을 가지고 하나님과 대면하기가 두려우니까 자꾸 삶을 분주하게 만드는 것입니다. 이 사람, 저 사람과 만나고 활동하는 것입니다. 그러나 하나님과 나만이 아는 은밀한 시간이 없으면 우리의 삶은 절대로 변화될 수 없습니다.

사람이 외로운 것은 혼자 있어서 외로운 것이 아닙니다. 혼자 있지 못해서 외로운 것입니다. 어려운 말처럼 들리지만 잘 생각해 보십시오. 외로움과 하나님과 만나는 창조적인 고독은 다릅니다. 우리는 외로움으로부터 도망하는 것이 아니라, 외로운 시간을 하나님과 나만이 아는 은밀한 창조의 시간으로, 변화와 능력의 시간으로 만들어야 합니다.

예수님이 말씀하시는 골방에는 두 종류가 있습니다. 장소적인 의미의 골방이 있고 영적인 의미의 내면의 골방이 있습니다. 우리가 장소적인 골방에 혼자 들어간다 해도 영적인 내면의 골방으로 들어가지 않으면 골방에 들어가지 않은 것입니다. 장소적인 골방도 중요하지만 더 중요한 것은 내면의 골방으로 들어가는 것입니다. 영적인 내면의 골방에 들어가지 않으면 장소적인 골방은 의미가 없습니다. 혼자만의 공간에 있더라도 그 마음이 시장 한복판에 있는 것처럼 분주한 사람이 있고, 사람들이 많고 시끄러운 시장 한복판에 있을지라도 하나님과 자신만이 아는 은밀한 골방으로 들어가서 기도하는 사람이 있습니다. 상황과 환경이 아무리 분주하고 시끄럽고 복잡할지라도 하나님과 만나는 내면의 골방이 있다면 이 땅에서 천국을 사는 것입니다.

방에 들어가서 문을 닫고 기도하라는 것은 다른 사람과 함께 기도하지 말라는 뜻이 아닙니다. 함께 기도하든 혼자 기도하든, 하나님만 의식하며 기도할 수 있는 삶이 천국의 삶입니다. 깊은 영성으로 홀로 기도하는 사람은 더 좋은 관계를 맺습니다. 고독하게 고립된 인생을 사는 것이 아닙니다. 우리의 골방은 나만의 시간, 나만의 공간에 머물러서는 안 되고 다른 사람을 위한 자리, 다른 사람을 위한 공간, 다른 사람을 위한 공동체의 삶으로 반드시 나아가야 합니다. 그래야 하나님 나라가 임하는 것입니다. 하나님 나라는 나만의 나라가 아니라, 우리가 함께 누리는 나라이기 때문입니다. 그래서 예수님은 주기도문에서 하늘에 계신 나의 아버지라고 하지 않고, 우리 아버지라고 기도하셨습니다.

은밀한 금식

"너희는 금식할 때 위선자들처럼 침울한 표정을 짓지 말라. 그들은 자신들이 금식하는 것을 사람들에게 보이려고 침울한 표정을 짓는다. 내가 진실로 너희에게 말한다. 그런 사람들은 이미 자기 상을 다 받았다"(16절).

유대인들은 일주일에 두 번씩 금식했는데, 금식하는 날은 사람들이 모이는 장날이었습니다. 그들은 그날 머리를 풀어헤치고 흉한 얼굴을 하고 다녔습니다. 그러면 사람들은 저 사람이 금식 중이라는 것을 금방 알아차렸습니다. "나 금식 중!" 이렇게 써 붙이고 다닌 것입니다. 사람들에게 내가 얼마나 경건한 사람인지, 얼마나 훌륭한 바리새인인지 보이기 위해 위선과 외식과 포장의 도구로 금식을 사용한 것입니다.

이스라엘 백성은 위기와 재난이 있을 때마다 기도했습니다. 그리고 그것을 전통으로 만들었습니다. 스가랴 말씀에서 보듯이 그들은 5월과 7월에 국가 재난일을 기억하고, 대속죄일에 하나님 앞에서 기도하며 금식했습니다. 그런데 그들은 하나님께 매달리는 금식의 아름다운 전통을 자신을 포장하는 도구로 만든 것입니다. 머리를 풀어헤치고 흉한 얼굴을 하고 다닌 것입니다. 예수님은 그것은 진정한 금식이 아니고, 사람들에게 보이려고 하는 것이라고 하셨습니다. 사실 우리도 그렇게 할 때가 있습니다. 회식 자리가 있으면 갑자기 힘들어하는 얼굴을 하면서 "나 금식해야 하는데"라고 합니다. 예수님은 사람에게 보이려는 금식은 금식이 아니라고 하십니다. 그래서 이렇게 말씀하셨습니다.

"너는 금식할 때 머리에 기름을 바르고 얼굴을 씻어라. 그래서 네가 금식하는 것을 사람에게 보이지 말고 은밀하게 계셔서 보시는 네 아버지께만 보이도록 하여라. 그리하면 은밀하게 계셔서 보시는 네 아버지께서 네게 갚아 주실 것이다"(17-18절).

금식하지 않는 것처럼 더 깨끗하게 하고 다니면서 은밀한 금식을 해야 진정한 능력이 있다는 말씀입니다. 금식에 있어서도 은밀함에 뿌리내리라라고 하신 것입니다. 바리새인들은 예수님께 이런 질문을 했습니다. "요한과 그의 제자들은 금식하는데 왜 당신과 당신의 제자들은 금식하지 않습니까?" 사실 예수님이 금식하지 않으신 것이 아닙니다. 예수님은 많이 금식하셨을 것입니다. 그런데 왜 사람들이 몰랐을까요? 예수님이 티 내지 않고 모르게 하셨기 때문입니다. 어떤 때는 제자들도 모르게 금식하셨기 때문에 다른 사람이 볼 때는 금식하지 않는 것으로 보였을 것입니다.

예수님이 머리에 기름을 바르고 얼굴을 씻고, 은밀하게 보시는 아버지께만 보이도록 금식하라고 하신 이유는 무엇입니까? 단지 사람들에게 보이지 않게 하라는 것이 아닙니다. 이런 질문을 던질 수 있습니다. "그렇게 기름을 바르고 얼굴을 씻고 금식하면 그것도 숨기는 것 아닙니까? 그것도 외식 아닙니까?" 그러나 예수님이 말씀하시는 것에는 더 중요한 의미가 있습니다. 예수님은 왜 금식하지 않느냐는 질문에 이렇게 대답하셨습니다. "신랑이 신부와 함께 있을 때에 금식할 수 있느냐?" 예수님은 이 땅에 임한 하나님의 나라를 설명할 때 결혼의 비유를 통해 설명하셨습니다.

결혼식에서는 모두가 기쁨의 얼굴을 합니다. 이렇게 기쁜 날, 식을 마치고 피로연에 갔는데 만일 이런 문구가 써 붙어 있다고 생각해 보십시오. "오늘은 금식입니다." 이건 있을 수가 없는 일입니다. 결혼의 기쁨을 나누기 위해 피로연을 하고 풍성한 음식으로 함께 교제하는 것입니다. 예수님도 결혼식장에서 포도주가 떨어졌을 때 채워 주셨습니다. 결혼의 기쁨을 채워 주신 것입니다. 신부가 신랑을 만났을 때의 기쁨이 바로 하나님 나라의 기쁨입니다.

그런데 예수님은 이렇게 말씀하십니다. "신랑을 빼앗길 날이 올 테니 그때는 금식하라.” 신랑을 빼앗길 날은 바로 지금을 의미합니다. 예수님이 오셔서 부활하시고 승천하시고 다시 오실 기간 동안에, 신랑이 우리의 눈에 보이지 않는 기간 동안에 금식하라고 말씀하셨습니다. 새로운 하나님 나라가 이 땅에 임했을 때 하는 금식은 슬퍼서 하는 것이 아닙니다. 슬픈 금식이 아니라 기쁜 금식입니다. 절망의 금식이 아니라 하나님에 대한 갈망의 금식입니다. 공허함과 탄식의 금식이 아니라 충만함의 금식입니다. 다시 오실 주님을 사모하며 기다리기 때문입니다. 결혼식 마치자마자 피로연에 가서 꾸역꾸역 밥을 먹는 신랑 신부는 없습니다. 신랑 신부의 부모님들도 그날은 밥을 먹지 않아도 배고프지 않습니다. 너무 기쁘기 때문입니다. 마찬가지로 그날의 금식은 슬퍼서 하는 금식이 아니라 기쁨의 금식인 것입니다.

존 파이퍼 목사님은 금식에 대해 이런 글을 썼습니다. “우리가 금식하는 것은 우리가 경험하지 못한 어떤 것이 갈급해서가 아니라, 그리스도가 임재하시는 새 포도주가 너무나 실재적이고 만족스럽기 때문이다. 그리스도의 임재하심을 맛보지 못해서가 아니라 성령을 통해 그분의 임재하심을 놀라울 정도로 맛보았기 때문에, 그 즐거움과 충만함 가운데 거기서 만족할 수 없기 때문에 하는 것이다. 하나님에 대한 더 깊은 갈망 때문에 금식하는 것이다.” 그래서 머리에 기름을 바르고 얼굴을 깨끗하게 하고, 기쁨으로 금식할 수 있는 것입니다. 이것은 믿음의 금식입니다. 주님이 이 땅에 오셨기 때문에, 하늘나라가 이 땅에 왔기 때문에 우리는 이 세상이 아무리 무너져도 절망하지 않을 수 있습니다.

나에게 필요한 것을 달라고 간구하는 금식도 있지만 이 땅에서 하늘나라를 사는 사람의 금식은 무엇입니까? 내가 한두 끼 굶으면서 가난하고 헐벗은 자를 도와줘도 기쁨만이 남아 있는 금식입니다. 이사야 58장 6-7절에서 “내가 받고 싶은 금식은 이런 것들이 아니냐? 부당하게 묶인 사슬을 끌러 주고 멍에의 줄을 풀어 주는 것, 압제받는 사람을 자유롭게 놓아 주고 모든 멍에를 부숴 버리는 것이 아니냐? 너희가 굶주린 사람에게 먹을 것을 나눠 주고 가난한 노숙자를 집에 맞아들이는 것이 아니냐? 헐벗은 사람을 보면 옷을 입혀 주고 네 혈육을 못 본 체하지 않는 것이 아니냐?”라고 했습니다. 하나님이 기뻐하시는 금식은 단지 굶는 것이 아니라, 자신이 굶는 대신에 그 양식으로 배고픈 사람에게 나눠 주는 것입니다. 괴로운 금식이 아니라 기쁨의 금식, 절망의 금식이 아니라 갈망의 금식입니다. 그러므로 예수님은 슬픈 모습을 하지 말라고 하십니다. 금식은 슬픈 것이 아닙니다. 이 땅에 하나님 나라가 왔기 때문입니다.

우리의 기도와 금식이 하나님 나라의 기도와 금식이 되기를 축원합니다. 은밀한 기도가 이 땅에서 하늘 문을 여는 기도가 되기를 축원합니다, 우리의 금식이 이 땅에서의 절망과 탄식의 금식이 아니라, 하나님 나라의 기쁨과 감사와 갈망의 금식이 되기를 축원합니다. 주님이 다시 오심을 사모하며, 주님이 다시 오셨을 때 참된 종으로 인정받도록 기쁨과 감사로 금식하며, 우리의 이웃들을 도우며 가난한 노숙자를 섬기며 헐벗은 자를 입히며 그들을 섬기기를 소망합니다. 기쁜 마음으로 나눠 주고 구제하고 봉사하는 것, 하나님이 나에게 주신 선하고 좋은 것을 하나님보다 더 사랑하지 않는다고 고백하는 것이 진정한 금식입니다.

때로 우리의 영적 생활을 망가뜨리는 것은 꼭 나쁜 것만이 아닙니다. 우리에게 주신 좋은 것, 선한 음식도 우리의 영적 생활에 방해가 될 수 있습니다. 하나님을 사랑하고 하나님과 동행하고 하나님과 기뻐하는 삶이 너무나 간절하기 때문에 하나님이 주신 선한 것조차도 금할 수 있는 것이 진정한 금식입니다. 이것은 기쁨의 금식, 감사의 금식이고 하나님 나라의 금식입니다. 이 땅에서 사는 사람들은 자신의 배를 채우기 위해, 또 이 세상의 필요를 채우기 위해 살아가지만 하나님 나라의 금식을 하는 사람은 자기의 것을 나누고 베풀고 섬기는 인생을 살 수 있습니다. 이것이 진정한 금식입니다. 그러므로 금식은 축제가 되는 것입니다. 하나님과 나만이 아는 금식의 축제를 날마다 누리며 회복하기를 축원합니다.

하늘은 땅에서 열린다

성령의 도우심, 성령의 임재하심이 없으면
우리는 결코 기도하지 않습니다.
기도하지 않는 것은 바빠서가 아닙니다.
우리가 교만하기 때문이고,
죄가 우리의 기도를 막기 때문입니다.

하늘이 땅에서 열리다

¹"너희가 심판받지 않으려거든 심판하지 말라. ²너희가 심판하는 그 심판으로 심판을 받을 것이며 너희가 저울질하는 그 저울질로 너희가 저울질당할 것이다. ³어째서 너는 네 형제의 눈에 있는 티는 보면서 네 눈에 있는 들보는 깨닫지 못하느냐? ⁴네 눈에 아직 들보가 있는데 어떻게 형제에게 '네 눈에 있는 티를 빼 주겠다'라고 할 수 있느냐? ⁵이 위선자야! 먼저 네 눈에서 들보를 빼내어라. 그런 후에야 네가 정확히 보고 형제의 눈 속에 있는 티를 빼낼 수 있을 것이다.

chapter 7

비판하지 말라

마태복음 7:1-5

"심판하지 말라"는 말씀은 모든 종류의 비판을 금하신 것이 아닙니다. 건강한 의미의 비판과 평가는 필요합니다. 스스로 심판자가 되어서 자신이 마치 모든 것을 아는 사람처럼 판단하고 정죄하지 말라는 것입니다. 인간은 하나님이 아니기 때문입니다. 심판자는 오직 하나님 한 분이시기 때문에 하나님이 내리셔야 하는 심판을 인간이 하지 말라는 뜻입니다.

예수님이 우리에게 들려주신 구원의 기쁜 소식은 하늘이 이 땅에서 열렸다는 것입니다. 예수님이 세상에 오신 것은 단순히 우리에게 천국행 티켓을 전해 주기 위해 오신 것이 아닙니다. 우리가 이 땅에서 하늘의 삶을 누리며 살 수 있도록 오신 것입니다.

이 땅에 임하는 하늘나라는 가난한 마음에서부터 시작됩니다. 어떤 제도나 조직에 임하는 것이 아닙니다. 우리 한 사람 한 사람의 가난한 마음속에 임하여 팔복의 삶을 경험케 하는 것입니다. 의를 위하여 핍박받고, 때로 고통스러운 삶일지라도 즐거워하며 기뻐하는 사람이 바로 이 땅에서 하늘나라의 삶을 사는 사람입니다. 이러한 사람에게는 다른 사람들이 나를 어떻게 보느냐는 중요하지 않습니다. 하나님이 나를 어떻게 보시는지가 가장 중요합니다.

예수님은 죄가 우리의 영혼을 어떻게 망가뜨렸는지를 잘 보여 주십니다.

우리는 가장 순수하고 거룩해야 할 기도조차 자신을 드러내는 위선과 거짓의 도구로 만들어 버렸습니다. 다른 사람을 돕고 하나님 앞에서 자신을 겸비하는 구제와 금식조차도 자신을 드러내는 위선의 도구로 만든 것입니다.

죄는 또한 우리의 심령에 불필요한 염려와 걱정을 많이 가져옵니다. 이 땅에서 하늘나라의 삶을 사는 사람은 이 세상의 필요 때문에 염려하거나 걱정하지 않습니다. 우리의 모든 필요를 아시고 우리를 돌보시는 하나님이 우리의 삶을 지켜 주심을 믿기에 이 세상의 염려와 걱정을 떨쳐 버릴 수가 있는 것입니다. 이 땅에서 하늘나라의 삶을 살지 못하도록 우리의 마음을 망가뜨리는 주범은 바로 염려와 걱정입니다.

하나님은 걱정을 창조하지 않으셨습니다. 걱정은 우리가 만들어 내는 것입니다. 걱정하지 않으려고 걱정과 싸우다 보면 걱정이 더 심해집니다. 걱정하지 않는 법은 "먼저 그의 나라와 그의 의를 구하는 것"입니다. 하나님의 나라와 의를 구하면 걱정은 사라집니다. 그러나 보통 "걱정하지 말아야지" 하다가 걱정이 더 쌓입니다. 잠을 자야 하는데 자꾸 생각하다 보면 잠이 더 안 옵니다. 하나님의 나라와 의를 구하십시오. 그때 걱정은 사라질 것입니다. "먼저 그의 나라와 그의 의를 구하라." 이 땅에서 하늘나라를 사는 사람들의 가장 중요한 말씀입니다.

공정한 비판

내 안에 임한 하늘나라를 무너뜨리는 것이 이 세상에 속한 염려와 근심이라면, 우리의 관계와 공동체 속에 있는 하늘나라의 삶을 무너뜨리는 것은 바로 부당한 비판입니다.

"너희가 심판받지 않으려거든 심판하지 말라"(1절).

이 말씀은 성경의 어떤 구절보다도 많은 오해를 불러일으킨 말씀입니다. 개역개정에는 '비판'이라고 번역을 함으로써 더 많은 논쟁을 일으켰습니다. 비판하지 말라는 말씀에 대해 톨스토이는 어떤 종류의 비판도 하지 말라고 해석했습니다. 그 영향을 받은 사람이 역사적으로 참 많습니다. 우리말성경 번역에서는 이것을 "심판하지 말라"고 번역함으로써 논쟁의 오류를 줄였습니다.

하늘은 땅에서 열린다

예수님이 여기서 심판하지 말라고, 비판하지 말라고 하신 것은 모든 종류의 비판과 비평과 분별과 평가를 하지 말라는 뜻이 아닙니다. 이 말씀을 너무 넓게 해석해서 건강한 의미의 비판과 평가와 분별조차 하면 안 된다고 해석하는 경우가 많습니다. 선과 악을 분별하지도 말고, 아첨이나 거짓말을 하거나 말만 번지르르하게 하는 사기꾼 같은 사람들을 전혀 비판적으로 보지 말고, 어떠한 경우에 있어서도 무조건 받아들이라고 해석하는 경우가 많습니다. 그래서 우리말성경 번역에서는 "심판하지 말라"고 좁은 의미로 해석함으로써 예수님의 말씀을 보다 명확하게 이해할 수 있도록 했습니다.

하나님이 인간을 하나님의 형상으로 창조하실 때는 어떤 가치를 평가할 수 있는 비판의 능력까지도 함께 창조하신 것입니다. 예수님의 산상 수훈을 들어 보면, 예수님도 위선자를 평가하고 비판하시지 않습니까? "이것은 위선이다. 잘못된 것이다. 그릇된 것이다"라고 올바른 분별력으로 평가하십니다. 어떤 종류의 분별이나 비판도 하지 말라는 뜻이 결코 아닙니다. 건강한 의미의 비판과 평가는 필요합니다.

6절 말씀을 보면, 예수님은 거룩한 것을 개에게 주지 말고 진주를 돼지에게 던지지 말라고 말씀하셨습니다. 거룩한 것을 개에게 주지 않으려면 거룩한 것이 무엇인지 판단할 수 있어야 합니다. 개와 돼지 같은 존재가 어떤 존재인지를 분별할 수 있어야 합니다. 모든 것에는 분별력이 필요합니다. 누가복음 12장 57절을 보면 "어찌해서 너희는 무엇이 옳은지 스스로 판단하지 못하느냐?"고 하셨습니다. 옳은 것을 스스로 판단할 수 있는 판단력을 우리에게 요청하십니다. 요한복음 7장 24절을 보면 "공정하게 판단하라"고 하십니다. 공정하고 공의로운 판단 능력은 이 땅에서 소금과 빛으로 살아가는 하늘의 백성들에게는 반드시 필요한 것입니다.

부당한 비판

그런 의미에서 오늘 본문에 "심판하지 말라"는 말씀은 모든 종류의 비판을 금하신 것이 아닙니다. 그러면 심판하지 말라는 것은 어떤 의미일까요? 우리말성경에서 잘 번역한 대로, 스스로 심판자가 되어서 부당하고 파괴적인 의도를 가지고 자신이 마치 모든 것을 다 아는 사람처럼 판단하고 정죄하지 말라는 것입니다. 심판자의 권위에 오르려고 하지 말라는 것입니다. 인간은 하나님이 아니기 때문입니다. 심판자는 오직 하나님 한 분이시기 때문에 하나님이 내리셔야 하는 심판을 인간이 하지 말라는 것입니다. 인간이 행하는 잘못된 판단과 부당한 비판이 구체적으로 어떤 것인지, 세 가지로 나눠 보겠습니다.

첫 번째는, 다른 사람의 동기에 대해 최악의 경우로 추정하여 판단하는 것입니다. 그러면 그 사람이 왜 그렇게 행동했는지, 그 동기를 우리는 다 알 수 없습니다. 그 동기에는 최선의 경우와 최악의 경우가 있는데, 스스로 심판자가 되려고 하는 사람은 최악의 경우로 추정합니다. 그래서 판단하는 것입니다. 그러면 그 사람은 아주 나쁜 사람이 되는 것입니다. 이 땅에서 하늘을 사는 우리는 인간이 다른 사람의 동기를 정확하게 알 수 없다는 사실을 인정해야 합니다. 때로는 선한 동기를 가졌지만 일이 제대로 되지 않을 때도 있습니다. 악한 모습만 보고 최악의 동기라고 추정해서는 안 되는 것입니다. 최선의 경우와 최악의 경우가 있다면 최선의 경우로 추정하는 것이 좋습니다. 무슨 일에든지 최악의 경우인 것처럼 추정하여 그 동기를 판단하고 심판하는 것은 잘못된 것입니다. 사실 그 말은 "사탄적이다"라고 말할 수 있을 정도입니다.

욥기 1장을 보면, 사탄이 하나님께 욥을 고소합니다. "욥이 아무런 이유 없이 하나님을 경외하겠습니까?" 하나님이 욥에게 많은 물질을 주시고 풍요로움을 주셨기 때문에 그가 하나님을 경외하는 것이지, 만일 욥에게 그런 물질과 풍요로움이 없다면 하나님을 경외하지 않을 것입니다." 욥의 선한 동기를 악하게 추정한 것입니다. 그래서 욥의 물질과 자녀의 축복을 다 가져갔지만 욥은 하나님을 경외했습니다. 사탄의 추정이 잘못된 것입니다. 사탄은 언제나 최악의 경우로 추정합니다. 우리가 사탄의 자식이 아니라 하나님의 자녀로 이 땅에서 하늘나라의 삶을 살 때는 다른 사람의 알 수 없는 동기를 함부로 추정하지 않게 되기를 축원합니다. 추정한다면 최선의 경우로 추정할 수 있기를 바랍니다. 최악의 경우로 추정함으로 이 땅에서 하늘의 축복을 잃어버리지 않게 되기를 축원합니다.

두 번째는, 어떻게 하든 상관없는 일에 있어서 자신의 의견만이 절대적으로 옳다고 주장하면서 다른 사람들을 판단하는 것입니다. 이는 신약 시대에

하늘은 땅에서 열린다

가장 빈번하게 일어났던 판단입니다. 복음이 전해지면서 유대 사회와 상관 없는 이방인들이 복음을 접하고 예수님을 믿게 되었습니다. 그들이 살아가는 곳은 우상 숭배가 만연한 곳이었습니다. 로마 교회나 고린도 교회에 때로는 이웃집 사람이 우상에게 바쳤던 고기를 먹으라고 가져다주기도 했습니다. 제사에 썼던 음식을 이웃집 주민이 가져다준다면 우리는 어떻게 합니까? 먹는 사람이 있고 안 먹는 사람이 있습니다. 신약 시대에도 그랬습니다. 그런데 그 문제로 아주 첨예하게 대립했습니다. 고린도전서 8장과 로마서 14장을 보면, 이 문제를 가지고 사도 바울이 조언을 합니다. 이 문제로 인해 일어난 엄청난 정죄와 판단으로 교회가 심각한 분열에 처했던 것입니다. 바울은 이렇게 권면합니다.

"여러분은 믿음이 약한 사람을 받아들이되 그의 견해를 논쟁거리로 삼지 마십시오. 어떤 사람은 모든 음식을 먹을 만한 믿음이 있으나 믿음이 연약한 사람은 채소만 먹습니다. 먹는 사람은 먹지 못하는 사람을 업신여기지 말고 먹지 못하는 사람은 먹는 사람을 판단하지 마십시오. 이는 하나님께서 그 사람을 받으셨기 때문입니다"(롬 14:1-3).

여기서 아무거나 잘 먹는 사람은 믿음이 좋은 사람이고, 채소만 먹는 채식주의자는 믿음이 연약한 사람이라는 뜻이 아닙니다. 당시에 음식에서 이슈가 된 것은 고기였고, 특히 우상 숭배와 관련된 음식이나 그들이 만들어 놓은 정결 규례와 관련된 것이었습니다. 레위기에서는 돼지고기도 금하지 않았습니까? 그런 음식들이 나왔을 때 먹느냐 마느냐를 가지고 교회가 심각하게 대립한 것입니다. 사도 바울은 "믿음이 강한 사람은 다 먹을 수 있는 사람이다"라고 권면했습니다. 우상이란 실제로 존재하지 않는 것이기 때문입니다. "어떤 사람이 마음에 꺼림칙하고 믿음에 심각한 위협을 받는다면, 믿음이 강한 사람들은 믿음이 약한 사람들을 위해 사랑으로 먹지 마라. 그리고 믿음이 약한 사람은 그것을 먹는다고 정죄하지 마라. 서로 받아들이라. 왜냐하면 그것은 먹어도 되고 안 먹어도 되는 문제이기 때문이다. 하나님이 우리 모두를 받으셨다면 먹고 마시는 문제로 서로를 판단하되 심판자가 되기까지 판단하지 말라"는 것입니다. 그래서 유명한 말씀을 주십니다.

"하나님의 나라는 먹고 마시는 것이 아니라 성령 안에서 의와 평강과 기쁨입니다"(롬 14:17).

하나님의 나라는 무엇을 먹고 마시느냐의 문제가 아닙니다. 해도 되고 안 해도 되는 그런 문제가 아닙니다. 우리가 하나님 앞에서 의로움과 평강과 기쁨을 누리는 것이 중요한 것입니다.

공동체 가운데 서로 심판자가 되기까지 판단하는 문제들이 참 많습니다. 그런 모든 것을 내려놓을 수 있기를 바랍니다. 교회는 어쩌면 새로 세워진 전통일 수 있습니다. 믿음 생활을 더 잘하기 위해 세운 규칙일 수 있습니다. 하나님의 말씀에 옳고 그르다라고 되어 있지 않은 것, 때로는 한 시대의 문화, 한 사람의 가치관, 심지어는 개인의 선호도에 속한 것을 확대해서 다른 사람을 정죄하고 판단하지 말아야 합니다.

제가 전도사 생활을 처음 시작한 교회는 주일 성수를 굉장히 엄격하게 지킨 교회였습니다. 저는 주일에 불필요한 쇼핑을 하거나 회식을 하는 것은 삼가야 한다고 생각했습니다. 물론 그것을 삼가는 것은 경건의 유익이 됩니다. 그런데 그 교회는 지나칠 정도로 엄격했습니다. 그래서 주일에는 굶을지언정 식당에서 사 먹지도 못하게 했습니다. 지금 그런 믿음으로 신앙생활을 하는 분이 있을 텐데, 정죄하는 것이 아닙니다. 그것은 개인의 믿음이고, 공동체가 잘 지킬 수 있는 것입니다. 존중하면 되는 것입니다.

저는 그때 교육전도사였고, 작은 방에서 자취하면서 살았습니다. 새벽부터 저녁 늦게까지 봉사하고 나면 배가 너무 고팠습니다. 그런데 교회에는 먹을 것이 없었습니다. 집의 냉장고에도 먹을 것이 없었습니다. 그래서 옆집에 가서 얻어먹든지 성도님들 집에서 얻어먹든지 해야 하는데, 그럴 수도 없었습니다. 초대도 안 했는데 가서 밥 달라고 할 수도 없지 않습니까? 그래서 저는 버스를 타고 열 정거장 떨어진 다른 동네에 가서 좌우를 살펴보고, 아무도 없는 것을 보고 식당에 들어가서 먹고 나왔습니다. 그때 저는 전혀 거리낌이 없었습니다. 믿음이 강했기 때문입니다. 만일 믿음이 약한 성도가 그 모습을 보고 시험에 든다면 저는 가면 안 됩니다. 저는 최대한 은밀하게 그렇게 범죄를 하고 살았습니다.

어느 날 그 교회의 장로님이 전도사 몇 사람을 불러다가 삼겹살을 사 주셨는데, 주일 저녁에 초대하신 것입니다. 저는 깜짝 놀랐습니다. '이것은 범죄인데… 담임목사님 말씀대로 이건 심판받는데….' 쫓겨날까 봐 염려가 됐습니다. 장로님과 식사를 하다가 '뭔가 개혁을 하시려는구나' 싶어서 장로님께

하늘은 땅에서 열린다

물었습니다. "장로님, 이거 목사님이 아시면 큰일 나는데, 우리 쫓겨날지도 모르는데 어떻게 합니까?" 그러자 장로님이 "괜찮아. 돈은 내일 내기로 했어"라고 하셨습니다. 완전 범죄 장로님은 그렇게 신앙생활을 하셨던 것입니다. 그렇게 심판을 피해 가셨던 것입니다. 그런데 신앙생활이 좀 이상해지는 것 아니겠습니까? 외상 장부에만 걸어 놓으면 괜찮은 것일까요?

이래도 좋고 저래도 좋은 영역이 있는 것입니다. 가급적 주일을 거룩하게 지키는 것이 좋습니다. 그러나 때로 시간이 주일 저녁밖에 되지 않는 경우도 있습니다. 우리가 삶 속에서 정해 놓은 법, 규칙, 가치 등을 절대화함으로써 서로가 서로를 정죄하고 심판까지 해서는 안 됩니다. 지도자가 중요한 결정을 할 때 개인의 선호도가 있을 수 있습니다. 그러나 그것을 공동체에 절대시하면 안 됩니다. 공동체의 가치를 따를 때, 그 가치가 하나님의 말씀에 합하는 것인지, 아닌지를 더 중요하게 생각해야 합니다. 하나님의 말씀이 가장 우선순위이고, 그 다음이 공동체의 가치이고, 그 다음이 개인의 선호도입니다. 이 순서에 따라 판단하면 아무 문제가 없습니다. 하나님의 나라는 관계 속에서 의를 이루고 평강을 이루고 기쁨을 누리는 것입니다.

하용조 목사님이 설교 중에 여러 번 말씀하신 예화가 있습니다. 교회 카펫 색깔을 정하다가 교회에 분열이 생겼다고 합니다. "보혈의 색인 빨간색으로 할 것인가, 하늘의 색인 하늘색으로 할 것인가?" 그렇게 보혈파와 하늘파가 싸우다가 교회에 분열이 생긴 것입니다. 이래도 좋고 저래도 좋고, 디자이너가 결정하면 되는 문제를 가지고 생사를 걸고 싸우다가 분열하는 교회가 한 둘이 아닙니다.

이래도 좋고 저래도 좋은 문제는 공동체의 가치를 따르고, 때로는 리더십의 결정에 따르고, 모두의 의견을 듣고 존중하면 됩니다. 나만의 생각이 옳다고 절대시하지 않고, 스스로 심판자가 되지 않기를 바랍니다. 그래서 하나님 나라의 의와 평강과 기쁨을 이루어 가기를 바랍니다.

바울은 고린도전서 8장과 14장에서 먹어도 되고 안 먹어도 되는 문제를 가지고 서로 판단하고 심판하지 말라고 합니다. 하나님이 진짜 중요하게 보시는 것은 그 문제를 대하는 태도입니다. 형제를 사랑으로 대하는지를 보십니다. 그리스도가 십자가에 못 박히시기까지 사랑하신 영혼, 하나님이 받으신 영혼과 더불어 어떤 관계를 이루느냐가 중요한 것이지 A냐 B냐가 중요한 것이 아닙니다. 하나님의 나라는 먹고 마시는 것이 아니라 의와 평강과 기쁨입니다.

세 번째로, 심판하지 말라는 말씀의 의미는 위선자가 되어서 다른 사람을 판단하지 말라는 것입니다. 자신은 더 심한 죄를 지으면서 다른 사람의 작은 허물을 철저하고 가혹하게 대하지 말라는 것입니다. 미국의 유명한 목사님이 성 스캔들로 자리에서 물러나야 했습니다. 그 시기에 그분이 가장 강조했던 죄가 성적인 죄였습니다. 그 죄에 대해 정죄하고 판단했습니다. 그런데 사람이 이렇게 될 수가 있는 것입니다. 자신이 그 문제를 안고 있으면서도 그 문제에 대해서 아주 엄격하게 과민 반응을 한 것입니다. 어떤 문제에 대해 더 분노하고 더 과민하게 반응하는 것은 어쩌면 자신이 거기에 연루되어 있기 때문인지도 모릅니다.

다윗이 간음과 살인죄를 범하고 난 후 나단이 지적하러 왔을 때, 나단은 처음부터 "당신이 이런 죄를 졌지?"라고 지적하지 않고 한 이야기를 전했습니다. 한 부자가 가난한 사람의 밭을 빼앗기 위해 가난한 사람의 재산을 빼앗았다고 했습니다. 그랬더니 다윗은 크게 노하면서 이런 사람은 당장 죽여야 한다며 엄벌을 내리라고 호통을 쳤습니다. 그때 나단은 "그 사람이 바로 당신이오"라고 했습니다. 자신의 죄는 보지 못하고 다른 사람의 허물에 대해 심판자가 되는 것입니다. 예수님은 이렇게 말씀하십니다.

"어째서 너는 네 형제의 눈에 있는 티는 보면서 네 눈에 있는 들보는 깨닫지 못하느냐?"(3절).

다른 사람의 죄에 대해서는 불같이 화를 내면서도 자기 자신에 대해서는 너무나 관대한 것입니다. 이렇게 위선적인 심판자가 되지 말라는 것입니다. 이는 위선의 극치입니다. 누군가에게 총 쏘듯이 손가락질하면 그 사람에게는 한 손가락만 향하고 있지만, 자기에게는 남은 모든 손가락이 향하고 있다는 것을 기억해야 합니다. 다른 사람의 티가 보인다면 어쩌면 내 눈에는 들보가 있을지 모릅니다.

예수님은 심판하지 말라고 하셨습니다. 우리는 심판자가 될 수 없습니다. 우리는 다른 사람의 동기를 100% 알 수 없습니다. 그 사람이 자라 온 환경, 그가 당했던 시험이 있습니다. 부요하고 평안하고 행복한 가정에서 자란 사람은 고아로 자라서 좋지 않은 친구들과 어울릴 수밖에 없었던 환경에서 자기도 모르게 악하게 물들어 갔던 시험을 이해하지 못합니다. 노숙인이 왜 저렇게 되어야만 했는지, 그 사람의 형편과 입장에 처해 보지 않으면 우리는 그 사람의 삶을 다 판단할 수 없습니다.

몇 주 전에 가족과 함께 〈철가방 우수 씨〉라는 영화를 봤습니다. 영화의 구성과 내용은 다른 영화에 비해 떨어집니다. 그런데 영적인 의미가 있습니다. 이 영화의 내용은 실화입니다. 중국집에서 배달하는 우수 씨라는 아저씨는 70만 원의 월급을 받으면서 어린이재단에 끊임없이 기부를 했습니다. 그러다가 폐병이 걸리자 생명 보험을 들어서 그 보험을 다 어린이들에게 기부하고, 자신의 장기까지 다 기증했습니다. 청와대까지 초청받을 정도로 기부 천사로 알려진 그는 교통사고로 세상을 떠났습니다.

그는 고아로 자랐습니다. 부모에게서 버려졌습니다. 학비도 내지 못해서 선생님들에게 야단을 맞고, 좋지 않은 환경에서 자라면서 사기도 당했습니다. 나이트클럽에서 피에로 역할을 하다가 사기를 당해서 몸에 시너를 뿌리고 억울하다고 호소했는데, 방화범으로 몰려서 교도소 생활을 하게 되었습니다. 교도소에서 한 잡지를 통해 등에 장애를 가진 한 아이의 안타까운 소식을 듣고, 자신이 교도소에서 일해서 받은 적은 돈을 그 아이에게 보내 줬습니다. 그는 "감사합니다"라고 적힌 편지를 받고 눈물을 흘렸습니다. 나를 통해서도, 나의 이 작은 헌물로도 감사하는 사람이 있는 것을 보면서 평생 이렇게 살아야겠다고 결심했습니다. 이 영화는 70만 원을 받는 배달 생활을 하면서도 자신의 모든 것을 다해서 어린이들을 돕는 일에 헌신하다가 돌아가신 분의 이야기입니다.

그분이 교도소 생활을 했을 때 다른 사람들은 법정에 선 그를 판단하고 심판했습니다. 정의롭게 심판했다고 말했습니다. 그러나 그 사람의 입장과 동기와 삶의 형편을 우리는 다 알 수 없습니다. 함부로 사람들을 정죄하거나 심판하지 말아야 합니다.

영적 분별력

그러면 누가 진정한 의미의 판단을 할 수 있습니까? 예수님은 이렇게 말씀하십니다. 첫째, 다른 사람을 판단하려면 자신도 동일한 판단의 기준으로 심판받을 것을 알라는 것입니다.

"너희가 심판하는 그 심판으로 심판을 받을 것이며 너희가 저울질하는 그 저울질로 너희가 저울질당할 것이다"(2절).

내가 다른 사람을 판단하는 기준으로 나도 판단받을 것을 기억하라는 말씀입니다.

둘째, 자신의 눈에서 들보를 먼저 빼내야 합니다.

"이 위선자야! 먼저 네 눈에서 들보를 빼내어라. 그런 후에야 네가 정확히 보고 형제의 눈 속에 있는 티를 빼낼 수 있을 것이다"(5절).

잘못한 일을 교정하고 바로 세우는 일을 부정하지 않으시는 것을 볼 수 있습니다. 형제의 티를 빼낼 수 있으면 빼 주는 것이 좋습니다. 그런데 빼낼 수 있는 자격은 누구에게 있습니까? 의사가 수술할 때 제일 먼저 해야 할 일은 자신을 깨끗하게 하는 것입니다. 먼저 손을 씻어야 합니다. 더러운 몸으로 어떻게 환자를 수술할 수 있겠습니까? 영혼의 죄를 교정해 주려면 자신의 영혼을 먼저 깨끗하게 한 사람이 그 사람을 치료할 수 있는 것입니다. 의사가 환자를 대하듯이, 원수가 아니라 자녀를 대하듯이 해야 합니다. 자신의 영혼 속에 있는 들보 같은 죄를 먼저 고백하고 주님 앞에 회개하고, 그리고 다른 사람의 티를 섬세하게 빼내 주어야 합니다.

셋째, 온유한 마음을 준비해야 합니다.

"형제들이여, 어떤 사람이 무슨 범죄한 일이 드러나거든 영의 사람인 여러분은 온유한 마음으로 그런 사람을 바로잡아 주고 자기를 살펴 유혹에 빠지지 않도록 하십시오"(갈 6:1).

왜 예수님이 눈으로 비유하셨을까요? 눈만큼 예민한 기관이 없습니다. 작은 티만 들어가도 눈물이 나고 아프게 되어 있습니다. 그처럼 예민한 눈을 다루듯이, 다른 사람의 문제를 심판하고 판단할 때 예민하게 온유한 마음으로 해야 하는 것입니다. 자신을 돌아보면서 그 사람의 티를 빼 줘야 하는 것입니다.

넷째, 이렇게 온유하고 관대하게 다른 사람의 티를 빼 줄 때 부당한 관용이 있어서는 안 된다고 말씀하십니다.

"거룩한 것을 개에게 주지 말고 너희 진주를 돼지에게 던지지 말라. 그렇지 않으면 그것들이 발로 그것을 짓밟고 뒤돌아서서 너희를 물어뜯을지 모

하늘은 땅에서 열린다

른다"(6절).

1절의 "심판하지 말라"는 말씀과 균형을 이룹니다. 영적 분별력을 가지라는 것입니다. 부당한 관용은 또 다른 죄악을 낳을 수 있기에 부당한 관용이 있어서는 안 된다는 것입니다. 공의로운 사랑, 분별력 있는 사랑으로 의를 세우면서 동시에 사랑으로 해결해야 합니다. 주님은 의와 사랑을 함께 이루어 갈 것을 말씀하신 것입니다. 이럴 때에만 우리가 다른 사람의 티를 빼내 주는 일을 할 수 있습니다.

마지막으로, 우리 자신이 이런 부당한 심판과 판단을 받고 있을 때는 어떻게 반응해야 할까요? 미얀마에 사는 선교사님을 방문한 어떤 분이 정글을 들어가는데 목까지 차는 강물을 건너야만 했습니다. 강물을 건너고 나오니까 수십 마리의 거머리가 몸에 붙어 있었습니다. 너무 놀라서 그것을 미친 듯이 떼어 내기 시작했습니다. 그러자 선교사님이 말했습니다. "큰일 납니다. 그렇게 떼어 내면 거머리의 끝에 있는 날카로운 면이 살점을 떼어 내게 됩니다. 가만히 있으세요." 거머리가 붙어 있으면 가만히 있어야 합니다. 발삼향이 있는 곳에 몸을 담그고 있으면 거머리가 물었던 것을 스스로 풀게 됩니다. 잘못된 판단과 악한 동기를 가지고 비판하는 것이 우리의 삶을 거머리처럼 붙잡고 있다면, 하나님의 은혜의 강물에 담그면 저절로 떨어질 것입니다.

바울이 이것을 경험했습니다. 그의 사역에서 가장 어려운 것은 타 문화권의 어려움이 아니었습니다. 수많은 지역을 다니며 여행해도 피곤하지 않았습니다. 육체의 가시도 아니었습니다. 가장 힘들었던 것은 옳지 않은 사람들의 판단이었습니다. 바울을 악한 동기로 폄하하고, 율법주의적인 편견을 가지고 그를 돈을 탐하는 철학자로 판단하고, 옳지 않은 기준으로 그를 혼란시키는 사람으로 판단했습니다. 스스로 심판자가 되었던 유대인들, 그리고 이 세상에 속한 이방인들의 판단이었습니다. 바울은 거머리 같은 수많은 심판자들의 판단 앞에서 이렇게 고백했습니다.

"내가 여러분에게 판단을 받든지 사람의 법정에서 판단을 받든지 그것은 내게 아주 작은 일입니다. 사실 나도 나 자신을 판단하지 않습니다"(고전 4:3).

바울이 법도 무시하고 법정도 무시하고 산다는 뜻이 아닙니다. 사람들이 뭐라고 하든지 소통하지 않고 대화하지 않는다는 뜻이 아닙니다. 자신의 선한 동기를 악하게 평가하고, 이래도 좋고 저래도 좋은 일을 자신의 뜻대로 하지 않는다고 평가 절하하는 사람들, 소모적인 논쟁을 일으키는 사람들의 그 거머리 같은 악한 판단에 대해 내게는 작은 일이라고 한 것입니다. 이 땅에 속한 인생이 아니라 하늘을 사는 인생이기 때문에 그는 이 세상이 주는 오해와 잘못된 심판자가 되는 모든 것들에 대해 싸워서 논쟁하며 이기려고 하지 않았습니다.

또한 나의 판단도 때로는 옳지 않기 때문에 나도 나 자신을 판단하지 않는 다고 했습니다. 내가 나를 판단하면 어떻게 됩니까? 대개는 나를 합리화하고 나를 의롭다고 여기게 됩니다. 그러므로 "나 자신을 판단하는 것도 보류한다. 오직 하나님의 판단만이 나를 평가하실 것이다"라는 것이 바울의 중요한 철학이었습니다.

바울처럼 때로 부당한 판단을 받고 있다면 하나님 앞에서 믿음으로 승리 하기를 축원합니다. 예수님은 우리에게 심판자가 되지 말라고 하셨습니다. 이 모든 삶이 우리에게 이루어질 때 우리의 공동체와 우리의 관계 속에 하늘 의 풍성한 삶이 이루어질 것입니다.

하늘은 땅에서 열린다

자신의 영혼 속에 있는 들보 같은 죄를 먼저 고백하고
주님 앞에 회개하고,
그리고 다른 사람의 티를 섬세하게 빼내 주어야 합니다.

하늘은 땅에서 열리다

13좁은 문으로 들어가라. 멸망으로 인도하는 문은 크고 그 길은 넓어 그곳으로 들어가는 사람이 많다. 14그러나 생명으로 인도하는 문은 좁고 그 길은 험해 그곳을 찾는 사람은 적다. 15거짓 예언자를 조심하라. 그들은 양의 탈을 쓰고 다가오지만 속은 사나운 늑대다. 16그 열매를 보면 너희가 그들을 알아볼 수 있을 것이다. 가시나무에서 포도를 따고 엉겅퀴에서 무화과를 얻겠느냐? 17이처럼 좋은 나무는 좋은 열매를 맺고 나쁜 나무는 나쁜 열매를 맺는다. 18좋은 나무가 나쁜 열매를 맺을 수 없고 나쁜 나무가 좋은 열매를 맺을 수 없다. 19좋은 열매를 맺지 않는 나무는 모두 찍어 불에 던진다. 20이와 같이 너희는 그 열매를 보고 그들을 알게 될 것이다. 21내게 '주님, 주님' 하는 사람이라고 다 하늘나라에 들어가는 것이 아니다. 하늘에 계신 내 아버지의 뜻대로 행하는 사람이라야 하늘나라에 들어갈 것이다. 22그날에는 많은 사람들이 내게 말할 것이다. '주님, 주님, 우리가 주의 이름으로 예언하고 주의 이름으로 귀신을 쫓아내며 주의 이름으로 많은 기적을 일으키지 않았습니까?' 23그때 나는 그들에게 분명히 말할 것이다. '나는 너희를 도무지 알지 못한다. 불법을 행하는 사람들아, 썩 물러가라!'

chapter 8

좁은 문으로 들어가라

마태복음 7:13-23

쉽고 넓은 길을 택한 사람은 반드시 인생이 험해집니다. 쉽고 넓은 길을 택하지 마십시오. 우리가 가야 할 인생길은 험한 길입니다. 좁은 길입니다. 찾는 사람이 적은 길입니다. 그러나 그 길 끝에는 생명의 삶이 있기에 우리는 그 길을 걸어가야 합니다. 하나님과 동행하면서 좁은 길을 걷는 사람은 인생이 험하지 않습니다. 주께서 함께하시기 때문입니다.

예수님이 우리에게 전해 주시는 복음은 놀랍습니다. 하늘이 땅에서 열렸다는 것입니다. 죽어서 들어가는 하늘나라가 아니라 이 땅에서 들어가는 하늘나라에 대해 말씀해 주셨습니다. 이 땅에서 하늘나라의 삶을 살 수 있다고 말씀하셨습니다. 그것이 마태복음 5-6장에 나타난 말씀입니다. 산상 수훈의 말씀은 이 땅에서 하늘의 삶을 사는 사람들의 모습을 보여 주는 것입니다.

하늘의 문이 이 땅에서 열렸을 때 예수님은 하나님을 아버지라고 부르셨습니다. "하늘에 계신 우리 아버지." 산상 수훈에서 예수님은 하나님을 아버지라고 부르십니다. 주기도문에서도 "하늘에 계시는 우리 아버지"라고 부르며 기도하도록 우리에게 가르쳐 주셨습니다. 그 아버지는 선한 아버지이십니다. 햇빛과 단비를 선한 사람뿐 아니라 악한 사람에게도 주시는 은혜로우신 아버지, 악인들도 하나님의 은혜를 깨닫고 아버지의 넓은 품으로 언제든지 돌아올 수 있도록 기도하시는 아버지, 이 땅에서 아무리 심각한 죄와 허물 가운데 있다 할지라도 언제든지 회개하고 돌아오면 맞아 주시는 아버지입니다.

누가복음 15장에서 집을 나간 둘째 아들이 돌아왔을 때 먼저 뛰어가서 그 아들을 맞이하고 축복하고 환영하고 사랑해 주었던 아버지는 아들이 돌아왔기 때문에 그 아들을 용서한 것이 아닙니다. 이미 아버지는 아들을 용서하고 기다리고 있었던 것입니다. 이 땅에서 하늘의 문을 열어 주신 아버지는 우리가 돌아오기를 기다리십니다. 이미 그리스도 안에서 우리를 용서하시고 우리를 기다리시는 아버지이십니다. 뿐만 아니라 우리의 행위만을 보시는 것이 아니라 우리 마음의 동기까지도 감찰하고 계시는 아버지입니다. 이 땅에서 우리가 무엇을 먹고 입을지, 우리 인생의 모든 필요를 다 아시고 미리 채워 주시는 아버지입니다. 이 아버지가 우리와 함께하시기 때문에 우리는 이 땅에 살면서도 하늘의 삶을 누릴 수 있는 것입니다. 하늘에 계신 우리 아버지와 우리를 연결하는 기도를 통해 산상 수훈의 삶을 살 수 있습니다.

우리의 문이신 예수님

7장으로 넘어오면, 산상 수훈의 마지막 부분에서 이 땅에서 열렸던 하늘의 문이 닫힐 때가 올 것이라고 말씀하십니다. 언제까지나 하늘의 문이 열려 있지 않다는 것입니다. 이 땅에서 열렸던 하늘의 문이 닫힐 때가 올 것인데, 그 때 하나님은 심판자가 되신다는 것입니다. 너무나 은혜로우신 아버지, 악인에게도 회개할 기회를 주시고 동일한 은혜를 베풀어 주시는 하나님 아버지는 동시에 심판자가 되시는 하나님입니다. 그러나 예수님은 "누구든지 내 말을 듣고 나를 보내신 분을 믿는 사람은 영생이 있고 심판을 받지 않는다"고 말씀하셨습니다. 이 땅에서 하늘의 삶을 사는 사람들이 하늘의 문이 닫힐 때 만나는 하나님은 여전히 우리의 아버지이십니다. 그러나 이 땅에서 아버지의 은혜를 거부하고, 아버지의 나라로 들어가지 않고, 스스로 아버지의 은혜를 끝까지 거절한 사람에게 하나님은 심판자로 만나십니다. 이 땅에서 하늘의 문이 닫힐 때 여전히 우리의 아버지로 하나님을 만날 수 있게 되기를 축원합니다.

하늘은 땅에서 열린다

"좁은 문으로 들어가라. 멸망으로 인도하는 문은 크고 그 길은 넓어 그곳으로 들어가는 사람이 많다. 그러나 생명으로 인도하는 문은 좁고 그 길은 험해 그곳을 찾는 사람은 적다"(13-14절).

예수님은 요한복음 10장에서 "나는 문이다"라고 말씀하셨습니다. 특별히 양의 문이라고 말씀하셨습니다. 목자들이 양을 치러 목초지에 나갈 때, 근처에 양들을 먹일 만한 풀이 없을 경우에는 조금 먼 지역으로 나갑니다. 다시 집으로 돌아올 수 없는 거리까지 나간 경우에는 목초지에서 임시 우리를 만들고 그곳에서 양과 함께 잡니다. 나뭇가지나 돌로 임시 우리를 만들어서 양들을 우리에 넣습니다. 그런데 문을 만들 여유가 없기 때문에 목자들은 자신이 문이 되어서 그 양들을 지키는 것입니다. 양들이 나가지 못하도록, 또 들짐승의 공격으로부터 양들을 지키기 위해 목자 스스로가 양의 문이 되어서 양들을 지키는 것입니다.

"나는 문이다. 누구든지 나를 통해 들어오는 사람은 구원을 얻고 들어오고 나가면서 꼴을 얻을 것이다. 도둑은 훔치고 죽이고 멸망시키려고 온다. 그러나 내가 온 것은 양들이 생명을 얻게 하되 더욱 풍성하게 얻게 하려는 것이다"(요 10:9-10).

우리가 예수님을 만나면 예수님은 우리의 구원의 문이 됩니다. 요한계시록 3장 8절에 보면 "보라. 내가 네 앞에 열린 문을 두었으니 아무도 그 문을 닫을 수가 없다"고 하셨습니다. 예수님은 우리의 구원의 문이 되시면서 동시에 열린 문이십니다. 그런데 산상 수훈의 마지막 부분에서 예수님은 좁은 문으로 들어가라고 말씀하셨습니다. 이 좁은 문은 예수님입니다. 양의 문이면서 동시에 열린 문이지만, 좁은 문이라는 것입니다.

왜 예수님이 좁은 문일까요? 예수님을 만나는 것이 왜 좁은 문일까요? 예수님은 이렇게 말씀하셨습니다. "수고하고 무거운 짐을 진 모든 사람은 다 내게로 오라." 예수님은 모든 사람을 초청하셨습니다. 누구든지 그리스도 예수 안에 있으면 새로운 피조물이라고 했습니다. 예수님은 누구든지 어떤 사람이든지 다 받아들일 수 있는 넓은 마음을 가지셨다는 것입니다. 그러므로 좁은 문이라는 것은 예수님의 마음이 좁다는 뜻이 아닙니다. 세상이 대학 입시의 문을 좁게 만들어 놓은 것처럼 예수님이 문을 좁게 만들어 놓으신 것이 아닙니다. 하나님의 마음이 좁아서, 하늘나라의 장소가 비좁아서 많은 사람을 수용할 수 없기 때문에 좁은 문인 것이 아닙니다.

첫째로, 우리의 죄 때문에, 우리의 상태 때문에 좁은 문이 된 것입니다. 공항에서는 입국 심사를 하고 검색대를 통과해야 합니다. 이는 얼마나 좁은 문입니까? 사람들이 줄을 서서 몸 안에 있는 것을 다 끄집어내고, 가방도 뒤집습니다. 금속류 같은 것을 하나라도 몸에 소지하고 있으면 검색대를 통과할 수 없습니다. 좁은 문인 것입니다.

하늘의 검색대로 들어갈 때 좁은 문 밖에는 이런 표지판이 쓰여 있습니다. "당신 자신을 밖에 두고 들어오시오." 얼마나 좁은 문입니까? 아니, 내가 들어가야 하는데 자신을 두고 들어오라니, 그러면 도대체 누가 들어간단 말입니까? 하늘나라의 검색대에는 죄는 결코 들어갈 수 없습니다. 금속류를 소지한 채로 검색대를 통과할 수 없듯이, 이 땅에 속한 죄는 결코 그 문으로 들어갈 수 없습니다. 죄에 속한 우리의 옛사람, 죄로 물든 우리의 옛 자아는 절대 그 문으로 들어갈 수 없습니다. 새롭게 된 자아, 그리스도 안에서 새로운 피조물이 된 사람, 옛사람은 십자가에 못 박고 그리스도와 함께 덧입은 사람, 그리스도와 함께 변화된 새로운 사람만이 그 문으로 들어갈 수 있습니다. 예수님은 "누구든지 나를 따르려거든 자기를 부인하고 자기 십자가를 지고 따라야 한다"라고 하셨습니다. 왜 이 문이 좁은 문입니까? 나를 부인하고 들어가야 하는 문이기 때문에 좁은 문입니다. 나의 죄와 나의 상태 때문에 문이 좁은 것입니다.

예수님은 누구든지 오라고 초청하셨지만, 자기를 부인하지 않는 사람은 들어가지 못하기 때문에 좁은 문입니다. 산상 수훈의 여덟 가지 복 중 첫 번째 복은 마음이 가난한 것입니다. 마음이 가난하다는 것은 영적으로 파산했다는 것입니다. 나의 옛사람이 파산한 것입니다. 나의 옛사람은 소망이 없다는 포기를 하는 것입니다. 나를 밖에 두고 들어가는 것입니다. 가난한 마음은 모든 사람에게 열려 있지만 누구나 체험하는 것은 아닙니다. 하나님은 모든 사람이 가난한 마음으로 하늘의 문에 들어오기를 원하시지만, 사람들은 자신의 옛사람을 의지하고 자기 자신을 부인하지 않기 때문에 이 문은 사람들에게 좁은 문처럼 여겨지는 것입니다.

그러나 예수 그리스도 앞에 나오기만 하면 그 문은 절대 좁은 문이 아닙니다. 나의 옛사람을 의지하는 한 그 문은 좁은 문이지만, 예수 그리스도 안에 있으면 그 문에 걸릴 만한 것이 없습니다. 문이 열려 있을 때는 얼마나 쉽습니까? 문이 있는지도 모릅니다. 예수님이 "나는 문이요"라고 하시면 문이 있는지, 없는지도 의식하지 않고 들어가는 것입니다. 그러나 나의 옛사람으로는 절대 들어갈 수 없는 하늘이기에 예수 그리스도의 십자가 앞에 나아가 나를 부인하고 새롭게 창조된 새 사람만이 들어갈 수 있습니다. 죽어서 경험하는 것이 아니라 이 땅에서 경험해야 할 문제인 것입니다.

둘째로, 좁은 문이 되는 것은 예수님만이 유일한 문이시기 때문입니다.

"예수 외에 다른 어느 누구에게서도 구원을 받을 수 없습니다. 하나님께서는 하늘 아래 우리가 구원받을 만한 다른 이름을 우리에게 주신 일이 없기 때문입니다"(행 4:12).

예수님만이 유일한 구원의 문이시라는 진리 앞에서 사람들은 그 문을 좁다고 얘기합니다. 많은 사람이 "기독교는 편협한 종교다"라고 말합니다. 예수님만 믿어야 구원을 얻는다고 하니, 얼마나 좁은 것처럼 느껴집니까? 종교 다원주의는 어떤 종교든지 환영합니다. "우리는 누구를 믿어도 좋다. 구원에 이르는 길은 여러 가지이고 여러 문이 있기 때문에 어느 문으로도 들어올 수 있다. 건물처럼 이쪽 문으로든 저쪽 문으로든 다 들어올 수 있다. 심지어 안 되면 창문으로 들어올 수 있다. 다 들어올 수 있다." 이렇게 그럴듯하게 설명하지만, 하늘 아래 구원받을 만한 문은 예수님 외에 주신 일이 없습니다. 그래서 사람들이 좁게 여깁니다.

미국의 유명한 토크쇼 진행자인 오프라 윈프리는 영향력이 얼마나 큰지, 대통령만큼 영향력이 클지도 모릅니다. 그런데 그녀는 "내가 믿는 하나님은 편협한 하나님이 아니다"라고 말합니다. "나 외에 다른 신을 섬기지 말라. 나는 질투하는 하나님이다"라는 말씀을 인용하면서 "그러나 내가 믿는 하나님은 질투하지 않는다. 내가 설사 다른 신을 믿는다 해도 관용하고 용서하고 받아들여 주는 그런 하나님이다"라고 말합니다. 얼마나 멋있습니까? 얼마나 문이 넓습니까? 그러나 그 문으로 들어가면 어떻게 됩니까? 바로 낭떠러지입니다. 문은 문인데 그 문으로 들어가면 아무것도 없는 낭떠러지입니다. 벼랑에서 떨어지는 것입니다.

예수님만이 유일한 문이기 때문에 사람들은 그 문을 좁다고 말합니다. 그러나 모든 진리는 좁은 문입니다. 모든 과학적 법칙을 보십시오. 변할 수 없는 만유인력의 법칙, 떨어지는 중력의 법칙을 가지고 "왜 그것이 떨어집니까? 나는 그것을 받아들일 수 없습니다"라고 아무리 주장해 봐야 그 법칙을 이길 수 없습니다. 명백한 진리는 언제나 좁은 문입니다. 초등학교에 들어간 아이가 선생님이 "1+1=2"라고 하자 손을 들어서 "선생님, 왜 2여야 합니까? 3이나 4는 안 됩니까?"라고 말합니다. 그리고 "얘들아, 선생님은 2라고 주장하시지만 우리는 3이라고 바꾸자"라고 설득하고 서명을 받습니다. 그렇게 동의를 얻어서 서명을 받는다고 2가 3이 됩니까? 안 됩니다. 세계 모든 사람의 서명을 받아도 1+1=2입니다. 왜 이렇게 좁습니까? 학교는 왜 이렇게 편협합니까? 진리는 좁은 문이기 때문입니다.

예수님이 좁은 문처럼 느껴집니까? 변함없는 유일의 진리이기 때문입니다. 사람들은 과학적 법칙은 따지지 않고 받아들입니다. 학교에서 선생님들이 상대성 원리 등 과학자들이 발명한 법칙을 가르쳐 주면 아멘으로 받습니다. 거기에 토를 다는 사람도 없고 대드는 사람도 없습니다. "왜 그 법칙만 믿습니까? 왜 멋대로 법칙을 고수합니까?"라고 따지는 사람은 아무도 없습니다. 과학의 법칙에서는 권위를 인정하고 믿음으로 "아멘" 하면서 과학의 법칙보다 중요한 영적 진리의 법칙에 대해서는 "아멘" 하지 않습니다. 그리고 왜 이렇게 문이 좁으냐고 따집니다. 진리는 좁은 것입니다. 그것만이 길이고, 그것만이 유일하기 때문입니다.

하나님이 천지를 창조하시며 하늘 아래 구원받을 만한 다른 이름을 주신 일이 없다고 하신 유일한 문이기에, 예수님을 만나야만 인생의 죄가 해결되고 생명을 얻을 수 있는 것입니다. 어떤 철학자가 부활을 약속했습니까? 어떤 종교 지도자가 죽은 후에 다시 살아난다고 예언했습니까? 인간의 가장 근본적인 문제인 죽음의 문제를 해결하지 못한 진리는 진리가 아닙니다. 살아 있을 동안에만 적용되는 진리는 진리가 아닙니다. 죽음 이후의 세계에 대해서도 말해야 진리이고, 죽음을 해결해야 진정한 진리인 것입니다. 오직 예수 그리스도만이 죽음의 문제를 해결하는 유일한 문이기에 사람들은 그것을 좁다고 여깁니다.

사람들이 이 문을 좁다고 여기는 또 하나의 이유는 모든 사람이 혼자 들어가야 하기 때문입니다. 친구나 사랑하는 사람 심지어 가족과도 함께 들어갈 수 없습니다. 우리가 투표를 하고 어떤 이념이나 운동에 참여할 때는 많은 무리 중에 한 사람으로 참여하지만, 이 문 앞에서는 나 홀로 들어가야 합니다. 내가 준비되어 있지 않으면 안 됩니다. 내 아내가 믿고 내 남편이 믿고 내 자식이 믿고 내 부모님이 믿는 것만으로는 안 됩니다. 내가 믿어야 합니다. 나의 반응이 있어야 합니다. 그래야 그 문으로 들어갈 수 있습니다. 내가 살아 계신 하나님을 믿고 고백하고 따라야만 들어갈 수 있는 문이기 때문에 좁은 문인 것입니다.

이 문 앞에서 우리는 선택해야 합니다. 이 선택은 우리가 이 땅에서 해도 되고 안 해도 되는 선택이 아닙니다. 육신의 생명을 좌우하는 선택도 중요하지만, 이 땅에서의 생명뿐 아니라 영원한 생명을 좌우하는 선택은 너무나 중요합니다. 무시무시한 선택입니다. 그러므로 이 문은 좁은 문입니다. 우리의 급진적인 결단을 요구합니다. 예수님은 이렇게 말씀하십니다. "좁은 문으로 들어가라. 예수 그리스도 앞에 홀로 서라. 그리고 그분을 받아들이라. 자기를 부인하라. 옛사람을 예수님과 함께 십자가에 못 박으라. 그럴 때만 그 문으로 들어갈 수 있을 것이다."

좁은 문으로 들어가면 이제 넓은 길이 나올까요? 아닙니다. 예수님은 이렇게 말씀하셨습니다. "좁은 문으로 들어가면 계속 좁을 것이다." 좁은 문으로 들어가서 나오는 길은 계속 좁은 길입니다. 넓은 길이 아닙니다. 예수님만 믿으면 그 다음에는 이제 천국 티켓을 따 놨기 때문에 아무렇게나 살아도 되는 것입니까? 아닙니다. 예수 그리스도를 모신 마음으로, 예수님이 주인 되신 인생으로 계속해서 좁은 길을 가는 것입니다. 반드시 예수 그리스도를 주님으로 모셔야만 하늘나라의 삶을 살 수가 있습니다.

이 좁은 길은 험한 길입니다. 우리를 내버려 두지 않기 때문에 험한 길입니다. 여덟 가지 복의 마지막에서 의롭게 살고자 하는 자는 핍박받을 수도 있다고 했습니다. 무릇 경건하게 살고자 하는 자는 핍박받을 것이라고 말씀하셨습니다. 이 땅에서 하늘의 삶을 사는 사람들은 이 세상의 악한 권세들과 악한 사람들이 내버려 두지 않습니다. 이 땅에서 정직하게 살면 반드시 한 번은 속습니다. 한 번은 곤란을 당할 수 있습니다. 우리는 이 땅을 살면서 영적 전쟁 가운데 살고 있다는 것을 기억해야 합니다. 하늘의 삶을 살지 못하도록 우리를 넘어뜨리려고 하는 공격의 한복판에 있기 때문에 그 길은 좁은 길이며, 또한 험한 길입니다.

어떤 길이 좋은 길입니까? 넓은 길이 좋은 길입니까? 고속도로가 좋은 길입니까? 만일 제가 집으로 갈 때, 고속도로로 들어가면 안 되는데 넓은 길이 좋은 길이라고 생각해서 고속도로로 간다면, 이촌동으로 가야 하는데 부산으로 가게 됩니다. 집으로 가는 길이 좋은 길입니다. 제가 초등학교 때 집으로 가는 길에는 빠질 위험이 있어서 조심해야 하는 도랑이 있고, 폭이 좁아서 벽에 바짝 붙어서 가야 하는 길이 있었습니다. 집으로 가는 길이 조금 위험했습니다. 길이 좁아서 무서웠습니다. 그러나 집으로 가는 길이기 때문에 가야 하는 것입니다. 그 길이 제일 좋은 길입니다. 편안하고 넓은 길이 좋은 길이 아니라, 내가 가야 하는 목적지로 가는 길이 좋은 길입니다. 험한 길이지만 그 길이 가장 좋은 길입니다.

예수님은 험한 삶이라고 말씀하시지 않았습니다. 길은 험하지만 우리 마음이 험하다고 말씀하시지 않았습니다. 험한 길을 걸어갈지라도, 사망의 음침한 길을 걸어갈지라도 주께서 나와 함께하시고 나를 안위하시기 때문에 험한 삶이 아닙니다. 쉽고 넓은 길을 택한 사람은 반드시 인생이 험해집니다. 그러나 이 험한 인생길에서 정신을 바짝 차리고 영적으로 긴장하고, 하나님과 동행하면서 살아가는 사람은 인생이 험하지 않습니다. 주께서 함께하시고, 주의 막대기와 지팡이가 우리를 안위하시기 때문입니다. 때로 위험이 올지라도 하나님이 막아 주십니다. 사망의 음침한 골짜기 속에서도 우리는 두려워하지 않습니다. 마음이 늘 기쁨과 평안으로 가득합니다. 핍박 속에서도 기쁨과 즐거움을 누리며 살아갈 수 있는 것입니다.

쉽고 넓은 길을 택하지 마십시오. 우리의 인생길은 험한 길입니다. 좁은 길입니다. 찾는 사람이 적은 길입니다. 그러나 그 길 끝에는 생명의 삶이 있기에 우리는 그 길을 걸어가야 합니다.

좁은 길로 걸어가는 인생

옥한흠 목사님이 쓰신 글을 보니까 내가 과연 좁은 길을 걸어가고 있는지를 확인할 수 있는 세 가지 질문이 있다고 합니다. 첫째, 이 세상에서 신앙생활을 하는 게 정말 어렵다고 생각할 때가 있는가? 만일 전혀 어렵지 않고 문제가 없다면, 넓은 길을 가고 있는지도 모릅니다. 둘째, 신앙생활을 하기 위해 희생과 대가를 치르는 것이 있는가? 셋째, 하나님 나라에 대한 소망으로 말미암아 생기는 기쁨이 있는가?

연어는 물을 거슬러 올라가는 물고기입니다. 폭포같이 활기차게 흘러내리는 물을 거슬러 올라갑니다. 그러나 죽은 연어는 떠내려갑니다. 거슬러 올라가는 것은 어렵습니다. 떠내려가는 것은 너무 쉽고 편안해 보입니다. 그러나 떠내려가는 것은 죽은 연어입니다. 우리의 인생길은 험한 길이지만, 연어가 물을 거슬러 올라갈 때 생명력이 있는 것처럼 우리는 이 땅에서 하늘 연어의 삶을 살아야 합니다.

그런데 순서가 중요합니다. 예수님은 "좁은 문으로 들어가라. 그러면 좁은 길이 나온다"고 하셨습니다. 문이 먼저고 길은 나중에 나옵니다. 세상의 모든 종교는 길을 가다가 나중에 문을 만난다고 말합니다. 그러나 우리는 인생길을 가다가 나중에 문을 만나는 것이 아니라, 좁은 문을 먼저 만나고 좁은 길을 가는 것입니다. 이것이 다른 것입니다. 세상의 모든 종교는 "인생의 길은 마지막 문을 열기 위해 가는 것이다"라고 말합니다. 그러나 우리는 천국문이 열릴지, 안 열릴지 모르고 나중에 가서 문을 여는 것이 아닙니다. 예수님을 만나고 그분 앞에서 자기를 부인하고 결단하는 순간 우리는 좁은 문으로 이미 들어갔고, 들어간 상태에서 좁은 길을 걸어가는 것입니다. 문이 먼저이고 길이 나중입니다.

좁은 문은 구원의 문입니다. 좁은 길은 제자의 삶입니다. 예수님을 나의 구세주로 영접한 것으로 그쳐서는 안 됩니다. 주님을 나의 주님으로 모시면서 순종하며 살아가는 좁은 길의 삶이 되어야 합니다.

예수님은 이어서 나무와 열매의 비유를 들면서 과연 우리가 이 땅에서 좁은 문으로 들어갔는지, 좁은 길을 걷고 있는지를 설명하십니다. 예수님은 거짓 예언자들을 조심하라고 말씀하셨습니다. 그들은 양의 탈을 쓴 사나운 늑대라고 말씀하셨습니다. 하나님이 마지막에 심판자가 되셨을 때, 이 땅에서는 양처럼 보이지만 속에는 사나운 늑대가 있었던 자들을 모두 분별하고 심판하실 것입니다. 그런데 문제는 우리가 이 땅에서 모든 것을 분별할 수 있느냐는 것입니다. 예수님은 이 땅에서 하늘의 삶을 살고 있는지를 열매로 알아볼 수 있다고 말씀하셨습니다.

"그 열매를 보면 너희가 그들을 알아볼 수 있을 것이다"(16절).

"이와 같이 너희는 그 열매를 보고 그들을 알게 될 것이다"(20절).

열매는 나무로부터 생겨나는 것입니다. 열매는 갖다 붙이는 것이 아니라 내면에서 밖으로 흘러나오는 것입니다. 단 한 번의 행위로 나타나는 것이 아니라 지속적으로 나타나는 것입니다. 열매를 맺기 위해서는 일정한 시간이 필요합니다. 오늘 씨를 심고 내일 열매를 거둘 수는 없습니다. 우리가 이 땅을 살 때 하늘의 삶은 단 한 번의 선행으로, 한 번의 행위로 이루어지는 것이 아닙니다. 하늘의 삶과 하늘의 행위는 우리 내면에 임한 여덟 가지 복의 상태에서부터 점차적으로 흘러나오는 것입니다. 한순간에 완성되는 것이 아니라, 이 땅에서 사는 동안 주님을 다시 만날 그때까지 열매를 계속해서 맺어 가야 하는 것입니다.

요한복음 15장에서 열매에 대한 아주 중요한 교훈을 줍니다. 열매는 맺어야 하는 것이 아닙니다. 예수님은 열매를 맺어야 한다고 말씀하시면서, 나무에 붙어 있는 가지는 저절로 열매를 맺는다고 말씀하셨습니다. 열매는 맺어지는 것입니다. 해야 하는 것이 아니라 하게 되는 것입니다. 가지가 나무에 붙어 있으면, 우리가 좁은 문으로 들어가서 좁은 길을 걸을 때 열매가 맺어지는 것입니다. 자연적인 결과라는 것입니다.

뛰는 놈 위에 나는 놈이 있다고 하지 않습니까? 나는 놈 위에는 찰싹 붙어 있는 놈이 있습니다. 하나님께 붙어 있다는 것이 얼마나 능력 있는 것인지 아십니까? 볼펜으로 종이를 사정없이 찔러 보면 구멍이 나고 어느새 찢어질 것입니다. 그런데 종이를 벽에 붙이고 볼펜으로 다시 찔러 보면 종이는 끄떡없습니다. 그 비결은, 종이가 벽에 붙어 있었기 때문입니다. 우리는 이렇게 종이처럼 연약합니다. 금방 찢어지고 상처 입습니다. 그러나 하나님께 붙어 있으면, 참포도나무 되신 그리스도께 붙어 있으면 열매는 맺어지는 것입니다. 능력과 기적은 나타나는 것이고, 우리 안에 성령의 열매가 맺어지는 것입니다. 우리가 할 일은 붙어 있는 것입니다.

갈라디아서 5장 22-23절 말씀을 보면, 성령의 열매는 사랑과 기쁨과 화평과 오래 참음과 친절과 선함과 신실함과 온유와 절제입니다. 그런데 다음 말씀이 중요합니다. 이런 것들을 금지할 율법은 없다는 것입니다.

서로 사랑하면 벌금 500만 원을 내게 하는 이상한 나라가 있습니다. 그런데 성령이 임하여 주님께 붙어 있는 사람은 벌금 500만 원을 낼지언정 사랑하고 마는 것입니다. 이 세상에 어떤 악한 법이 있다 할지라도, 하나님 나라의 법을 금지하는 법이 있다 할지라도, 어떤 희생을 치를지라도 그 열매는 맺어지는 것입니다. 사랑과 기쁨과 화평과 오래 참음과 친절과 선함과 신실함과 온유와 절제는 내면으로부터 밖으로 맺어지는 열매이기 때문에 법으로 금지할 수 없습니다. 그러므로 좋은 나무에서 좋은 열매가 맺어지고 나쁜 나무에서 나쁜 열매가 맺어지는 것은 너무나 당연한 말씀입니다. 열매는 나무에서 나오듯이 우리의 존재로부터 행위가 나오는 것입니다. 우리의 존재가 변화되는 것입니다. 존재의 근본은 마음입니다. 그 마음이 좁은 문으로 들어가 가난한 자가 되어 좁은 길로 걸어갈 때 우리 삶 속에 하늘의 삶의 열매가 나타날 것입니다.

마지막으로 예수님은 무서운 말씀을 주셨습니다.

"내게 '주님, 주님' 하는 사람이라고 다 하늘나라에 들어가는 것이 아니다. 하늘에 계신 내 아버지의 뜻대로 행하는 사람이라야 하늘나라에 들어갈 것이다. 그날에는 많은 사람들이 내게 말할 것이다. '주님, 주님, 우리가 주의 이름으로 예언하고 주의 이름으로 귀신을 쫓아내며 주의 이름으로 많은 기적을 일으키지 않았습니까?' 그때 나는 그들에게 분명히 말할 것이다. '나는 너희를 도무지 알지 못한다. 불법을 행하는 사람들아, 썩 물러가라!'"(21-23절).

참 충격적입니다. 주님, 주님 하는 사람이 다 하늘나라에 들어가는 것이 아니라고 하셨습니다. 예수님을 나의 주님으로 고백하면 하늘나라에 들어가지 못하는 것입니까? 그런 뜻이 아닙니다. 여기서 '주님'이라고 한 것은 정말 나의 주님으로, 살아 계신 주님으로 인정하는 것이 아닙니다. 많은 사람이 그 당시에 '퀴리오스'(Kyrios)라고 불렀던 것처럼 형식적으로 불렀던 것입니다. 니고데모가 "당신은 하나님께로부터 온 사람인 줄 압니다"라고 말한 것은 그냥 예의상 말한 것입니다. 그렇게 말한다고 하늘나라에 들어가는 것이 아닙니다. 형식적이고 의식적인 고백, 단지 입술로만 하는 고백으로는 하늘나라에 합당하지 않습니다. 진정한 마음의 고백은 반드시 열매로 나타납니다.

그런데 더 심각한 문제가 있습니다. 마지막에 하나님이 심판자가 되실 때, 주의 이름으로 능력을 행하고 예언하고 귀신을 내쫓은 사람들이 "우리가 이렇게 했습니다"라고 할 때 예수님이 "나는 너희를 도무지 알지 못한다. 불법을 행하는 사람들아, 썩 물러가라!"고 말씀하신다고 합니다. 어떻게 이런 일이 있을 수 있습니까? 성경에 여러 사례가 나옵니다. 구약에서 사울도 예언했습니다. 가끔 성령이 임하셔서 예언하면 사람들이 "사울도 예언하느냐?"고 했습니다. 그것이 놀림거리가 될 만큼 예언했지만 그는 하나님 나라 밖의 사람이었습니다. 신약에 와 보면 예수님을 배반한 가룟 유다도 귀신을 내쫓았습니다. 누가복음을 보면, 제자들이 기뻐서 "우리가 귀신을 내쫓았습니다"라고 예수님께 말씀드리자 예수님은 "너희가 귀신을 내쫓은 것으로 기뻐하지 말고 너희 이름이 하늘에 기록된 것으로 기뻐하라"고 말씀하셨습니다. 유다도 귀신을 내쫓는 능력을 주의 이름으로 행했지만 그는 하나님 나라의 밖에 있었습니다.

초월적인 현상이나 능력이나 초월성 자체가 하늘의 삶을 보증하지는 않습니다. 무엇이 보증합니까? 예수님의 마지막 말씀에 힌트가 있습니다. "도무지 알지 못한다." 주님을 알아야 합니다. 이는 지식적인 앎이 아닙니다. 체험으로 아는 것이 아닙니다. 정보로 아는 것이 아닙니다. 친밀함으로 아는 것입니다. "주님과 얼마나 친밀하게 교제했는가? 마음으로 주님을 얼마나 섬겼는가? 그분을 얼마나 닮았는가? 그분과 얼마나 깊은 교제를 나눴는가?" 이것이 바로 주님이 우리를 판단하실 때 기준이 될 것입니다. 불법을 행하는 자들이 되지 않기를 축원합니다. 주님을 깊이 알고, 좁은 문으로 들어가고, 그 좁고 험하고 협착한 길을 끝까지 주와 동행함으로 승리하는, 그래서 이 땅에서 하늘의 삶을 사는 데 실패하지 않는 우리 모두가 되기를 주님의 이름으로 축원합니다.

"주님과 얼마나 친밀하게 교제했는가?
마음으로 주님을 얼마나 섬겼는가?
그분을 얼마나 닮았는가?
그분과 얼마나 깊은 교제를 나눴는가?"
이것이 바로 주님이
우리를 판단하실 때 기준이 될 것입니다.

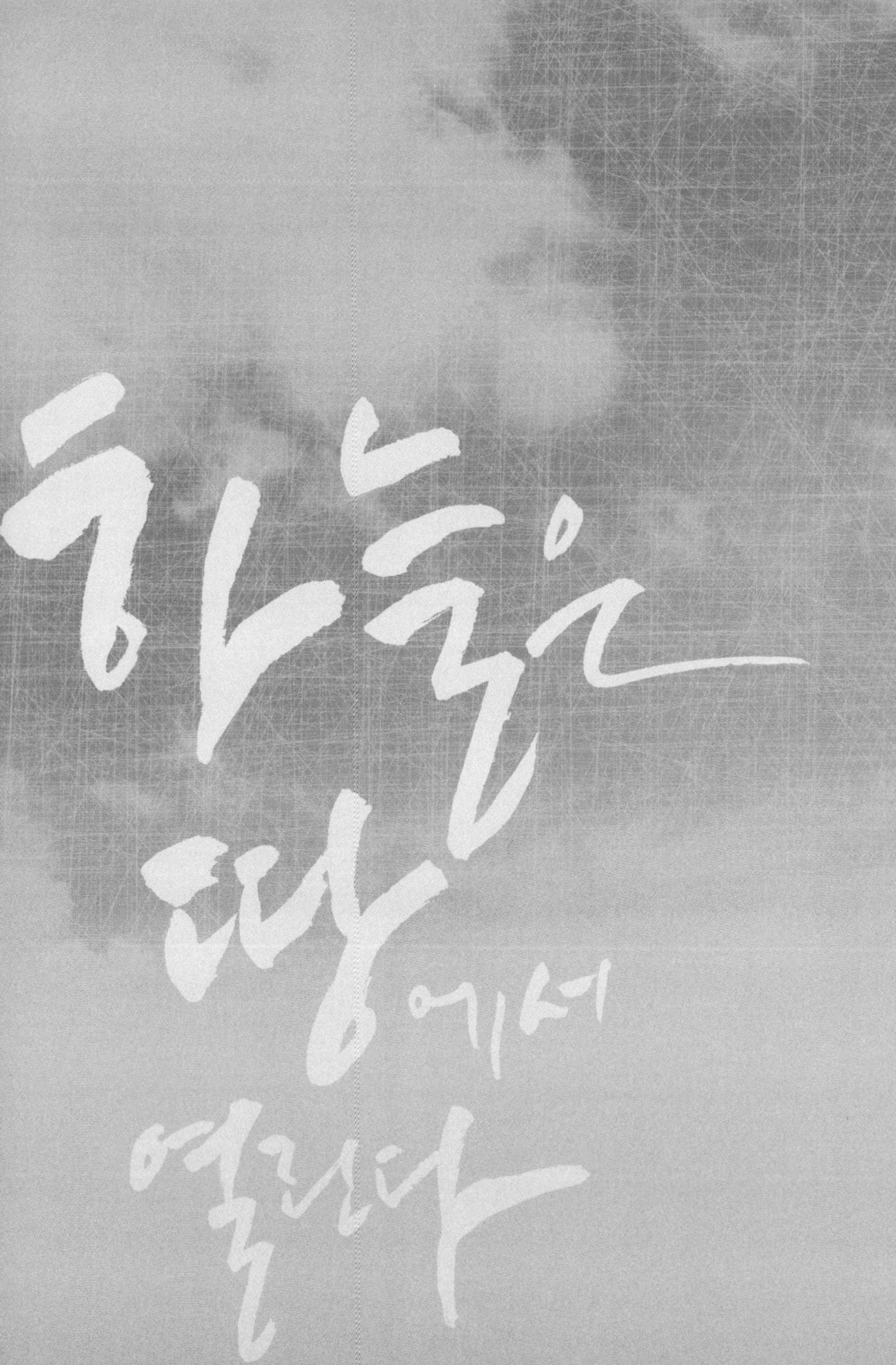
하늘을
담은
영광교회
이야기

Part 2

아름다운 세상을 만들어 가는 삶

모든 만물도, 우리 개개인의 인생도 다
하나님의 목적과 계획대로 창조되었습니다. 이 사실 앞에서
우리는 **겸손해야** 합니다.
하나님은 우리가 이 세상을 아름답게 만들어 가기를 원하십니다.
또한 하나님의 형상이라는 공유 의식과 친밀함을 나누면서
서로 돕는 사람이 되기를 원하십니다.
그리스도 안에서 사랑을 나누기를 원하십니다.

하늘은
땅에서
열린다

[14]하나님께서 말씀하시기를 "하늘 공간에 빛들이 생겨 낮과 밤을 나누고 절기들과 날짜들과 연도들을 나타내는 표시가 되게 하라. [15]그리고 이것들이 하늘 공간의 빛이 돼 땅에 비추게 하라" 하시니 그 대로 됐습니다. [16]하나님께서 두 개의 큰 빛을 만드시고 그 가운데 큰 것으로는 낮을 다스리게 하시고 작은 것으로는 밤을 다스리게 하셨습니다. 또한 별들도 만드셨습니다. [17]하나님께서 이것들을 하늘 공간에 두셔서 땅을 비추게 하시고 [18]낮과 밤을 다스리고 빛과 어둠을 나누게 하셨습니다. 하나님께서 보시기에 좋았습니다. [19]저녁이 되고 아침이 되니 넷째 날이었습니다. [20]하나님께서 말씀하시기를 "물에는 생물 떼가 번성하고 새들은 땅 위 하늘에서 날아다니라" 하셨습니다. [21]하나님께서 큰 바다 생물들과 물에서 번성하는 온갖 생물들을 그 종류대로, 온갖 날개 달린 새들을 그 종류대로 창조하 셨습니다. 하나님께서 보시기에 좋았습니다. [22]하나님께서 그들에게 복을 주시며 말씀하시기를 "새 끼를 많이 낳고 번성해 바닷물에 가득 채우라. 새들은 땅에서 번성하라" 하셨습니다. [23]저녁이 되고 아침이 되니 다섯째 날이었습니다. [24]하나님께서 말씀하시기를 "땅은 생물을 그 종류대로, 곧 가축과 땅 위에 기는 것과 들짐승을 그 종류대로 내라" 하시니 그대로 됐습니다. [25]하나님께서 들짐승을 그 종류대로, 가축을 그 종류대로, 땅에 기는 모든 것을 그 종류대로 만드셨습니다. 하나님께서 보시기 에 좋았습니다.

조화와 질서를 이루는 창조 세계

창세기 | 1:14-25

하나님이 창조하신 만물 자체가 하나님의 영광을 온전히 드러내고 있습니다. 하나님이 만드신 세계 속에서 우리는 겸손해야 합니다. 아무리 과학이 발달하고 세상이 발전한다 해도 인간은 풀 한 포기도 창조할 수 없습니다. 이 모든 만물은 하나님의 목적과 계획대로 창조되었고, 우리 개개인의 인생도 하나님의 목적과 계획대로 창조된 것입니다. 이것을 믿을 때만이 올바른 인생을 살아갈 수 있습니다.

하나님의 위대한 창조 사역

천지 창조에 대해 말씀을 전한다는 것은 두려운 일이고, 동시에 가슴이 떨리는 일입니다. 하이든의 〈천지 창조〉를 비롯해서 수많은 음악가와 예술가들이 이 천지 창조를 표현해 보려고 노력했습니다. 나름대로 다 감동이 있지만 어떻게 이 천지 창조의 영광을 그대로 다 표현할 수 있겠습니까? 오히려 하나님이 창조하신 만물 자체가 하나님의 영광을 온전히 드러낼 뿐입니다. 시편 19편에 고백한 대로 하늘이 하나님의 영광을 선포하고 있는 것입니다. 우리에게 필요한 것은 천지 창조를 우리 식으로 표현하고 재해석하는 것이 아니라, 창조주 하나님 앞에서 합당한 경배와 찬양과 영광을 올려 드리는 것입니다. 창조의 기록을 읽으면서 하나님에 대한 경외감과 두려움, 하나님 앞에서 우리가 가져야 마땅한 겸손, 주님을 향한 뜨거운 찬양과 예배가 다시 회복되기를 축원합니다.

만일 창세기 1장에 창조에 대한 기사가 없었다면 인간은 얼마나 더 교만해졌을까요? 창세기 1장의 기록을 읽으면서도 이렇게 교만하게 사는데, 이 장엄한 기록이 없었다면 인간은 얼마나 더 교만하게 살았을까 생각해 봅니다. 이 기록은 우리가 하나님 앞에서 할 말이 없게 만듭니다. 이 기록을 통해 하나님의 음성이 이렇게 들려옵니다. "이 모든 창조에 있어서 너희가 뭐 하나라도 한 거 있니?"

욥기 3장 38절을 보면, 욥이 고난 속에서 항변하고 있을 때 하나님이 폭풍 가운데 나타나셔서 이렇게 말씀하십니다. 먼저 준비를 하게 하십니다. "너 대장부지? 대장부답게 허리를 묶고 잘 듣고 대답해 봐." 그리고 처음으로 질문하신 내용이 이것입니다. "내가 땅에 기초를 놓을 때 너 보았니? 내가 땅에 기초를 놓을 때 너는 어디 있었니? 아는 것 있으면 한번 말해 보아라."

이 하나의 질문이 사실은 하나님이 하시고자 하는 모든 질문을 한마디로 요약한 것입니다. 욥은 할 말이 많았습니다. "하나님, 고난이 왜 있습니까?" 인생에 대해, 역사에 대해, 인간의 죄에 대해, 문제에 대해, 또 자신의 의에 대해 친구들과 나름대로 항변했지만 하나님은 그의 고난에 대해 해석해 주지 않으셨습니다. 단 한마디의 질문만 던지셨습니다. "내가 땅에 기초를 놓을 때 너 어디 있었니? 아는 게 있니?"

모든 인류의 역사에서 개인의 어떤 문제에 대한 고민일지라도 하나님은 우리에게 먼저 이렇게 말씀하시는 것입니다. "내가 땅에 기초를 놓을 때 네가 어디 있었니? 아는 게 있으면 한번 대답해 보아라." 풀 한 포기, 개미 한 마리도 창조한 적이 없는 인간들이 자신이 세상 만물의 주인인 것처럼 행세하고 횡포하고 고민하는 모습을 보면서 하나님이 말씀하시는 것입니다. "이 모든 창조의 세계에서 너희가 창조한 것이 어느 한 가지라도 있느냐?" 아무리 과학이 발달하고 세상이 발전한다 해도 인간은 풀 한 포기도 창조할 수 없습니다. 다 모조품일 뿐이고, 그것을 이용해서 다른 것을 만들 뿐입니다. 인간은 하나님이 창조하신 이 세계 가운데 단 한 가지의 종류도 창조한 일이 없습니다. 하나님이 만드신 세계 속에서 우리는 겸손해야 합니다.

어떤 목사님은 "하나님은 왜 인간을 첫 번째 날에 창조하지 않으셨는가?

하늘은 땅에서 열린다

왜 모든 만물을 다 창조하신 후에 여섯 번째 날에 인간을 창조하셨는가?"라는 질문에 이렇게 대답했습니다. "만일 첫 번째 날에 인간을 창조하셨더라면, 인간은 하나님과 같이 창조했다고 대들었을 것이다." 다 완벽하게 창조해 놓으신 다음에 인간을 만드셨으니 인간은 하나님 앞에서 감히 대들 수가 없습니다. 같이 창조했다고 주장할 수가 없는 것입니다. 이것이 얼마나 감사합니까? 처음부터 존재하셨던 분, 처음을 창조하신 하나님이 계시다는 한 가지 사실 앞에서 우리는 더욱 겸손해야 합니다.

성경은 창세기 1장에서 하나님의 존재를 증명하지 않습니다. '창세기 1장부터 10장까지 하나님이 계시느냐 안 계시느냐에 대해 논증하고 설명해 준 다음에 천지 창조의 기록을 시작하면 불신자들도 믿지 않을까?' 이렇게 생각할 수도 있습니다. 그러나 설명해 주지 않고, 이해를 구하지도 않습니다. 하나님이 계시느냐, 안 계시느냐를 두고 철학자들이 논증하고 따지고 증명하려고 하지만, 일부 도움이 될 수 있을지는 모르지만, 궁극적인 설명은 되지 못합니다. 하나님은 살아 계시기 때문입니다.

분명히 존재하시고 살아 계신 부모님을 두고 내 부모님인지 아닌지 증명하려는 것만큼 어리석은 일이 어디 있습니까? 살아 계신 하나님, 그분이 만물을 창조하셨습니다. 이 놀라운 선언, 이것은 호소도 아니고 설명도 아니고 변명도 아닙니다. 이것은 선포입니다. 우리를 압도하는 이 선포 앞에서 우리가 해야 할 것은 결단밖에 없습니다. 만물을 창조하신 하나님 앞에서 우리는 겸손한 피조물로서 결단하는 것입니다. 이 말씀을 받아들일 때, 이 말씀 앞에서 올바로 결단할 때 우리는 우주 만물이 하나님의 목적과 계획대로 창조되었다는 것을 받아들이는 것입니다. 내 인생에도 하나님의 목적과 계획이 있다는 것을 받아들이는 것입니다.

하나님의 창조에 대한 위대한 선포를 받아들이지 않는 사람들은 하나님의 창조를 피해 가려고 합니다. "우발적인 사건에 의해서 세계는, 어느 때부터인지는 알 수 없지만, 우연히 존재하게 되었다"고 말합니다. 이 역사의 시작과 만물의 시작을 우연으로 시작한 사람들은 과학이라는 이름으로 연구합니다. 우연에 기초해서 과학의 탑을 쌓아 가는 것입니다. 얼마나 어리석은 일입니까? 어떻게 만물이 우연히 존재할 수 있습니까? 우연히 만물이 존재했다고 믿는 사람들이 과학의 법칙으로 만물의 법칙을 연구하고 있는 것을 보면

125

하나님이 얼마나 안타까우실까요?

저는 과학은 잘 알지 못하지만, 창조 과학에 계신 분들이 쓴 글을 보면 열역학 2법칙이라는 것이 있다고 합니다. 이 우주 에너지가 점점 소멸하고 있다는 것입니다. 태양도 소멸하고 있습니다. 소멸되어 가는 과정에 있다는 것은 시작이 있었다는 것이고, 언젠가는 끝이 있다는 것입니다. 유기물을 그대로 놔두면 자연적으로 무기물이 되어 가지만, 무기물이 거꾸로 유기물로 완성돼 가는 것은 있을 수 없습니다. 불가능한 일입니다. 그런데도 사람들은 아무것도 없는 무기 물질이 저절로 합성해서 유기물이 되고 단세포가 돼서 고등 동물로 진화되었다고 믿고 그 위에 과학을 세우고 있으니, 과학은 어쩌면 인간을 해치고 있는지도 모릅니다.

이 우주 만물은 결코 우연히 생성된 것이 아닙니다. 우연히 생성되었다고 믿는 사람들은 인생을 제대로 살 수가 없습니다. 역사를 변화시킬 수 없는 것입니다. 만물을 창조하신 하나님이 계시기에 이 모든 만물이 목적과 계획대로 창조되었고, 우리 개개인의 인생도 하나님의 목적과 계획대로 창조된 것입니다. 이것을 믿을 때만이 올바른 인생을 살아갈 수 있습니다.

"하나님께서 태초에 하늘과 땅을 창조하셨습니다"(창 1:1).

여기서 태초는 하나님이 계시지 않을 때의 태초가 아니라, 만물이 창조될 때의 태초입니다. 태초 이전에도 하나님은 계셨던 것입니다. 태초 이전에도 계셨던 그 하나님이 이제 태초를 만드셨습니다. 만물의 시작의 때를 함께 만드신 것입니다. 창조 이전에 하나님만 계셨던 때가 있습니다. 성부, 성자, 성령 하나님이 완전한 교제 가운데, 하나 됨 가운데 사랑과 기쁨과 만족을 누리던 바로 그때가 있었던 것입니다. 그런데 하나님은 왜 홀로 그냥 존재하지 않으시고 만물을 창조하셨습니까? 헤아릴 수 없이 신비로운 하나님의 뜻을 우리가 어떻게 다 이해할 수 있겠습니까? 그러나 우리가 잠시 이것을 묵상해 보는 것은 중요하다고 생각합니다.

태초 이전에 계셨던, 영원 전부터 영원까지 계셨던 하나님이 왜 만물을 창조하셨습니까? 분명한 것은 하나님이 무엇인가 부족해서 만물을 창조하신 것이 아니라는 점입니다. 하나님이 외로움을 견딜 수가 없어서 만물을 창조하신 것이 아닙니다. 하나님의 영광이 부족해서 그 영광을 돌리게 할 어떤 존재가 필요해서 만물을 창조하신 것도 아닙니다. 이것은 하나님의 완전히

하늘은 땅에서 열린다

자유로운 결정입니다.

신학자들의 글을 읽어 보면 무슨 견해가 그렇게 많은지 모릅니다. 하나님의 주권과 성품과 또 역사와 성경에 대해 무수히 많은 견해가 있습니다. 그러나 놀라운 것은, 이 창조를 믿고 받아들이는 사람이 있다는 것에 대해서는 이견이 없다는 것입니다.

여러 학자들의 글을 조사해 보면, 신학적인 견해가 굉장히 다른 분들도 창조에 관해서는 아주 동일합니다. 참 놀랍습니다. 칼 바르트라는 신학자도 "하나님은 결코 창조를 필요로 하지 않으셨다. 하나님은 내적인 영광으로도 만족하실 수 있었다. 하나님이 창조를 원하신다는 것 자체가 은혜다. 상상할 수 없을 만큼의 하나님의 겸손이다. 세상을 창조하시지 않으면 고통스러워지기 때문도 아니다. 하나님은 사랑으로 그것을 창조하셨다. 그의 사랑은 자유롭다"고 했습니다. 요나단 에드워드도 이렇게 말했습니다. "하나님이 창조에 대해 기뻐하시는 것은 피조물로부터 얻는 기쁨이 아니다. 하나님 자신의 영광에 대해 기뻐하시는 것이다. 하나님은 무엇인가 부족한 것이 있어서 창조하신 것이 아니다. 이미 소유하고 있는 것을 기뻐하신 분이다. 사랑이 필요해서 창조하신 것이 아니라 사랑이 넘쳐서 창조하신 것이다." 아더 핑크라는 신학자도 이렇게 말했습니다. "하나님은 창조에 관해서 어떤 강요나 의무나 필요가 없었다. 스스로 창조를 결정하셨고, 외부의 영향이나 압력 없이 스스로 선택하셨다. 창조를 통해 스스로 영광을 받으셨다. 인간에게 경배를 받지 않으셔도 하나님은 홀로 영광 받으실 분이다. 하나님은 인간으로부터 어떤 유익을 받기 위해 창조하신 것이 아니다. 하나님은 돕는 자가 필요하지 않으시다. 하나님은 스스로 모자람이 없으시고 스스로 존재하시는 분이다. 넘치는 사랑으로 창조하셨을 뿐이다."

여기에 공통점이 있습니다. 다 견해가 다른 분들임에도 불구하고 하나님이 부족하셔서, 우리의 도움을 받기 위해 창조하신 것이 아니라고 말합니다. 하나님은 스스로 완전하신 분이요, 스스로 존재하시는 분이요, 스스로 영광 받으시는 분이요, 스스로 기뻐하시는 분이요, 스스로 만족하시는 분이요, 스스로 영원히 계시는 분입니다. 그분이 그 넘치는 사랑으로, 넘치는 은혜로, 넘치는 겸손으로 만물을 창조하신 것입니다. 그러므로 그 하나님 앞에서 우리는 겸손할 뿐입니다. 순종할 뿐입니다. 하나님을 찬양할 뿐입니다.

천지 창조의 위대한 목적 앞에서 우리는 엎드려 경배할 수밖에 없습니다. 그런데 어떤 사람들은 이렇게 따지기도 합니다. "하나님이 영원부터 계셨는데, 영원부터 계시다가 태초가 생겼는데, 그러면 하나님은 그동안에는 뭐하셨는가?" 칼뱅과 오스틴 같은 분들은 여기에 대해 생각하는 것조차 죄악시했습니다. 루터는 "창조 이전에 하나님은 뭐하고 계셨는가?"라는 질문에 이렇게 말했습니다. "그런 질문을 하는 사람을 위해 회초리를 만들고 계셨다." 어거스틴은 더 심하게 표현해서 "그런 질문을 하는 사람을 위해 지옥을 만들고 계셨다"고 말했습니다.

그러나 그것을 잠시 묵상해 보는 것은 필요하다고 봅니다. 하나님은 만물을 창조하시기 전에, 영원부터 계실 동안 얼마나 사랑과 만족과 영광과 기쁨이 넘치셨을까요? 하나님이 창조가 필요해서 창조하신 것이 아니라는 점이 증명되는 것입니다. 하나님이 나로서는 부족하니까 만물이 필요해서 창조하신 것이 아닙니다. 하나님은 영원부터 계셨기 때문에 태초에 만물을 창조하지 않으셔도 홀로 영광 받고 계실 수 있었습니다. 그 기간이 있었다는 것은 바로 하나님이 만물이 필요해서 창조하신 것이 아니라는 사실을 보여 줍니다. 창조에 관해 묵상할수록 우리는 점점 더 겸손해지고 하나님께는 영광이 될 줄로 믿습니다.

창세기 1장 1절을 보면 천지 창조를 이렇게 설명합니다. "하나님께서 태초에 하늘과 땅을 창조하셨습니다." 여기서 하늘과 땅은 우리 눈에 보이는 하늘과 땅과는 다릅니다. 그래서 영어 성경에서는 'heaven'이라는 단어로 하늘을 표현하고 'earth'라는 단어로 땅을 표현했는데, 이후에 나오는 땅과 하늘은 다른 단어로 설명합니다. 여기서 하늘은 보이지 않는 모든 세계와 그 세계에 속한 모든 것입니다. 여기에는 천사도 포함됩니다. 하나님이 계시니 천사도 포함되는 것입니다. 우리 눈에 보이는 세계만 존재하는 것이 아닙니다. 우리 눈에 보이지 않는 세계, 창조된 그 하늘이 있는 것입니다. 그리고 우리 눈으로 볼 수 있는 땅이 있습니다.

2절에 보면 이제 땅이 시작됩니다. 하늘에 대해서는 말씀하지 않으시고, 땅에 대해 설명하신 것입니다. 우리 눈에 보이는 이 우주 만물이 어떻게 창조되었는지를 설명하는 것으로 국한하신 것입니다. 우리 눈에 보이지 않는 모든 세계에 대해 설명하셔도 우리는 알 수 없으니 불필요하다는 것입니다.

하늘은 땅에서 열린다

요한계시록에서 우리가 가 보지 않은 새 하늘과 새 땅에 대해 설명하니까 우리가 굉장히 혼란스러운 것입니다. 인간의 상상을 넘어서는 세계이기 때문에 하나님은 우리 눈에 보이는 만물의 창조에 대해, 그 땅의 창조에 대해 설명하시는 것입니다.

2절에 보면 "땅은 형태가 없고 비어 있었으며 어둠이 깊은 물 위에 있었고 하나님의 영은 수면 위에 움직이고 계셨습니다"라고 했습니다. 형태가 없고 비어 있었다는 것은 불완전하다는 뜻이 아닙니다. 창세기 1-2장에 나타난 하나님의 천지 창조의 기록은 인간이 거주하는 환경에 초점을 두고 있습니다. 형태를 만들고 그 비어 있는 상태를 채우시는 과정으로 설명하고 있습니다. 이 창조의 기사를 전체적으로 보면, 몇 가지 중요한 단어를 반복함으로써 천지 창조를 설명하시는 것을 볼 수 있습니다.

첫째는, 하나님이 말씀으로 창조하셨다는 것입니다. 3절에서 "하나님께서 말씀하시기를", 6절에서 "하나님께서 말씀하시기를", 11절에서 "하나님께서 말씀하시기를", 14절에서 "하나님께서 말씀하시기를", 20절에서 "하나님께서 말씀하시기를", 24절에서도 "하나님께서 말씀하시기를"이라고 반복합니다. 하나님은 말씀으로 창조하신 것입니다. 하나님은 어떤 도구가 필요하지 않으셨습니다. 심지어 하나님은 손도 필요하지 않으셨습니다. 이 말씀이 하나님의 창조의 수단이었습니다. 하나님이 말씀하시니, 땅이 움직였습니다. 무에서 유가 창조되었습니다. 하나님이 말씀하시니 만물이 움직인 것입니다.

하나님의 위대한 능력은 말씀으로 세상을 통치하신다는 것입니다. 이 만물을 말씀으로 창조하셨을 뿐 아니라 오늘 이 시대에도, 이 순간에도, 하나님은 말씀으로 만물을 움직이고 계십니다. 말씀으로 세상을 창조하셨다는 것은 하나님이 만물에 이끌려 가지 않으신다는 뜻입니다. 하나님은 인간의 노예처럼 이끌려 가지 않으십니다. 역사에 이끌려 가지 않으십니다. 하나님은 말씀으로 세상을 창조하셨고, 말씀으로 역사를 주관하고 움직이고 계십니다.

언젠가 마지막 때에 하나님이 "이것이 만물의 끝이다"라고 말씀하시면 그때가 만물의 끝이 되는 것입니다. "빛이 있으라"는 말씀으로 천지를 시작하신 하나님이 마지막에 "이제는 끝이다"라고 말씀하실 때, 그렇게 말씀하시는 것은 하나님의 인격적인 의지입니다. 하나님의 결정이고 하나님의 계획입니다. 만물이 우연히 생성되어서 어디로 가는지 모르고 움직여지는 것이 아닙니다. 하나님의 인격적인 의지와 결단의 순간으로 만물은 시작되었고, 만물은 끝날 것입니다. 하나님은 말씀으로 천지를 창조하셨습니다.

"말씀하시니 그대로 됐습니다"라는 구절도 반복되고 있습니다. 하나님이 말씀하시면, 그대로 이루어진 줄로 믿습니다. 천사가 전해 준 소식을 마리아가 "말씀대로 내게 이루어지이다. 아멘"이라고 했을 때 마리아의 몸속에 역사하신 그 능력은 무엇입니까? 말씀대로 만물을 창조하신 지극히 높으신 이의 능력이 마리아에게 임한 것입니다. 무에서 유가 창조된 것입니다. 이 말씀의 능력은 오늘 우리의 삶 속에도 동일하게 역사하고 있습니다. 말씀으로 만물을 창조하신 하나님의 말씀 앞에 "아멘"으로 응답할 때 천지를 창조하신 놀라운 능력, 마리아의 몸속에 나타난 그 능력이 우리의 연약한 육신에도 나타날 것입니다. "하나님, 말씀하옵소서." 우리는 하나님이 말씀하시기를 기대해야 합니다. 그 말씀이 역사 속에, 나의 삶 속에 이루어지기를 기도하고 "아멘" 하는 것은 놀라운 일입니다. 창조의 능력이 우리의 삶 속에 역사하고, 하나님의 말씀 앞에 순종하며 살아가기를 축원합니다.

창조에 숨은 완벽한 질서

하나님의 말씀은 건축가의 명령과도 비슷합니다. 기초를 쌓고 건물을 쌓는 건축가처럼, 6일간의 창조를 보면 얼마나 질서 있고 완벽했는지 모릅니다. 2절에 보면 형태가 없고 비어 있었다고 하는데, 1장 전체에 나타난 하나님의 창조는 형태를 만들고 그 비어 있는 것을 채워 가는 과정입니다. 첫째 날부터 셋째 날까지의 창조는 형태를 만드는 창조입니다. 넷째 날부터 여섯째 날까지의 창조는 그 형태 속에 내용을 채우는 창조입니다. 그래서 첫째 날부터 셋째 날까지는 'form'을 만드는 'forming'의 사역이고, 넷째 날부터 여섯째 날까지는 채우는 'filling'의 사역입니다.

첫째 날에 하나님께서 "빛이 있으라" 하시며 빛을 창조하셨고, 빛과 어둠을 나누셨습니다. 항상 두 단계가 나옵니다. 무에서 유를 창조하셔서 있게 하시고, 그 다음에 있게 하신 것에서 나누고 구분하심으로써 그 창조에서 파생되는 창조를 이루십니다. "빛이 있으라"는 말씀으로 빛을 창조하시고, 빛과 어둠을 나누심으로 빛과 어둠을 창조하셨습니다. 우리는 어둠을 싫어합니다.

하늘은 땅에서 열린다

그러나 어둠도 하나님이 창조하신 세계에서는 원래 나쁜 것이 아니었습니다. 어둠은 하나님이 창조하신 것입니다. 어둠도 선한 것이었습니다. 하나님은 빛과 어둠을 첫째 날에 창조하셨습니다.

두 번째 날에는 물을 창조하십니다. 2절에 보면 "하나님의 영은 수면 위에 움직이고 계셨다"고 합니다. 이는 1장에 나타난 창조 기사의 과정을 우리에게 보여 주고 있는 것입니다. "물은 하나님이 창조하시기 이전에 있었던 것 아니냐." 이런 논리는 말이 안 되는 것입니다. 하나님이 창조하셨을 때 형태가 비어 있었다는 것은 마치 화가가 그림을 그리기 전에 팔레트에 물감을 막 섞어 놓은 것 같은 상태를 의미하는 것입니다. 그리고 물과 물 사이를 "하늘이다"라고 이름을 붙이셨습니다. 그래서 8절에 보면 하늘을 'heaven'이라고 하지 않고 'sky'라고 하는 것입니다. 우리의 눈으로 보이는 것입니다. 1장 1절에 나오는 하늘은 우리 눈에 보이지 않는 하늘(heaven)입니다. 물과 물을 위 아래로 나눔으로써 물과 물 사이에 생긴 그 공간은 우리 눈에 보이는 하늘(sky)입니다.

창공 위에 원래 물이 있었습니다. 그것이 노아의 홍수 때 쏟아져 내린 것입니다. 노아의 홍수는 단순한 비가 아니었습니다. 하늘 위에 있었던 물입니다. 지구를 둘러싸고 있으면서 오존층이 파괴되지 않고 인간이 완벽하게 거주할 수 있는 상태를 보존했던 물입니다. 하늘을 둘러싸고 있던 물이 쏟아져 내림으로 인간의 수명이 짧아졌고, 지구가 파괴되었고, 햇빛은 우리에게 아픔과 고통과 상처를 주었고, 결국 자연 질서가 깨져 버린 것입니다. 하늘 위에 있었던 물과 아래에 있었던 물, 이 상태가 바로 두 번째 날의 상태입니다.

세 번째 날은 이런 상태에서 하나님이 하늘 아래에 있던 물을 한 곳으로 모이게 함으로써 땅을 내게 하신 것입니다. 이 땅을 가리켜 영어 성경에서는 'land'라고 합니다. 우리 눈에 보이는 땅, 우리가 딛고 있는 땅은 이때 만들어진 것입니다. 창세기 1장 1절의 땅은 보이는 모든 세계의 땅을, 우리 언어에서는 이 땅으로 다 설명을 하고 하늘을 설명하니까 혼동되는 거죠. 얼마나 질서 있습니까? 이것이 셋째 날까지의 창조입니다.

네 번째 날부터 여섯 번째 날까지의 창조는 첫째 날부터 세 번째 날까지 창조하신 것에 내용을 채우는 것입니다. 첫째 날에 하나님은 빛과 어둠을 창조하셨습니다. 네 번째 날에는 하나님이 빛의 도구가 되는 해와 달과 별을 만드셨습니다. 빛과 어둠에 통로가 되는 발광체들을 만드신 것입니다. 여기서 중요한 것은 순서입니다. 우리는 태양이 먼저고 빛이 나중이라고 생각하지만 빛이 먼저고 태양이 나중입니다. 태양이 사라지면 빛이 사라집니까? 빛은 있습니다. 태양 빛은 완전한 것이 아닙니다. 태양 빛도 빛을 잃어 갑니다. 이 세상에서 가장 밝은 태양 빛에도 어둠은 숨어 있습니다. 그러나 하나님의 빛은 완전한 빛입니다. 우리가 그 빛을 보면 눈이 멀게 됩니다. 태양 빛만 봐도 우리가 눈이 멀고 상처를 입는데 완전한 빛은 인간이 볼 수 없습니다. 그래서 하나님이 발광체를 통해 그 빛을 반사하게 만드신 것입니다.

네 번째 날에 하나님은 날짜와 시간과 시간의 흐름을 알 수 있는 천층, 즉 하늘에 있는 해와 달과 별을 창조하셨습니다. 궁창 위에 물과 하늘 위에 물과 하늘 아래에 물을 만드셨으니 이제 거기에 채워야 합니다. 그래서 하늘에 있는 새들과 물에 있는 물고기들을 다섯째 날에 창조하신 것입니다.

셋째 날에 물을 한 곳에 모이게 하셔서 땅을 내셨으니 여섯째 날에는 이 땅에 있는 생물들, 즉 육지의 생물들을 다 만드신 것입니다. 얼마나 질서 있고 조화로운 하나님의 창조입니까? 한순간에 만물을 그대로 존재하게 하실 수 있는 하나님입니다. 그런데 우리를 위해 이 순서와 절차와 조화를 보여 주신 것입니다. 이것을 통해 우리 하나님이 어떤 하나님이신지 알 수 있습니다. 질서의 하나님, 조화의 하나님, 순서의 하나님, 체계적인 하나님, 조직적인 하나님, 논리적인 하나님이십니다. 만물에 숨어 있는 논리와 순서를 통해서도 우리 하나님이 얼마나 조화롭고 질서 있는 분이신지 알 수 있습니다. 그래서 우리는 찬양할 수밖에 없는 것입니다.

또 하나 반복되는 것이 '종류대로'입니다. '종류대로'는 아주 중요한 말입니다. 진화론에서는 종에서 종으로 변화되었다고 주장하기 때문입니다. 종에서 종으로 변화되는 것이 아니라 하나님이 태초에 종류대로 창조하셨습니다. 종에서 종으로의 변화는 없습니다. 그 중간 단계의 화석도 없습니다. 바닷속 심층에는 아직도 밝혀지지 않은 수많은 종류의 생물체가 있습니다. 이들은 변이일까요? 아닙니다. 사실 태초에 하나님이 창조하시고 아담에게 이름을 붙이게 하신 일은 영원토록 해도 못할 일이었을지도 모릅니다. 하루 이틀 만에 끝날 일이 아닌 것입니다. 하늘과 땅, 그리고 바닷속의 수많은 종류의 동물들과 새들과 물고기들에 이름을 붙이는 것은 결코 쉬운 일이 아닙니다. 신비롭고 경이로운 일인 것입니다.

제가 예전에 하와이 코나에서 YWAM CDTS훈련을 훈련을 받을 때 잠수함을 타러 간 적이 있었습니다. 잠수함을 타고 물속으로 내려가는데, 어느 순간에 가니까 딱 멈춰서 이 아래로는 못 내려간다고 하는 것입니다. 물의 압력 때문에 더 내려가면 그 육중한 쇠로 만든 잠수함이 터져 버린다는 것입니다. 그런데 놀라운 것은 그 밑을 보니까 작은 물고기들이 다니는 것입니다. '아니, 저 물고기는 어떻게 저기에 내려갔나? 이 무거운 쇠로 된 잠수함도 더 이상 내려갈 수가 없는데….' 손으로 잡으면 그냥 죽을 것 같은 작은 물고기들이 밑에서 우리를 놀리는 것 같았습니다. "너희는 못 내려오지?"

자료를 찾아보았는데 그 물고기들도 압력을 안 받는 것이 아닙니다. 놀라운 것은 그 작은 물고기 안에 압력을 견디는 동일한 압력이 있다는 것입니다. 그래서 압력을 느끼지 못하는 것입니다. 하나님의 놀라운 창조의 신비입니다. 저 바다 깊은 곳에 있는 물고기도 그 바닷속에서 살 수 있도록 창조하신 것입니다. 먼 데 있는 반찬을 먹는 사람은 팔이 점점 길어지는 것이 아니라, 팔이 기니까 먼 데 있는 것도 먹을 수 있는 것입니다. 팔이 긴지 짧은지 평가하지 마십시오. 환경에 적응하다가 그렇게 된 것이 아니고, 우리는 다 종류대로 창조된 것입니다.

하나님은 이 모든 것이 보시기에 좋았습니다. 하나님의 의도대로 창조되었습니다. 이 모든 것이 하나님께 기쁨을 드렸습니다. 하나님께 영광이 됐습니다. 하나님이 필요로 하시는 영광은 아니지만, 하나님의 모든 창조의 목적대로 영광을 올려 드리는 것입니다. 이 나라는 최초에 하나님이 창조하신 하나님의 나라였습니다. 이 나라는 사실 은혜의 나라도 아닙니다. 죄 가운데 있을 때 하나님이 값없이 호의를 베풀어 주실 때 은혜라고 합니다. 그러니까 은혜라는 단어 자체도 들어오지 않은 상태에서 사랑의 나라, 완전한 나라, 하나님의 나라가 우리에게 있었다는 것입니다.

우리에게는 처음이 좋았습니다. 지금은 하나님이 보시기에 안 좋은 상태입니다. 이 땅에 소망을 두지 말고, 하나님이 우리에게 새롭게 창조해 주신 창조의 나라를 바라보며, 하나님을 경배하고 찬양하며 살아갈 수 있기를 축원합니다.

하늘은 땅에서 열린다

²⁶하나님께서 말씀하시기를 "우리가 우리의 형상대로 우리의 모양을 따라 사람을 만들어 그들이 바다의 물고기와 공중의 새와 가축과 온 땅과 땅 위에 기는 모든 것을 다스리게 하자" 하시고 ²⁷하나님께서 사람을 그분의 형상대로 창조하시니, 곧 하나님의 형상대로 사람을 창조하시되 하나님께서 그들을 남자와 여자로 창조하셨습니다. ²⁸하나님께서 그들에게 복을 주시며 그들에게 말씀하시기를 "자식을 많이 낳고 번성해 땅에 가득하고 땅을 정복하라. 바다의 물고기와 공중의 새와 땅 위에 기는 모든 생물을 다스리라" 하셨습니다. ²⁹하나님께서 말씀하시기를 "내가 땅 위의 씨 맺는 온갖 식물과 씨가 든 열매를 맺는 온갖 나무를 너희에게 주니 이것이 너희가 먹을 양식이 될 것이다. ³⁰그리고 땅의 모든 짐승과 공중의 모든 새와 땅 위에 기는 모든 것들, 곧 생명 있는 모든 것들에게는 내가 온갖 푸른 풀을 먹이로 준다" 하시니 그대로 됐습니다. ³¹하나님께서 자신이 만드신 모든 것을 보시니 참 좋았습니다. 저녁이 되고 아침이 되니 여섯째 날이었습니다. ²¹그리하여 하늘과 땅과 그 안의 모든 것이 완성됐습니다. ²하나님께서는 그 하시던 일을 일곱째 날에 다 마치셨습니다. 그리고 그 하시던 모든 일을 마치고 일곱째 날에 쉬셨습니다. ³하나님께서 일곱째 날을 복 주시고 거룩하게 하셨습니다. 하나님께서 창조하시고 만드시던 모든 일을 마치시고 이날에 쉬셨기 때문입니다.

chapter 10

쉼으로 완성되는 하나님의 창조

창세기 | 1:26-2:3

하나님은 일곱째 날을 구별하시고 거룩하게 하셨습니다. 그리고 안식하게 하셨습니다. 이 일곱째 날의 안식이 우리에게 너무나 중요합니다. 육체만 쉬는 것은 온전한 안식이 아닙니다. 우리의 영이 하나님과 교제하고 하나님을 예배하고 하나님을 진정으로 높여 드리는 영혼의 안식, 이 7일째 안식을 누릴 때 우주 만물이 온전한 질서대로 움직여지는 것입니다.

하나님의 창조의 능력

하나님 나라는 어떤 나라입니까? 하나님이 말씀하시니 그대로 되는 나라, 말씀대로 되는 나라입니다. 하나님이 온 우주 만물을 말씀으로 창조하신 것입니다. 창세기 1장을 통해 우리가 붙잡아야 할 기도의 제목은 무엇입니까? 이 땅에서 하늘의 문을 열 수 있는 약속의 말씀은 무엇입니까? 우리가 하나님 나라의 백성이라면, 하나님의 말씀을 붙잡고 그 말씀대로 이루어지기를 간구할 때 그 말씀이 우리의 기도를 통해 역사한다는 것입니다. "말씀대로 그대로 되니라." 하나님은 창조만 해 놓고 가만히 계시는 것이 아닙니다. 지금도 하나님은 말씀으로 이 만물을 움직이고 계십니다. 말씀으로 이 만물을 붙들고 계십니다.

중세에 토머스 아퀴나스라는 큰 영향을 끼친 신학자는 잘못 생각한 것이 있었습니다. 하나님은 말씀으로 천지를 창조하셨지만 그 만드신 질서 속에 더 이상 관여하지 않으시는 것으로 착각한 것입니다. 자연을 신으로 만들어 버리고 만물을 신으로 만들어 버렸습니다. 이신론, 자연신론(Deism)이라고 하는 잘못된 신학을 만들었고 그로 인해 과학이 발달했습니다. 만물의 이치를 신처럼 떠받들기 때문에 과학적 탐구를 통해 만물의 이치를 깨달으려고 노력함으로써 과학이 발전했지만, 하나님이 지금도 말씀으로 우주 만물을 붙들고 계시다는 믿음을 잃어버렸기 때문에 인본주의가 태어나 버렸습니다. 하나님을 잃어버린 것입니다.

우리는 창조 신학으로 다시 돌아가야 합니다. 하나님은 말씀으로 세상을 창조하셨을 뿐 아니라 지금도 우리를 말씀으로 붙잡고 계시기에 우리가 이 말씀을 붙잡고 기도할 때는 천지를 창조하신 하나님의 능력이 우리 안에서 역사하는 것입니다. 아무것도 없었던 곳에 모든 만물이 탄생하게 하신 하나님의 말씀의 능력, 동정녀 마리아의 몸에 임하셔서 생명을 탄생하게 하신 능력이 우리의 삶에 임할 때 죽었던 영혼이 살아나고, 연약한 질병이 고침을 받고, 인생의 모든 막힌 문이 열리게 됩니다. 특별히 질병으로 고통 받고 있는 분들, 암으로 투병하고 있는 분들은 하나님의 전지전능하신 창조의 능력을 힘입어 이렇게 기도하시기 바랍니다. "말씀대로 내 몸이 나을 줄로 믿습니다."

미국 자마(JAMA)에서 사역하시는 김충근 장로님이 계십니다. 장로님은 아주 고통스러운 암으로 투병을 하셨습니다. 그분은 해변을 걸으면서 아침마다 이렇게 기도했습니다. "하나님의 전지전능하신 능력으로 나를 치료하실 줄로 믿습니다." 그리고 암세포에게 이렇게 말했습니다. "내가 너를 예수님의 이름으로 죽인다." 하나님의 창조의 능력을 힘입어서 끊임없이 고백하며 기도하자 질병으로부터 나음을 얻었습니다. 천지를 창조하신 하나님 아버지의 말씀의 능력이 우리의 삶에, 우리의 가정에, 이 민족 가운데 임할 때 놀라운 역사가 일어날 줄로 믿습니다.

하나님은 창조가 필요하셨던 것이 아닙니다. 하나님이 도움이 필요하셔서, 또 인간으로부터 영광을 받아야만 영광스럽기 때문에 창조하신 것이 아닙니다. 하나님은 천지를 창조하지 않으셔도 영광스러운 분이시고, 외롭지 않은 분이시고, 만족하시는 분입니다. 그 하나님의 기쁨, 하나님의 만족, 하나님의 충만하심이 영광 가운데 흘러넘치심으로 이 우주 만물을 펼치신 것입니다. 하나님은 말씀 한마디로 천지 만물을 창조하실 수 있습니다. 그런데 왜 6일 간에 걸쳐 창조를 하셨을까요? 하나님은 질서의 하나님이시고, 모든 것을 조화롭게 이뤄 가시는 하나님이라는 것을 우리에게 가르쳐 주시기 위해서입니다. 우리에게 질서와 조화를 가르쳐 주시고, 역사의 모델을 가르쳐 주시기 위해 6일간에 걸쳐 천지만물을 창조하셨던 것입니다.

창세기 1장을 보면 6일간의 이 엄청난 창조가 아주 간결하게 기록되어 있습니다. 과학적인 시각으로만 창세기 1장을 보려고 하면 허술한 것이 많은 것처럼 보입니다. "식물이 과학적으로 자라나려면 꽤 오랜 시간이 걸리는데, 어떻게 하루 만에 그것이 자라나는가?" 과학적인 사고방식으로는 창세기 1장을 이해할 수 없습니다. 하나님의 창조의 능력은 과학을 뛰어넘는 것이기 때문입니다. 과학적인 지식이 있기 전에 일어난 하나님의 놀라운 창조의 능력을 창세기 1장은 매우 간결하게 기록하고 있습니다. 그 이유는 무엇입니까? 성경은 과학적인 증명의 책이 아닙니다. 하나님이 창조하신 만물과 특히 인간과의 관계, 하나님과 우리의 관계에 초점을 두어서 기록한 책입니다. 우리가 지금 알고 있는 과학적 사실을 증명하려고 성경을 인용하는 것은 매우 어리석은 착각입니다.

하나님의 형상대로

창세기 1장을 보면, 하나님이 6일간 창조하신 만물의 창조와 마지막 날인 6일째에 창조하신 인간의 창조를 아주 대조적으로 보여 주고 있습니다. 6일간 만물을 창조하셨던 하나님은 말씀으로 창조하셨습니다. "무엇이 있으라" 하시면 그대로 되었습니다. 그리고 그 만들어진 것으로부터 나누고 구별함으로써 창조의 역사를 만들어 가셨습니다. 그러나 인간을 창조하실 때는 "인간이 있으라"고 말씀하지 않으시고 특별한 방법을 사용하셨습니다. 흙으로 사람을 빚으시고, 그 코에 생기를 불어넣으시고, 남자와 여자로 창조하신 것입니다. 이는 인간이 얼마나 특별한 존재인가를 보여 주시기 위해서입니다.

하나님은 만물을 6일 동안 창조하실 때 "무엇이 있으라"고 명령하셨지만,

인간을 창조하실 때는 삼위일체 하나님의 형상을 따라 인격적인 존재로 만드셨습니다. 또 만물을 창조하실 때는 종류대로 창조하셨습니다. 각기 종류대로 사자는 사자답게, 호랑이는 호랑이답게, 코끼리는 코끼리답게, 개미는 개미답게 창조하셨습니다. 그러나 인간은 인간답게 창조하지 않으셨습니다. 인간은 하나님답게, 하나님을 닮은 존재로 창조하셨습니다. 인간은 단순히 피조물의 한 종류가 아니라 유일한 종류입니다. 하나님과 닮은 존재로 하나님의 형상을 따라 지음 받았기 때문입니다.

특별히 중점적으로 묵상해야 할 말씀은 바로 인간을 하나님의 형상대로 창조하셨다는 말씀입니다.

"하나님께서 말씀하시기를 '우리가 우리의 형상대로 우리의 모양을 따라 사람을 만들어 그들이 바다의 물고기와 공중의 새와 가축과 온 땅과 땅 위에 기는 모든 것을 다스리게 하자' 하시고 하나님께서 사람을 그분의 형상대로 창조하시니, 곧 하나님의 형상대로 사람을 창조하시되 하나님께서 그들을 남자와 여자로 창조하셨습니다"(26-27절).

삼위일체 하나님은 이렇게 말씀하셨습니다. "우리가." 여기서 복수인 '우리'는 삼위일체 하나님을 의미하는 것입니다. "우리의 형상대로." 이것은 우리가 지금 가지고 있는 육체처럼 하나님도 육체가 있으시다는 뜻이 아닙니다. "우리의 모양을 따라." 하나님의 형상대로 지음을 받았다는 의미를 이해하는 것은 너무나 중요합니다.

인간이 고귀한 것은 인간이 단순한 동물이 아니라 하나님의 형상을 따라 지음을 받았기 때문입니다. 예수님이 당시에 버림 받은 많은 사람들의 친구가 되어 주시고, 그들을 인격적으로 대해 주신 이유는 무엇입니까? 그들이 하나님의 형상대로 지음을 받았기 때문입니다. 아무리 악한 인간이라도 하나님이 그들을 귀하게 보시며 그들이 돌아오기를 원하시는 이유는 무엇입니까? 그들이 하나님의 형상대로 지음을 받았기 때문입니다. 인간의 고귀함은 거기서 나오는 것입니다. 아무리 심하게 타락한 인간이라 할지라도 여전히 그는 하나님의 형상인 것입니다. 그래서 우리는 현재의 모습을 보는 것보다는 우리가 지음 받았을 때, 하나님의 목적과 하나님의 형상대로 창조되었을 때의 모습을 보고 서로를 대해야 합니다.

하나님은 우리의 모습 속에서 그분의 형상을 보기를 기뻐하십니다. 왜 우

하늘은 땅에서 열린다

리를 기뻐하십니까? 왜 모든 피조물 중에 인간을 창조하실 때 가장 좋았다고 말씀하셨습니까? 다른 피조물을 6일 동안 창조하실 때는 "보시기에 좋았다"고만 하셨습니다. 그러나 인간을 창조하실 때는 "참 좋았다"(개역성경에는 "심히 좋았더라")고 하셨습니다. 다른 피조물에게는 없는 하나님의 형상이 우리 안에 있기 때문에 하나님은 심히 즐거워하신 것입니다. 인간 안에 하나님의 형상이 있기 때문에 그 형상을 보고 기뻐하신 것입니다.

하나님은 홀로 모든 영광을 받기에 합당하신 분입니다. 그런데 모든 영광을 홀로 받겠다고 하시는 것은 하나님이 너무 교만하신 것 아닙니까? 하나님이 너무 독선적이신 것 아닙니까? 아닙니다. 만일 하나님이 "모든 영광을 다 나에게 돌릴 필요가 없어! 너희도 좀 가지고 다른 신에게도 좀 주어라"고 말씀하신다면 정말 하나님이실까요? 아닙니다. 천지를 창조하신 하나님, 전지전능하신 하나님, 홀로 영광을 받으시기에 합당하신 하나님이기 때문에 그 하나님께 우리가 모든 영광을 돌려야 마땅한 것입니다.

특별히 우리 안에 하나님의 형상이 있기에 하나님은 자신의 형상을 보며 기뻐하시는 것입니다. 또 우리가 어떤 영혼이든지 서로 바라보며 하나님의 형상으로 대해 주는 것이 너무나 중요합니다. 인간이 하나님의 형상으로 지음 받았다는 것에는 중요한 의미가 있습니다. 간략하게 몇 가지만 요약하겠습니다.

첫째로, 그것은 하나님과 같은 영적 존재로 창조되었다는 것입니다. 하나님은 영이십니다. 인간에게는 다른 피조물에게는 없는 영이 있습니다. 다른 동물에게도 약간의 사고의 능력과 판단의 능력, 본능적인 능력이 있지만 인간처럼 영적 존재로서의 능력은 없습니다. 하나님은 영이시고, 인간도 영이니 인간은 하나님과 교제할 수 있는 존재로 창조된 것입니다.

하나님이 생각하시고 판단하시고 결정하시고 행하실 수 있는 능력이 있는 것처럼, 인간도 판단하고 느끼고 경험하고 결정해서 행할 수 있는 능력이 있습니다. 특별히 창의적으로 만들어 낼 수 있는 능력이 있습니다. 하나님은 무에서 유를 창조하셨지만 인간의 창조는 무에서 유를 창조하는 것이 아닙니다. 하나님이 이미 만들어 놓으신 것을 가지고 창조하는 것입니다. 유에서 유를 창조하는 것입니다. 하나님이 만드신 울타리 안에서 창조하는 것입니다. 그러나 그것도 또한 놀라운 창의력입니다. 하나님은 지, 정, 의를 가진 창의적인 존재로 인간을 창조하셨습니다. 하나님의 형상대로 지음을 받았다는 한 가지만으로도 다른 피조물과 얼마나 구별됩니까?

둘째로, "우리가 우리의 형상대로"라는 말씀을 보면 '우리'라는 단어를 강조하신 것을 알 수 있습니다. 여기서 '우리'라는 것은 삼위일체 하나님을 말합니다. 즉 관계적인 하나님, 사회적인 하나님, 공동체로 함께 존재하시는 하나님의 형상대로 인간이 지음을 받았다는 것입니다. 그래서 인간은 사회적 동물입니다. 관계적인 존재인 것입니다. 인간은 혼자서는 인간성을 회복할 수 없습니다. 내가 아닌 다른 누군가와의 관계를 통해 온전한 하나님의 형상대로 지음을 받는 것입니다. 그래서 남자와 여자가 함께 하나님의 형상을 이루어 가는 것입니다.

그래서 올바른 결혼은 우리가 하나님의 형상을 회복해 가는 데 아주 중요합니다. 또 자녀와의 관계를 통해 아름다운 하나님의 형상을 회복해 가야 합니다. 교회 공동체를 통해 함께 관계 속에서 하나님의 형상을 이뤄 가야 합니다. 정말 아름답게, 사랑과 기쁨으로 하나 된 공동체의 교제에는 하나님의 형상이 나타납니다. 하나님이 함께 관계로 존재하시기 때문입니다.

하나님이 하나님의 형상대로 인간을 창조하신 목적이 무엇입니까? 본문에서는 이렇게 말씀하십니다. "우리가 우리의 형상대로 우리의 모양을 따라 사람을 만들어 그들이 바다의 물고기와 공중의 새와 가축과 온 땅과 땅 위에 기는 모든 것을 다스리게 하자." 하나님이 그분의 형상으로 우리를 창조하심으로써 우리에게 부여하신 능력은 무엇입니까? 하나님을 대신해서 만물을 다스릴 수 있는 통치 능력입니다. 하나님이 주신 지적인 능력, 영적인 능력, 창의적인 능력을 가지고 하나님과의 관계 속에서 대리인으로서 통치하는 것입니다.

인간이 왕이 돼서 마음대로 만물을 통치한다는 것이 아닙니다. 28절에 보면, "하나님께서 그들에게 복을 주시며 그들에게 말씀하시기를 '자식을 많이 낳고 번성해 땅에 가득하고 땅을 정복하라. 바다의 물고기와 공중의 새와 땅 위에 기는 모든 생물을 다스리라'"고 했습니다. 이 모든 정복의 명령, 다스림의 명령은 우리가 복의 근원이 되고, 복의 통로가 되고, 복의 유통자가 되는 것입니다. 하나님이 주신 축복을 모든 만물에게 나눠 주는 것이 하나님의 형상대로 지음을 받은 인간에게 주신 하나님의 능력입니다.

하늘은 땅에서 열린다

마지막으로 중요한 것은, 하나님이 만물을 창조하실 때 어쩔 수 없어서, 어떤 존재에 의해 강요받아서, 필요에 의해서 창조하신 것이 아니라 완전한 자유로 선택하셨다는 것입니다. 그러므로 인간도 하나님의 형상대로 지음을 받았을 때는 자유 의지를 가진 존재로 창조된 것입니다. 하나님이 자유로우신 것처럼 인간도 자유로운 존재로 창조된 것입니다. 얼마나 놀라운 하나님의 계획입니까? 동시에 이것은 매우 위험한 하나님의 모험이었습니다. 하나님이 인간을 자유로운 존재로 창조하셨을 때는, 그 자유로 하나님을 예배하고 경배하고 하나님이 주신 명령대로 온 땅을 하나님의 축복으로 다스리고 통치할 수 있지만, 하나님을 대적하고 배반하고 하나님께 대항할 수도 있는 것입니다.

믿지 않는 분들은 이 부분에서 많은 의구심을 가집니다. "왜 하나님은 인간을 배반할 수 있게 만들어 놓으셨는가? 전지전능하신 하나님이 인간을 배반할 수 없도록 창조하셨다면 배신도 없었고 타락도 없었을 거 아니냐." 그러나 인간은 기계적인 존재가 아닙니다. 하나님은 인간을 완전한 영적인 존재, 완전한 자유로운 존재, 완전한 창조적인 존재로 창조하셨기 때문에 우리에게 하나님을 배반할 자유까지도 주신 것입니다. 이것은 하나님의 위대한 모험입니다.

자녀를 낳는다는 것은 한 자유로운 인격을 우리를 통해 탄생하게 하는 것입니다. 그런데 자녀가 뜻대로 됩니까? 부모를 배반하는 자녀도 있습니다. 그런 자녀를 보면서, "나는 자녀를 안 낳을 거야. 배반당할 것이 너무 두려워"하며 인형을 대신 품에 안고 자식처럼 여기며 사는 사람은 없을 것입니다. 인간은 절대 인형으로 만족할 수 없습니다. 배반할 가능성이 있지만, 불순종할 위험이 있지만 인격 대 인격의 만남이 필요합니다. 인간은 나의 기쁨을 쏟고 그것을 이해하고 받아들이고 함께 누릴 수 있는, 나와 닮은 이와 함께 사는 존재입니다. 우리는 왜 자녀를 보고 흐뭇해합니까? 자녀에게 내 모습이 있기 때문입니다. 할아버지 할머니들이 자녀를 볼 때, 2대를 거쳤지만 여전히 자신들의 모습이 아이에게 있는 것을 보고 얼마나 놀랍니까?

하나님은 인간 속에 하나님의 형상을 창조하심으로써 완전한 자유를 누릴 수 있는 인간의 모습 속에서 기쁨과 영광을 얻기를 바라셨습니다. 이것은 위험한 선택이었지만, 하나님은 염려하지 않으셨습니다. 비록 인간이 이후에 하나님을 대적하고 타락했지만 하나님은 그 모든 것을 회복시킬 수 있는 능력이 있으십니다. 그런 사랑이 있으십니다. 하나님은 그 모든 것을 다 아셨습니다. 그래서 신학자들이 머리를 싸매고 파헤치려고 합니다. "도대체 하나님은 인간이 타락할 것을 언제 아셨을까? 창조 전에 아셨을까, 창조 이후에 아셨을까? 아니면 타락 후에 아셨을까?" 이것은 시점을 알려고 하는 어리석은 질문입니다. 그건 물어볼 수도 없고, 알 수도 없습니다. 그러나 분명한 것은, 하나님은 그 모든 위험까지도 아셨다는 것입니다. "타락 전이냐, 이후냐"가 중요한 것이 아닙니다. "창세 이전이냐, 이후냐"가 중요한 것이 아닙니다. 하나님은 모든 것을 아셨지만, 그 넘치는 기쁨과 영광을 인간과 더불어서 인간을 통해 누리기를 원하셨습니다.

인간은 하나님의 형상대로 지음 받았습니다. 가슴에 손을 얹고 고백해 보십시오. "나는 하나님의 형상입니다. 약간 문제가 있지만, 여전히 하나님의 형상입니다." 나만 그런 것이 아니라, 주변의 사람들도 약간 문제가 있지만 여전히 하나님의 형상인 것입니다. 서로 함부로 대하지 않게 되기를 바랍니다. "형제의 모습 속에 보이는 하나님의 형상 아름다워라. 자매의 모습 속에 보이는 하나님의 형상 아름다워라. 우리의 모임 중에 임하시는 하나님의 영광 아름다워라." 이렇게 고백하는 모두가 되기를 축원합니다.

타락 이전의 하나님 나라의 원형, 하나님이 말씀하시면 그대로 이루어지는 하나님 나라의 원형을 우리가 회복해야 합니다. 그러나 성령의 도우심이 없다면, 예수 그리스도의 십자가 보혈이 없다면 하나님 나라의 원형을 회복할 수가 없습니다. 예수 그리스도, 성자 하나님이 우리의 죄를 대신해 주셨고 성령 하나님이 우리를 붙들어 주시기 때문에 그 능력으로 우리는 하나님 나라의 원형을 온전히 회복할 수 있습니다. 그것이 바로 이 땅에서 하늘을 사는 것입니다. 하늘이 땅에서 열리는 놀라운 축복과 은혜입니다. 이 창조의 신앙으로 우리의 삶을 붙들기를 바랍니다.

하나님이 인간을 창조하신 날은 여섯째 날입니다.

"하나님께서 자신이 만드신 모든 것을 보시니 참 좋았습니다. 저녁이 되고 아침이 되니 여섯째 날이었습니다"(31절).

안식을 통한 질서

하나님의 6일간의 창조를 보면, 모든 피조물과 인간만 창조하신 것이 아니라 시간도 함께 창조하셨다는 것을 알 수 있습니다. "저녁이 되고 아침이 되니 여섯째 날이었다"고 했습니다. 하나님은 시간이 필요 없으신 분입니다. 영원하신 분에게 시간이 무슨 필요가 있겠습니까. 인간을 위해 시간을 창조하신 것입니다. 하나님께는 태초라는 시간이 필요 없었습니다. 그러나 인간을 위해 시작이 필요했던 것입니다. "저녁이 되고 아침이 되니." 하나님께는 아침이 필요가 없었습니다. 인간을 위해 리듬을 만들어 주신 것입니다. 인생의 사이클, 패턴을 만들어 주신 것입니다.

창세기 1장에 나오는 하루는 어떻게 계산합니까? "아침이 되고 저녁이 되니"라고 설명하지 않고 "저녁이 되고 아침이 되니"라고 했습니다. 창세기 1장에서 하루의 관념은 저녁으로 시작해서 아침으로 끝납니다. 지금도 유대인들은 안식일을 지킬 때 저녁부터 시작합니다. 저녁부터 시작해서 다음 날 저녁까지가 안식일의 하루입니다. 이게 유대인 식의 사고방식입니다.

그런데 하나님은 왜 "저녁이 되고 아침이 되니"라고 설명하셨습니까? 여기에는 깊은 의미가 있습니다. 유진 피터슨은 이것을 너무나 기가 막히게 해석했습니다. "우리는 저녁이 되면 지쳐서 쉽니다. 안식에 들어갑니다. 그러나 하나님은 여전히 일하신다는 것입니다. 그리고 아침이 될 때 우리가 하루 일을 시작하는 것이 아니라, 하나님이 시작하신 일에 우리가 동참한다"는 것입니다. 밤새도록 하나님은 졸지도 아니하시고 주무시지도 아니하시고 일하십니다. 우리를 위해, 역사를 위해 하나님은 말씀으로 일하고 계십니다. 그래서 우리가 아침에 깰 때는 하나님이 먼저 시작하신 일에 단지 참여하는 것입니다. 우리가 하루를 시작하는 것이 아니라, 하나님이 시작하신 하루에 우리가 참여할 뿐입니다.

우리는 하루를 안식으로 시작하는 것입니다. 저녁에 나의 짐을 내려놓고, 나의 힘을 빼고, 나의 생각을 내려놓고 하나님이 일하시도록 주도권을 내어 드림으로써 하루를 시작하는 것입니다. 날마다 저녁이 되며 아침이 되는 인생을 살 수 있게 되기를 축원합니다.

하나님은 여섯째 날까지 만물을 창조하시고 난 다음에, 이 공간과 만물을 창조하시는 데 그치지 않습니다. 2장 1-3절을 보면 일곱째 날의 기록이 있습니다.

"그리하여 하늘과 땅과 그 안의 모든 것이 완성됐습니다. 하나님께서는 그 하시던 일을 일곱째 날에 다 마치셨습니다. 그리고 그 하시던 모든 일을 마치고 일곱째 날에 쉬셨습니다"(창 2:1-2).

6일간의 창조를 통해 하늘과 땅의 모든 것이 완성됐습니다. 그런데 2절에 보면, 하나님이 하시던 일을 마치는 시점이 일곱째 날이라고 합니다. 하나님은 일곱째 날에 쉬셨습니다. 하나님이 피곤하셔서, 6일 동안 너무 과로하셔서 쉬신 것이 아닙니다. 하나님은 쉼이 필요 없는 분이십니다. 하나님은 무한하신 분입니다. 영원하시고, 전지전능하신 분입니다. 그러면 하나님이 쉬셨다는 것은 무엇을 뜻합니까? 하나님이 일곱째 날에 안식하심으로써 이 시간 속에서 안식을 창조하신 것입니다. 보이는 만물만 창조하신 것이 아니라 시간도 창조하셨습니다. '일곱째 날'을 2장에서 세 번이나 반복하고 있습니다. 시간을 강조하신 것입니다. 이 시간 속에서 하나님은 안식하심으로 안식을 창조하셨습니다. 그리고 일곱째 날에 모든 것을 다 마치셨습니다.

하나님은 단지 어떤 모델과 삶의 패턴으로 안식을 우리에게 보여 주신 것이 아닙니다. 우주 만물이 하나님의 말씀대로 존재하도록 하시고, 그 안에서 기쁨과 만족을 누리는 모든 만물이 하나님의 질서로 움직일 때 누릴 수 있는 상태를 안식이라고 말씀하신 것입니다. 하나님은 왜 천지를 창조하셨습니까? 사실은 안식을 위해 창조하신 것입니다. 유대인 신학자인 아브라함 요수아 헤셸이 쓴 『안식』(복있는사람, 2007)은 아주 고전적이고 중요한 책입니다. 그 책에서 이렇게 말합니다.

"안식은 하나님의 창조에 있어서는 제일 마지막이다(Last in Creation). 하나님의 의도, 하나님의 목적에 있어서는 가장 먼저다(First in Intention). 하나님의 창조에 있어서는 제일 마지막 작품이지만, 하나님의 목적에서는 최고로 중요한 것이다. 이 안식을 위해 하나님이 천지를 창조하신 것이다."

하나님은 일곱째 날에 무엇을 하셨습니까?

"하나님께서 일곱째 날을 복 주시고 거룩하게 하셨습니다. 하나님께서 창조하시고 만드시던 모든 일을 마치시고 이날에 쉬셨기 때문입니다"(3절).

일곱째 날을 복 주시고 거룩하게 하시고 안식하게 하신 것입니다. 하나님은 인간을 창조하시고 "보시기에 참 좋았다"고 말씀하셨지만, 거룩하게 하셨다는 말씀은 없습니다. 성경에 거룩이라는 단어가 처음 나오는 것이 바로 '일곱째 날'입니다. 하나님은 일곱째 날을 거룩하게 하셨습니다. 시간을 거룩하게 하신 것입니다. 이는 너무나 중요한 것입니다. 하나님이 최초로 거룩하게 하신 것은 시간입니다. 공간이나 물질이 아닙니다. 세상 사람들은 하나님이 만드신 만물 가운데 공간과 물질 중심으로 살아갑니다. 그러나 하나님을 닮은 것은 공간과 물질보다는 오히려 시간일 수 있습니다. 하나님은 영원하신 분이기 때문입니다. 하나님은 물질이 아니기 때문에, 공간에 제한된 분이 아니기 때문에 하나님을 더 닮은 것은 사실 시간입니다.

우리가 기도할 때, 공간 속에서 눈을 감고 하나님의 영광을 찬송하고 예배하지만, 우리는 영원하신 하나님을 만나는 그 시간 속으로 들어가는 것입니다. 이 세상의 모든 종교는 공간을 구별해서 자꾸 거룩하게 만들려고 합니다. 그러나 하나님은 어느 한 공간에만 임하시는 분이 아닙니다. 구약 역사에서 하나님이 법궤에 임하시고, 성전에 임하시고, 회막에서 모세를 만나시고, 시내 산에 모세를 부르시며 한 공간에 집중하신 것은 과도기적으로, 일시적으로 하나님이 인간을 만나 주시고 계시하기 위해서 그렇게 하신 것입니다. 그러나 말씀이 육신이 되어 예수 그리스도가 우리 가운데 오시고 성령이 임하심으로 하나님은 어느 공간에만 머무르시는 분이 아니라는 것을 보여 주셨습니다.

저 산에 어느 나무 밑에 가야 어느 신을 만난다는 것은 다 거짓입니다. 예배당에 나와야만 하나님을 만날 수 있는 것이 아닙니다. 물론 그곳이 기도가 쌓여 있고, 하나님의 백성들이 모이고 예배하는 곳이기 때문에 중요한 공간이지만 예배당만 거룩한 공간인 것은 아닙니다. 우리가 발을 딛는 모든 곳, 모든 장소에 하나님은 계십니다. 어느 곳에 있든지 시간을 구별하고 시간을 거룩하게 하여 하나님을 만나는 것이 더 중요합니다. 하나님은 영원하신 분이기 때문입니다.

하나님은 일곱째 날을 구별하셨습니다. 거룩하게 하셨습니다. 그리고 안식하게 하셨습니다. 이 일곱째 날의 안식이 우리에게 너무나 중요합니다. 이날 하루의 안식을 통해서 우리는 6일 동안 다스리고 통치한 모든 권한이 하나님께로부터 왔음을 깨닫게 되는 것입니다. 또한 하나님의 형상을 지켜 가기 위해 하나님을 예배하고, 하나님을 영광스럽게 하고, 하나님을 즐거워하고, 하나님으로 만족하는 것을 이 안식을 통해 깨닫게 되는 것입니다. 단지 육체만 쉬는 것을 안식이라고 생각하지 마십시오. 육체만 쉬는 것은 온전한 안식이 아닙니다. 우리의 영이 하나님과 교제하고 하나님을 예배하고 하나님을 진정으로 높여 드리는 영혼의 안식, 이 7일째 안식을 누릴 때 우주 만물이 온전한 질서대로 움직여지는 것입니다. 그래서 하나님은 출애굽기에서 안식일을 거룩히 지키라고 말씀하셨습니다.

하나님이 우리에게 구별되게 허락하신 것은 시간입니다. 그런데 얼마나 많은 사람이 시간을 써서 공간을 만듭니까? 우리의 생명 같은 시간을 공간과 물질세계를 만들고 확장하는 데 다 쓰는 것입니다. 7일 중 하루는 물질 중심의 인생이 아니라 시간 중심의 인생으로, 영원에 속한 시간으로 살아야 합니다. 영생을 이 땅에서 누리는 것은 무엇입니까? 우리의 구별된 시간을 통해 하나님을 만나는 체험으로 이 땅에서 영원한 생명을 누리는 것입니다. 구별된 시간이 없으면 절대 영생을 체험할 수 없습니다. 물질세계 속에 휩쓸려서 시간을 구별하지 않으면, 우리는 하나님을 체험할 수가 없는 것입니다.

우리의 인생 속에 일곱 번째 날의 안식이 회복되는 축복이 있기를 바랍니다. 하루 더 일함으로써 더 많은 경제적인 소득을 얻을 수 있을지 모르지만, 하나님과의 안식을 누리지 못하면 영생을 누리지 못하는 것입니다. 때로는 미완성처럼 보여도, 부족해 보여도 더 많이 얻고자 하는 욕심을 내려놓고 일곱 번째 날의 안식을 누리기 바랍니다. 하나님을 예배할 때 누리는 안식, 하나님의 말씀에 순종할 때 누리는 안식, 하나님과 교제할 때 누리는 안식, 하나님의 백성이 함께 예배할 때 누리는 안식, 연약한 자를 돌보며 생명의 사역을 펼칠 때 누리는 안식, 하나님의 말씀을 믿지 않는 사람들에게 증거할 때 누리는 영혼의 안식, 그 영혼 속에 있는 시간을 구별할 때만 누릴 수 있는 창조의 안식을 날마다 누리게 되기를 바랍니다.

몸이 일하기 위해 안식하는 것이 아닙니다. 몸을 살리기 위해 안식하는 것이 아닙니다. 창조의 목적대로 살기 위해 안식하는 것입니다. 우리의 몸이 회복되는 것은 하나님이 더해 주시는 것입니다. 창조의 안식이 우리의 삶을 다스리기를 바랍니다. 천지를 창조하시되 인간을 하나님의 형상대로 창조하신 하나님의 놀라운 목적이 안식의 삶을 통해 날마다 체험될 수 있기를 바랍니

하늘은 땅에서 열린다

다. 큐티란 시간을 거룩히 구별하여 하나님 앞에 드리는 것입니다. 큐티는 안식의 시간입니다. 창조 질서를 회복하는 시간입니다. 아침마다, 저녁마다 하나님의 말씀 앞에 나아가 예배할 때, 창조 질서가 내 삶 속에서 회복됩니다. 이런 시간이 없으면 우리는 결코 영생을 누릴 수 없습니다. 물질 속에 휩싸여 버리고 마는 것입니다. 6일간 힘써 일하고, 하루의 안식을 통해 하나님의 창조 질서가 우리 안에 온전히 회복되기를 주님의 이름으로 축원합니다.

⁴하늘과 땅이 창조됐을 때 여호와 하나님께서 땅과 하늘을 만드시던 날의 기록이 이렇습니다. ⁵여호와 하나님께서 아직 땅에 비를 내리지 않으셨고 땅을 일굴 사람도 없었으므로 들에는 풀이 아직 없었고 땅에는 풀조차 나지 않았습니다. ⁶대신 안개가 땅에서 솟아 나와 온 땅을 적셨습니다. ⁷여호와 하나님께서 땅에서 취하신 흙으로 사람을 빚으시고 그 코에 생기를 불어넣으시자 사람이 생명체가 됐습니다. ⁸여호와 하나님께서 동쪽의 에덴에 동산을 만드시고 손수 빚으신 그 사람을 거기에 두셨습니다. ⁹그리고 여호와 하나님께서는 보기에도 아름답고 먹기에도 좋은 온갖 나무가 땅에서 자라게 하셨습니다. 동산 한가운데는 생명나무가 있었고 선악을 알게 하는 나무도 있었습니다. ¹⁰강 하나가 에덴으로부터 나와서 동산을 적시고 거기로부터 갈라져 네 줄기 강의 원류가 됐습니다. ¹¹첫째 강의 이름은 비손인데 이 강은 금이 있는 하월라 온 땅을 굽이쳐 흘렀습니다. ¹²이 땅의 금은 질이 좋고 베델리엄과 호마노도 거기 있었습니다. ¹³두 번째 강의 이름은 기혼인데 에티오피아 온 땅을 굽이쳐 흘렀습니다. ¹⁴세 번째 강의 이름은 티그리스인데 앗시리아 동쪽을 끼고 흐르고 넷째 강은 유프라테스입니다. ¹⁵여호와 하나님께서 그 사람을 데려다가 에덴동산에 두셔서 동산을 일구고 지키게 하셨습니다. ¹⁶여호와 하나님께서 아담에게 명령해 말씀하셨습니다. "너는 이 동산의 각종 나무의 열매를 마음대로 먹을 수 있다. ¹⁷그러나 선과 악을 알게 하는 나무의 열매는 먹지 마라. 그것을 먹는 날에는 네가 반드시 죽을 것이다."

생명처럼 부어지는 하나님의 사랑

창세기 2:4-17

에덴은 최초의 하나님의 나라였습니다. 하나님은 인간을 위해 에덴동산을 만드시고 흙으로 빚어 인간에게 생명과 호흡을 불어넣어 주셨습니다. 인간만이 하나님의 생기를 직접 부여받았습니다. 하나님은 하나님의 통치권을 대리한 인간이 에덴뿐 아니라 모든 세상을 아름답게 경작해 가기를 원하셨습니다. 이런 나라가 그리스도 안에서 우리에게 회복된 줄로 믿습니다.

창세기 말씀을 통해 하나님이 이 땅에서 시작하신 하나님 나라의 원형을 살펴보고 있습니다. 하나님 나라는 하나님이 말씀하시면 그대로 이루어지는 나라였습니다. 하나님을 대적하는 어떤 세력도 있을 수 없는 세상이었습니다. 우리가 창세기의 말씀을 붙잡고 기도해야 하는 가장 중요한 기도 제목은 바로 이것입니다. "하나님의 말씀이 내 삶 속에 그대로 이루어지는 하나님의 나라가 회복되게 해 주옵소서."

하나님을 대적한 것은 피조물들 가운데 하나님이 만물의 통치자로 세우셨던 인간이었습니다. 땅 위에 있는 풀이나 바다에 있는 물고기나 하늘을 나는 새가 아니라, 하나님의 형상대로 창조된 인간이 하나님을 대적함으로써 태초에 하나님이 창설하신 하나님의 나라에 반역이 이루어진 것입니다. 우리 안에 그러한 반역의 세력, 하나님의 말씀에 대한 대적의 세력이 있다는 것을 인정해야 합니다. "우리가 하나님의 말씀 앞에 기도로 나아갈 때 모든 대적이 떠나가고 주의 말씀이 내 안에 그대로 이루어지게 하옵소서. 그래서 기적의 역사가 나타나고, 내 안에 하나님 나라가 이루어지고, 우리 가정과 일터와 교회와 이 나라와 민족 가운데 하나님 나라가 온전히 임하게 하소서." 이것이 우리의 기도 제목이 되어야 합니다.

하나님이 피조물들이 필요해서, 인간의 도움이 필요해서 우리를 창조하신 것이 아닙니다. 하나님은 우리와 함께 모든 영광과 기쁨을 나누기를 원하셨습니다. 하나님은 6일 동안의 시간이 필요하신 것이 아닙니다. 한순간에 모든 것을 이루실 수 있는 하나님이 6일간의 창조를 통해 만물을 있게 하신 것은, 모든 것을 질서와 조화에 따라 일하시는 하나님의 성품과 하나님의 일하시는 방법을 우리에게 가르쳐 주시기 위해서입니다. 하나님은 질서의 하나님, 조화의 하나님이십니다. 우리에게 6일 동안의 노동과 하루 동안의 안식이라는 삶의 모델을 보여 주시는 것입니다.

하나님은 7일째 날에 안식까지 창조하심으로써 하시는 일을 마쳤습니다. 안식은 창조에서 제일 마지막이고 또 보이지 않는 것이지만, 하나님의 창조의 목적입니다. 우주 만물이, 인간과 모든 피조물이 하나님 안에서 누리는 안식입니다. 모든 것이 질서 있고 조화롭게 움직여지는 하나님의 안식에 우리를 초대하신 것입니다. 그래서 제7일이라는 시간을 구별해야 합니다. 하나님이 6일 동안 창조하신 만물은 다 공간의 영역에 속한 것입니다. 그 공간과 물질을 개발하고 통치하고 다스리다 보면 영원에 속하신 하나님의 임재하심을 잊어버리고 살 수 있습니다. 하나님이 주신 공간과 물질 가운데 살지만 영원하신 하나님과 더불어서 살 수 있도록 안식의 시간을 우리에게 구별해 주신 것입니다.

제7일의 구별된 시간이 없으면 우리는 방황하는 인생을 살 수밖에 없습니다. 우리가 안식을 지키는 것이 아니라, 안식이 우리를 지켜 주는 것입니다. 우리가 생명의 능력으로 살아갈 수 있도록 우리를 지켜 주는 것이 바로 하나님의 안식입니다. 단순한 육체적인 쉼이 아닙니다. 영과 육과 하나님과 이 모든 피조물이 하나님의 안식을 누리는 것입니다. 하나님은 안식을 침해하고 넘어서는 어떤 피조물도 용납하지 않으십니다.

인간 창조

창세기 2장에서 인간 창조가 새로운 각도에서 기록되고 있습니다. 1장 26-27절에는 하나님은 인간을 창조하실 때 하나님의 형상대로 창조하셨고, 하나님의 형상인 인간에게 만물을 통치하고 다스릴 수 있는 권세를 허락하셨다고 기록돼 있습니다. 그런데 2장 4절부터 하나님이 인간을 창조하신 방법과 의미를 새로운 각도에서 부연해서 설명하고 있습니다.

성경을 비평적으로 보는 사람들은 "1장에 인간의 창조의 기록이 나오고, 2장에도 또 창조의 기록이 나오는 것을 볼 때, 서로 다른 시대에 서로 다른 사람들이 기록한 것을 편집해 놓은 것이다. 이 다른 것들은 서로 해체시켜야 한다"고 말합니다. 이렇게 비평적 사고를 가진 사람들의 단점은 서로 다른 것을 다른 각도에서 조화 있게 바라보지 못하고 그것을 해체시킴으로써 무너뜨리고 망가뜨리는 오류가 있다는 것입니다. 예수님의 생애를 사복음서에 기록함으로써 네 가지 각도에서 예수님의 삶과 사역을 조명했던 것처럼, 인간 창조라는 것을 1장의 각도와 2장의 각도에서 봄으로써 서로 보완해 주는 것입니다.

1장에서 하나님은 인간이 모든 피조물 중에 하나라고 하셨습니다. 6일 동안 다른 모든 피조물을 창조하고 제일 마지막에 창조한 하나의 피조물로서 인간을 강조하신 것입니다. 2장에서 인간은 단순히 피조물 중 하나가 아니라 유일하게 하나님의 형상대로 지음 받은 존재입니다. 인간이 가진 독특한 능력, 하나님이 부어 주시는 축복, 이 모든 것을 유일한 능력으로 가진 존재입니다. 그래서 인간을 제일 앞에 두고 그 인간을 위해 모든 피조물이 존재하는 것으로 묘사하고 있습니다.

또 1장을 보면 하나님이 인간을 창조하실 때 하나님의 형상대로 창조하셨습니다. 남자와 여자로 창조하셨습니다. 말씀으로 모든 만물을 창조하시듯이 하늘에서 하나님이 모든 피조물을 창조하신 것처럼 기록되어 있습니다. 그러나 2장에서는 그 하나님이 땅으로 내려오십니다. 땅에서 흙을 취하시고 손으로 그 흙을 만지시고 빚으시고, 그 코에 입을 대시고 생기를 불어넣어 주심으로 생명체가 되게 하십니다. 우리 인간과 얼마나 가까이 계시는 하나님입니까? 하나님은 저 하늘에 계시지 않고, 이 땅에서 일하시고 역사하십니다. 보다 더 가까이 계시는 하나님으로 우리에게 다가오신 것입니다.

1장에서 인간은 하나님을 위해 존재한다고 기록되어 있지만, 2장에서는 인간을 위해 일하시는 하나님을 기록합니다. 인간을 위해 에덴동산을 만드시고, 인간을 직접 만드시어 생명과 호흡을 불어넣어 주시는 하나님입니다. 인간만이 하나님의 생기를 직접 부여받았습니다. 그 코에 하나님의 영, 하나님의 혼, 하나님의 생기를 나누어 가졌습니다. 하나님은 어떤 피조물에게도 하나님의 혼, 하나님의 생기를 불어넣지 않으셨습니다. 오직 인간만이 하나님의 호흡을 부여받은 존재입니다.

1장에서 하나님은 천지를 창조하신 창조주 하나님으로 계시지만, 2장에 나타난 하나님은 따뜻하고 인자하고, 친밀하게 에덴동산에서 함께 사시는 아버지 하나님의 모습으로 계십니다. 우리가 이 두 가지 측면을 놓치지 말아야 한다는 것을 강조하기 위해 인간 창조의 기록을 다시 한번 덧붙여서 기록한 것입니다.

하나님은 저 멀리서 존재하시는 분이 아니라, 여기에서 나와 동행하시고 함께 거하시는 하나님입니다. 그래서 2장 4절부터 하나님의 명칭이 바뀝니다. 2장 3절까지는 하나님을 히브리어로 '엘로힘'(Elohim)이라고 했습니다. '창조주 하나님'이라는 뜻입니다. 그런데 2장 4절은 이렇게 시작합니다.

"하늘과 땅이 창조됐을 때 여호와 하나님께서 땅과 하늘을 만드시던 날의 기록이 이렇습니다."

'여호와 하나님'이라는 명칭이 여기서부터 등장합니다. 성경을 비평적으로 보는 사람들은 "모세오경에 하나님의 이름이 몇 가지로 나오는데, 이것은 다른 시대에 살았던 사람들이 그들이 불렀던 하나님의 이름을 다른 상황 속에서 기록한 것이기 때문이다. 이렇게 짜깁기된 것을 해체해야 진짜 성경을 발견할 수 있다"고 하면서 성경을 해체하려고 합니다. 여호와 하나님의 이름으로 된 것, 여러 가지 문서로 편집된 것을 다 해체시켜서 결국 남는 게 뭡니까? 성경 껍데기밖에 없습니다. 성경에 나타난 유기적인 조화, 하나님의 계시의 질서, 그 안에 담긴 의미를 다 해체시켜 버리고 인간의 이성적이고 학문적인 가정으로 성경을 판단합니다. 심각한 오류에 빠지는 것입니다. 그런 사고에 빠지면 성경은 믿을 수 없는 것이 되어 버립니다. 이는 인간의 머리에서, 인간의 아이디어에서 나온 것입니다. 창세기 1장에서 살펴보았듯이 이것이 어떻게 인간의 아이디어에서 나올 수 있겠습니까? 인간과 언약을 맺으시고, 그 언약의 신실함을 지키기 위해 나중에 십자가에 못 박히시기까지 자신의 생명을 다해 사랑하시고, 우리를 위해 모든 것을 내주시는 구원자 하나님을 가리켜 여호와라고 부르는 것입니다.

그 당시의 사람들은 여호와 하나님이 무슨 의미인지 잘 몰랐습니다. 그래서 출애굽기에서 "너희가 하나님으로서는 알지만, 여호와로는 모른다"고 했습니다. 그 여호와 하나님을 출애굽 때 경험한 것입니다. 선택하신 백성을 구원하시는 하나님을 경험한 것입니다. "아, 여호와 하나님이 이런 분이시구나." 출애굽 때부터 비로소 여호와의 이름을 경험하게 되는 것입니다. 인간 창조와 더불어서 인간과 관계하시고 교제하시고 언약을 맺으시고, 그들의 삶에 신실하게 역사하시는 하나님을 '여호와 하나님'으로 부르게 된 것입니다. 인간과 훨씬 더 가까워지시는 하나님을 우리가 볼 수 있는 것입니다.

하나님의 생기

하나님이 인간을 어떻게 창조하셨는지 2장 7절에서 다시 한번 기록하고 있습니다.

"여호와 하나님께서 땅에서 취하신 흙으로 사람을 빚으시고 그 코에 생기를 불어넣으시자 사람이 생명체가 됐습니다."

하나님은 땅에서 취하신 흙으로 사람을 빚으셨습니다. "네가 흙에서 취해졌으니 흙으로 돌아가리라"고 하셨습니다. 죽은 시신을 땅에 묻으면 흙으로 돌아갑니다. 과학적으로도 너무나 정확한 사실입니다. 흙과 성분이 비슷한 미네랄이 우리 몸에도 포함되어 있다고 합니다. 과학적으로도 증명된 바입니다. 그러나 사람은 흙으로만 빚어진 것이 아닙니다. 우리는 하나님의 생기를 부여받았습니다. 우리 코에 생기를 불어넣어 주심으로 우리가 살아 있는 생명체가 되게 하셨습니다.

우리가 하나님의 창조물이고 하나님의 생명체라는 것, 하나님의 호흡을 부여받았다는 것은 언제 나타납니까? 어떤 목사님은 이렇게 말씀하십니다. "하루 일과 중에서 하나님이 가장 영광 받으시는 때는 언제인가? 우리가 잠잘 때이다. 왜냐하면 그 코에 생기를 넣어 주신 하나님을 우리가 볼 수 있기 때문이다." 사실 우리는 잠잘 때 아무것도 못합니다. 그런데 그 코에 호흡이 붙어 있는 이유가 무엇입니까? 우리가 무엇을 해서가 아니라, 하나님이 우리 코에 생기를 넣어 주셔서, 하나님의 생기 때문에 우리의 호흡이 지탱되는 것입니다.

하나님이 호흡을 거두시면, 우리 인생은 끝나는 것입니다. 그래서 우리가 잠자는 순간이 하나님이 가장 영광 받으시는 순간입니다. 우리가 잘 때는 비교적 죄를 적게 짓습니다. 물론 꿈속에서 죄를 지을 수 있지만, 잠자면서까지 큰 죄를 짓겠습니까? 그 코에 생기를 불어넣어 주신 하나님을 찬양합니다. 코고는 남편을 두신 분들은 코에 생기를 넣어 주신 하나님을 찬양하기 바랍니다. 하나님의 임재가 나타나는 순간입니다. 하나님이 우리 코에 생기를 불어넣으셔서 우리가 살아 있는 생명체가 됩니다.

우리는 하나님의 생기가 없으면 살아갈 수 없는 존재입니다. 우리는 물질이 아니라 영의 존재인 것입니다. 날마다 하나님의 생기를 공급받는 방법은 기도입니다. 하나님의 말씀과 기도 가운데 우리가 하나님의 생기로 늘 새롭게 되는 역사가 있게 될 줄로 믿습니다.

에덴동산, 하나님 나라의 원형

하나님은 이렇게 직접 창조하신 인간을 에덴동산에 두셨습니다.

"여호와 하나님께서 동쪽의 에덴에 동산을 만드시고 손수 빚으신 그 사람을 거기에 두셨습니다. 그리고 여호와 하나님께서는 보기에도 아름답고 먹기에도 좋은 온갖 나무가 땅에서 자라게 하셨습니다. 동산 한가운데는 생명 나무가 있었고 선악을 알게 하는 나무도 있었습니다"(8-9절).

하나님은 동쪽에 에덴의 동산을 만드셨습니다. 구체적인 장소입니다. 에덴동산은 실제로 존재했습니다. 에덴동산의 이야기는 신화가 아니라 지구상의 어느 한 곳에 있었던 이야기입니다. 그곳은 도대체 어디에 있었을까요? 비손, 기혼, 티그리스, 유프라테스 강이 에덴으로부터 흘러나왔다고 합니다. 현재까지 그 이름이 남아 있는 것은 티그리스와 유프라테스 강입니다. 그러나 지금의 강이 그 강이었는지는 정확하게 얘기할 수 없습니다. 노아의 홍수로 지구에 대격변이 일어날 때 완전히 형태가 바뀌었기 때문에 그 지명만 남아 있는 것인지, 아니면 그 강에 원류가 아직도 남아 있는 것인지 알 수 없습니다. 과학적으로는 증명할 길이 없습니다. 그러나 이름이 남아 있는 것을 볼 때 전혀 근거없는 일은 아닐 것입니다. 지구 전체가 에덴동산이 아니었다는 것입니다. 하나님이 지구의 일부분을 에덴이라 명하시고, 그곳에 온갖 좋은 나무와 먹음직스러운 열매를 두시고, 인간을 두신 것입니다.

그런데 5-6절 말씀과 대조가 됩니다.

"여호와 하나님께서 아직 땅에 비를 내리지 않으셨고 땅을 일굴 사람도 없었으므로 들에는 풀이 아직 없었고 땅에는 풀조차 나지 않았습니다. 대신 안개가 땅에서 솟아 나와 온 땅을 적셨습니다."

8-9절에 나타난 에덴동산은 먹을 것도 많고 풍성한 나무가 있고 강이 흘러내리는 모습인데, 5절에서는 아직 비가 내리지 않고 땅을 일굴 사람도 없어서 풀조차 나지 않습니다. 하나님이 에덴동산을 만드신 것은, 아직 풀도 나지 않고 개발되지 않은 지구의 모든 땅을 인간이 개발하고 경작하고, 하나님이 만드신 이 자연 속에서 통치하는 기쁨을 누리게 하시려는 것입니다. 에덴동산을 보고 그대로 다 만들라는 것이 아니라, 샘플을 보여 주시는 것입니다. 그 에덴동산에서 "아, 씨앗을 심으면 열매가 나는구나!"라는 것을 체험합니다. 그리고 그 씨앗을 다른 곳에도 심습니다. 에덴동산처럼 똑같이 만들라는 것은 아니지만, 창의적으로 또 다른 에덴을 만들어 가는 일을 하나님이 주셨습니다. 경작의 사명을 주신 것입니다.

"여호와 하나님께서 그 사람을 데려다가 에덴동산에 두셔서 동산을 일구고 지키게 하셨습니다"(15절).

하나님은 하늘과 땅에 있는 모든 것이 지으신 그대로 존속되는 것을 원하시는 분이 아닙니다. 하나님은 지루한 것을 못 견뎌 하십니다. 하나님은 굉장히 재미있으신 분입니다. 창의적이시고 새로운 것을 추구하시는 분입니다. 그래서 지으신 그대로 만물이 유지되는 것이 아니라 씨앗이 열매를 맺고 나무가 생겨나고, 아담과 그의 후손들이 그 땅을 경작함으로써 제2, 제3의 에덴을 계속 만들어 가는 일종의 모판으로 에덴동산을 주신 것입니다. 그 씨앗에서 태어나는 새로운 생명체에 놀라운 기쁨과 즐거움을 맛보게 하시기 위해서 하나님이 에덴에 인간을 두신 것입니다.

에덴동산은 그냥 먹고 자고 쉬는 곳이 아니라, 일이 있는 곳이었습니다. 노동이 있는 곳이었습니다. 태초에 하나님 나라의 원형에서 노동은 인간에게 고통을 주는 것이 아니었습니다. 이 노동이 인간에게 고통이 된 것은 타락 이후입니다. 하나님을 배역한 후에 땀을 흘려야 하고, 땅이 엉겅퀴를 내서 심은 대로 거두지 못하게 되고, 땅이 반역을 하게 되었습니다. 우리의 노동이 신성한 노동의 기쁨이 아니라 고역이 된 것은 타락 이후입니다. 태초에 하나님 나라의 원형에서 노동은 기쁨이었습니다. 에덴이라는 이름의 뜻도 기쁨입니다. 기쁨의 동산입니다. 우리가 하나님 나라를 회복하면 노동이 기쁨이 됩니다. 일이 귀찮고 하기 싫은 것이 아니라, 기쁨이 되고 감사가 되는 것입니다. 하나님 나라가 내 안에 회복되는 역사가 일어나는 것입니다.

신약에 보면 이런 말씀이 있습니다. "일하기 싫으면 먹지도 말라." 사람들은 꼭 일을 시킬 때 이 말을 하는데, 진정한 하나님의 나라에서 일은 고통이 아니라 기쁨입니다. 우리는 삶에서 많은 일을 해야 합니다. 그러다 보면 어쩔 수 없이 노동을 통해 육체가 약해지기도 하고, 또 하기 싫은 일도 하게 됩니다. 그러나 하나님의 말씀이 내 안에 임하고 하나님 나라의 원형이 내 안에 회복되면, 노동은 고역이 아니라 기쁨이 될 것입니다.

천국에는 노동도 없고 일도 없다고 생각하지 마십시오. 우리가 돌아갈 새 하늘과 새 땅에도 일이 있습니다. 이 땅에서는 일할수록 잘못되고 꼬이고 뭔가 문제가 생기지만, 천국에서는 일할수록 기쁨이 생기는 것입니다. 에덴의 기쁨과 감격이, 노동의 놀라운 축복이 회복되는 것입니다. 지옥을 설명할 때 이렇게 말합니다. "지옥에는 일도 없고 계획도 없다." 거꾸로 말하면, 새 하늘과 새 땅에는 일도 있고 계획도 있다는 것입니다. 이 땅에서 지옥처럼 살려면 어떻게 하면 됩니까? 일도 안 하고 계획도 안 세우고 살면 되는 것입니다. 온 세상을 하나님이 만드신 에덴동산처럼 가꾸고, 또 다른 에덴으로 만들어 가는 일을 하나님이 주신 것입니다.

에덴동산에서의 긴장

그런데 하나님이 이렇게 잘 만들어 놓으신 에덴에 먹고 싶은 것, 일하고 싶은 것만 있었다면 얼마나 좋았을까요? 그러나 하나님은 긴장감을 불러일으키는 말씀을 주십니다. 너무나 중요한 말씀입니다.

하늘은 땅에서 열린다

"여호와 하나님께서 아담에게 명령해 말씀하셨습니다. "너는 이 동산의 각종 나무의 열매를 마음대로 먹을 수 있다. 그러나 선과 악을 알게 하는 나무의 열매는 먹지 마라. 그것을 먹는 날에는 네가 반드시 죽을 것이다"(16-17절).

선악을 알게 하는 열매를 금하신, 그 유명한 선악과 명령입니다. 하나님은 인간을 하나님의 형상대로 창조하셨고, 통치권을 주셨고, 자유 의지를 주셨고, 에덴동산을 만들어 그곳에 거하게 하셨고, 모든 것을 마음대로 먹게 하셨고, 마음대로 일하게 하셨고, 하고 싶은 대로 하게 하셨습니다. 무한대의 자유를 주신 것입니다. 그런데 단 한 가지의 금지 명령을 주셨습니다. "동산에 있는 모든 나무의 열매를 네가 먹고 싶은 대로 먹되, 동산 한가운데 있는 선악을 알게 하는 나무의 열매는 먹지 마라." 거의 무한대의 자유입니다. 거의 무한대의 자유와 무한대의 선택과 무한대의 일을 주시고, 단 한 가지의 금지 명령만 주셨습니다.

이 하나의 나무에 하나님이 얼마나 기가 막힌 섭리와 계획을 넣어 두셨는지, 이제 살펴보겠습니다. 하나님은 이 명령으로 아담을 시험하셨습니다. 지금 아담에게는 놀라운 통치권이 있습니다. 또 하나님의 형상대로 지음 받은 자유 의지가 있습니다. 그런데 그 자유 의지는 위험한 것입니다. 하나님을 대적할 수 있기 때문입니다. 하나님을 사랑하고 순종할 수도 있지만, 하나님을 배역하여 불순종할 수 있는 가능성도 포함한 자유였습니다. 하나님을 배역할 수도 있는 가능성을 가진 자유 의지이기에 아직까지는 위험한 것입니다. 하나님이 주신 통치권과 자유 의지를 하나님이 주신 축복 가운데 누리려면 훈련이 필요합니다. 시험이 필요한 것입니다.

아담은 하나님의 형상대로 지음 받았지만, 아직 하나님을 온전히 알지 못했습니다. 흙으로 지음을 받았고 하나님의 생기를 부여받았지만 자신이 왜 존재하게 되었는지, 자신에게 주어진 능력이 어떤 능력인지, 무엇을 위해 살아야 하는지, 이 모든 것을 깨닫고 하나님이 창조하신 목적대로 살아가기 위해서는 훈련과 시험과 교육이 필요했던 것입니다. 그 교육의 교보재로, 시험과 훈련의 도구로 하나님이 만드신 것이 선악을 알게 하는 나무를 금지하는 명령입니다. 그 명령을 통해 인간이 하나님을 알아 가게 만드신 것입니다.

여기에는 두 가지 중요한 의미가 있습니다. 첫째, 하나님은 이 나무의 열매를 먹지 말라고 금지하심으로써 아담으로 하여금 하나님의 절대 주권, 절대 통치권 앞에 대면하게 하셨습니다. 하나님은 인간 아담을 창조하시고 만물을 다스리게 하셨습니다. 대리인과 청지기로서 통치권을 부여하셨습니다. 그런데 이 한 가지 금지 명령이 없다면, 인간은 자신이 전능한 존재로 착각할 수 있습니다. 자기보다 높은 권위에 있는 하나님의 권위를 잊어버릴 수가 있습니다. 내가 가진 권세와 능력은 하나님이 나에게 부여해 주시고 맡기신 것이며, 나는 주인이 아니라 종이고 청지기라는 사실을 잊어버릴 수가 있습니다.

하나님은 "너는 청지기니까 내가 시키는 대로 해! 너는 어떤 결정을 내리든지 나한테 다 와서 결재 맡아야 해!"라고 말씀하시지 않았습니다. "나무 하나의 이름을 지을 때도 나한테 결재 맡아! 넌 청지기니까, 넌 종이니까 너 마음대로 하면 안 돼!" 만일 하나님이 이렇게 하신다면 얼마나 구차해 보입니까? 그러나 하나님은 우리에게 다 맡기셨습니다. "마음대로 해라. 이름을 뭐라 붙이든, 코끼리라 부르든, 개라 부르든, 나는 신경 안 쓴다. 너 마음대로 해라. 무한대의 자유를 다 줄 테니, 한 가지만 기억해라. 한 가지만, 내가 너를 지었다는 것만 기억해라. 그리고 너 하고 싶은 대로 해라." 하나님은 얼마나 스케일이 크신 분입니까? 모든 것을 마음대로 다 할 수 있게 해 주셨습니다. "마음대로 다스리고 통치하고, 하고 싶은 대로 일하고 마음대로 먹고, 그렇게 해라. 그러나 이것 하나만 먹지 마. 그러면 내가 너의 통치권을 인정할게."

아담이 자신에게 부여된 통치권을 마음껏 누릴 수 있는 단 한 가지 조건은 그것만 먹지 않으면 되는 것이었습니다. 얼마나 쉬운 일입니까? 하나님이 어렵게 해 놓으셨습니까? 아닙니다. 하나님은 너무나 쉽게 하나님의 모든 권한을 다 부여하시고, 단 한 가지만 금지하심으로써 그 나무를 볼 때마다 하나님의 주권을 인정하게 하셨습니다. 동산 한가운데 그 나무를 두신 이유가 여기에 있습니다. 오고 가면서 그 나무를 매일 볼 수 있게 하셨습니다. "그렇지, 먹지 말라고 하신 하나님이 계시지. 나는 모든 것을 할 수 있는 전능자가 아니다. 나는 주인이 아니라 청지기이다. 나는 부여받은 권위를 가지고 일하는 청지기일 뿐이다."

여기서 우리는 인간의 위치를 깨달을 수 있습니다. 우리에게 부여된 많은 능력이 있습니다. 특별히 리더들은 많은 권한과 지위가 있습니다. 이 모든 능력과 권위는 다 하나님이 주신 것입니다. 부모의 권위도 하나님이 주신 권위입니다. 내 자식이 아니라 하나님의 자녀입니다. 그래서 우리는 권위의 청지기가 되어야 합니다. 우리가 어떤 위치에 있고 어떤 권위를 가졌든지 그 권위의 주인은 하나님이십니다. 이것을 인정하는 사람에게는 하나님이 보다 많은 권위를 누리게 하십니다. 심지어는 만물을 통치할 수 있는 권세도 주실 줄로 믿습니다. 하나님의 권위를 인정하는 사람에게 하나님은 이 세상의 권위를 맡기십니다. 그것이 에덴동산에 나타난 하나님의 원리입니다. 그러나 하나님의 권위에 도전하는 사람에게는 있는 권위도 다 빼앗으십니다.

둘째, 하나님이 한 가지 나무의 열매를 금지하심으로써 의도하신 것은, 하나님의 형상대로 지음 받은 인간이 완전한 자유 의지를 가지고 하나님을 사랑하는 것을 선택하는 것이었습니다. 자발적으로 하나님께 순종하는 선택을 통해 영광받기를 원하셨습니다. 믿지 않는 분들은 이 선악을 알게 하는 나무의 이야기를 들으면서 하나님을 원망하고, 하나님께 책임을 전가합니다. 하나님이 만들지 않으셨으면 될 일인데, 왜 만들어 놓고 먹었으니 죽어야 한다고 하시냐는 것입니다. 먹으면 안 돼는 것이라면 만들지 마셨어야지, 또 만들었더라도 창고에 보관하거나 경찰 천사를 배치하거나 고압 전류를 흐르게 해서 접근을 못하게 하거나 유리 상자에 넣어서 그 안에 들어오지 못하게 하셨어야지. 왜 가운데 두시고 먹었느니, 안 먹었느니, 죽어야 한다느니 하시는 것이냐고 합니다. 왜 치사하게 열매 하나 갖고 그러시느냐는 것입니다.

그러나 이 질문의 허점을 알아야 합니다. 첫 번째로, 하나님은 우리가 하나님의 절대 주권을 인정함으로써 우리에게 주어진 통치권이 보존되게 하셨습니다. 두 번째로, 우리의 자유 의지는 훈련되지 않았습니다. 하나님을 사랑할 수도 있고 하나님을 배반할 수도 있습니다. 자신의 인격적인 결단을 통해 하나님을 사랑하는 편을 선택하면 어떻게 됩니까? 하나님이 영광 받으시는 것입니다. 그리고 우리의 자유 의지가 훈련되는 것입니다. 사랑에는 자발적인 의미가 있습니다. 강요된 사랑은 존재하지 않습니다. 진정한 사랑인가, 아닌가는 자발적인가에 달린 것입니다. 정말 하나님을 사랑한다면, 자발적으로 하나님을 사랑하고 순종해야 하나님이 영광 받으십니다. 하나님은 우리가 따 먹을 수도 있고 따 먹지 않을 수도 있는 상황 속에서 스스로의 인격적이고 자발적인 선택을 통해 따 먹지 않는 편을 선택하게 하심으로써 영광 받기를 원하신 것입니다.

자녀가 좋아하는 과자나 케이크를 식탁 위에 올려놓고 눈에 잘 보이게 두고 이렇게 한번 말합니다. "너 이거 먹지 마! 먹으면 안돼!" 나갔다가 돌아와서 그 케이크를 보니 곳곳에 침을 흘린 흔적이 있습니다. 주변을 맴돌면서 침을 흘린 흔적이 있는데 안 먹은 것입니다. 부모가 이렇게 질문합니다. "너 이거 왜 안 먹었어? 먹고 싶지 않았어?" 자녀는 "아빠, 엄마가 먹지 말라고 그랬잖아" 합니다. 그때 부모는 자녀를 통해 영광을 받는 것입니다. 그까짓 것 먹을 수도 있는데 먹지 말라고 한 부모의 명령을 기억하면서 그 권위에 순종할 때 자녀는 부모를 영화롭게 하는 것입니다. 그리고 그 자녀는 인격적인 훈련을 행하는 것입니다. 하나님은 그것을 원하셨습니다. 인간을 기계적으로 만들지 않으셨다는 증거가 여기에 있는 것입니다.

만일 하나님이 이 금지 명령을 주지 않으셨더라면, 인간은 인간이 아닌 것입니다. 하나님이 인간을 얼마나 인격적으로 대우하셨습니까? 하나님은 인간으로부터 이런 인격적인 영광을 얻기를 원하십니다. 인간이 자신의 선택을 통해 하나님이 부여하신 통치권과 자유 의지를 누려서 위험이 축복이 되고, 안전하게 되는 장치를 이 금지 명령을 통해 해 주셨습니다. 만일 이 명령이 없었더라면 타락은 없었을 것입니다. 그러나 인간은 하나님을 몰랐을 것입니다. 하나님은 위험이 없는 길보다는 위험을 넘어서서 하나님의 천지 창조의 목적을 이루기를 원하십니다. 결국 인간이 타락해서 잘못된 선택을 했지만, 그로 인해 역사는 끝나지 않았습니다. 하나님은 예수 그리스도를 통해 우리를 회복시키시고 다시 한번 우리의 인격적인 결단을 통해 하나님을 영화롭게 할 수 있는 회복을 허락하셨습니다.

하나님의 창조는 실패하지 않았습니다. 과정이었을 뿐입니다. 괜히 하나님이 나무를 만드셔서, 금지하셔서, 하나님의 능력이 부족해서 실패한 것이 아니라 하나님의 창조 계획이 이루어지고 있는 것입니다. 인간이 선택의 자유를 잘못 사용하면, 자유를 선택할 능력을 잃어버리는 것입니다.

하나님이 아담 한 사람에게만 명령을 주신 것이 아닙니다. 어떤 사람은 아담 안에서 모든 사람이 죄를 범했다고 하면, "나는 죄지은 적이 없습니다. 나는 그 열매를 먹어 본 적이 없습니다. 무슨 맛인지도 모릅니다"라고 합니다. 그런데 하나님은 아담에게 명령하셨습니다. 하와도 없었을 때 이 명령을 주신 것은 무슨 의미입니까? 아담이 대표자라는 것입니다. 만일 그의 자손들이 있을 때 이 명령을 주셨다면 아담이 대표자가 아닙니다. 여러 사람 중에 한

하늘은 땅에서 열린다

사람으로 명령을 받은 것입니다. 그러나 아직 자손이 없을 때, 아직 하와가 창조되기 전에 이 명령을 주셨습니다. 인류의 대표자로서, 절대적인 대표로서, 하나님과의 언약의 대표로서 이 명령을 받은 것입니다.

아담이 범죄하고 배역한 때에 우리도 다 아담 안에서 함께 이 명령을 어기게 된 것입니다. 에덴은 최초의 하나님의 나라였습니다. 하나님이 주권을 가지시고, 통치권을 인간에게 맡기셨습니다. 그러나 주권은 인간에게 있지 않고 하나님께 있는 것입니다. 하나님은 아담과 하와가 하나님의 백성이 되어서 에덴이라는 구체적인 장소에서 이루어 가는 하나님의 나라, 그리고 에덴뿐 아니라 모든 세상도 하나님의 통치권을 대리한 인간이 아름답게 경작해 가는 하나님의 나라를 꿈꾸셨던 것입니다. 이런 나라가 그리스도 안에서 우리에게 회복된 줄로 믿습니다. 오늘도 하나님 나라의 백성으로서 하나님이 주신 통치권을 가지고 하나님의 주권을 인정한 자로 살아가기를 바랍니다. 우리의 모든 자유 의지로 하나님을 사랑하고 선택하는 삶이 되기를 바랍니다. 하나님의 형상대로 지음 받은 인간으로서 하나님의 나라를 이루어 가는 우리의 삶이 되기를 주님의 이름으로 축원합니다.

[18]여호와 하나님께서 말씀하셨습니다. "사람이 혼자 있는 것이 좋지 않으니 내가 그에게 알맞은 돕는 사람을 만들어 주겠다." [19]그래서 여호와 하나님께서 흙으로 온갖 들짐승들과 공중의 온갖 새들을 다 빚으시고 그것들을 아담에게로 데려오셔서 그가 어떻게 이름을 짓는지 보셨습니다. 아담이 각 생물을 무엇이라 부르든지 그것이 그의 이름이 됐습니다. [20]아담이 모든 가축과 공중의 새와 모든 들짐승에게 이름을 지어 주었습니다. 그러나 아담은 자기에게 알맞은 돕는 사람을 찾을 수 없었습니다. [21]여호와 하나님께서 아담을 깊은 잠에 빠지게 하시니 그가 잠들었습니다. 하나님께서 그의 갈비뼈 하나를 취하시고 살로 대신 채우셨습니다. [22]여호와 하나님께서 아담에게서 취하신 갈비뼈로 여자를 지으시고 그녀를 아담에게 데려오셨습니다. [23]아담이 말했습니다. "드디어 내 뼈 가운데 뼈요 내 살 가운데 살이 나타났구나. 이가 남자에게서 취해졌으니 여자라고 불릴 것이다." [24]그러므로 남자가 자기 아버지와 어머니를 떠나 그 아내와 결합해 한 몸을 이루게 되는 것입니다. [25]아담과 그의 아내가 둘 다 벌거벗었지만 서로 부끄러워하지 않았습니다.

chapter 12

돕는 사람의 축복

창세기 2:18-25

세상에서 가장 놀라운 권력과 통치권을 가져도 나에게 하나님의 형상대로 지음 받은 너라는 존재가 없다면 인생은 불안한 것입니다. 이 세상에 그 수많은 사람 중에서 너라는 누군가가 없다면, 그것은 하나님이 뜻하신 바가 아닙니다. 한 사람만이라도 나의 이야기를 들어 준다면, 나도 너처럼 하나님의 형상이라는 공유 의식과 친밀함을 나눈다면 외롭지 않습니다. 우리 모두가 누군가에게 그러한 돕는 사람이 될 수 있기를 바랍니다.

하나님이 세우신 가정

창세기 말씀을 통해 이 땅에서 파괴되지 않았던 하나님 나라의 원형을 살펴보고 있습니다. 죄가 들어오지 않고 악이 들어오지 않았던 원래의 하나님 나라의 모습을 우리에게 보여 주시는 까닭은, 원형이 무엇인지를 알아야 현재 무엇이 잘못돼 있는지를 깨달을 수 있기 때문입니다. 하늘에 있었던 하나님의 계획을 알아야 이 땅에서 우리가 실패하지 않고 그 하늘의 영광과 축복을 누릴 수가 있기 때문입니다. 특별히 본문에서는 하나님이 인간을 하나님의 형상대로 창조하시되 남자와 여자로 창조하심으로써 함께 하나님의 형상을 이루도록 하신 내용이 자세히 기록되어 있습니다.

하나님의 형상이라는 의미의 중요한 요소가 바로 이 관계적인 요소입니다. 하나님이 삼위일체 하나님으로 하나 되어 존재하시는 것처럼 인간은 남자와 여자와 그들 관계를 통해 태어나는 자녀가 아름다운 관계를 이루는 하나님 나라의 중요한 백성이 되는 것입니다. 그래서 어떤 학자는 삼위일체 하나님의 형상대로 지음 받은 인간은 부모와 자녀가 함께 삼위를 이루어서 하나 됨을 이룬다고 적용했습니다. 일리가 있는 적용입니다. 부모와 자녀, 부부 간 관계가 불편한 삼각관계가 아니라 하나 되는 삼위일체의 관계가 될 때 하나님 나라가 이 땅에 온전히 이루어짐을 가장 먼저 체험할 수 있습니다.

하나님이 이 땅에 세우신 기관이 두 개가 있습니다. 하나님의 아이디어와 계획 가운데 세워진 기관은 가정과 교회입니다. 가정이 먼저 세워졌습니다. 이 가정이 교회가 되는 것입니다. 진정한 가정은 교회 같은 가정입니다. 그 가운데 예배가 있고 말씀이 있고, 하나님을 향한 사랑이 있고, 어떻게 하면 하나님께 영광을 올려 드릴까 고민하는 가정입니다. 하나님의 나라가 이루어지는 가정에 가 보면 교회 같습니다.

인디언 가정에 가 보면 성이 없다고 합니다. 어느 집 자식이든지 다 우리 자식이라는 것입니다. 그래서 어느 집에서든 아이들을 먹여 주고 재워 주고 똑같이 대해 준다고 합니다. 사실, 하나님에 대한 지식은 없지만 그 순수한 공동체 의식의 면에서는 우리보다 훨씬 나은 것 같습니다. “어느 집 자녀든 상관없이 다 내 자녀다. 우리 자녀다”라는 공동체 의식이 이루어진 교회는 마치 하나의 가정과 같습니다. 그래서 가정과 교회는 뗄 수가 없는 것입니다. 가정은 교회 같아야 하고 교회는 가정 같아야 합니다.

하나님은 남자와 여자를 창조하시고, 함께 하나님의 나라를 이루어 가는 가정을 만드셨습니다. 오늘날 가정과 교회의 관계에서 먼저 하나님의 나라를 구하는 것은 무엇일까요? 때로는 가정이 큰 시련을 겪지만 믿음의 결단을 내려야 할 때가 있습니다. 자신의 아내와 자녀를 생각하고 믿음을 부인한다면 순교자가 나올 수 있겠습니까? 내 아내와 자녀들을 하나님께 맡기고 죽기까지 순종함으로 믿음의 결단을 내렸던 믿음의 위대한 선배들이 있습니다.

그러나 부부 관계나 부모와 자녀의 관계가 어그러지고 깨져 있는 상태에서 그것은 도외시한 채 교회 사역과 봉사에 몰두한다면 그것 또한 하나님 나라를 이루는 데 순서가 잘못돼 있는 것입니다. 때로 저에게 찾아와서 이런 말을 하는 분들이 있습니다. “자녀와의 관계 때문에, 부부 관계 때문에 제가 좀 사역을 내려놓고 쉬어야겠습니다." 잘 생각한 것입니다. 먼저 하나님의 나라와 의를 구하는 것입니다. 이단과 잘못된 교리를 가르치는 공동체일수록 가정에서의 관계는 어찌되든지 간에 우리 교회, 우리 공동체에 헌신해야 한다고 말합니다. 먼저 하나님의 나라를 구해야 한다면서 '먼저'를 그렇게 적용합니다. 이는 잘못된 것입니다. 가장 먼저 이루어 가야 하는 공동체가 가정이기에 가정에서부터 하나님의 나라가 이루어지도록 힘쓰는 것이 진정한 교회의 사역입니다.

교회봉사는 어떻게든 다 됩니다. 하나님이 다 채워 주십니다. 봉사할 사람이 아무도 없습니까? 괜찮습니다. 각자 하나님의 나라를 가정에서 이루는 데 먼저 관심을 두면, 그것이 기초가 되어 가정들이 모여서 아름다운 공동체를 이룹니다. 이것이 먼저 하나님의 나라와 의를 구하는 것입니다.

때로 하나님이 가정에 큰 시련을 줄 만큼 믿음의 결단을 하게 하십니다. 순교적 각오를 하게 하시고 선교지로 떠나게 하십니다. 그런데 부모님을 따라 선교지로 간 많은 선교사의 자녀들이 상처를 받습니다. 한 가지 공통적인 질문은 이것입니다. "부모님이 헌신했지 내가 헌신했는가?" 부모님은 부르심을 받아 왔지만 나는 전혀 그런 부르심이 없는데, 갈등하는 것입니다. 그 자녀를 먼저 생각했으면 오지에 갈 수 있었겠습니까? 그 선교지로 떠날 수 있었겠습니까? 그럴 때는 먼저 하나님의 나라를 구하는 것입니다. 그 우선순위를 잘 결정해야 합니다. 우리의 가정 속에 하나님의 나라가 먼저 임하기를 축원합니다.

돕는 사람

18절에 보면, 창세기에서 처음으로 "좋지 않다"라는 언급이 나옵니다. 지금까지는 다 좋았습니다. 6일 동안 천지를 창조하실 때마다 보시기에 좋았습니다. 또 6일째 인간을 창조하실 때는 "참 좋았다"라고 하셨습니다. 그런데 "좋지 않다"라는 말이 처음 나옵니다.

"여호와 하나님께서 말씀하셨습니다. '사람이 혼자 있는 것이 좋지 않으니 내가 그에게 알맞은 돕는 사람을 만들어 주겠다'"(18절).

"사람이 혼자 있는 것이 좋지 않으니." 이것은 홀로 있는 것은 잘못된 모습이라는 뜻이 아니라, 남자 혼자만 창조된 것이 하나님의 원래 목적이 아니라는 뜻입니다. 하나님의 원래 의도와 목적에 합당하지 않다는 것입니다. 독신으로 살아가는 것이 죄라는 뜻이 아닙니다. 좋지 않은 인생이라는 것이 아닙니다. 하나님의 추가적인 계획이 있다는 말씀입니다. 그리고 하나님은 이렇게 말씀하십니다. "내가 그에게 알맞은 돕는 사람을 만들어 주겠다." 이것이 하나님의 계획이었습니다.

돕는 사람을 만들어주겠다고 말씀하신 후에 하나님이 아담에게 시키신 일은 생물들의 이름을 짓는 일이었습니다.

"그래서 여호와 하나님께서 흙으로 온갖 들짐승들과 공중의 온갖 새들을 다 빚으시고 그것들을 아담에게로 데려오셔서 그가 어떻게 이름을 짓는지 보셨습니다. 아담이 각 생물을 무엇이라 부르든지 그것이 그의 이름이 됐습니다. 아담이 모든 가축과 공중의 새와 모든 들짐승에게 이름을 지어 주었습니다. 그러나 아담은 자기에게 알맞은 돕는 사람을 찾을 수 없었습니다"(19-20절).

하나님은 지으신 모든 생물을 아담에게 데려오셔서 이름을 짓도록 하셨습니다. 아담은 그 모든 생물을 보고 이름을 지었습니다. 아담이 무엇이라고 부르든지 곧 그 이름이 되었습니다. 생각나는 대로 단어를 말하면 이름이 되었다는 뜻이 아니라, 아담이 각 생물을 관찰하고 특징을 보면서 '이 생물에게 어떤 이름을 짓는 것이 좋을까'라고 생각하면서 그 특징에 합당한 이름을 지었다는 것입니다.

아담이 타락하기 전에 가졌던 능력은 엄청납니다. 이 지상의 어떤 사람들의 두뇌, 지능, 지혜와도 비교할 수 없는 능력을 가졌습니다. 사실 인간은 자신의 두뇌를 몇 % 사용하지 못하고 죽는다고 합니다. 이 타락한 인간의 지능도 우리가 다 사용하지 못하는 것입니다. 지능이 타락하지 않은 상태에서 아담은 놀라운 지능과 능력을 가졌습니다.

아담이 생물을 다 관찰하고 이름을 부여하는 과정에서 하나님이 의도하신 두 가지가 있습니다. 첫 번째로, 하나님이 아담에게 주신 통치권, 만물을 정복하고 다스리는 통치의 시작은 이름을 짓는 것에서부터 시작합니다. 이름을 부여한다는 것은 더 높은 권위를 의미하는 것입니다. 누군가에게 이름을 부여해 준다는 것은 그 이름을 받는 대상의 높은 권위자요 통치자라는 의미입니다. 우리 각자의 이름을 누군가가 지었을 것입니다. 아마 높은 권위자가 지었을 것입니다. 우리 자녀들의 이름을 작명소나 점집에서 받지 말고, 하나님께 받게 되기를 바랍니다. 또 부모님이 기도하면서 이름을 짓기를 바랍니다.

이름을 짓는다는 것은 사실 과학입니다. 과학은 이름을 부여하는 것입니다. 모든 양상과 물체에 일어나는 것에 대해 이름을 짓는 작업을 하는 것입니다. 그리고 그것과 그것을 연결하는 것이 과학의 시작입니다. 아담이 한 것이 바로 과학의 시작입니다. 생물학자와 과학자가 하는 일을 태초에 아담이 한 것입니다. 이렇게 통치권을 발휘에서 이름을 부여하면서 아담이 깨닫게 된 것이 있습니다. 이것이 하나님의 의도입니다.

20절에 "그러나 아담은 자기에게 알맞은 돕는 사람을 찾을 수 없었습니다"라고 했습니다. 아담이 깨달은 것입니다. 모든 생물을 보면서 "아, 쌍이 있구나. 암수가 있구나"라고 발견한 것입니다. "그런데 왜 나는 혼자지?"라고 깨달았습니다. 또 많은 생물의 이름을 붙여 주면서 그들에게 친근함을 느끼지만 한계가 있다는 것을 깨달았을 것입니다. 생물도 어느 정도 반응할 수 있습니다. 새도 인간과 어느 정도 교감을 가질 수 있고, 들의 짐승들도 어느 정도 교감을 가질 수 있지만 좀 쓰다듬어 주면 다른 데로 가 버립니다. "야, 내가 너를 얼마나 사랑하는데. 여기 좀 있어"라고 해도 먹을 게 생기면 그냥 가 버립니다. 우리가 아무리 애완동물과 교감을 나누려고 해도 한계가 있는 것입니다. 하나님의 형상이 없는 한 우리는 그 생물들과 진정한 친밀감을 나눌 수가 없습니다.

아담이 그것을 깨달은 것입니다. "아, 이 생물들과 나하고는 뭔가 한계가 있구나!" 이것이 바로 진화론이 잘못되었다는 증거 중 하나입니다. 만일 인간이 생물로부터 진화된 존재라면 생물과 교감을 느끼고 만족했을 것입니다. 그러나 우리는 생물만으로는 만족할 수 없습니다. 물론 살아 있는 생명체가 우리에게 주는 위로도 있습니다. 우울증을 치료할 때 애완동물을 통해서도 치료한다고 합니다. 그러나 한계가 있습니다. 하나님의 형상대로 지음을 받은 인간만이 인간을 만족시킬 수 있습니다.

인간에게는 너라는 존재가 필요합니다. 나라는 존재만으로는 인간은 절대 인격적인 만족을 누릴 수가 없습니다. 마르틴 부버는 『나와 너』(대한기독교서회, 2000)라는 책에서 '그것'(It)이라고 부르는 생물이나 물체만으로는 인간은 절대 만족을 누릴 수 없다고 했습니다. 나라는 존재는 너라는 인격적인 존재, 너라는 상대가 있어야만 나를 알게 되고 만족을 누리는 것입니다. 이 세상에서 가장 많은 일의 성취를 이루고 많은 재물을 가진 사람일지라도 기쁨과 슬픔과 인격적인 친밀함을 함께 나눌 너라는 존재가 없다면 진짜 불행한 인생입니다.

아담에게는 천지에 있는 모든 생물을 다스릴 수 있는 통치권이 있었습니다. 그것도 일종의 권력입니다. 세상에서 가장 놀라운 권력과 통치권을 가져도 나에게 하나님의 형상대로 지음 받은 너라는 존재가 없다면 인생은 불안한 것입니다. 이 세상에 하나님의 형상대로 지음 받은 인간이 얼마나 많습니까? 이 수많은 사람 중에서 너라는 누군가가 없다면, 그것은 하나님이 뜻하신 바가 아닙니다. 사람들이 왜 자살을 합니까? 너라는 누군가가 없어서 그런 것입니다. 한 사람만이라도 그의 이야기를 들어 준다면, 나도 너처럼 하나님의 형상이라는 공유 의식과 친밀함을 나눈다면 그는 생명을 끊지 않을 것입니다.

우리가 누군가에게 그러한 돕는 사람이 될 수 있기를 바랍니다. 하나님은 먼저 아담에게 돕는 사람을 창조해 주시기 전에, 아담이 스스로 필요를 느끼게 하셨습니다. 우리 하나님은 얼마나 인격적이십니까? 아담을 흙으로 창조하실 때 그냥 남은 흙으로 한 명 더 창조하실 수도 있지 않습니까? 아담을 만드실 때 남은 흙을 아깝게 버리지 말고 그냥 같이 창조하시면 간편했을 텐데, 굳이 남자를 재워 놓고 수술을 통해 그렇게 하실 필요가 있었을까요? 아담이 이런 과정을 통해 "아, 나는 돕는 사람이 필요하다"라는 겸손함과 갈급함과 필요를 먼저 느끼게 하신 뒤에 돕는 이를 보내 주신 것입니다. 하나님이 하시는 모든 일이 바로 이렇습니다. 인간 스스로가 필요를 느끼게 하시는 것입니다. 자기가 스스로 필요를 느끼지 않을 때 받는 축복은 축복이 되지 않고 다 땅에 떨어져 버립니다. 그래서 우리가 구하게 만드시는 것입니다. 그래서 때로 우리에게 고난을 주시는 것입니다. 하나님이 필요한 존재라는 것을 깨닫게 하기 위해서 어려움을 주시는 것입니다. 고난과 어려움과 외로움과 상실감, 때로 우리가 기대하지 않았던 상처, 이 모든 것을 통해 우리가 하나님을 향한 갈증을 느끼게 하십니다. "아, 나는 돕는 이가 필요하구나! 나는 전능하지 않구나! 나는 외로운 존재구나!" 이 모든 것을 깨닫게 하신 후에 하나님은 돕는 사람을 보내 주셨습니다.

하늘은 땅에서 열린다

그래서 하나님은 돕는 이를 이렇게 만드셨습니다.

"여호와 하나님께서 아담을 깊은 잠에 빠지게 하시니 그가 잠들었습니다. 하나님께서 그의 갈비뼈 하나를 취하시고 살로 대신 채우셨습니다"(21절).

아담을 깊은 잠에 들게 하시고 옆구리에서 갈비뼈 하나를 취해서 여인을 만드셨습니다. 그래서 여인은 남자보다 훨씬 더 고급 재료로 만들어진 사람입니다. 남자는 흙으로 만들어졌지만 여자는 흙에서 재련 가공된 2차 재료를 통해 지음 받았습니다. 하나님은 왜 갈비뼈를 가지고 여자를 창조하셨을까요? 메튜 헨리는 "남자를 지배하라고 머리에서 만들지 않고, 남자에게 밟히라고 발에서 만들지 않고, 보호받고 동등한 위치로 사랑받으라고 남자의 심장 가장 가까이에 있는 허리에서 만드신 것이다"라고 설명했습니다.

하나님은 아담의 허리에 있는 갈비뼈를 취하심으로 여자를 만드셨습니다. 과학적 사고를 하는 어떤 분들은 "지금 남자와 여자를 보면 갈비뼈가 똑같으니 말도 안 된다"고 합니다. 저는 과학은 잘 모르지만, 이런 생각이 듭니다. 후천적인 변화는 유전되지 않습니다. 하나님이 아담을 창조하시고 난 뒤에 하신 것이니까, 그것은 유전되는 것이 아닙니다.

하나님이 아담을 재우시고 그 몸에서 하나를 취해 하와를 만드셨으니 둘은 한 몸입니다. 하나님은 그 여인을 아담에게로 데려오셨습니다. 그 이전까지 아담은 그냥 사람이었을 뿐입니다. 아담은 원래 흙이라는 뜻입니다. 흙으로 된 존재였습니다. 그런데 하나님이 여자를 만드심으로 사람이 남자가 된 것입니다. 하나님이 이제 여인을 데려오셨습니다. 아담에게 찾아보라고 하지 않으셨습니다. 하나님이 여인을 이끌어서 아담에게로 데려오셨습니다. 결혼을 앞둔 분들은 하나님이 이끌어 오시는 배우자를 만날 수 있게 되기를 축원합니다. 그것이 아름다운 결혼의 원리입니다.

하나님이 이끌어 오신 사람을 가리켜 하나님은 '알맞은 돕는 사람'이라고 하셨습니다. 히브리어로는 '에젤(Ezer)'이라고 하고, 개역개정에서는 '돕는 배필'이라고 합니다. 여성들은 이 단어를 참 싫어하는 것 같습니다. 여성평등주의자들은 남자를 위해 존재한다는 것 자체를 아주 싫어합니다. "왜 여자가 남자를 돕는 자인가?"라고 해석합니다. 영어로는 헬퍼(Helper), 우리말로는 돕는 사람으로 번역했는데, 이는 언어적 한계입니다. 히브리어에서 '에젤'은 사실 정반대의 의미입니다. 돕는 자라고 하면 옆에 있는 조수나 비서, 좀 시시한 일을 돕는 사람 정도로 생각하는데 에젤은 이와 정반대의 의미입니다. 시편에 보면, 하나님을 가리켜 '돕는 분'이라고 했습니다. 이때 쓴 단어가 '에젤'입니다. 하나님은 에젤이라는 뜻입니다. 무엇인가 결정적인 요소가 빠져 있는데 그것을 채워 주신다는 뜻입니다. 없으면 안 돼는 결정적인 존재가 에젤의 뜻입니다.

모든 여성 성도들은 이 단어로 인한 상처를 다 씻어 버리길 바랍니다. 이 단어는 오히려 남자보다 위대하다는 뜻입니다. 도움을 받는 사람보다 도와주는 사람이 강한 자입니다. 여성이 확실히 더 강합니다. 혼자서 살 수 있는 여성은 많아도 혼자 사는 남자는 별로 없습니다. 재료가 좋아서 그런지는 모르지만 하여튼 여성이 더 강합니다. 돕는 사람은 무엇인가 결정적인 것이 빠져 있는데 그것을 채워 준다는 것입니다. 이것이 왜 결정적입니까? 하나님은 사람에게 명령을 주셨습니다. 땅에 충만하고 땅을 다스리고 땅을 정복하라고 창조 명령과 정복의 명령을 주셨는데, 이것이 여성 없이 가능합니까? 여성은 결정적인 존재입니다. 하나님의 명령을 혼자 이룰 수는 없습니다. 또한 하나님의 형상대로 지음 받은 인간이 누군가와 더불어 친밀함을 나눌 수 없다면, 인간답지 못한 것입니다. 여성은 함께 하나님의 형상을 이루는 축복의 통로가 되는 데 결정적인 존재입니다.

모든 남편들은 아내를 향해 이렇게 말하십시오. "당신은 나의 결정적인 존재입니다. 당신은 나의 에젤입니다." 단순히 심부름하고 시중드는 존재가 아니라, 나에게 없어서는 안 되는 결정적인 존재입니다. 하나님이 이 에젤을 데려오자 아담은 이렇게 고백했습니다.

"아담이 말했습니다. '드디어 내 뼈 가운데 뼈요 내 살 가운데 살이 나타났구나. 이가 남자에게서 취해졌으니 여자라고 불릴 것이다'"(23절).

우리말성경에서 '드디어'라고 한 것은 굉장히 잘한 번역입니다. 아담이 기다렸다는 것입니다. 정말 갈망했다는 것입니다. "드디어, 드디어 나타났구나! 바로 이 사람이구나!" 배우자를 만날 때 이런 고백이 있게 되기를 바랍니다. "드디어, 하나님이 내 살 가운데 살이요, 내 뼈 가운데 뼈를 보내셨구나!" 하나님 나라의 원형, 타락하기 이전 상태의 관계에서 하나님 나라의 고백은 바로 이것입니다. 가정에 하나님의 나라가 임하면, 이런 고백이 끊이지 않는 것입니다. 이렇게 고백하지 않게 되기를 바랍니다. "내 고민 가운데 고민이요, 내 가시 가운데 가시요, 내 원수 가운데 원수다." 이는 하나님의 나라 가 깨어진 모습입니다.

성도들은 싸울 때 어떻게 싸워야 합니까? 아무리 화가 나도 손을 꼭 붙잡고, "이는 내 살 가운데 살이요, 내 뼈 가운데 뼈다"라고 하면 분노가 사라질 줄 믿습니다. 남편이 아내에게 "이 여자, 저 여자" 하는 것은 타락의 언어입니다. 하나님 나라의 언어는 "내 살 가운데 살이요, 내 뼈 가운데 뼈다"입니다. '나'라는 것입니다. 얼마나 친밀함이 살아 있는 단어입니까?

아름다운 가정을 위한 요소

24-25절에서는 하나님의 나라를 이루기 위한 결혼의 세 가지 기본 요소를 말씀해 주십니다. 결혼식에서 가장 많이 사용되는 본문입니다. 거의 주례사와 같은 말씀입니다.

"그러므로 남자가 자기 아버지와 어머니를 떠나 그 아내와 결합해 한 몸을 이루게 되는 것입니다. 아담과 그의 아내가 둘 다 벌거벗었지만 서로 부끄러워하지 않았습니다."

아담은 아버지와 어머니가 없습니다. 이 말씀은 후에 창조의 원리를 설명하면서 덧붙여진 것입니다. 아름다운 하나님의 나라를 이루는 가정의 세 가지 요소 중 첫째는 떠남입니다. 결혼은 부모를 떠나는 것입니다. 그리고 부모는 자녀를 떠나보내는 것입니다. 떠나는 것은 버린다는 뜻이 아닙니다. 부모님을 공경하고 섬기지 않는다는 뜻이 아닙니다. 오히려 이전보다 더욱 잘 섬겨야 합니다. 그러나 떠난다는 것입니다. 이제는 부부 관계가 우선적인 관계가 됩니다. 그래서 부부 사이에는 하나님 외에 어떤 관계도 가장 가까운 사이가 되면 안 됩니다. 부모님도 부부 관계에 끼어들지 말아야 합니다. 더 친밀한 존재가 되려고 하지 말아야 합니다. 결혼은 했지만 가장 친밀한 관계가 배우자가 아니라 부모인 가정이 얼마나 많습니까? 그 가정에는 위기가 닥쳐올 수 있습니다. 가장 친밀한 관계는 하나님 외에 부부여야 합니다. 그게 떠난다는 의미입니다.

우리의 가정 속에, 부부 관계에 참된 하나님의 나라가 임하기를 바랍니다. 특별히 이것은 부모님들이 도와주셔야 합니다. 결혼한 자녀의 일에 지나치게 간섭하면 안 됩니다. 부족하더라도 두 사람이 결정한 것을 존중해 주고, 두 사람이 더욱 친밀한 관계가 될 수 있도록 물러서 주는 게 떠남입니다. 이것이 중요합니다. 아마 부모님이 더 힘들 것입니다. 그러나 떠나보내야 합니다. 그래야 그 가정이 올바로 세워집니다.

두 번째는 연합입니다. 부부가 연합해서 한 몸을 이루는 것입니다. 단지 육체적인 연합만이 아니라 영과 영이 연합되고, 정신과 정신이 연합되는 진정한 연합입니다. 서로의 개성을 잃어버리고 하나 되는 것이 아니라 각자 다름을 가지면서 조화를 이루는 하나 된 상태입니다. 피겨 스케이팅에서 남녀 복식으로 할 때 둘이서 같이 하는데 포즈는 다릅니다. 한 사람은 저쪽을 보는데 한 사람은 이쪽을 봅니다. 그런데 하나를 이룹니다. 이것이 깨어지지 않는 아름다운 관계입니다.

보스턴 온누리교회가 창설하던 시기에 저는 보스턴에 가서 리더십 세미나를 했습니다. 어느 성도님의 집을 빌려서 사흘 동안 저녁에 했는데, 그곳 목사님이 아주 독특한 프로그램을 준비했습니다. 볼륨댄스 시간을 만든 것입니다. 저는 속으로 '무슨 볼륨 댄스를 준비하나?' 하면서 불쾌해했습니다.

그 당시에 온누리교회 안수집사 두 분이 그 자리에 있었는데, 두 분 다 MIT 교수인 부부였습니다. 두 분이 먼저 시범을 보이는데, 너무 멋있었습니다. 부부가 볼륨 댄스를 추는데 너무 환상적인 춤을 추는 것이었습니다. 그리고 시범을 보이고 나서 둘씩 짝을 지어서 춤을 추게 했습니다. 저도 짝을 지어서 춤을 추는데 너무 힘들고 괴롭고 곤욕스러웠습니다. 일단 파트너가 마음에 안 드는 것이었습니다. 담당목사님하고 제가 같이 하니까 안 되는 것입니다. 그분도 마음에 안 들었는지 잘 안 되었습니다. 한 사람이 잡아당기면 따라가 줘야 하는데 같이 잡아당기니까 막 쑤시고 아프고 밟히고, 난리가 났습니다. 관계가 깨질 뻔했습니다!

그때 잠깐의 시간이었지만 배운 것은, 두 사람이 함께 춤을 출 때는 중심을 나에게 두면 안 된다는 것입니다. 상대방이 끌어당기면 끌려가 줘야 합니다. 중심을 나에게 두지 않고 상대방 리듬에 맞춰 주는 것입니다. 나의 리듬에 끌려오게 하지 않고 상대방의 리듬에 맞춰 줄 때 아름다운 연합이 이루어지는 것입니다.

하나님이 부부로 맺어 주셔서 하나 되게 하실 때는 각자의 개성을 파괴시

하늘은 땅에서 열린다

키시는 것이 아닙니다. 각자의 의사와 믿음을 존중함으로써 서로 아름다운 조화를 이루는 것입니다. 볼룸 댄스를 추듯이 그렇게 서로의 믿음을 맞춰 가는 것이 아름다운 연합입니다.

세 번째는 친밀함입니다. 25절을 보면 "아담과 그의 아내가 둘 다 벌거벗었지만 서로 부끄러워하지 않았습니다"라고 했습니다. 이것은 성이 친밀함의 가장 중요한 척도가 아니라는 뜻입니다. 성으로만 친밀함을 채우려고 하는 것은 위험하다는 것입니다. 진정한 친밀함은 성적인 친밀함을 넘어서는 것입니다. 정서적이고 영적인 친밀함입니다. 이것이 하나님 나라를 이루는 데 있어서 부부 간에 중요한 요소입니다. 모든 성도들의 부부 관계 속에 아름다운 친밀함이 회복되기를 축원합니다. 영적으로, 정신적으로 모든 면에서 연합을 이루는 친밀함이 있기를 바랍니다.

친밀함과 익숙함은 다릅니다. 수십 년을 같이 살아서 익숙해지기는 했지만, 친밀하지 않은 부부가 많습니다. 한 집에, 한 방에서 산다고 해서 친밀해지는 것이 아닙니다. 서로의 헌신이 필요하고 수용과 이해와 용서가 필요합니다. 부부 관계에 하나님의 나라가 임함으로 하나님의 축복이 가정과 교회를 통해 온 세상에 증거되기를 주님의 이름으로 축원합니다.

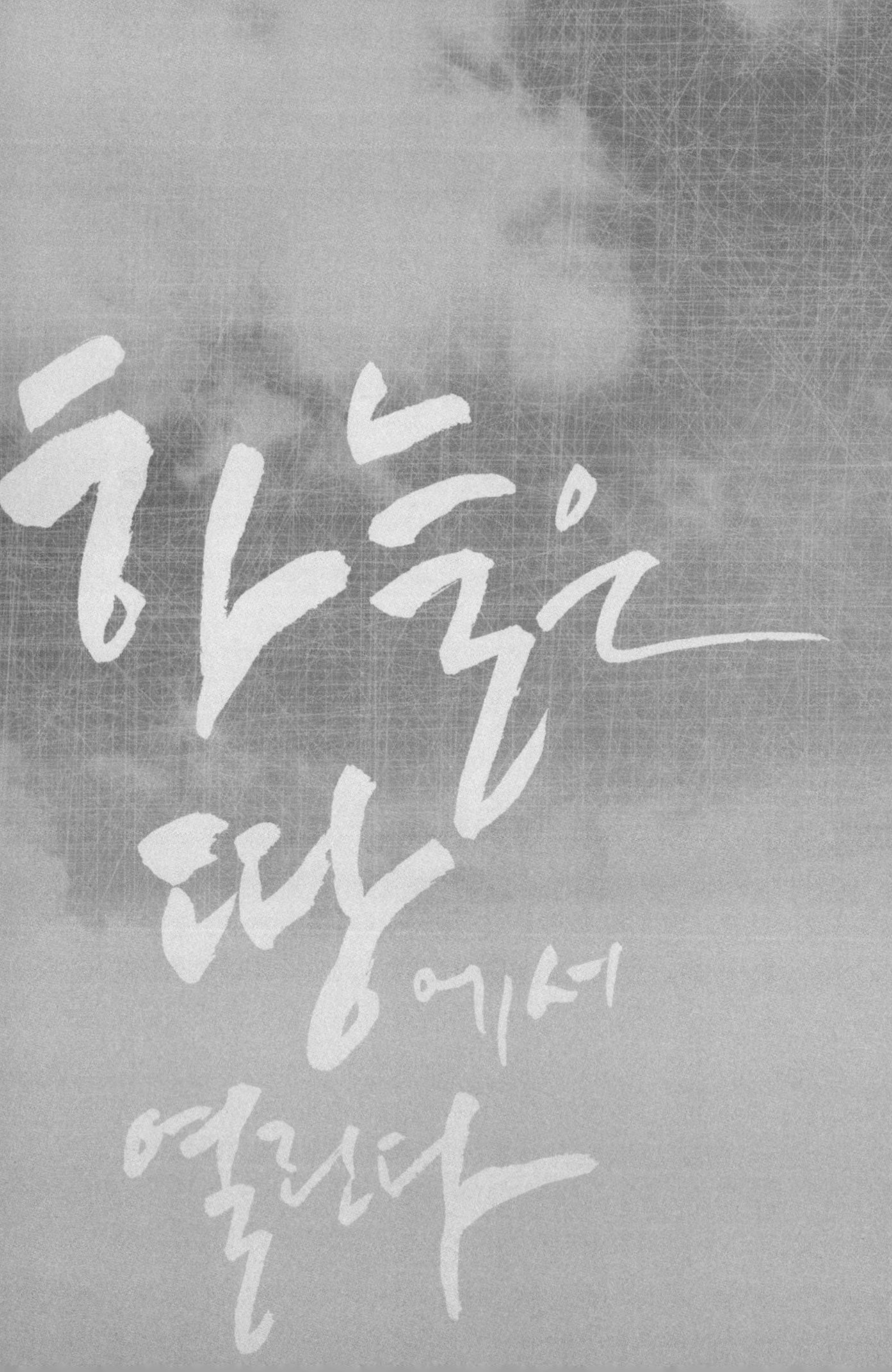
하늘을
만지며
울었다

Part 3

죄에 대한 대가

하나님과의 관계가 깨진 인생, 죄의 지배를 받는 인생은 너무나 비참합니다.
인간의 타락으로 결국 하나님이 심판하십니다. 그러나 하나님의 진노는 하나님의
사랑을 넘어서지 못했습니다. **인간의 타락한 본성**이 변화되지 않았기 때문에
인간은 스스로 은혜의 길로 걸어가지 않습니다. 그래서
하나님이 인간을 회복시키시기 위해 가장 필요한 것은 **우리의 믿음**입니다.
그리고 그 믿음을 만들어 주는 도구가 **하나님의 언약**입니다.

¹⁴여호와 하나님께서 뱀에게 말씀하셨습니다. "네가 이 일을 저질렀으니 너는 모든 가축과 모든 들짐승보다 더 저주를 받을 것이다. 배로 기어 다니고 네가 사는 평생 동안 흙을 먹을 것이다. ¹⁵내가 너와 여자 사이에, 네 자손과 여자의 자손 사이에 증오심을 두리니 여자의 자손이 네 머리를 상하게 하고 너는 그의 발뒤꿈치를 상하게 할 것이다." ¹⁶여자에게 하나님께서 말씀하셨습니다. "내가 네게 임신의 수고로움을 크게 더할 것이니 네가 괴로움 속에서 자식을 낳을 것이다. 너는 남편을 지배하려 하나 그가 너를 다스릴 것이다." ¹⁷아담에게 하나님께서 말씀하셨습니다. "네가 네 아내의 말을 듣고 내가 네게 명령해 '먹지 마라'고 말한 나무의 열매를 먹었으니 너 때문에 땅이 저주를 받을 것이다. 네가 일평생 수고해야 땅에서 나는 것을 먹을 것이다. ¹⁸땅은 네게 가시덤불과 엉겅퀴를 내고 너는 밭의 식물을 먹을 것이다. ¹⁹네가 흙에서 취해졌으니 흙으로 돌아갈 때까지 네 얼굴에 땀이 흘러야 네가 음식을 먹을 것이다. 너는 흙이니 흙으로 돌아갈 것이다." ²⁰아담이 그의 아내를 하와라고 불렀는데 이는 그녀가 살아 있는 모든 사람들의 어머니기 때문입니다. ²¹여호와 하나님께서 아담과 그 아내를 위해 가죽옷을 만들어 입히셨습니다. ²²여호와 하나님께서 말씀하셨습니다. "이 사람이 우리 가운데 하나같이 돼 선악을 알게 됐으니 이제 그가 손을 뻗어 생명나무 열매까지 따 먹고 영원히 살게 되면 안 될 것이다." ²³여호와 하나님께서 그를 에덴동산에서 내보내 그가 취해진 땅을 일구게 하셨습니다. ²⁴하나님께서 그 사람을 쫓아내시고 에덴동산 동쪽에 그룹들과 회전하는 칼의 불꽃을 둬 생명나무로 가는 길을 지키게 하셨습니다.

쫓아내심,
하나님의 아픈 사랑

창세기 3:14-24

만일 하나님이 인간을 에덴동산에서 쫓아내지 않으셨다면 인간은 타락한 상태로 영원히 살았을 것입니다. 인간을 죽게 하심으로써 타락한 육신을 이 땅에 묻고 새 하늘과 새 땅에서 새로운 육신을 입을 수 있는 기회를 주신 것입니다. 이것은 하나님이 인간에게 내리신 징벌이지만, 뒤집어 보면 하나님의 놀라운 선물입니다.

배반의 역사

하나님이 창조하신 세계를 함께 보고 있습니다. 창세기 1-2장에서 하나님의 넘치는 사랑으로 인해, 또 하나님의 영광스러운 축복 가운데 이 땅에 존재하게 된 놀라운 피조의 세계를 살펴보았습니다. 하나님이 의도하신 세계는 하나님의 말씀대로 움직여지는 하나님의 나라였습니다. 그래서 이 만물을 창조하실 때 말씀으로 창조하셨습니다. 그리고 말씀하신 그대로 존재하게 되었습니다. 그러나 인간만은 특별하게 하나님이 친히 이 땅에서 흙을 떼어서 손으로 빚으시고 코에 생기를 불어넣으심으로써 살아 있는 생명체가 되게 하셨습니다. 하나님의 형상대로 창조하셨습니다. 하나님과 교통할 수 있고, 만물을 통치할 수 있고, 스스로 판단하고 결정할 수 있는 인격적 선택의 능력을 가진 존재로 창조하셨습니다.

그것은 하나님의 모험이었습니다. 하나님을 배반할 수 있는 가능성까지 주셔야만 완전한 자유 의지가 되고, 완전한 하나님의 형상대로 지음 받은 것이 되기 때문입니다. 하나님이 인간을 타락하게 만드신 것이 아닙니다. 타락할 가능성보다 타락하지 않을 가능성을 훨씬 많이 주셨기 때문입니다. 하나님이 인간을 두신 에덴동산은 축복의 동산이었습니다. 모든 것을 먹고 모든 것을 통치할 수 있는 거의 무한대의 자유가 있었습니다. 단 한 가지 금지 명령만 기억하면 하나님이 예비하신 모든 축복을 누릴 수 있었습니다.

하나님이 허락하신 축복의 동산에서 이제 하나님을 배반하는 인간의 역사가 시작됩니다. 창세기 3장에서 이 땅에 어떻게 죄가 들어왔고, 하나님을 배반하는 악이 들어왔는지를 설명합니다. 그런데 성경은 인간의 타락 이전에 사탄이 존재했다는 것을 말하고 있습니다. 창세기 3장은 뱀이 여자를 유혹하는 것으로부터 시작합니다. 2장과 3장 사이에 우리가 알 수 없는, 보이지 않는 세계 속에서 일어난 배반이 먼저 있었다는 것을 알 수 있습니다. 하나님은 하늘과 땅을 창조하셨습니다. 보이지 않는 세계와 보이는 세계 모두를 창조하셨습니다. 그런데 창세기 1-2장에서는 주로 보이는 세계에 집중하여 설명하고 있기 때문에 하나님이 창조하신 보이지 않는 세계의 영역은 우리에게 신비로 감추어져 있습니다.

보이지 않는 창조에 대해서는 왜 기록해 주시지 않았을까요? 말해 봐야 우리는 못 알아듣고, 상상조차 할 수 없기 때문입니다. 괜히 이상한 상상이나 하게 됩니다. 눈에 보이는 피조 세계에 대해서 설명해 줘도 왜곡하는데, 보이지 않는 세계에 대해 설명해 주니까 우리가 그대로 이해하기가 어렵습니다.

보이지 않는 세계에서는 인간만이 하나님을 배반할 수 있는 가능성이 있게 지음 받은 것이 아닙니다. 영적 존재인 천사도 반역했습니다. 하나님은 모든 만물, 모든 보이지 않는 세계, 모든 영역에 있어서 권세를 가지신 분입니다. 하나님은 모든 만물을 통치할 수 있는 분이십니다. 그런데 그런 하나님의 절대 통치에 반항하고 배역할 수 있는 가능성을 가진 존재들이 있었다는 것입니다. 그들이 배반했다고 해서 하나님의 주권을 넘어설 수 있는 것은 아닙니다. 하나님의 통치를 벗어날 수 있는 존재는 아무것도 없습니다. 사탄도 하나님의 주권 아래 있습니다. 아무리 많은 배역이 있다 할지라도 모두가 하나님의 통치대로 있는 것입니다.

그런데 하나님의 나라 밖에 있는 존재는 가능합니다. 하나님의 주권과 하나님의 나라를 구분해서 생각해야 합니다. 지옥도 하나님의 주권 아래에 있습니다. 그러나 지옥을 가리켜 하나님의 나라라고 말하지는 않습니다. 하나님의 말씀대로 이루어지고, 하나님의 통치하심과 다스리심이 이루어지는 영역을 하나님의 나라라고 하는 것입니다.

하나님의 다스림을 거부한 영적 존재인 사탄은 숨어서 일합니다. 결코 나타나지 않습니다. 언제나 자신을 위장합니다. 이 보이지 않는 영역 속에서 일어난 사탄의 배반이 보이는 세계 속에 들어온 것입니다. 그런데 사탄은 영리해서 이 보이는 세계 속에 있는 동물이나 새나 물고기나 나무 등의 자연 속에서는 배반을 일으킬 수 없다는 것을 너무나 잘 알고 있습니다. 배반을 일으켜 봐야 별 효과가 없기 때문에 바로 하나님의 형상대로 지음을 받은 인간을 쓰러뜨리려고 한 것입니다. 사람을 넘어뜨려야 보이는 모든 피조 세계에 하나님을 반역하는 동조자들이 생길 것이라고 생각한 것입니다. 영리한 생각입니다. 사탄도 나름대로의 지혜가 있는 것입니다. 그래서 이 피조 세계 속에 사탄이 접근할 수 있고 무너뜨릴 수 있고 가장 큰 효과를 낼 수 있는 대상을 찾은 것입니다. 하나님의 형상대로 지음 받은 인간과 이 피조 세계는 아주 긴밀하게 연결되어 있습니다. 모든 피조 세계는 인간의 통치권 아래 있고 인간과 연결되어 있기 때문에 인간을 넘어뜨리면 피조 세계의 질서는 깨집니다. 보이는 세계에서 스스로 주권자가 되기 원했던 사탄은 자신은 나타내지 않고 뱀을 통해 여자에게 접근했습니다.

그런데 왜 여자에게 먼저 접근했을까요? 하나님이 선악을 알게 하는 나무를 금하는 명령을 주신 일차적 대상은 아담이었습니다. 여자가 창조되기 이전에 이미 금지 명령을 주셨습니다. 어쩌면 하와가 남편으로부터 하나님이 주신 명령을 전달받았을 가능성이 있습니다. 성경에는 하나님이 직접 여자에게 금지 명령을 다시 하신 기록이 없기 때문에 남자를 통해서 전달받았다면 그 사이의 틈을 이용하려고 사탄이 먼저 여자에게 접근했을 가능성이 있는 것입니다.

창세기 3장의 내용은 너무나 중요합니다. 성경 전체의 역사, 새 하늘과 새 땅이 도래하기 이전까지의 모든 내용에 대한 열쇠가 되는 것입니다. "왜 인간 사이에 이런 문제가 있는가? 왜 죄가 있는가? 왜 서로 싸우는가? 왜 인간의 마음속에 불안이 있는가? 왜 두려움이 있고 갈등이 있는가?" 이 모든 인간 문제에 대한 근본적인 원인을 설명해 주는 것이 바로 창세기 3장입니다. 어떻게 죄가 세상에 들어왔고, 죄가 어떤 영향을 우리에게 미치고 있는지를 살펴보겠습니다.

"여호와 하나님께서 만드신 들짐승 가운데 뱀이 가장 교활했습니다. 그가 여자에게 말했습니다. '정말 하나님께서 동산의 어떤 나무의 열매도 먹으면 안 된다라고 말씀하셨느냐?'"(창 3:1).

뱀을 통해 여자에게 하는 사탄의 교활한 질문을 보십시오. 이 질문은 매우 중요합니다. 왜냐하면 지금도 사탄은 이러한 각도에서 우리를 시험하고 있기 때문입니다. 사탄은 하나님을 경외하고 있는 것처럼 자신을 포장합니다. 아주 경건해 보입니다. 하나님이 어떻게 말씀하셨는가를 가지고 우리를 공격하기 때문입니다. 자신의 주장을 먼저 하지 않습니다. 하나님의 말씀을 가지고 자신의 생각을 주입시키는 것입니다. "정말 하나님께서 '동산의 어떤 나무의 열매도 먹으면 안 된다'라고 말씀하셨느냐?"

이 질문의 의도는 하나님의 선한 의도에 대해 의심하게 만드는 것입니다. "하나님이 금지를 하셨단 말인가? 무엇인가를 금지한다는 것은 선한 것이 아닌데, 하나님이 그렇게 마음이 좁은 분이 아닐 텐데! 하나님이 금지하신다는 것은 하나님의 성품에는 합당하지 않을 텐데! 하나님은 내가 알기로는 선하신 분인데, 마음이 넓으신 분인데, 사랑이 많으신 분인데, 하나님이 금지하셨단 말인가?" 이렇게 하나님의 성품과 하나님의 선하심에 대해 의심을 불어넣는 것입니다. 그러면서 왜곡까지 했습니다. "'어떤 나무의 열매도 먹으면 안 된다'라고 말씀하셨느냐?" 사실 그런 말씀을 하신 적이 없습니다. 단 한 가지의 나무 열매만 금지하셨는데 "어떤 나무의 열매도 먹으면 안 된다"라고 살짝 왜곡했습니다. "정말 그렇게 말씀하셨느냐?" 하고 하나님의 선하심을 의심하도록 만든 것입니다.

하와는 뱀을 통해 하는 사탄의 말을 듣고 이렇게 말합니다.

"여자가 뱀에게 말했습니다. '우리는 동산에 있는 나무들의 열매를 먹어도 된다. 그러나 하나님께서 동산 한가운데 있는 나무의 열매는 죽지 않으려거든 먹지도 말고 건드리지도 마라고 말씀하셨다'"(2-3절).

여자는 뱀을 통해 말하는 내용이 틀리다는 것을 깨달았습니다. 어떤 나무도 먹지 말라고 하시지 않고 먹어도 된다고 말씀하셨다고 했습니다. 여기까지는 정확합니다. 또 "죽지 않으려거든 먹지도 말라"는 것도 정확합니다. 그런데 마지막 단어가 첨가되었습니다! "건드리지도 마라." 하나님은 그런 말씀을 하신 적이 없습니다. 아마도 아담이 하와에게 이렇게 말했을 가능성이 있습니다. "하나님이 말씀하셨어! 이 나무는 절대 먹지 말라고 하셨어. 그러니까 건들지도 마." 아담은 그 명령을 더 잘 지키기 위해서 "먹지 않으려면 아예 건드리지도 마!"라는 말을 첨가했을 가능성이 있습니다. 혹은 하와 스스로가 "아, 이걸 잘 지키려면 건드리지도 말아야겠다"라고 다짐했을지도 모릅니다. 물론 그 자체가 나쁜 것은 아닙니다.

이 대화를 보면 사탄의 대화 속에 휘말려 들어가면서 사탄이 불어넣어 주는 의심과 왜곡 속에서 점점 대화가 깊어지는 것을 보게 됩니다. 사탄은 대화의 대상이 아닙니다. 사탄과는 대화하면 안 됩니다. 사탄은 내쫓아야지 대화하면 휘말려 들어가는 것입니다.

이제 하와의 말에 흔들림이 보입니다. 그 사이를 비집고 들어가서 이제 뱀이 여자에게 추가적으로 말합니다.

"뱀이 여자에게 말했습니다. '너희가 절대로 죽지 않을 것이다. 이는 너희가 그것을 먹는 날에는 너희 눈이 열려서 너희가 선과 악을 아시는 하나님처럼 될 것을 하나님께서 아시기 때문이다'"(4-5절).

"절대 죽지 않는다." 이는 새빨간 거짓말입니다. "하나님이 먹지 말라고 하신 것은 너희가 선악을 알게 되어 하나님처럼 될까 봐 하나님이 질투하신 것이다." 하나님의 말씀을 일부분만 왜곡하는 것이 아니라, 정면으로 반박하고 부인하고 거짓말을 하면서 선하신 하나님을 악한 하나님으로 만드는 것입니다. 하나님의 명령을 의심하게 합니다. "하나님이 그렇게 억압하실 리가 없는데, 하나님이 그렇게 금지하실 이유가 없는데." 그렇게 선하신 하나님을 의심하게 하다가 그 틈을 보고 들어와서 선하신 하나님을 악한 하나님으로 왜곡시킵니다. 인간과 경쟁하고, 인간을 질투하고, 인간이 하나님처럼 될까 봐 억압하는 악한 하나님으로 왜곡시키는 것입니다.

뱀과의 대화를 통해 이미 지적인 영역에서 충격을 받은 것입니다. 거짓말도 계속해서 들으면 영향을 받습니다. 말의 힘, 언어의 힘이라는 것이 있습니다. 부인을 하는 것입니다. 왜 사람들이 이단 사상에 현혹됩니까? 올바른 진리인 하나님의 말씀을 있는 그대로 정확하게 깨닫지 않고, 약간 왜곡하고 의심과 거짓말을 섞어서 계속 주입하면 사람은 거기에 쓰러지는 것입니다. 반쪽 진리는 진리가 아닙니다. 100% 진리가 아니면 진리가 아닙니다. 진리 비슷한 것은 진리가 아닙니다. 진리는 언제나 완전합니다. "모든 나무의 열매는 먹되 중앙에 있는 나무 열매는 먹지 마라." 하나님의 말씀을 정확하게 기억하고 정확하게 순종하고 정확하게 반응했더라면 타락은 없었을 것입니다.

하나님 나라에 반역이 생긴 것은 하나님 말씀에 대한 왜곡, 의심, 거짓 그리고 부인을 받아들였기 때문입니다. 오늘날에도 얼마나 많은 왜곡이 들어와 있습니까? 내 생각으로, 잘못된 사상으로 하나님의 말씀을 뒤집는 사탄의 세력이 오늘날 교회에서 많이 이루어지고 있습니다. 심지어는 목회자들의 설교를 통해서도, 우리의 나눔을 통해서도 사탄은 하나님의 말씀의 진리에 약을 타서, 거짓을 타서 서로 속이게 합니다. 심지어는 진리를 버리고 소문을 더 의지하며 살아가도록 만듭니다. 지적인 영역에서 사탄의 속임수에 넘어가면서 하와의 감성적인 영역이 발동을 한 것입니다.

"여자가 보니 그 나무의 열매가 먹기에 좋고 눈으로 보기에도 좋으며 지혜롭게 할 만큼 탐스러워 보였습니다. 여자가 그 열매를 따서 먹었습니다. 그리고 자기와 함께 있는 남자에게도 주니 그도 먹었습니다"(6절).

감성적인 영역의 눈으로 볼 때 너무나 좋아 보이고 탐스러워 보였다고 합니다. 감성적인 영역에서의 움직임이 있었다는 것입니다. 결국 마지막에 의지적인 결정을 내려서 따 먹게 되는데, 그동안에 아담은 어디에 있었습니까? 아담은 옆에 같이 있었던 것입니다. 옆에 같이 있음으로 함께 범죄를 저지른 것입니다. 의지적 결정을 통해서 따 먹게 된 것입니다. 이 과정을 보면 하나님이 인간에게 주신 영적 능력, 지적 능력, 감성적 능력, 그리고 결정을 하는 의지의 능력, 결단의 능력 등 하나님의 형상에 소속된 영역들이 다 조합해서 하나가 되어 이루어진 결정입니다. 많은 분들이 "아니, 그렇게 열매 하나를 따 먹었다고 인간을 죽이고 또 내쫓고 하다니. 하나님이 너무 속이 좁으신 거 아니야? 열매가 뭐 그렇게 중요하다고"라고 합니다. 한 나무의 열매를 따 먹는 것이 정말 그렇게 중요합니까?

첫째로, 그것은 한순간의 실수가 아니었습니다. 한밤중에 배가 너무 고파서 아무 열매나 따 먹었는데 아침에 보니 그게 금지된 열매였던 것이 아닙니다. 아침부터 대화하면서 그 열매를 뚫어지게 보면서 묵상하고, 열매를 소재로 대화하면서 감성이 발동하고, 정말 먹고 싶은 마음에 입에서 막 침이 나오고, 어쩌면 그 다음 날 또 나와서 생각하고, 그렇게 여러 번의 의지적인 고민과 갈등을 통해서 결정한 인격적인 결정이었기 때문에 문제인 것입니다. 이것은 의도적인 불순종입니다. 이 일을 정의할 때 반드시 두 단어가 들어갑니다. 첫 번째는 의도적이었다는 것이고, 두 번째는 불순종이었다는 것입니다. 이것은 의도가 없이 이루어지는 순간적인 실수가 아니라 고의적이고 의도적인 불순종이었습니다. 이것이 중요한 것입니다.

두 번째로, 절대로 먹어서는 안 되는 한 가지 금지된 열매와 이를 제외한 모든 나무의 열매를 먹을 수 있는 과분한 축복의 비중을 보십시오. 탐스러운 열매도 많았고 먹음직스러운 것도 많았지만 하나님의 경고를 무시한 것입니다. 그 대가를 생각하지 않은 결정이었기 때문에 문제가 큰 것입니다.

사탄의 속임수는 바로 이것이었습니다. "네가 정말 자유롭니? 제한이 있으면 자유가 아니야. 하나님이 너를 사랑하신다면 제한을 두시고 한계를 두실 리가 없어! 한계를 두는 것은 사랑이 아니야. 사랑이란 자유야! 한계가 없어야 해! 저 금지된 명령이 있는 한 너는 자유롭지 못한 존재야. 나는 이미 그것을 넘어섰어. 나는 너무 자유로워. 나는 너무 행복해. 너도 한번 해 봐!" 그래서 그 열매를 보는 순간, 금지된 명령을 보는 순간 인간의 마음속에서도 이런 생각이 들었습니다. '왜 이걸 금지하셨을까? 그리고 금지된 영역이 있는 한 나는 자유롭지 못하다.' 그리고 그 한계를 넘어 보고 싶은 의도가 생긴 것입니다. 하나님은 인간에게 선택할 수 있는 자유를 주셨습니다. 그런데 자유를 잘못 사용하면 선택할 자유를 잃어버리는 것입니다.

하나님이 만든 모든 피조 세계를 보십시오. 자유롭게 움직이며 살아가는 만물을 보면 그 자유를 제한하는 한계가 있습니다. 그 한계를 벗어나면 자유를 잃어버립니다. 하늘을 나는 새가 "왜 우리는 이렇게 하늘만 날아다녀야 하지? 저 밑에서 뛰어가는 동물처럼 우리도 좀 육지를 뛰고 싶다. 왜 우리는 하늘만 날아야 해?" 하면서 어느 날 날개를 접고 땅으로 내려왔습니다. 그리고 계속 뛰기 시작합니다. 그러나 다리만 아픕니다. 그 연약한 다리는 부러집니다. 하늘을 자유롭게 날 수 있는 새가 그 하늘에 존재하는 제한을 넘어서서 존재하려고 할 때는 하나님의 창조 목적에 합당하지 않는 것입니다. 바닷속에 있는 물고기가 "왜 우리는 음침한 바닷가에만 있어야 하지? 우리도 저 육지에 나가서 마음껏 다녀 보자"고 하면서 바닷속을 박차고 육지로 뛰어나오는 순간 어떻게 됩니까? 일식집에서 생선회가 되는 것입니다. 자유를 잘못 선택하면 선택할 자유를 잃어버리는 것입니다.

그렇다면 인간에게 자유는 무엇입니까? 하나님의 창조 질서, 하나님이 주신 제한 안에서 사는 것이 진정한 자유입니다. 어떤 존재하는 것이 목적대로 움직여질 수 있도록 주어진 한계의 제한이 바로 자유를 지켜 주는 것입니다. 예수님은 "진리가 너희를 자유롭게 할 것이다"라고 하셨습니다. 우리를 자유롭게 하는 것은 진리입니다. 진리를 벗어난 자유는 자유가 아닙니다. 아담과 하와의 선택은 자유로운 결정 같지만, 그 순간 인간은 자유를 잃어버리고 죄의 종이 되어 버렸습니다.

사탄의 이 말이 결정적이었을 것입니다. "하나님처럼 되리라." 인간은 하나님의 형상의 위치를 지켜야 합니다. 하나님의 형상은 통치권과 자유 의지를 가진 존재로서 하나님께 순종하며 살아가야 합니다. 그런데 모든 만물을 다스릴 수 있는 존재로 살아가는 하나님의 형상이기를 거절하고 하나님처럼 되기를 원했던 것입니다. 하나님을 닮은 존재가 돼야 하는데, 하나님 같은 존재가 되기를 원했던 것입니다. 피조물이기를 거절한 것입니다. "나는 창조주가 필요하지 않다. 나도 홀로 존재하고 싶다." 누구의 지배와 다스림을 받는 존재이기를 거절하고 스스로 홀로 존재하는 존재가 되려고 한 것입니다.

이 우주 가운데 홀로 존재할 수 있는 존재는 하나님밖에 없습니다. 스스로 존재하려면 전지전능해야 합니다. 모든 것을 자급자족해야 합니다. 하나님은 인간을 전능한 존재로 창조하지 않으셨습니다. 홀로 살 수 있는 존재로 만들지 않으셨습니다. 하나님을 의지하고, 서로 의지하고, 자연과 더불어 살아가는 존재로 창조하셨습니다. 그러나 인간은 스스로 존재하기를 결정했습니다. 그래서 모든 관계에서 소외되고 하나 됨을 잃어버리는 결과에 직면하게 된 것입니다.

하늘은 땅에서 열린다

배반의 결과

어떤 문제들이 일어났습니까? 먼저 하나님과의 관계에서 문제가 생겼습니다.

"서늘한 바람이 부는 그날 동산을 거니시는 여호와 하나님의 소리를 듣고 아담과 그의 아내가 여호와의 낯을 피해 동산의 나무 사이로 숨었습니다"(8절).

하나님의 낯을 피해 숨는 자가 되었다는 것입니다. 하나님이 아담을 부르셨습니다. "네가 어디 있느냐?" 그러자 아담이 대답했습니다. "제가 동산에서 하나님의 소리를 듣고 벌거벗은 것이 두려워 숨었습니다."

거짓말입니다. 그 두려움의 원인은 벌거벗음이 아닙니다. 이전에는 벌거벗었으나 부끄러워하지 않았습니다. 벌거벗었기 때문이 아니라 불순종했기 때문에 두려움이 온 것입니다. 하나님 앞에서 거짓말하면 하나님 앞에서 숨게 되는 두려움이 들어옵니다. 거짓말이 인간에게 들어온 것입니다. 하나님과의 관계가 깨진 것입니다. 하나님으로부터 스스로 소외시킨 것입니다. "네가 어디 있느냐?"라는 질문에 인간이 자신의 죄를 인정하고 회개했더라면 회복이 이루어졌을 텐데, 하나님을 두려워하게 되어서 회피한 것입니다.

뿐만 아니라 자기 자신과의 관계에서도 문제가 생겼습니다. 7절에 보면 두 사람이 눈이 밝아져 자신들이 벌거벗었음을 알게 되고, 자신들을 위해 무화과나무 잎을 엮어 옷을 만들었습니다. 전혀 부끄럽지 않은 상태에서 부끄러움이 들어오게 된 것입니다.

더 나아가 남편과 아내였던 아담과 하와 사이에도 갈등이 생기게 되었습니다. 하나님이 아담에게 추궁하십니다. "왜 먹지 말라고 한 그 열매를 먹었느냐?" 그러자 아담이 뭐라고 말합니까? "하나님이 함께하라고 제게 주신 그 여자가 그 나무 열매를 제게 주어서 먹었습니다." 일차적으로는 여자 책임이고, 이차적으로는 하나님 책임이라는 것입니다. 하나님이 보내 주신 그 여자 때문에 내가 먹게 되었다고 책임을 전가하는 것입니다.

하나님이 여자에게 질문하십니다. "네가 어째서 이런 일을 저질렀느냐?" 그러자 여자가 뱀 탓을 합니다. "뱀이 먹으라고 해서 먹었습니다." 책임 전가입니다! 하나님을 피해서 숨고, 자기 자신을 부끄러워하고, 서로에게 책임을 전가하는 이 타락의 결과가 오늘날 모든 인간관계 속에서, 하나님과의 관계 속에서, 나 자신과의 관계 속에서 나타나는 증상입니다.

타락에 대한 하나님의 징벌이 14절 이후에 나와 있습니다. 하나님은 타락의 순서와 반대로 그 대가를 말씀하십니다. 하나님이 아담과 하와에게 추궁을 하십니다. "네가 왜 이런 일을 했느냐? 왜 먹지 말라고 한 나무의 열매를 먹었느냐?" 그런데 뱀에게는 추궁을 안 하십니다. 대가만 있을 뿐입니다. 하나님은 뱀과 사탄에게는 기대하지 않으십니다. 질문을 하고 추궁을 한다는 것은 회복을 기대한다는 것입니다. 사탄은 하나님이 회복하기를 포기하신 이들입니다. 지옥은 이미 사탄을 위해 예비된 곳입니다. 그런데 사람들이 그 사탄과 함께 지옥으로 가려고 하는 것이 문제입니다.

하나님의 목적은 인간이 사탄을 위해 예비된 지옥으로 말려들어 가지 않게 하는 것입니다. 지옥은 인간을 위해 예비된 곳이 아닙니다. 하나님이 포기하신 사탄을 위해 준비된 곳입니다. 하나님은 뱀에게 저주만 하십니다. 너는 영원토록 배로 기어 다니고 영원토록 흙만 먹을 것이라고 하십니다. 그러고 나서 뱀에게 너무나 중요한 말씀을 하십니다.

"내가 너와 여자 사이에, 네 자손과 여자의 자손 사이에 증오심을 두리니 여자의 자손이 네 머리를 상하게 하고 너는 그의 발뒤꿈치를 상하게 할 것이다"(15절).

여기에 보면, 세 단계의 갈등이 나타납니다. 첫 번째 단계로, 여자와 뱀 사이에 증오심이 생기게 됩니다. 아마 그 이전에는 여자와 뱀이 아주 친근했나 봅니다. 그런데 그 사건 이후에 하나님이 뱀과 여자 사이를 끊어 놓으신 것입니다. 증오심이 생긴 것입니다. 두 번째로, 뱀의 자손과 여자의 자손 사이에 갈등이 생깁니다. 경건한 후손들과 죄악 된 후손들 사이에 계속해서 긴장이 일어나는 것입니다. 하나님은 온 인류를 이 두 사람으로 구분하십니다. 사탄의 후손과 하나님의 후손, 불순종의 자녀들과 순종의 자녀들, 어둠의 자녀들과 빛의 자녀들, 하나님 나라의 백성과 사탄에 속한 백성. 세상 가운데서 두 부류의 사람들로 구분되는 것입니다. 그런데 세 번째 갈등이 있습니다. "여자의 자손이 네 머리를 상하게 하고 너는 그의 발뒤꿈치를 상하게 할 것이다." 다시 단수로 돌아옵니다. 처음에 하와와 뱀의 증오심에서는 단수를, 그리고 자손들끼리의 증오심에서는 복수를, 그 다음에는 다시 단수로 돌아

하늘은 땅에서 열린다

와서 여자의 자손과 뱀과의 충돌을 말씀하십니다.

여기서 여자의 자손은 누구를 말하는 것일까요? 머리를 상하게 하고 발뒤 꿈치를 상하게 한다는 것은 무엇을 의미하고 있을까요? 바로 십자가의 사건입니다. 여자의 후손으로 오는 예수 그리스도가 뱀의 머리를 상하게 하십니다. 뱀이 머리를 상하게 하면 어떻게 됩니까? 치명적입니다. 죽음입니다. 완전한 패배입니다. 그런데 여자의 후손은 어디를 상하게 됩니까? 발뒤꿈치 정도를 상하게 되는 것입니다. 상함은 있지만, 그것은 치명적인 상함이 아닙니다. 예수님은 십자가에서 몸이 상하셨지만, 부활하셨습니다. 발뒤꿈치 정도만 상하신 것입니다. 그러나 뱀은 예수 그리스도의 십자가 사건으로 머리가 상하게 됩니다.

이 말씀에 근거하면, 뱀을 사랑하는 여인은 문제가 있는 것입니다. 뱀을 보면 무서워하고 도망가기를 바랍니다. 이 말씀대로 하면, 무서워할 뿐 아니라 증오심을 가져야 합니다.

3장 15절 말씀은 너무나 중요한 말씀입니다. 하나님이 앞으로 역사를 어떻게 이끌어 가시고, 어떻게 인간을 구원하실지 보여 주는 원복음입니다. 하나님은 심판의 내용을 전해 주시는 가운데 이미 구원의 복음을 약속하셨습니다. 동정녀에게서 태어나는 여인의 후손으로 구원하실 것이라는 약속을 주신 것입니다.

16절에 보면, 여자에게 주어지는 징벌이 있습니다. 첫 번째로, 임신의 수고로움을 크게 더하게 되었습니다. 그때까지는 잉태하는 고통이 적었습니다. 많은 사람들이 의문을 제기합니다. "가인과 아벨의 사건이 있었을 때 가인이 누군가에게 죽을까 봐 두려워했는데, 그럼 그 사람들은 어디서 난 거냐?" 가인과 아벨, 이 두 아들만 아담과 하와에게 있었던 것이 아닙니다. 그 아들들 가운데 두 아들에게 일어난 일을 설명한 것입니다.

그러나 아담과 하와 말고 또 다른 인간이 있었다는 것은 잘못된 신학입니다.

흥미로운 구절이 있습니다. 16절 후반부에 "너는 남편을 지배하려 하나 그가 너를 다스릴 것이다"라고 했습니다. 우리말 번역이 아주 잘 돼 있습니다. 개역개정에서는 이렇게 되어 있습니다. "너는 남편을 원하고 남편은 너를 다스릴 것이니라." 원하는데 왜 그럴까요? 잘못된 번역입니다. 여자가 남자를 지배하려고 하는 것입니다. 그럴 때 남편은 지지 않고 폭력으로 다스리게 된다는 것입니다. 부부간에 서로 지배권 쟁탈전이 있을 것이라는 뜻입니다. 이는 타락의 증거입니다. 여성 분들은 남편을 지배하려는 욕구가 생기는 것을 타락한 증거라고 생각하기 바랍니다. 결코 성공할 수 없습니다.

아담에게 주어진 저주의 명령이 있습니다. "땅이 저주를 받을 것이고 일평생 수고해야, 얼굴에 땀이 흘러야 열매를 먹을 것이다." 남자에게는 죽음에 이르는 노동을 해야 하는 노동의 수고가, 여인에게는 해산의 수고가 더해진 것입니다.

그때 하나님은 아담과 그의 아내를 위해 가죽옷을 지어 입히셨습니다. 무화과나무 옷을 벗기시고 가죽옷을 덮어 입히셨습니다. 왜 가죽옷을 입히셨을까요? 물론 질기고 반영구적이기 때문에 가죽옷을 입히셨겠지만, 그것보다 더 중요한 이유가 있습니다. 가죽옷이 만들어지려면 한 생명이 죽어져야 합니다. 인간은 생명의 대가가 치러져야 하나님 앞에 설 수 있다는 것, 예수 그리스도의 십자가의 공로가 없으면 하나님 앞에 설 수 없다는 것을 타락 직후에 하나님이 계시로 우리에게 보여 주신 것입니다.

그러고 나서 하나님은 아담과 하와를 동산 밖으로 쫓아내십니다.

"여호와 하나님께서 말씀하셨습니다. '이 사람이 우리 가운데 하나같이 돼 선악을 알게 됐으니 이제 그가 손을 뻗어 영생나무 열매까지 따 먹고 영원히 살게 되면 안 될 것이다'(22절).

생명나무 열매를 따 먹으면 안 된다는 생각에서 그들을 쫓아내신 것입니다. 그래서 그들은 죽게 된 것입니다. 아담과 하와는 그 열매를 따 먹고 바로 죽지 않았습니다. 900세가 넘도록 살았습니다. 그들은 '어? 안 죽네!'라고 생각했을지도 모르겠습니다. 그러나 죽었습니다.

그런데 왜 하나님이 죽게 하셨습니까? 생명나무 열매를 따 먹게 되면, 타락한 상태로 영원히 살게 되기 때문입니다. 그래서 헨리 나우웬은 "죽음은 하나님이 인간에게 주신 가장 큰 선물이다"라고 했습니다. 죽음은 하나님의 징벌인데 어떻게 가장 큰 선물입니까? 만일 하나님이 인간을 에덴동산에서 쫓아내지 않으셨다면 인간은 타락한 상태로 영원히 살았을 것입니다. 생명나무 열매를 먹지 못하게 하시고 쫓아내심으로써, 인간을 죽게 하심으로써 타락한 육신을 이 땅에 묻고 새 하늘과 새 땅에서 새로운 육신을 입을 수 있는 기회를 주신 것입니다. 이것은 하나님이 인간에게 내리신 징벌이지만, 뒤집어 보면 하나님의 놀라운 선물인 것입니다. 우리가 생명나무 열매를 따 먹도록 그냥 내버려 두셨더라면 우리는 회복되지 않은 상태로, 영원히 하나님과 단절된 상태로 있었을 것입니다.

죽음은 하나님이 우리에게 내리신 징벌이지만, 우리가 죄 가운데 인생을 마감하고 완전히 새로운 하늘과 새 땅에서 새로운 육신의 장막을 입고 영원히 하나님과 살 수 있는 회복을 허락하신 축복인 줄 믿으시길 바랍니다. 얼마나 놀라우신 하나님입니까? 하나님은 인간이 타락한 직후에 하나님의 계획, 그보다 앞서 하나님의 놀라운 축복을 예언하셨습니다. 인간은 타락했지만, 하나님의 나라는 무너뜨릴 수가 없습니다. 인간은 하나님을 의심했지만, 하나님은 여전히 인간을 사랑하고 계십니다. 인간은 하나님을 버렸지만, 하나님은 인간을 버리지 않으십니다. 그리고 하나님의 나라를 이루어 가십니다. 하나님이 패배한 것이 아닙니다. 하나님은 여전히 승리자이십니다. 인간은 잠시 패배한 것처럼 보이지만, 하나님은 결코 인간이 패배자로 영원히 살도록 내버려 두지 않으십니다. 잠시 사탄이 승리한 것 같지만, 사탄은 영원히 패배자인 것입니다. 예수 그리스도의 가죽옷만 입는다면, 그리스도의 생명의 길을 선택한다면 우리는 패배자가 아니라 승리자로 살게 될 것입니다.

하늘은 땅에서 열리다

¹아담이 그 아내 하와와 동침하니 그녀가 임신해 가인을 낳고 말했습니다. "여호와의 도우심으로 내가 아들을 얻었다." ²그리고 하와는 다시 가인의 동생 아벨을 낳았습니다. 아벨은 양을 치는 사람이 되고 가인은 농사를 짓는 사람이 됐습니다. ³세월이 흐른 후 가인은 땅에서 난 것을 여호와께 제물로 가져오고 ⁴아벨은 자기 양 떼의 첫 새끼들과 양 떼의 기름을 제물로 가져왔습니다. 여호와께서 아벨과 그의 제물은 인정하셨으나 ⁵가인과 그의 제물은 인정하지 않으셨습니다. 가인은 몹시 화가 나서 고개를 떨구었습니다. ⁶그러자 여호와께서 가인에게 말씀하셨습니다. "왜 화가 났느냐? 왜 고개를 떨구었느냐? ⁷만약 네가 옳다면 어째서 얼굴을 들지 못하느냐? 그러나 네가 옳지 않다면 죄가 문 앞에 도사리고 있을 것이다. 죄가 너를 지배하려 하니 너는 죄를 다스려야 한다." ⁸가인이 자기 동생 아벨에게 말해 그들이 들에 나가 있을 때 가인이 일어나 그의 동생 아벨을 쳐서 죽였습니다. ⁹여호와 하나님께서 가인에게 말씀하셨습니다. "네 동생 아벨이 어디 있느냐?" 가인이 말했습니다. "모릅니다. 제가 동생을 지키는 사람입니까?" ¹⁰여호와께서 말씀하셨습니다. "네가 무슨 짓을 저질렀느냐? 네 동생의 피가 땅에서 내게 울부짖고 있다. ¹¹이제 너는 입을 벌려 네 동생의 피를 받은 땅으로부터 저주를 받을 것이다. ¹²네가 땅을 일궈도 다시는 땅이 네게 그 결실을 내주지 않을 것이며 너는 땅으로부터 도망해 떠도는 사람이 될 것이다." ¹³가인이 여호와께 말했습니다. "보십시오. 제 벌이 너무 무거워 견디기 어렵습니다. ¹⁴오늘 주께서 저를 이 땅에서 쫓아내셔서 주의 얼굴을 볼 수 없게 됐기 때문에 제가 이 땅에서 도망해 떠도는 사람이 될 것입니다. 저를 만나는 사람들은 모두 저를 죽이려 들 것입니다." ¹⁵여호와께서 그에게 말씀하셨습니다. "그렇지 않을 것이다. 누구든 가인을 죽이는 사람은 일곱 배로 복수를 당할 것이다." 그리고 여호와께서 가인에게 한 표를 주셔서 누구를 만나든 그가 가인을 죽이지 못하게 하셨습니다.

chapter 14

죄를 다스리지 못한 비참한 결과

창세기 4:1-15

하나님이 금지하신 명령을 어겼을 때 아담과 하와뿐 아니라 그 자손들에게까지 미친 영향은 엄청났습니다. 하나님과의 관계가 깨진 영적인 죽음의 상태는 너무나 비참했습니다. 이 세상에 일어나는 일들을 보면, 영적인 죽음의 상태가 곳곳에 나타나고 있습니다. 죄의 지배를 받고 있는 인생이 얼마나 끔찍한 인생인지를 보여 줍니다. 예수 그리스도의 보혈로 우리를 덮어 주시지 않으면 우리는 죄에 덮여 사는 인생이 되는 것입니다.

하나님의 형상대로 지음을 받은 인간이 하나님이 금하신 명령을 어기고 타락하는 장면을 앞에서 보았습니다. 사탄의 목표는 하나님이 이 땅에 시작하신 하나님 나라를 무너뜨리는 것입니다. 사탄이 감히 하나님을 직접 대적할 수 있습니까? 사탄이 제아무리 능력이 있다 할지라도 살아 계신 하나님, 천지를 창조하신 하나님을 직접 대적할 수는 없습니다. 또한 하나님이 만드신 피조 세계, 바다의 물고기와 하늘의 새들과 많은 나무들, 그 생물의 세계를 타락시켜 본들 효과가 없는 것입니다. 만물의 영장으로, 하나님을 대리한 통치자로 하나님이 세우신 인간을 무너뜨려야 효과가 있는 것입니다. 하나님의 형상대로 지음 받은 인간을 무너뜨림으로써 하나님이 시작하신 하나님 나라를 무너뜨리는 것이 사탄의 목표였습니다.

또한 하나님이 먼저 창조하신 아담에게 접근하지 않고 여자에게 접근한 것도 전략적인 것입니다. 금지 명령을 직접 듣지 못하고 아담을 통해 들었던 하와, '에젤'로 창조된 여자를 무너뜨림으로써 남자와 더불어 무너지게 하는 사탄의 고도의 전략입니다. 여자가 먼저 무너져서 타락했기 때문에 여자에게도 책임이 있지만, 옆에 같이 있었음에도 불구하고 가정의 제사장으로서 그것을 막지 못하고 함께 타락한 아담의 책임은 더 큰 것입니다.

이 명령을 어긴 것이 그렇게 큰 죄입니까? 온 피조 세계의 질서가 무너지고 하나님과의 관계, 이웃과의 관계, 자신과의 관계가 다 무너질 만큼 그렇게 큰 죄인 까닭은 무엇입니까? 의도적인 불순종이었기 때문입니다. 실수로, 알지 못한 채 일어난 일이 아닙니다. 그 금지된 명령을 놓고 오랫동안 사탄과 대화했습니다. 지적이고 이성적인 판단을 할 수 있는 충분한 시간이 있었던 것입니다. 하나님의 형상대로 지음 받은 인간이 자신의 모든 능력을 총동원해서 내린 결론입니다.

하나님이 허락하신 부유한 축복, 한 가지 금지 외에는 모든 것을 자유롭게 누릴 수 있는 그 엄청난 자유를 생각하지 않고 금지된 명령에 집착했던 것입니다. "이 금지된 명령이 있는 한 나는 자유로울 수 없다. 나는 사탄이 권면한 대로 하나님처럼 될 것이다"라는 유혹에 넘어갔던 것입니다. 하나님의 형상으로 만족해야 하는 인간이 하나님처럼 되고자 할 때 타락한 것입니다. 이 타락한 아담과 하와로부터 자녀가 출생하기 시작했습니다. 하나님은 타락한 아담과 하와를 내버려 두지 않으셨습니다. 포기하신 것이 아닙니다. 인간이 타락하자 하나님이 부랴부랴 대비책을 세우셔서 일하시기 시작한 것이 아닙니다. 이미 하나님은 인간을 창조하시기 이전에 모든 위험을 아셨고, 모든 대책을 가지고 계셨습니다. 오히려 인간이 가진 위험을 통해서 하나님이 만드신 피조 세계에 하나님이 계획하신 하나님의 나라가 어떤 곳인지, 하나님이어떤 분이신지를 보여 줄 수 있는 또 하나의 놀라운 기회가 되었습니다.

하나님은 뱀과 여자와 남자를(특히 뱀을) 저주하시면서 창세기 3장 15절에서 놀라운 복음의 말씀을 예언하셨습니다. 여자의 후손과 뱀이 서로 원수가 되고, 여자의 후손과 뱀의 후손이 서로 증오심을 갖게 되고, 이후에 여자의 후손으로 오시는 이가 뱀의 머리를 상하게 함으로써 사탄의 모든 존재를 무너뜨리는 승리를 가져올 것이라고 말씀하셨습니다. 또 무화과나무로 옷을 해 입은 아담과 하와의 옷을 벗기시고, 가죽옷으로 입혀 주셨습니다. 하나님

하늘은 땅에서 열린다

이 은혜의 옷을 덮어 주신 것입니다.

또 하나님은 그들을 에덴동산 밖으로 쫓아내심으로써 생명나무의 열매를 먹지 못하게 하셨습니다. 인간들이 죄 가운데 영원히 살지 않도록, 죽음을 통해 회복하도록 해 주신 것입니다. 여기서 우리는 세 가지 종류의 죽음을 보게 됩니다.

죽음의 형벌

하나님이 아담에게 "그것을 먹는 날에는 네가 반드시 죽을 것이다"라고 하실 때의 죽음은 육체적인 죽음만이 아니었습니다. 영혼과 분리되는 죽음은 당장 찾아오지 않았습니다. 아담과 하와가 그날에 바로 피를 토하고 죽은 것이 아닙니다. 그들은 900세가 넘도록 살았습니다. 육체적인 죽음은 바로 찾아오지 않았습니다. 서서히 죽어 가고 있었던 것입니다.

그러나 그것을 먹는 순간 찾아온 죽음이 있습니다. 그것은 하나님과의 관계가 깨어지고, 두려움에 하나님의 임재를 피해서 자신을 숨기는 영적 죽음입니다. 영적 죽음의 상태에 들어간 사람은 다른 사람에게 책임을 전가하고, 스스로 부끄러워합니다. 자아가 분열된 것입니다.

영적 죽음의 상태에 이르게 되면 세 번째 죽음을 반드시 맞이하게 되는데, 영원한 형벌의 죽음입니다. 하나님은 아담과 하와가 선악을 알게 하는 나무를 먹음으로써 금지된 명령을 깨트렸을 때 즉시 영원한 형벌로 처하게 하지 않으셨습니다. 이는 하나님의 놀라운 은혜입니다. 하나님은 육체적 죽음에서도 시간을 주셨습니다. 영적으로는 죽어 있는 상태지만 육체적 죽음이 다가올 기간 동안에 회복의 시간을 주신 것입니다.

하나님은 영원한 형벌의 죽음을 인간에게 주기를 원하지 않으셨습니다. 그 죽음은 사탄을 위해 예비된 것이기 때문입니다. 하나님의 조치를 보면 얼마나 놀랍습니까? 얼마나 은혜롭습니까? 하나님은 창조하신 인간의 세계를 포기하지 않으셨습니다. 하나님은 사탄에게 공격을 받아서 지신 것이 아닙니다. 사탄의 계획과는 비교할 수 없는 놀라운 은혜와 사랑과 축복의 계획을 가지고 계셨습니다.

예수 그리스도의 십자가 사랑으로 영혼이 거듭나면서 아담과 하와가 타락 이전에 하나님과 나누었던 친밀함의 교제를 다시 회복하게 된 것입니다. 하나님을 더 깊이 알아 가게 되는 것입니다. 물론 인간이 타락하지 않았어도 하나님은 인간과의 관계를 더 깊이 하셨을 것입니다. 그러나 인간이 하나님을 배반하고 타락함으로써 이전에 누렸던 하나님과의 관계보다 더 깊게 하나님을 예배하고 친밀히 여기는 영적 관계로 업그레이드시키신 것입니다. 하나님이 승리하신 것입니다.

창세기 4장을 보면 타락한 아담과 하와, 그리고 에덴동산 밖에서의 출생이 기록되어 있습니다. 가인과 아벨, 이 두 아들에게서 일어나는 비극적인 이야기가 있습니다. 창세기 1-2장에서 하나님이 창조하셨던 세계를 돌아보면, 우리와 거리가 좀 먼 것 같습니다. 하나님의 말씀대로 이루어지고, 또 아담이 하와에게 "내 살 가운데 살이요, 내 뼈 가운데 뼈다"라고 고백하는 것을 보면서 현재 우리 가정은 어떤지 생각해 보게 됩니다.

그런데 창세기 4장에 오면, 우리의 현실의 모습과 너무나 흡사해서 공감이 되는 사건들이 기록되어 있습니다. 신문지상에서는 살인 사건에 대한 소식이 끊이지 않습니다. 살인미수 사건, 미국에서의 총기 살해 사건, 곳곳에서 일어나는 흉측하고 끔찍한 살해 사건이 우리 귀에 생생하게 들려오고 있습니다. 에덴동산 밖에서 아담과 하와의 후손으로 태어난 가인이 동생 아벨을 죽인 사건과 같은 모습입니다. 영적으로 죽어 있는 상태, 하나님과 회복되지 않은 상태, 육체적으로는 아직 죽지 않았지만 영적으로는 죽어 있어서 하나님의 낯을 피하고 자신을 숨기고 책임을 전가하는 상태의 사람들이 행하는 모습을 보면 완벽하게 가인의 모습입니다.

본문을 보면, 가인과 아벨이라는 두 사람의 이름이 나옵니다. 앞에서도 설명했지만 아담과 하와의 후손이 가인과 아벨만 있었던 것은 아닙니다. 이 사건은 그 후손 중에 두 아들을 선정해서 일어난 일을 기록한 것입니다. 가인과 아벨의 이야기는 타락한 인간, 영적으로 죽어 있는 인간에게서 나타나는 전형적인 죄의 모습을 너무나 잘 보여 주고 있습니다.

"아담이 그 아내 하와와 동침하니 그녀가 임신해 가인을 낳고 말했습니다. '여호와의 도우심으로 내가 아들을 얻었다.' 그리고 하와는 다시 가인의 동생 아벨을 낳았습니다. 아벨은 양을 치는 사람이 되고 가인은 농사를 짓는 사람이 됐습니다"(1-2절).

가인은 농사를 짓는 사람이었고 아벨은 양을 치는 사람이었습니다. 그런데 가인이라는 이름의 뜻은 "여호와의 도우심으로 내가 아들을 얻었다"입니다. 더 정확하게 번역하면 "내가 한 사람을 얻었다"는 고백입니다. 아벨이라는 이름의 뜻은 '덧없음', '허무함', '무'입니다. 전도서에서 "허무하다. 허무하다. 정말 허무하다. 모든 것이 허무하다"라고 할 때 그 히브리어가 아벨입니다.

무엇인가 이름을 짓는다는 것은 굉장히 중요한 의미가 있는데, 고대로 올라갈수록 어떤 현상이나 상황에 맞춰 이름을 지었습니다. 이삭 같은 경우에 나를 웃게 한다고 해서 히브리어로 '잇츠핫'입니다. 입을 쫙 벌리고 '이~이쫙' 하고 웃는다고 해서 이삭이라고 지었습니다. 일종의 의성어 같은 것입니다. 가인의 경우에도 "여호와의 도우심으로"라는 뜻도 담겨 있지만 "내가 아들을 얻었다. 내가 한 사람을 얻었다"는 상당히 교만한 느낌을 줍니다. "내가 이제 한 사람을 얻었다. 아들을 얻었다. 나에게 이제 더 큰 능력이 있다"라는 불필요한 자신감, 교만, 자기중심적인 뉘앙스가 숨어 있는 것입니다. 그러나 아벨은 "덧없다. 허무하다"라는 무엇인가 영적인 균형이 맞지 않는 이름입니다.

가인의 분노

3절에 보면 세월이 흘렀습니다. 이 세월 동안 어떤 일이 일어났는지 우리는 알 수 없습니다. 알 필요가 없는 것입니다. 아마 장성한 성인이 되었을 것입니다. 그래도 감사한 것은 아담과 하와가 타락했지만, 하나님을 기억하고 있었다는 것입니다. 그리고 자손들에게도 하나님을 예배하는 법을 가르쳤다는 것입니다.

"세월이 흐른 후 가인은 땅에서 난 것을 여호와께 제물로 가져오고 아벨은 자기 양 떼의 첫 새끼들과 양 떼의 기름을 제물로 가져왔습니다. 여호와께서 아벨과 그의 제물은 인정하셨으나 가인과 그의 제물은 인정하지 않으셨습니다. 가인은 몹시 화가 나서 고개를 떨구었습니다"(3-5절).

가인과 아벨이 하나님께 제물을 가져왔습니다. 하나님은 아벨과 그의 제물을 받아들이시고 인정하셨지만, 가인과 그의 제물은 인정하지 않으셨습니다. 그런데 하나님은 왜 아벨과 그의 제물만 인정하셨습니까? 많은 전통적인 해석을 보면 "제물에 문제가 있었다. 아벨은 동물의 제물을 가져왔는데 가인은 곡식을 가져왔기 때문에 합당하지 않은 것이다. 하나님이 가죽옷을 만들어서 입혀 주셨을 때 이미 동물 제사에 대한 어떤 계시를 주셨을 것이다. 제사법을 가르쳐 주셨을 것이다. 그런데 가인이 그것을 받아들이지 않고 자기 땅에서 난 소출을 그냥 가져왔을 것이다." 그리스도의 십자가의 보혈, 어린 양의 제사라는 측면에서 볼 때 일관성이 있는 해석입니다. 그러나 근거가 빈약한 것은, 성경에는 "동물의 제사로 드려야만 한다"라는 계시가 나타나 있지 않기 때문입니다. 또 레위기에 보면 여러 제사의 방법이 등장하는데, 소제는 곡식으로 드리는 제사이고, 속건제는 돈으로 갚는 제사입니다. 제사의 범위가 굉장히 넓었습니다. 따라서 곡식으로 가져왔기 때문에 하나님이 받지 않으시고, 동물의 제사만 받으셨다는 것은 말이 안됩니다.

가인은 '땅에서 난 것'을 제물로 가져왔다고 하는데, 여기서 '땅에서 난 것'이란 구별되지 않은, 특별하지 않은 것을 뜻하는 것입니다. 땅에서 난 것 중에 아무거나 가져온 것입니다. 그에 반해 아벨은 자기 양 떼의 첫 새끼들과 양 떼의 기름을 가져왔습니다. 처음 된 것, 정확하게 해석하면 자신이 소유한 것 중에서 가장 귀한 것을 가지고 온 것입니다.

자녀들이 첫 번째 월급을 부모님께 드리는 것은 부모님에 대한 공경의 표시이고 감사의 표시입니다. 또 첫 예물을 하나님 앞에 올려 드리는 것, 십일조를 하나님 앞에 구별하여 드리는 것은 십의 하나뿐 아니라 열도 모두 하나님의 것이라고 인정하는 전적인 헌신의 표시입니다. 아벨은 첫 예물과 기름진 것을 제물로 가져왔고, 가인은 땅에서 난 것을 가져왔습니다. 이렇게 보면 하나님에 대한 가인의 태도에 문제가 있었습니다. 마음의 자세가 문제였습니다.

히브리서 11장을 보면, 아벨은 믿음으로 하나님 앞에 드렸다고 합니다. 그런데 가인에게는 그 믿음이 없었다는 것입니다. 믿음의 반대말은 헌신이 없다는 것입니다. 하나님이 내게 주신 모든 것이 하나님의 것이라는 인정이 없었다는 것입니다. 그래서 하나님은 가인과 그의 제물은 인정하지 않으시고 아벨과 그의 제물은 인정하고 받으셨습니다.

마음의 태도에 문제가 있었다는 것은 하나님이 인정하지 않으신 직후에 가인이 어떻게 반응했는지를 보면 더 잘 알 수 있습니다. 가인이 어떻게 반응했습니까? 5절에 보면, "몹시 화가 나서 고개를 떨구었습니다." 하나님이 어떤 방식으로 그의 제물을 인정하지 않는 것을 표시하셨는지 우리는 분명히 알 수 없습니다. 그러나 분명히 가인은 그것을 알았다는 것입니다. 하나님이 받지 않으셨다는 것을 스스로가 알았습니다. 그러니까 분노한 것입니다. 그렇다면 누구에게 문제가 있는 것입니까? 천지를 창조하신 하나님이 받아들이지 않으셨다면 누구를 돌아봐야 합니까? 자기 자신을 돌아봐야 합니다. 자기 자신을 비난해야 합니다. '내게 무엇이 잘못되었기에 하나님이 받지 않으셨을까?' 이것을 먼저 생각하는 것이 당연한 자세입니다. 그런데 가인은 분노한 것입니다.

분노했다는 것은 자기가 옳다고 생각한다는 증거입니다. "내 것을 왜 안 받으시는가?" 하나님에 대한 분노입니다. 자신은 옳고 하나님은 틀렸다고 하나님 앞에 대들고 있는 것입니다. 가인은 하나님을 하나님으로 인정하지 않았던 것입니다. "내가 갖다 드리면 감사하게 받으실 것이지, 왜 안 받으시지?" 하나님을 받는 자로 만드는 것입니다. 하나님은 우리가 무엇을 드리든지 간에 여전히 주시는 분입니다. 하나님을 받는 자로 만드는 것은 이방 종교로 만들어 버리는 것입니다. 우상으로 만들어 버리는 것입니다. 이방의 우상 종교와 우상 숭배는 인간이 신을 도와주는 것입니다. 신을 먹이는 것입니다. 신에게 제물을 갖다 줘서 신을 달래는 것입니다. 그러나 진정한 신은 받지 않고 줍니다.

사도행전 10장을 보면, 하나님은 만물에게 주시는 자라고 했습니다. 인간의 도움이 필요한 분이 아니시고, 친히 주시는 자입니다. 우리가 아무리 많은 봉사, 헌신, 물질로 하나님 앞에 드린다고 할지라도 하나님은 여전히 우리에게 주시는 분입니다. 하나님께 예물을 드리는 자의 올바른 자세는 하나님이 받으시는 분이 아니라 주시는 분임을 인정하는 것입니다. 다 하나님이 주신 것입니다. 다 하나님의 것입니다. 내가 하나님께 드리는 것이 아닙니다. 헌물과 헌금은 하나님께 용돈 드리는 게 아닙니다. 하나님이 나에게 주셨다고 고백하는 것입니다. 하나님은 주인이시고, 여전히 나의 모든 필요를 채워 주고 계십니다.

헌금, 헌물, 예물, 삶의 봉사를 "Give and Take"라는 세상의 거래 방식으로 만들지 마십시오. "내가 이렇게 드렸으니까 하나님도 이렇게 주셔야 하는 거 아닙니까?" 이렇게 투자하는 게 아닙니다. 하나님은 여전히 주고 또 주시는 분입니다. 내가 주는 자가 되고 하나님을 받는 분으로 만들어 버린 건 가인의 실수였습니다. 그런데 아벨은 첫 예물을 드림으로써 하나님이 주시는 것을 하나님의 것으로 인정했습니다. 이 마음의 태도, 이것이 바로 믿음으로 드린 아벨의 제사였습니다. 물론 동물 제사의 계시를 무시했을 가능성도 있습니다. 완전히 배제할 필요는 없습니다. 그러나 논리적 근거가 좀 빈약하다는 것입니다.

가인의 분노를 생각해 보십시오. 얼마나 어리석습니까? 자기가 화를 내고 있습니다. 헬무트 틸리케라는 독일의 유명한 신학자는 이름을 가지고 해석하면서 아담과 하와는 틀림없이 가인을 편애했을 것이고 자기중심적인 사람으로 잘못 양육했을 것이라고 말합니다. 가인의 이름에는 "우리가 한 사람을 얻었다"라는 뜻이 있는데, 마치 엄청난 힘을 얻은 것처럼 잘못된 시각을 가지고 있었다는 것입니다. 그래서 가인은 굉장히 자기중심적이고 독선적인 사람이 되었다는 것입니다. 한편 아벨은 "덧없다. 허무하다"는 뜻입니다. "너는 태어나지 말았어야 해. 너는 없어져도 되는 인간이야." 그로 인해서 생겨난 왜곡된 자아가 영향을 미쳤을 것입니다. 독일 신학자들은 근거 없이 쉽게 추정하지 않습니다. 논리적 비약을 잘 안 합니다. 굉장히 논리적이고 철저한 신학자들이기 때문에 상당히 일리가 있다고 생각합니다.

또 한 가지, 이 사건을 통해서 하나님이 우리에게 보여 주시는 것이 있습니다. 창세기 3장 15절에서 하나님이 타락한 아담과 하와에게 내린 징벌 가운데 특히 뱀에게 하신 말씀이 있습니다. 여자의 후손이 뱀의 후손과 서로 갈등 관계에 있을 것이라는 말씀입니다. 그러니까 여자의 후손이 있기까지 두 부류의 인간, 두 부류의 후손이 있다는 것입니다. 한 부류는 뱀의 후손입니다. 아담과 하와가 뱀으로부터 영향을 받아서 타락한 것처럼 여전히 뱀에게서 영향을 받고 사탄의 종노릇을 하는 사탄의 후손입니다. 거짓말하는 사탄에게 넘어가서 사탄의 방식대로, 하나님 나라의 백성이 아닌 사람으로 살아가는 후손들입니다. 또 한 부류는 여자의 후손들로서 하나님이 택하신 믿음의 후손, 경건한 후손입니다. 장차 여자의 후손을 탄생하게 할 후손입니다.

가인과 아벨은 두 부류의 후손을 대표하는 두 사람입니다. 가인은 뱀의 후손을 상징하는 인물이고, 아벨은 여자의 후손을 상징하는 인물입니다. 그래

하늘은 땅에서 열린다

서 아벨이 죽임 당한 후에 아벨의 뒤를 잇는 셋을 준비하셨습니다. 예수 그리스도가 어디에서 태어나십니까? 셋의 후손에서 태어나십니다. 뱀의 후손들과 하나님의 경건한 여자의 후손들, 그 둘 사이의 갈등이라는 것을 알 수 있습니다.

하나님이 분노하는 가인에게 말씀하셨습니다.

"그러자 여호와께서 가인에게 말씀하셨습니다. "왜 화가 났느냐? 왜 고개를 떨구었느냐? 만약 네가 옳다면 어째서 얼굴을 들지 못하느냐? 그러나 네가 옳지 않다면 죄가 문 앞에 도사리고 있을 것이다. 죄가 너를 지배하려 하니 너는 죄를 다스려야 한다"(6-7절).

하나님이 이렇게 질문하시는 것은 회복을 원하시는 것입니다. 마치 사나운 들짐승처럼 죄를 인격화한 것입니다. "죄가 너의 문 앞에서 지금 도사리고 웅크리고 있다. 널 지배하려고 하고 있다. 너는 지금 삼키기 직전이다." 이 시점이 언제입니까? 가인이 막 분노하고 있을 때입니다. 그가 분노하고 있을 때, 무슨 일을 저지를지 모를 때 하나님이 찾아오셔서 그를 말리신 것입니다. "너 왜 분노하고 있니? 왜 얼굴을 들지 못하고 있니? 죄가 지금 너를 삼키려 하고 있어! 문을 열고 나가기만 하면 죄가 너를 덮칠 거야!"

이렇게 생생한 하나님의 음성을 들었음에도 불구하고 가인은 문을 박차고 나갔습니다. 문을 박차고 나가는 순간, 문 앞에 기다리고 있던 죄가, 사탄의 조정을 받는 죄가 가인을 덮친 것입니다. 그 순간 죄가 그를 덮침으로 가인은 회복할 수 있는 기회를 잃어버렸습니다. 죄의 다스림을 받고서 아벨을 죽여 버렸습니다. 분노가 죄를 지었습니다.

예수님의 산상 수훈에서 "살인하지 말라"는 말씀은 다른 한편으로 "분노하지 말라"는 말씀으로 이해해야 합니다. 우리 마음속에 분노가 치밀어 오르는 순간, 죄가 우리를 덮치고 있다는 것을 깨달아야 합니다. 예수님은 형제를 향하여 분노하는 자는 이미 살인한 자라고 말씀하셨습니다. 이 말씀이 진리라는 것을 우리는 알게 됩니다. 얼마나 많은 분노로 사람을 살인하고, 얼마나 많은 분노로 이웃을 죽이고 가정을 죽입니까?

오스왈드 챔버스는 "누구든지 자신의 마음속에 있는 하나님을 먼저 죽이지 않고는 그 형제를 죽일 수 없다"고 말했습니다. 우리의 마음속에 하나님의 임재하심이 떨어져 나갈 때 우리는 형제를 죽일 수 있는 것입니다. 예배의 실패는 삶의 실패입니다. 분노에 사로잡힌 가인은 우리 안에 두 가지 형태로 나타납니다.

한 가지 형태는 가인처럼 그 분노를 다른 사람에게 쏟아 놓는 것입니다. 그러면 살인을 하게 됩니다. 편집증적으로 다른 사람을 괴롭힙니다. 또 한 가지 형태는 자기 안에 일어나는 분노를 자기 자신에게 쏟아 놓는 것입니다. 그러면 자살하게 됩니다. 스스로 목숨을 해치는 것입니다. 우울증에 빠지고 낙심하는 것입니다. 어느 쪽이든 우리 안에 있는 가인 때문에 일어난 일입니다. 여자의 후손이 오셔서 예수 그리스도의 보혈로 우리를 덮어 주시지 않으면 우리는 죄에 덮여 사는 인생이 되는 것입니다. 날마다 이렇게 기도하며 주님의 십자가를 붙잡고 사시길 바랍니다. "주님의 십자가의 보혈로 나를 덮어 주시옵소서." 그렇지 않으면 우리가 문을 열고 나가는 그 순간, 죄가 우리를 덮치는 것입니다.

죄에 지배당하지 않고 사는 유일한 비결은, 우리 가운데 있는 가인을 날마다 십자가의 보혈로 씻어 내는 것입니다. 참된 믿음으로 하나님 앞에 우리의 삶을 올려 드림으로써 죄의 지배를 받지 않고 성령의 능력의 지배를 받게 하는 것입니다. 우리 안에 있는 가인을 죽이는 것입니다. 분노, 우울, 다른 사람에 대한 미움 등 우리 안에 있는 가인을 성령의 능력으로 정리하기를 축원합니다.

하나님은 가인에게 징벌을 내리십니다. 이제 땅이 제대로 너에게 응답하지 않을 것이라고 하십니다. 그리고 도망자로, 유리하는 자로 살 것이라고 하십니다. 그러자 가인이 하나님 앞에 호소합니다. "하나님, 너무 과합니다. 너무 형벌이 큽니다." 얼마나 우스운 얘기입니까? 아무 죄 없는 자기 형제를 그렇게 죽여 놓고, 자신을 바로 죽이지 않으시고 도망하는 자로 살게 하시는 하나님의 은혜는 생각 안 하고 이렇게 말합니다. "하나님! 그렇게 유리하며 도망하는 삶은 너무 과합니다."

이것이 죄인의 모순된 모습입니다. 자기가 받는 것은 언제나 과한 형벌이라고 생각하는 것입니다. 자기가 한 일은 생각하지 않고, 항상 피해 의식에 사로잡혀 있습니다. 불필요한 피해망상입니다.

하나님은 이렇게 말씀하십니다. 은혜로 가인을 다스려 주시는 것입니다. "누구든 가인을 죽이는 사람은 일곱 배로 복수를 당할 것이다." 가인이 의로

하늘은 땅에서 열린다

운 사람이어서가 아닙니다. 하나님의 계획은 무엇입니까? 가인이 방황하며 유리하며 떠도는 인생으로 사는 것입니다. 그런데 누가 복수를 해 버리면 어떻게 합니까? 하나님의 말씀대로 그는 유리하는 자로 살아야 하는 것입니다. 평생 유리하는 자로 살면서 자신이 범한 죄의 대가를 생각해야 합니다. 하나님이 그에게 회복의 기간, 회개의 기간을 주신 것입니다. 그리고 복수하는 것은 하나님께 맡겨진 것이기 때문에 사람이 함부로 복수하지 않도록 하나님의 공의를 지키신 것입니다.

아벨을 죽인 가인의 사건을 통해 타락이 얼마나 흉측한 것인지 알 수 있습니다. 하나님이 금지하신 명령을 어겼을 때 아담과 하와뿐 아니라 그 자손들에게까지 미친 그 엄청난 영향, 하나님과의 관계가 깨진 영적인 죽음의 상태가 얼마나 무섭습니까? 이 세상에 일어난 일들을 보면, 영적인 죽음의 상태가 곳곳에 나타나고 있습니다. 죄의 지배를 받고 있는 인생이 얼마나 끔찍한 인생인지를 보여 주고 있습니다. 모두가 가인의 모습들입니다. 이제 여자의 후손으로 오신 예수 그리스도의 십자가를 의지함으로 우리 안에 있는 가인, 이 세상 속에 있는 모든 가인이 다 씻음 받게 되기를 기도합니다.

¹⁶그 후 가인은 여호와 앞을 떠나 에덴의 동쪽 놋 땅에서 살게 됐습니다. ¹⁷가인이 그의 아내와 동침하니 그녀가 임신해 에녹을 낳았습니다. 가인은 성을 세웠는데 그 성의 이름을 아들의 이름을 따서 '에녹'이라 지었습니다. ¹⁸에녹에게서 이랏이 태어났고 이랏은 므후야엘을 낳았고 므후야엘은 므드사엘을 낳았고 므드사엘은 라멕을 낳았습니다. ¹⁹라멕은 아내가 둘이었는데 하나는 이름이 아다고 다른 하나는 씰라였습니다. ²⁰아다는 야발을 낳았는데 그는 장막에 살며 가축을 기르는 사람들의 조상이 됐습니다. ²¹그의 동생의 이름은 유발인데 그는 하프와 피리를 연주하는 사람들의 조상이 됐습니다. ²²씰라도 아들을 낳았는데 그의 이름은 두발가인으로 청동과 철로 각종 도구를 만드는 사람이었습니다. 두발가인의 누이동생은 나아마였습니다. ²³라멕이 자기 아내들에게 말했습니다. "아다여, 씰라여, 내 말을 들어라. 라멕의 아내들이여, 내 말에 귀를 기울여라. 내게 상처를 입힌 남자를 내가 죽였다. 나를 상하게 한 젊은이를 내가 죽였다. ²⁴만약 가인을 위한 복수가 일곱 배라면 라멕을 위해서는 77배나 될 것이다." ²⁵아담이 다시 그의 아내와 동침하니 하와가 아들을 낳아 셋이라 이름 짓고 그 이유를 이렇게 말했습니다. "가인이 죽인 아벨을 대신해서 하나님께서 내게 다른 씨를 주셨다." ²⁶셋도 아들을 낳아 그 이름을 에노스라 했습니다. 그때 사람들이 비로소 여호와의 이름을 부르기 시작했습니다.

chapter 15

하나님 없는 자손,
하나님 있는 자손

창세기 4:16-26

이 세상에는 두 종류의 인류가 존재합니다. 뱀의 후손과 여인의 후손입니다. 이 세상에는 수많은 인구가 있습니다. 그러나 이 세상의 인구는 결국 딱 두 사람입니다. 아담과 예수 그리스도! 아담에게 속한 사람과 예수 그리스도께 속한 사람! 육신적인 아담에게 속한 사람은 뱀의 후손으로 끝납니다. 그러나 예수 그리스도께 속한 사람은 여인의 후손으로 오신 그분에게 속함으로 하나님을 예배하는 경건한 후손이 됩니다.

언제나, 영원히 선하신 하나님

우리는 이렇게 하나님 앞에서 문제를 하나씩 해결해 가는 것이 하나님과 동행하는 기쁨인 줄로 믿어야 합니다. 나의 시간표대로 되지 않는다고 해서 하나님의 선하심을 의심하는 것은 절대로 안 됩니다. 하나님의 선하심을 의심할 때 타락이 시작되었습니다. 사탄이 뱀을 통해 첫 번째로 한 질문이 무엇입니까? 하나님의 선하심에 대한 의구심을 갖게 하는 것입니다. "하나님이 금지하신 것이 선하신 것이냐? 하나님이 정말 그렇게 금지하셨단 말이냐?" 하나님은 모든 열매를 금지하지 않으셨습니다. 단 한 가지 나무 열매만 금지하셨고, 그것과 비교할 수 없는 놀라운 자유와 선택의 축복을 주셨습니다. 그런데 그것은 생각하지 않고 단 한 가지의 금지를 확대해서 마치 하나님이 선하시지 않은 것처럼, 인간을 억압하고 제한하고 탄압하는 악한 하나님인 것처럼 왜곡해서 질문을 던졌습니다.

고난과 아픔과 시련과 이해할 수 없는 상황 속에 부딪친다 할지라도 하나님이 선하신 분이라는 것만 의심하지 않으면 상황은 풀립니다. 이 모든 고난에도 불구하고 우리 하나님은 선하십니다. 하나님은 옳으십니다. 억울해서 못 살지라도 사람은 선하지 않지만 하나님은 선하십니다. 그 선하심을 꽉 붙잡으면 인간과 인간 사이에, 또 타락한 세상 속에 살아갈 때 휘말려 들어가는 악의 구조 속에서 나올 수 있습니다. 나를 향한 하나님의 계획도 선하고, 나의 가정을 향한 하나님의 계획도 선합니다.

포도원에서 하루 종일 일한 일꾼은 한 시간 일한 일꾼도 한 데나리온을 받았을 때 불평했습니다. "어떻게 하루 종일 일한 나와 한 시간 일한 저 사람이 동일하게 받을 수 있습니까?" 그때 포도원 농부가 이렇게 말했습니다. "내가 선하므로 네가 악하게 보느냐? 한 데나리온 주는 것이 약속돼 있으니 약속을 지켰다." 그런데 적게 일한 사람에게 더 많이 준 것은 악한 것이 아니라 선한 것입니다. 이 세상의 평등이라는 기준으로 볼 때는 12시간 일하면 12배를 줘야 하는데, 1/12 일한 사람에게 12배를 준 것을 보고 하나님은 악하다고 한 것입니다.

우리 마음속에서는 나보다 적게 일한 사람, 나보다 늦게 예수 믿은 사람이 나보다 더 큰 축복을 받는 것처럼 보일지 모르지만 하나님은 나에게도 동일한 은혜를 여전히 베푸시는 선하신 분입니다. 비교를 통해서, 나 자신의 선입견과 잘못된 판단에 의해서 하나님의 선하심을 의심하는 것이 타락의 증거입니다.

어떤 성도님이 이런 질문을 저에게 하셨습니다. "가인이 그렇게 동생을 죽이는 살인을 했는데, 선하신 하나님이 그를 보호해 주시는 것이 합당한 일입니까?" 아주 좋은 질문입니다. 질문하신 분이 초신자라고 하는데 성경을 꿰뚫을 수 있는 아주 좋은 혜안을 하나님이 은사로 주신 것 같습니다. 이런 질문을 많이 던지는 것은 성경에 나타난 하나님의 계획을 잘 분별할 수 있게 해 주는 것입니다.

왜 하나님은 가인을 보호해 주셨을까요? 두 가지 이유가 있습니다. 첫째로, 가인에게 내려진 징벌이 무엇입니까? "너는 도망하는 자로, 유리하는 자로 살 것이다." 이것이 하나님이 내리신 징벌입니다. 만일 누군가 가인에게

하늘은 땅에서 열린다

복수를 해서 가인이 순간적으로 목숨을 잃게 되면 어떻게 됩니까? 무슨 문제가 생깁니까? 가인이 죽는 것이 문제이기도 하지만, 하나님이 가인에게 내리신 징벌, 가인이 유리하는 자로, 도망하는 자로, 떠돌이로 살아야 한다는 하나님의 말씀이 훼손당하는 것입니다. 그래서 하나님은 가인을 보호하신 것입니다. 선하신 하나님이 죄를 범한 자에게 마땅히 내리신 징벌을 가인이 평생 받기 위해서는 하나님이 보호하셔야 했습니다. 가인이 잘해서 보호하시는 것이 아니라, 가인에게 내려진 징벌이 실행되기 위해서, 하나님의 계획이 이루어지기 위해서 보호하신 것입니다.

또 하나, 누군가 인간에 의해서 보복당하는 것을 하나님은 처음부터 금하신 것입니다. 개인적인 복수는 또 다른 악을 불러옵니다. 신명기에서 "눈에는 눈, 이에는 이"라고 율법을 주신 것은 사람이 사람에게 복수하라는 뜻이 아닙니다. 하나님의 공의로운 재판을 통해서 합당한 보응이 이루어져야지 복수가 인간에게 맡겨지면 안 됩니다. 인간의 복수심은 언제나 증가하게 되어 있습니다. 한쪽 눈이 상하면 양쪽 눈을 상하게 하고, 한쪽 귀가 상하면 그냥 온몸을 상하게 합니다. 그래서 하나님의 선하심이 이 땅에 나타나기 위해서는 개인적인 복수를 금하셔야 했습니다. "하나님이 모든 세상의 악에 대해서 심판하시니 너희는 스스로 복수하려고 하지 마라"는 원리를 가르쳐 주시기 위해서 가인을 보호하신 것입니다.

가인은 비록 타락했지만, 여전히 그는 하나님의 형상입니다. 예수님이 이 세상에 오셔서 많은 죄인들과 교제하시고 식사하시고 그들과 삶을 나누신 이유는 무엇입니까? 그들이 옳다는 것이 아닙니다. 그들은 비록 타락했지만, 그들 속에도 여전히 하나님의 형상이 있습니다. 하나님의 형상대로 지음 받은 인간이기에, 인권은 하나님의 형상으로부터 시작해야 합니다. 하나님의 형상에 대한 이해가 없는 인권은 또 하나의 무기가 될 수 있습니다. 아무리 타락한 인간이라 할지라도 그 안에 하나님의 형상이 남아 있다는 것, 이것이 인간의 존엄성과 가치를 결정해 주는 것입니다.

가인의 타락한 문화

가인은 이제 에덴동산뿐 아니라 여호와 앞을 떠나 방황하는 인생을 살게 되었습니다.

"그 후 가인은 여호와 앞을 떠나 에덴의 동쪽 놋 땅에서 살게 됐습니다"(16절).

'놋'은 '휴식이 없는 땅', '방황의 땅'이라는 뜻입니다. 가인은 놋 땅에 정착하기 시작했는데, 사실 그가 어느 곳에서 정착하든 상관없이 그는 방황하는 인생입니다. 하나님을 떠났기 때문입니다. 여호와 앞을 떠난 것 자체가 방황입니다.

고향을 떠난 두 종류의 사람들이 있습니다. 아브라함도 갈대아 우르를 떠나서 여러 곳을 다녔습니다. 그러나 그의 인생을 특징짓는 것은 무엇입니까? 그가 어느 곳에 가든지 단을 쌓고 하나님을 예배했다는 것입니다. 고향이 어딘지도 모르는 분, 고향을 두고 내려오신 분, 이주해서 사시는 분, 가고 싶은 고향이 있지만 못 가는 안타까운 분들이 있습니다. 그러나 이 세상을 아무리 많이 돌아다니고 이사를 아무리 많이 해도, 어느 곳에 가든지 하나님의 임재 앞에 사는 사람들은 외롭지 않습니다. 방황하는 사람들이 아닙니다. 하나님의 임재가 있는 곳이 고향입니다. 그러나 하나님의 임재를 떠나면 한 곳에 50년을 살아도 방황하는 땅에 살게 되는 것입니다. 방랑의 인생을 살게 됩니다. 휴식 없는 인생, 고향을 한 번도 떠나지 않았어도 고향이 없는 인생이 바로 가인의 인생입니다.

그는 여호와 앞을 떠나 놋 땅에 거주했습니다. 그 땅에서 가인은 아내와 동침하고, 그녀가 에녹을 낳았습니다. 이런 질문을 하시는 분들이 있습니다. "가인과 아벨밖에 없었는데 이 아내는 어디서 나온 것입니까?" 앞에서 살펴본 대로 가인과 아벨만이 자손이 아니었습니다. 가인의 시대에서는 많은 사람들이 번성하고 있었기 때문에 아내를 만날 수가 있었던 것입니다.

그가 자녀를 낳았는데 에녹이라고 했습니다. 그런데 이것은 어떻게 보면 하나님의 창조 질서 안에 속한 것입니다. 아내를 만나서 자녀를 낳고 번성하여 땅에 충만한 것입니다. 그런데 17절을 보면, 또 한 가지 한 일이 있습니다. 가인은 성을 세웠는데 그 성의 이름을 아들의 이름을 따서 에녹이라고 지었습니다. 가인이 최초의 도시를 만든 것입니다. 이것에 근거해서 도시 자체를 악한 것으로 규정하는 분들도 있습니다. 도시 자체가 악한 것이라고 보는 관점은 좀 극단적이지만, 상당히 일리가 있는 것은 도시 속에 얼마나 많은 악이 있습니까? 사실 죄지을 일은 시골보다는 도시가 더 많습니다. 그렇다고 해서 시골에는 악이 없다는 얘기가 아닙니다. 첨단 죄들은 사실 시골보다는 도시에서 더 많이 나타난다는 것입니다.

하나님이 가인에게 주신 벌은 무엇입니까? 유리하는 자로 사는 것입니다. 그런데 지금 가인은 하나님의 징벌을 피하려고 합니다. 너무 힘들고 외롭고 두려운 것입니다. 떠도는 인생이 얼마나 고달픕니까? 떠도는 인생을 살지 않으려고 성을 쌓고, 정착해서 도시를 건설하려고 성벽을 쌓은 것입니다. 이 성벽은 보호하기 위한 것입니다. 자신을 보호하려는 것입니다. 떠도는 인생으로 살아가야 할 운명을 피하려고 스스로 성을 쌓는 것입니다.

그러나 하나님이 뭐라고 말씀하셨습니까? "내가 너를 보호한다. 두려워하지 마라. 너는 방황하는 인생을 살지만, 너는 내가 지켜 준다." 하나님이 보호한다는 표식을 준다고 하셨지만, 가인은 믿지 않았습니다. 그래서 스스로 보호하려고 자신만의 성을 쌓은 것입니다. 그런 의미에서 가인이 세운 최초의 성은 하나님에 대한 반역의 성입니다. 하나님의 보호하심을 인정하지 않은 것입니다. 가인은 새로운 에덴을 스스로 창설한 것입니다.

에녹은 '시작', '계시'라는 의미가 있습니다. 그 의미는 좋은데 가인이 만든 새로운 에녹은 하나님의 나라가 아니라, 자신이 만든 자신의 나라였습니다. 자신을 스스로 보호하고, 자신이 통치하는 나라였습니다. 그래서 도시의 잘못된 기능 중 하나로 지적하는 것이, 도시에서 서로 협력하고 북돋으며 살다 보니까 하나님 없이도 살 수 있다고 느끼게 되는 것입니다. 모든 필요가 다 채워지기 때문입니다. 시골이나 자연 속에 있으면 하나님의 임재를 쉽게 느낄 수 있고 하나님을 의지할 수 있지만, 도시에서 인간은 서로 의지하면서 오히려 하나님을 쉽게 잊어버릴 수 있는 것입니다. 이 지적은 상당히 일리가 있는 말입니다.

가인이 이렇게 하나님 없는 자신만의 성을 쌓고, 자신만의 새로운 에덴을 만든 것은 또 다른 새로운 타락이요, 또 다른 새로운 불순종입니다. 여기에 또 한 가지 문제가 있습니다. 그것은 자기 아들의 이름을 따서 성의 이름을 붙인 것입니다. 이것이 하나님 나라의 임재를 잃어버린 모습입니다. 고대 로마에서는 성에 황제의 이름을 많이 붙였습니다. 빌립보라는 도시도 로마 황제의 이름을 따서 붙인 것입니다. 그것이 타락한 세상에 나타나는 증거입니다. 하나님 나라를 잊어버리고 인간의 나라를 세워 가는 모습이 바로 가인에게 나타난 모습입니다.

이렇게 세워진 도시는 세속화된 도시였습니다. 그럼에도 불구하고 하나님은 타락한 가인의 후예들을 통해서 문화를 발전시키셨습니다. 이것 또한 하나님의 긍정적인 계획이 반영된 것입니다. 비록 가인이 타락한 존재였고 그 자녀들에게도 타락한 모습이 나타났지만, 하나님은 태초에 인간에게 주신 명령, 지상 명령이라고 할 수 있는 '땅을 정복하고 땅에 충만하고 다스리는 자'로서의 능력을 이어 가게 하심으로 하나님의 목적을 이루어 가시는 것입니다.

20-22절을 보면 아다가 낳은 야발은 가축을 기르는 사람들의 조상이 되었고, 그의 동생 유발은 하프와 피리를 연주하는 사람들의 조상이 되어 음악이 발전했고, 씰라가 낳은 두발가인은 청동과 철로 각종 도구를 만드는 사람이 되었습니다. 이렇게 각종 도구와 연장을 개발함으로써 인간이 땅을 경작하고 가축을 기르고 음악을 연주할 수 있는 소위 문화가 생산되기 시작했습니다. 하나님이 이 세상을 정복하는 인간에게 주신 창의적 능력으로 문화 명령을 이루어 가는 것입니다. 우리는 타락한 하나님의 형상이지만, 이 땅을 정복하고 번성하게 하는 하나님의 목적은 여전히 취소되지 않았다는 것을 볼 수 있습니다.

그런데 문화에는 두 가지 종류가 있다는 것을 잘 알아야 합니다. 인간이 만든 최초의 문화는 옷입니다. 아담과 하와가 타락했을 때 자신들의 부끄러움을 덮기 위해서, 그 죄를 덮기 위해서 만든 옷이 최초의 문화입니다. 'culture' 라는 단어의 어원은 '덮는다'라는 뜻의 'cover'와 연결됩니다. 죄를 덮기 위해서 최초의 문화가 발전했습니다. 그래서 이 세상의 문화를 보면 두 종류의 문화가 있습니다. 한 종류의 문화는 죄를 덮고 포장하기 위해서 발전한 문화입니다. 예를 들어서 프랑스 사람들이 몸을 잘 안 씻어서 냄새를 덮기 위해 향수가 발달했다고 합니다. 이처럼 문제를 덮기 위해 발전하는 문화가 있고, 세상을 건강하게 다스리고 정복하기 위해 발달하는 문화가 있습니다. 아름다운 악기를 만들고, 새로운 도구를 통해서 땅을 경작하는 것들은 건설적인 문화를 재생산하는 것입니다.

이 두 가지가 동시에 퍼져 나가기 시작한 것입니다. 그래서 모든 종류의 문화를 악하다고 보는 것은 문제가 있습니다. 초대 교회의 역사를 보면 모든 종류의 문화를 배척했던 사람들이 있고, 반대로 모든 종류의 문화를 무조건

하늘은 땅에서 열린다

적으로 흡수했던 사람들이 있습니다. 양쪽 다 극단입니다. 이 세상의 문화는
비평적으로 수용할 것은 수용하고 발전시킬 것은 발전해야 합니다. 믿지 않
는 사람들에게서 발전된 문화라고 해도 본받을 것이 있으면 본받을 수 있습
니다. 그러나 무조건 다 본받을 수 있는 것은 아닙니다. 그 속에서 하나님이
인간에게 주신 창조적인 능력, 개발 능력, 온 땅을 정복하고 땅에 충만함을
이루라는 하나님의 명령을 이루는 데 쓰임 받는 문화는 우리가 수용할 수 있
는 것입니다.

초대 교회에서 터틀리안이라는 신학자는 모든 종류의 문화를 배격했고,
클레멘트라는 학자는 수용해야 한다고 했습니다. 그래서 문화 배척자와 문
화 수용자로 나뉘었습니다. 그러나 교회가 모든 문화를 배척했다면 교회도
함께 사라졌을 것입니다. 하나님은 우리에게 지상 명령을 통해 문화 명령도
하셨습니다. 우리는 이 세상의 모든 문화를 정복하고 다스리고 땅에 충만해
야 합니다. 하나님은 그리스도인이 만든 노래가 세상 속에 불리고, 그리스도
인이 만든 디자인, 음악 등을 통해 이 세상이 정복되길 원하십니다. 어떤 교
단에서는 예배 시간에 모든 종류의 악기를 다 금한다고 합니다. 피아노도 치
면 안 되고 인간의 소리로만 불러야 하는 교단이 실제로 한국에도 있습니다.
그러나 갈수록 그 뿌리가 약해집니다. 교파가 무악기파, 유악기파로 나뉘고
피아노를 치느냐, 안치느냐로 나뉩니다. 극단적인 문화 배척은 하나님의 창
조성을 배척하는 행위입니다. 오히려 잘 수용함으로써 세상 문화를 건강하
게 발전시켜 가는 적극적인 문화관을 가져야 합니다. 가인의 후예를 통해서
문화가 발전하고 개발됐다고 해서 "이건 다 쓸모없는 것이다"라고 보면 안
됩니다. 이것을 통해서도 하나님은 목적을 이루어 가십니다.

그런데 가인의 후예들에게서 나타나는 잘못된 문화가 곳곳에 있습니다. 그
것은 라멕이라는 사람을 통해서 분명히 나타납니다.

"라멕은 아내가 둘이었는데 하나는 이름이 아다고 다른 하나는 씰라였습니다"
(19절).

아내가 둘이라고 했습니다. 하나님의 창조 질서를 거스르는 문화가 생겨
난 것입니다. 일부다처제가 생겨났습니다. 어떤 분은 "성경에 나오기만 하면
다 그렇게 살아도 되는 것 아닙니까?"라고 하는데, 그렇지 않습니다. 성경에
는 그렇게 살지 말라고 기록한 것도 많습니다. 아내가 둘인 사람은 아무렇지

209

도 않게 셋도 얻게 됩니다. 다윗은 왜 그렇게 쉽게 밧세바를 취할 수 있었습니까? 그 당시의 왕들이 하던 것처럼 이전에 많은 아내들을 두고 있었기 때문입니다. '한 명 더 들인다고 해서 무슨 문제가 있겠는가?' 이런 생각을 한 것입니다. 하나님이 참으시다가 지적하시고, 또 징벌하신 것입니다. 잘못된 문화가 하나님의 가정 질서를 깨트리고 파괴시키는 것입니다.

"라멕이 자기 아내들에게 말했습니다. "아다여, 씰라여, 내 말을 들어라. 라멕의 아내들이여, 내 말에 귀를 기울여라. 내게 상처를 입힌 남자를 내가 죽였다. 나를 상하게 한 젊은이를 내가 죽였다"(23절).

얼마나 끔찍합니까? 라멕이 자기 아내들에게 이렇게 말합니다. 사실 말이라기보다는 일종의 노래와 같습니다. 그 당시에 만들어진 어떤 악기를 가지고 이런 노래를 불렀을지 모릅니다. 이것은 일종의 아내에게 바치는 노래였을지 모릅니다. 아내에게 바치는 노래라면 어떤 노래가 되어야 합니까? "젖은 손이 애처로워 살며시 잡아 본 순간." 이런 노래가 나와야 하지 않습니까? 아내의 희생에 대해서 애틋해하는 노래가 나와야 하는데, 어떤 노래가 나옵니까? "잘 들어라. 누가 내게 상처를 입혔는데 내가 죽였다. 누가 나를 상하게 했는데 내가 그 젊은이를 죽여 버렸다." 아내에게 바치는 노래가 죽음과 복수와 폭력에 대한 자신의 잔인성을 자랑하는 노래가 되었습니다.

설교를 준비하면서 〈아내에게 바치는 노래〉가 생각이 났는데 가사가 "젖은 손이 애처로워"밖에 생각이 안 나는 것입니다. 그래서 인터넷으로 검색해 봤더니 〈아내에게 바치는 노래〉는 안 나오고 윤형주 장로님의 노래만 계속 나왔습니다. 그래서 쎄시봉 노래를 들으면서 설교 준비를 했더니 너무 잘되는 것입니다. 노래 가사가 너무 건강하고 은혜로워서 두 곡을 들으면서 본문을 준비했습니다. 노랫말이 건강해야 합니다. 요즘 젊은이들이 부르는 노래를 보면 너무 폭력적이고 잔인하고 사탄적입니다. 과거에 우리가 불렀던 노래를 보면 가사가 건강하고, 삶과 사랑의 본질을 가르쳐 주고, 희생을 가르쳐 주고, 헌신을 노래하고, 기쁨을 노래했습니다. 건강한 공동체를 이루는 노래였습니다. 문화계를 건강하게 만들어서 노래를 바꿔 주는 일이 필요합니다.

라멕은 얼마나 끔찍합니까? 다른 사람이 나에게 상처를 입혔는데 복수로 죽였다는 것입니다. 그것을 아내들에게 자랑스럽게 얘기합니다. "내가 이렇게 힘이 센 남자다. 내가 이렇게 강력한 남자다." 자신의 폭력을 자랑하고 즐

하늘은 땅에서 열린다

기는 문화가 가인의 후예 속에 나타났습니다. 이뿐이 아닙니다. 24절에 보면, 법을 만들었습니다.

"만약 가인을 위한 복수가 일곱 배라면 라멕을 위해서는 77배나 될 것이다."

라멕은 가인이 만든 에녹 성의 성주입니다. 그래서 자신이 법을 만드는 것입니다. 이전에 가인에 대한 복수가 7배였다면, 나를 위한 복수는 77배가 될 것이라는 말입니다. 말도 안 되는 것입니다. 하나님의 통치, 하나님의 다스리심, 하나님의 공의는 온데간데없고, 개인적인 복수만 있습니다. 그것도 공의로운 복수가 아니라 악한 복수입니다. 77배의 복수를 법으로 만든 성을 통치하게 되었다는 것은 끔찍한 일입니다. 하나님이 주신 창의적인 능력으로 각종 청동과 철로 된 도구를 만들었습니다. 그 도구로 집을 만들고 개간하고 황폐한 땅을 일구는 것이 아니라, 사람을 죽이는 무기를 만들고 그 무기로 자신을 해한 사람을 77배로 복수합니다. 가인의 후예들의 악하고 폭력적이고 타락한 문화를 보여 주는 것입니다.

희망의 소식

가인의 후예들이 이렇게 흘러가는데, 여기에 희망의 소식이 있습니다.

"아담이 다시 그의 아내와 동침하니 하와가 아들을 낳아 셋이라 이름 짓고 그 이유를 이렇게 말했습니다. '가인이 죽인 아벨을 대신해서 하나님께서 내게 다른 씨를 주셨다.' 셋도 아들을 낳아 그 이름을 에노스라 했습니다. 그때 사람들이 비로소 여호와의 이름을 부르기 시작했습니다"(25-26절).

하나님이 아들이 부족해서, 자녀가 부족해서 더 낳게 하신 것이 아닙니다. 그 많은 자손 중에서 특별히 아벨의 사명과 임무를 대신할 셋을 주신 것입니다. 하나님이 다른 씨를 주신 것입니다. 타락한 가인의 후손들과는 다른, 여인의 후손에 속한 씨입니다. 가인의 후예는 한마디로 어디에 속한 씨입니까? 뱀의 후손입니다. 뱀이 하는 것과 똑같은 일을 하고 있습니다. 인간이지만, 차마 인간으로는 할 수 없는 일을 합니다. 사탄의 노예가 된 인생은 뱀이 하는 것과 똑같은 일을 합니다. 그리고 뱀의 후손이라고 불리는 것입니다. 그런데 아벨의 씨를 이어 가는 여자의 후손이 있습니다.

구약에서는 '시기'라는 단어가 아주 중요합니다. 두 개의 씨가 있는데, 뱀의 씨와 여자의 씨입니다. 뱀의 후손과 여자의 후손이 계속 긴장 상태로 주어지는 것입니다. 하나님이 다른 씨를 주셨는데, 그가 셋입니다. 그리고 에노스 때 사람들이 여호와의 이름을 부르기 시작했습니다. 하나님을 향한 공적인 예배가 처음으로 시작된 것입니다. 타락한 세상 속에, 하나님을 배역한 세상 속에 하나님의 이름을 부르며 예배하는 자들이 생겨난 것입니다. 경건한 후손이 일어나기 시작한 것입니다. 결국 이 셋의 후손에서 누가 태어납니까? 메시아가 태어납니다. 셋의 후손에서 아브라함이 태어나고, 아브라함의 후손에서 메시아가 태어나고, 여인의 후손의 족보가 이루어집니다.

창세기에는 족보가 많이 나오는데, 하나님이 이 땅에 보내신 거룩한 씨, 메시아의 씨를 이어 가는 계보를 보여 주기 위해서 족보를 중심으로 기록된 것입니다. 이 세상에는 두 인류가 존재합니다. 뱀의 후손과 여인의 후손입니다. 이 세상에는 수많은 인구가 있습니다. 70억 가까이 된다고 하는데, 그러나 이 세상의 인구는 결국 딱 두 사람입니다. 아담과 예수 그리스도! 아담에게 속한 사람과 예수 그리스도께 속한 사람! 육신적인 아담에게 속한 사람은 뱀의 후손으로 끝납니다. 그러나 예수 그리스도께 속한 사람은 여인의 후손으로 오신 그분에게 속함으로 하나님을 예배하는 경건한 후손이 됩니다.

인간들은 하나님을 배역함으로 스스로 성을 쌓고 자신만의 나라를 이루었지만, 하나님은 하나님의 나라를 이 땅에 이루시는 목적을 포기하지 않으셨습니다. 경건한 셋의 후손을 통해 하나님을 예배하고 하나님이 영광 받으시는 나라를 계속 이루어 가시는 것을 보게 됩니다. 오늘 우리를 셋의 후손으로 택해 주시고, 하나님을 예배하는 자로 세워 주신 것을 감사합니다. 이 땅의 악한 문화, 악한 도시, 스스로 성을 쌓는 이 세상 가운데서 나를 위한 성이 아니라 하나님을 예배하는 성을 세우고, 나를 위한 도시가 아니라 하나님을 위한 거룩한 도시를 만들어 가고, 거룩한 문화를 만들어 가는 우리가 되기를 주님의 이름으로 축원합니다.

하늘은 땅에서 열린다

하나님의 형상에 대한 이해가 없는 인권은
또 하나의 무기가 될 수 있습니다.
아무리 타락한 인간이라 할지라도
그 안에 하나님의 형상이 남아 있다는 것,
이것이 인간의 존엄성과 가치를 결정해 주는 것입니다.

¹아담의 역사에 대한 기록은 이렇습니다. 하나님께서 사람을 창조하실 때 하나님의 형상을 따라 만드셨습니다. ²하나님께서 그들을 남자와 여자로 만드셨습니다. 그들이 창조되던 날에 하나님께서 그들에게 복을 주시고 그들의 이름을 '사람'이라 부르셨습니다. ³아담이 130세에 자기의 모양을 따라 자기의 형상대로 아들을 낳고 그 이름을 셋이라고 불렀습니다. ⁴셋을 낳은 후 아담은 800년을 더 살면서 다른 자녀들을 낳았습니다. ⁵아담은 모두 930년 동안 살다가 죽었습니다. ⁶셋은 105세에 에노스를 낳았습니다. ⁷에노스를 낳은 후 807년을 더 살면서 다른 자녀들을 낳았습니다. ⁸셋은 모두 912년을 살다가 죽었습니다. ⁹에노스는 90세에 게난을 낳았습니다. ¹⁰게난을 낳은 후 815년을 더 살면서 다른 자녀들을 낳았습니다. ¹¹에노스는 모두 905년을 살다가 죽었습니다. ¹²게난은 70세에 마할랄렐을 낳았습니다. ¹³마할랄렐을 낳은 후 840년을 더 살면서 다른 자녀들을 낳았습니다. ¹⁴게난은 모두 910년을 살다가 죽었습니다. ¹⁵마할랄렐은 65세에 야렛을 낳았습니다. ¹⁶야렛을 낳은 후 830년을 더 살면서 다른 자녀들을 낳았습니다. ¹⁷마할랄렐은 모두 895년을 살다가 죽었습니다. ¹⁸야렛은 162세에 에녹을 낳았습니다. ¹⁹에녹을 낳은 후 800년을 더 살면서 다른 자녀들을 낳았습니다. ²⁰야렛은 모두 962년을 살다가 죽었습니다. ²¹에녹은 65세에 므두셀라를 낳았습니다. ²²므두셀라를 낳은 후 300년 동안 하나님과 동행하며 다른 자녀들을 낳았습니다. ²³에녹은 모두 365년을 살았습니다. ²⁴에녹은 하나님과 동행하다가 세상에서 사라졌는데 하나님께서 그를 데려가셨기 때문입니다. ²⁵므두셀라는 187세에 라멕을 낳았습니다. ²⁶라멕을 낳은 후 782년을 더 살면서 다른 자녀들을 낳았습니다. ²⁷므두셀라는 모두 969년을 살다가 죽었습니다. ²⁸라멕은 182세에 아들을 낳았습니다. ²⁹그는 아들의 이름을 노아라 부르면서 "여호와께서 저주하신 땅으로 인해 우리가 겪는 일과 우리 손의 수고로움으로부터 이 아들이 우리를 위로할 것이다"라고 말했습니다. ³⁰노아를 낳은 후 라멕은 595년을 더 살면서 다른 자녀들을 낳았습니다. ³¹라멕은 모두 777년을 살다가 죽었습니다. ³²노아는 500세가 넘어 셈, 함, 야벳을 낳았습니다.

chapter 16

아담의 역사, 믿음의 역사

창세기 5:1-32

창세기 5장에 나타난 족보와 연도와 생존에 대한 기록은 하나님이 얼마나 이 세상을 사랑하시는지를 보여 줍니다. 하나님의 계획은 결코 취소되지 않는다는 것을 너무도 분명하게 보여 주고 있습니다. 우리에게 필요한 것은 경건한 가문에 있었던 영적 긴장감입니다. 얼마나 오래 살았느냐가 중요한 것이 아니라 하나님과 동행하는 인생을 살았느냐, 그리고 하나님의 심판을 의식하고 살았느냐가 중요합니다.

믿음의 족보

창세기 5장은 하나님이 죽은 아벨을 대신하신 셋에 대한 기록입니다. 창세기 4장과 대조를 이루고 있습니다. 창세기 4장은 하나님을 떠난 가인의 후손에 대한 기록입니다. 가인의 후손의 모습은 뱀의 후손의 모습이었습니다. 하나님의 임재를 떠난 방랑의 삶, 유린의 삶입니다. 아무리 성을 쌓고 도시를 건설해도 도시의 소외, 도시의 어두운 그늘, 또 도시에 일어나는 모든 범죄가 있습니다. 하나님을 떠난 인생이기 때문입니다. 하나님의 보호를 의지하지 않고 스스로 성을 쌓고 살아가는 인생의 모습입니다. 얼마나 이 도시에 담이 많고 잠금 장치가 많고, 얼마나 벽이 높고 보안 장치가 잘되어 있습니까? 죄 때문입니다. 정말 믿음으로 살아가고, 서로 사랑하며 살아가는 마을에는 담이 필요 없고, 문을 잠글 필요가 없을 것입니다.

가인의 후손들이 살아가는 모습을 보면 죄 가운데 하나님의 보호도 믿지 않고 약속도 믿지 않고 하나님의 임재 가운데 살아가지 않는 타락한 모습입니다. 결국 그 가운데 태어난 자손들, 특히 라멕의 모습을 보면 살인과 강포와 폭력으로 얼룩진 모습들을 보여 줍니다.

반면에 창세기 5장에 등장한 셋의 후손들은 경건한 후손들입니다. 창세기 5장에도 라멕과 에녹이 등장합니다. 아주 흥미로운 사실입니다. 창세기 4장을 보면 가인의 후손 가운데 에녹이 나옵니다. 성의 이름을 가인의 아들 에녹의 이름을 따서 붙인 좋지 않은 모습으로 나타나는데, 셋의 후손에서도 에녹이 등장합니다. 그러나 그 에녹은 하나님과 동행한 사람입니다. 300년 동안 하나님과 동행하고, 죽음을 보지 않고 들림을 받은 경건한 후손입니다. 또한 셋의 후손에도 라멕이 등장합니다. 가인의 후손인 라멕은 살인과 잔인함과 강포로 가득한 사람이었지만 셋의 후손 중에 나타난 라멕은 노아의 아버지입니다. 심판을 대비해 방주를 준비했던 경건한 가문의 조상으로 등장하고 있습니다. 가인의 후손에서 나타난 에녹과 라멕의 이름, 그 더럽혀진 이름을 셋의 후손이 회복시켜 주는 모습입니다.

창세기 5장 1절을 보면 아담의 족보를 다시 기록하고 있습니다.

"아담의 역사에 대한 기록은 이렇습니다. 하나님께서 사람을 창조하실 때 하나님의 형상을 따라 만드셨습니다. 하나님께서 그들을 남자와 여자로 만드셨습니다. 그들이 창조되던 날에 하나님께서 그들에게 복을 주시고 그들의 이름을 '사람'이라 부르셨습니다. 아담이 130세에 자기의 모양을 따라 자기의 형상대로 아들을 낳고 그 이름을 셋이라 불렀습니다"(1-3절).

마치 하나님이 인간을 처음부터 다시 창조하신 것처럼 기록하고 있습니다. 하나님이 하나님의 형상대로 인간을 창조하시되 남자와 여자로 창조하시고, 아담이 130세에 셋을 창조하셨습니다. 여기에 가인과 아벨은 등장하지 않습니다. 그 밖의 사람들도 등장하지 않습니다. 가인이 기록되지 않은 이유는 하나님을 떠난 인간의 모습이기 때문이고, 아벨이 등장하지 않은 이유는 죽었기 때문이고, 그 밖의 사람들이 등장하지 않는 것은 하나님 나라를 이루어 가는 하나님의 계획에서 일차적인 대상이 아니기 때문입니다.

그래서 창세기에서는 족보가 중요합니다. 창세기는 다섯 번의 족보 사이클로 이루어지는데, 하나님이 새로운 일을 행하실 때마다 족보로부터 시작합니다. 족보를 중요시하는 것은 씨가 중요하다는 것입니다. 하나님이 이 세상 속에 하나님의 나라를 이루어 가는 경건한 사람을 보내시기 위해서 이 창세기의 족보는 아주 중요한 것입니다.

창세기 5장에서 족보를 처음부터 다시 시작하는 것처럼 기록한 것은, 셋이 여자의 후손을 이 세상에 태어나게 하는 조상으로 하나님께 선택받았다는 것을 보여 줍니다. 이 기록을 통해서 우리가 알게 되는 것은 무엇입니까? 비록 아담이 범죄하여 하나님을 배역했지만, 또 가인이 아벨을 죽이는 끔찍한 범죄가 세상에 들어왔지만, 하나님 나라에 대한 하나님의 계획, 하나님이 인간을 창조하실 때 가지셨던 하나님의 목적은 취소되지 않았다는 것입니다. 인간의 반역이 하나님의 계획을 취소시킬 수 없다는 것입니다. 사탄의 훼방도 하나님 나라를 이루어 나가는 계획을 무너뜨릴 수 없습니다. 사탄이 아무리 인간을 쓰러뜨리게 하고 시험에 들게 하고 하나님을 반역하게 할지라도, 하나님이 인간을 만드실 때 가지셨던 계획은 이루어집니다.

그러나 인간은 사탄에게 넘어간 상태이기 때문에 이 세상의 마지막이 오기까지는 두 종류의 인간이 존재합니다. 사탄에 속한 인생인가, 아니면 하나님께 속한 인생인가. 하나님이 사탄에 속한 사람들을 한꺼번에 제거하지 않으시는 이유는 그들을 사랑하시고 그들이 돌아오기를 기다리고 계시고, 그들에게 그러한 기회를 주고 계시기 때문입니다.

그러나 창세기 6장부터 9장까지 보면, 하나님은 기다리고 기다리셨지만, 하나님의 의를 넘어서서 하나님의 거룩하심까지 침범한 가득한 죄에 대해 심판하십니다. 그러나 하나님은 즉시로 심판하시지는 않습니다. 기다리십니다. 기회를 주시는 하나님입니다. 그래서 아담이 930세까지 살지 않습니까? 금지된 열매를 먹은 후에 즉사하지 않았습니다. 육체적 생명이 죽기까지 기간을 두신 것입니다. 우리가 살아 있다는 것은 하나님이 주신 기회입니다. 우리에게 기회를 주시는 하나님입니다.

5장을 보면 아담에서 셋으로 이어져서 태어난 많은 사람들의 생애를 간략하게 기록하고 있습니다. "누구는 누구를 낳고 몇 세를 살고 죽었더라. 또 누가 누구를 낳고 몇 세를 살고 죽었더라." 이 반복되는 패턴이 보여 주는 것은 무엇입니까? 인생에는 죽음이, 종말이 있다는 것입니다. 생애와 종말로 반복되고 있습니다. 일종의 죽음의 사이클입니다. 그리고 이 세상에서 우리가 몇 년을 살더라도 반드시 죽는다는 것을 보여 주고 있습니다.

어쩌면 아담과 하와는 금지된 열매를 먹은 직후에 이렇게 생각했을지도 모릅니다. '어? 안 죽네?' 어쩌면 죽음이 무엇인지도 모를 수 있습니다. 사람들은 죽음의 실존, 죽음의 현실을 한 번도 경험해 보지 않았기 때문에 하나님의 말씀을 잊어버렸을지도 모릅니다. 창세기 2장 17절에서 "그것을 먹는 날에는 네가 반드시 죽을 것이다"라고 말씀하셨을 때, 그 죽음은 아직 인간이 경험하지 못한 상태이기 때문에 죽음을 인식하지 못하는 채로 살아가고 있었습니다. 그러나 아담이 930세에 죽었을 때, 주변에 있던 그의 후손들은 최초의 아담이 죽는 모습을 보고, 또 그 이후의 후손들이 죽어 가는 모습을 보고 "반드시 죽을 것이다"라는 하나님의 말씀이 진리라는 것을 체험하기 시작했을 것입니다.

하나님과 동행하는 인생

창세기 5장에는 죽음의 사이클이 등장합니다. "누가 누구를 낳고 몇 년 동안 살다가 죽었더라." 계속해서 죽음으로 끝나는 인생을 보여 줍니다. 반복의 효과가 있는 것입니다. 지금도 곳곳에서 죽음의 행렬이 이어지고 있습니다. 인류의 역사는 죽음의 역사입니다. 마태복음 1장에서는 "누가 누구를 낳고, 낳고, 낳고…."가 반복됩니다. 마태복음에 나타난 족보에서는 생명의 역사가 시작되는 것을 시각적으로 느낄 수 있습니다.

그런데 창세기 5장에서 죽음의 사이클을 끊는 사람이 등장합니다. 어느 누구도 죽지 않을 수 없었는데, 처음으로 죽지 않은 사람이 등장합니다. 바로 에녹입니다. 에녹은 300년 동안 하나님과 동행했습니다. 그는 365세로 짧게 살았습니다. 그 전에 아담은 930세, 셋은 912세, 에노스는 905세, 전부 900세를 넘었습니다. 요즘에는 90세까지 살기도 힘든데 10배 이상을 산 것입니다. 이것은 노아 홍수 이전의 지구의 상태 때문에 그렇습니다. 노아 홍수 이전에는 하나님이 천지를 창조하실 때 하늘 위의 물과 하늘 아래의 물로 나누심으로써 하늘 위에 수면이 또 있는 상태였습니다. 그 하늘 위에 있는 물이 지구를 보호해 주는 띠가 되어서 온실 효과를 만들어 낸 것입니다. 자외선을 차

하늘은 땅에서 열린다

단하고 방사선도 제거해서 질병을 일으키는 유기체가 적었던 시대입니다. 인간은 타락했지만, 하나님이 만드신 최초의 자연의 상태가 아직까지는 보존되어 있었기 때문에 인간의 수명이 아주 높았던 것입니다.

그 수명을 다 살지 않고, 죽음을 보지 않고 옮겨진 에녹이라는 사람의 기록이 등장합니다.

"에녹은 65세에 므두셀라를 낳았습니다. 므두셀라를 낳은 후 300년 동안 하나님과 동행하며 다른 자녀들을 낳았습니다. 에녹은 모두 365년을 살았습니다. 에녹은 하나님과 동행하다가 세상에서 사라졌는데 하나님께서 그를 데려가셨기 때문입니다"(21-24절).

사람들이 몇 년을 살다가 누구를 낳고 죽었다는 기록이 계속 반복되는데 에녹에 대한 기록은 특별합니다. 그냥 산 것이 아니라 하나님과 동행하며 산 것입니다. 그냥 자녀를 낳은 것이 아니라 하나님과 동행하며 자녀를 낳았습니다. 그냥 흘러가는 인생을 산 것이 아닙니다. 왜 하나님은 에녹을 다른 이들의 3분의 1인 300년을 살게 하시고 데려가셨을까요? 인생의 의미는 길이에 있지 않고 하나님과 얼마나 동행했느냐에 있는 것입니다. 매일매일 일상 속에서 하나님과 동행하는 것이 원래 하나님이 의도하신 목적입니다.

창세기 1-2장에서 "하나님이 에덴동산에서 거니시다"라는 표현이 나오는데 이것은 동행이라는 뜻입니다. 아담이 타락하기 전에 하나님은 아담과 동행하셨습니다. 비록 우리가 아담의 타락한 피를 이어받은 후손으로서, 원죄를 가진 인간이지만 하나님과 동행하는 것이 가능합니다. 하나님은 타락한 인간을 버리지 않으셨습니다. 그리고 타락한 아담의 후손들, 특별히 셋의 후손들 가운데 하나님과 동행하는 역사를 시작하셨습니다.

인생의 의미는 하나님과의 동행입니다. 하나님과 동행하지 않는 인생은 그저 자녀를 낳고 몇 세까지 살다가 죽었다는 것으로 끝나는 인생입니다. 우리의 인생 족보가 에녹과 같은 인생 족보가 되기를 축원합니다. "매일매일 하나님과 동행하는 인생을 살다가 죽었지만, 죽음으로 끝나지 않고 이제 죽은 자 가운데서 다시 살아나는 인생이다." 이런 기록이 있기를 축원합니다. 그래서 우리 성도들의 인생의 묘비는 죽음으로 끝내면 안 됩니다. 묘비에 어떻게 기록되기를 원하십니까? 에녹은 300년 동안 하나님과 동행하다가 죽지 않고 들림 받은 인생이었습니다. 우리 성도들의 묘비에는 "그가 몇 년을 살았지만 이제 그것이 끝이 아니라 부활의 소망을 품고 여기 잠들다. 잠들고 있다"라고 기록될 수 있기를 바랍니다.

히브리서 11장 5절에 "믿음으로 에녹은 죽음을 보지 않고 들림을 받았다"라고 기록하고 있습니다. "들려가기 전에 그는 하나님을 기쁘시게 하는 사람이라는 인정을 받았다"고 합니다. 도대체 에녹이 어떻게 믿음을 가지게 되었고, 무엇을 믿었기에 300년 동안 하나님과 동행할 수 있었을까요? 매우 제한된 정보가 있습니다. 많은 고대, 현대 주석학자들이 에녹이 어떻게 믿음의 삶을 살게 되었는지를 연구했습니다. 고대 세계에서는 자녀들의 이름이 많은 힌트를 줍니다. 그때의 상황, 일어난 사건, 그 사람이 받은 계시가 창세기에 나타난 사람들의 이름에 다 감추어져 있습니다. 므두셀라라는 이름을 연구하기 시작했을 때 학자들은 놀라운 사실을 발견했습니다.

본문 21-22절을 보면 에녹이 믿음의 삶을 살기 시작한 사건을 기록할 때 므두셀라를 낳은 것과 연관하여 설명합니다.

"에녹은 65세에 므두셀라를 낳았습니다. 므두셀라를 낳은 후 300년 동안 하나님과 동행하며 다른 자녀들을 낳았습니다."

하나님과 동행하게 된 삶의 터닝 포인트, 그 전환점이 65세에 므두셀라를 낳은 것입니다. 그 후부터 300년 동안 하나님과 동행했다는 것입니다. 그것은 명백한 사실입니다. 그렇다면 므두셀라를 낳은 사건이 에녹의 삶에 있어서 하나님과 동행하게 된 특별한 계기가 된 것입니다. 학자들이 므두셀라라는 이름을 연구한 결과 그 이름에는 '창을 던지는 사람'이라는 의미가 있습니다. 고대 세계에서 창을 던지는 사람은 굉장히 상징적인 인물인데, 그 사람의 죽음은 그 부족의 죽음이었습니다. 대표성의 원리로 전쟁을 했습니다.

예를 들면 다윗과 골리앗이 싸울 때 골리앗이 무너지자 블레셋이 졌습니다. 골리앗은 창을 던지는 사람, 즉 상징적인 대표성이 있는 군사였던 것입니다. 골리앗이 무너지니까 우리가 졌다고 한 것입니다. 우리 시대에는 이해하기 어려운 것입니다. 한 명이 죽었는데 왜 우리가 다 죽습니까? 많은 병력이 싸우면 되지 않습니까? 그런데 고대 사람들의 사회 인식과 세계관 속에서 대표성의 원리는 오늘날보다 훨씬 강했습니다. 오늘날에도 대표성의 원리는 있습니다. 예를 들면 축구 선수들이 축구 시합에서 지면, "우리나라가 진 거야"라고 합니다. 여전히 대표성의 원리가 적용되고 있는 것입니다.

하늘은 땅에서 열린다

므두셀라라는 이름 속에는 이런 의미가 있습니다. "이 사람이 죽으면 마지막이다. 끝이다. 그리고 심판이 온다." 에녹이 므두셀라를 낳을 때 그 땅에 장차 심판이 임할 것이라는 하나님의 계시가 임했다고 볼 수 있습니다. 그 근거는 유다서 14-15절에 있습니다.

"아담의 7대손 에녹도 이들에 대해 이렇게 예언했습니다. '보라. 주께서 그의 수만 성도들과 함께 임하셨으니 이는 모든 사람을 심판하시고 그들의 경건하지 않게 행한 모든 불경건한 행실과 경건하지 않은 죄인들이 주를 대적해 말한 모든 모욕적 언사들을 책망하시려는 것이다.'"

아담의 7대손 에녹이 예언했습니다. 그 예언의 내용은 무엇입니까? "주께서 모든 사람을 심판하실 것이다. 모든 경건하지 않은 것에 대하여 책망하실 것이다." 에녹이 심판을 예언하는 예언자였다는 것입니다. 창세기 5장에서는 그가 하나님과 동행한 삶만 설명하지만, 여기서는 에녹이 300년 동안 하나님과 동행하면서 한 일까지도 설명하고 있습니다. 그 시대 사람들에게 심판이 올 것이라고 예언했다는 것입니다. "하나님이 언젠가는 심판을 하실 것이다"라는 심판의 말씀을 받아들일 때 우리의 삶은 하나님과 동행할 수밖에 없습니다. 왜 하나님과 동행하지 않는 삶을 삽니까? 이 세상이 영원할 것처럼 살기 때문입니다. 심판이 없을 것처럼 살기 때문입니다. 심판에 대한 믿음이 우리의 삶을 경건하게 만들고, 하나님과 동행하는 인생으로 만드는 것입니다.

그리고 하나님은 또 하나의 표증을 보여 주셨습니다. 에녹에게 심판을 예언하게 하실 뿐 아니라, 그가 죽음을 보지 않고 어느 날 갑자기 들림을 받게 하셨습니다. 부활이 가능하다는 것입니다. 죽음을 통과하지 않고 영원한 하나님의 나라에 들어가는 사람이 있다면, 죽은 자 가운데서 다시 살아나는 부활이 어떻게 불가능하겠습니까? 에녹은 죽음을 보지 않은 최초의 인간이 되었습니다.

므두셀라가 죽었을 때 어떤 일이 일어났습니까? 이 연도가 기록된 것은 매우 중요합니다. 본문 25절을 보면 므두셀라는 187세에 라멕을 낳았습니다. 그리고 28절에 보면 라멕은 182세에 노아를 낳았습니다. 합하면 몇 년입니까? 369년입니다. 노아가 태어날 때 므두셀라는 369세였습니다. 창세기 7장 11절을 보면 노아가 600세가 되던 해에 홍수가 났습니다. 그러면 노아가 600세일 때 므두셀라가 969세였다는 것입니다. 27절에 므두셀라가 969년을 살다가 죽었다고 했습니다. 정확하게 일치합니다.

성경에서 가장 오래 산 사람은 므두셀라입니다. 므두셀라는 왜 이렇게 오래 살았을까요? 건강 관리를 잘해서, 보양 음식을 잘 먹어서, 그에게 따로 건강 비결이 있어서가 아닙니다. 하나님이 그가 969세까지 살 수 있게 해 주신 이유는 무엇일까요? 이는 하나님이 심판을 연기하셨다는 증거입니다. 하나님의 인내의 길이, 하나님의 사랑의 길이였던 것입니다. 얼마나 은혜로우신 하나님입니까?

그런데 창세기 5장에 나타난 사람들의 기록에서 연도를 계산해 보면 흥미로운 사실을 발견하게 됩니다. 5장 3절에서 아담이 셋을 낳았던 나이를 기록하고 있습니다. 이것은 굉장히 중요한 근거입니다. 아담이 130세에 셋을 낳았으니, 그때부터가 원년이 되는 것입니다. 원년이 되어서 구체적인 연도가 나오는 것입니다. 그러니까 아담의 후손인 노아에 이르기까지 그 사이에 공백이 없다면, 이 사이에 다른 사람이 없다면 수치적으로 노아 홍수의 연대가 나오는 것입니다. 이 사람들의 연도를 다 더하면 노아의 홍수가 일어난 연도는 창조된 지 1656년째 되던 해입니다. 창세기에 일어난 연도를 계산하면 1656년째 되던 해, 므두셀라가 969세 되던 해, 노아가 600세 되던 해에 홍수가 일어난 것입니다. 노아 홍수가 일어난 시점은 1656년 되던 해에 인류 수가 얼마 정도 되는지는 계산해 보면 됩니다. 예를 들어 한 가정에 10명씩 낳았다고 계산해 보면 수십억의 인구도 가능하다는 얘기입니다.

그런데 흥미로운 사실이 있습니다. 아담이 930년을 살지 않았습니까? 아담이 셋을 낳을 때가 130세였고, 셋은 105세에 에노스를 낳았고, 에노스는 90세에 게난을 낳았습니다. 그들이 거의 동시대에 산 것입니다. 아담이 죽은 연도가 930세인데, 라멕은 874년째 되던 해에 태어났습니다. 라멕이 56세가 될 때까지 아담이 살아 있었다는 것입니다. 에녹이 살아 있을 때 아담도 살아 있었다는 것입니다. 에녹이 하나님과 동행한 300년 동안에 아담도 함께 살아 있었습니다. 아담뿐 아니라 셋, 에노스, 게난, 마할랄렐, 야렛, 이렇게 6대 할아버지들이 살아 있었습니다. 중간에 죽은 사람들이 있었는지는 기록에 없어서 모르겠지만 아마 살아 있었을 것입니다.

그렇다면 에녹이 300년 동안 심판을 예언할 때 아담에게 이야기했을까요? 저는 얘기했을 것이라고 봅니다. 그가 살아 있었기 때문입니다. 에녹의 손자

하늘은 땅에서 열린다

라멕이 56세가 될 때까지 아담이 살아 있었던 것입니다. 므두셀라도 당연히 살아 있었습니다. 하나님이 아담의 7대손 에녹에게 하나님의 심판의 계시를 주시고, 그가 300년 동안 심판의 계시를 예언하는 동안에 아담과 이후의 자손들에게 그 소식을 들을 수 있는 기회를 주셨다는 것입니다. 돌아올 수 있는 회개의 기간을 주셨으니, 얼마나 은혜로운 하나님의 조치입니까?

또 노아는 셋이 죽은 지 14년 후에 태어났습니다. 그러므로 에녹 시대부터 므두셀라, 라멕, 노아, 이 4대에 이르는 가문이 모두 하나님의 심판을 의식하는 가문이었던 것입니다. 노아 당대에 하나님이 갑자기 방주를 지으라고 하셔서 왜 짓는지도 모르고 그냥 방주를 만든 것이 아니라, 심판이 올 것이라는 계시 가운데서 홍수 심판이 언제 구체적으로 될지는 모르지만 심판을 준비하는 가문으로서 그렇게 4대가 내려왔다고 말할 수 있습니다. 그리고 동시대에서 900년이 넘게 살았던 모든 사람들이 심판에 관한 예언을 들을 수 있었습니다. 에녹이 300년을 살면서 사람들에게 한 번도 그 얘기를 하지 않았을 것이라고 생각하는 분은 안 계실 것입니다.

그러므로 창세기 5장에 나타난 족보와 연도와 생존에 대한 기록은 하나님이 얼마나 이 세상을 사랑하시는지를 보여 줍니다. 하나님의 계획은 결코 취소되지 않는다는 것을 너무도 분명하게 보여 주고 있습니다.

29절에 노아라고 이름을 붙인 이유를 이렇게 설명합니다.

"여호와께서 저주하신 땅으로 인해 우리가 겪는 일과 우리 손의 수고로움으로부터 이 아들이 우리를 위로할 것이다."

위로자가 태어났습니다. 하나님의 위로입니다. 하나님은 결코 심판으로 끝내지 않으신다는 것을 보여 주는 것이 바로 노아의 삶입니다. 하나님은 하나님의 계획을 이루어 가시기 위해 죄를 심판하시지만, 그 심판 속에서도 우리를 위로하시고 우리를 불쌍히 여기시고 하나님의 구원을 계속해서 이루어 가십니다.

32절에 노아가 500세가 넘어서 셈, 함, 야벳을 낳았다고 했습니다. 사실 셈, 함, 야벳만 있었던 것은 아닙니다. 노아의 후손들이 더 있었을 것이라고 봅니다. 그런데 어쩌면 노아는 이 남은 100년 동안 아주 고통스러운 삶을 살았을지도 모릅니다. 심판을 믿지 않고 받아들이지 않는 사람들, 수많은 죄악이 가득한 사람들을 보면서, 그리고 자신에게서 태어난 셈, 함, 야벳을 보면서 안타까운 삶을 살았을지도 모릅니다.

우리에게 필요한 것은 에녹, 므두셀라, 라멕, 노아로 이어지는 경건한 가문에 있었던 영적 긴장감입니다. 우리가 자손을 낳으면 노아가 셈, 함, 야벳을 보고 안타까워했던 마음이 있어야 합니다. "이 자손들이 태어난 이 시대가 얼마나 악한데, 하나님의 심판이 임할 것인데, 이 자녀들이 하나님 앞에 올바르게 서지 아니하면 장차 올 심판을 견딜 수 없을 텐데, 이 아이들이 하나님의 사람이 되어야 할 텐데…."

이런 긴장감이 우리의 가정과 가문에 회복되기를 주님의 이름으로 축원합니다. 얼마나 오래 살았느냐가 중요한 것이 아니라 하나님과 동행하는 인생을 살았느냐, 그리고 하나님의 심판을 의식하고 살았느냐가 중요합니다. 노아처럼 하나님의 심판을 직면하고 있는 이 시대에 참된 위로자의 역할을 하고 있는지, 하나님의 위로를 경험하게 해 줄 수 있는 가문인지 생각해 보는 시간이 되길 바랍니다.

하나님은 하나님의 계획을
이루어 가시기 위해 죄를 심판하시지만,
그 심판 속에서도 우리를 위로하시고
우리를 불쌍히 여기시고
하나님의 구원을 계속해서 이루어 가십니다.

[1]사람들이 땅 위에서 번성하기 시작하고 그들에게서 딸들이 태어났을 때 [2]하나님의 아들들이 보기에 사람의 딸들이 좋았습니다. 그래서 자신들이 선택한 사람들을 아내로 맞아들였습니다. [3]여호와께서 말씀하셨습니다. "내 영이 사람 안에 영원히 거하지 않을 것이니 이는 사람이 그저 육체일 뿐이다. 그들의 날은 120년이 될 것이다." [4]당시에 그 땅에 네피림이라 불리는 족속이 있었으며 그 후에도 있었는데, 그들은 하나님의 아들들이 사람의 딸들에게 가서 낳은 자들이었습니다. 그들은 옛날부터 용사들이었습니다. [5]여호와께서 사람의 악이 세상에 가득한 것과 그 마음에 품는 생각이 항상 악하기만 한 것을 보셨습니다. [6]여호와께서 땅에 사람을 만든 것을 후회하시며 마음으로 아파하셨습니다. [7]여호와께서 말씀하셨습니다. "내가 창조한 사람을 땅 위에서 쓸어버릴 것이다. 사람으로부터 짐승과 기는 것들과 공중의 새들까지 다 그렇게 하겠다. 이는 내가 그들을 만든 것을 후회하기 때문이다." [8]그러나 노아만은 여호와께 은혜를 입었습니다. [9]노아의 이야기는 이렇습니다. 노아는 의로운 사람으로 당대에 완전한 사람이었으며 하나님과 동행하는 사람이었습니다. [10]노아는 세 아들 셈, 함, 야벳을 낳았습니다.

한탄과 근심, 새로운 소망

창세기 6:1-10

하나님의 창조와 하나님의 심판 사이에 하나님의 아픔과 고통이 있었다는 것에 은혜가 있습니다. 하나님의 심판은 이루어지지만, 하나님의 심판이 하나님의 사랑을 넘어서지는 못합니다. 그 증거가 무엇입니까? 하나님이 이 세상을 쓸어버리시지만 보존하시는 사람들이 있다는 것입니다. 하나님이 이 땅을 심판하셔도 하나님의 진노는 하나님의 사랑을 넘어서지 못합니다. 그래서 결국 심판도 하나님의 사랑의 심판인 것입니다.

창세기 6장 말씀은 안타까운 이야기를 기록하고 있습니다. 창세기 5장에서는 하나님이 타락한 세상 가운데 경건한 셋의 후손을 준비하시고, 그들을 통해서 영광 받으시는 것을 보았습니다. 창세기 4장에서는 가인의 후손의 죄악이 세대에서 세대로 내려갈수록 더욱 심해지고, 하나님의 형상이 더 망가지는 모습을 보았습니다. 그러나 아벨을 대신한 셋의 후손들 가운데 특별히 에녹은 심판의 계시를 받고 므두셀라, 라멕, 노아로 이어집니다. 하나님의 선택을 받은 예언자의 가문이 됩니다. 심판의 계시를 천 년 동안 그 시대에 전했던 하나님의 예언자 가정을 통해서 하나님은 그 시대의 사람들을 구원하기를 원하셨고, 또 이 땅 가운데 심판을 행하시지만 보존하시는 은혜를 베풀어 주셔서 새로운 시작을 준비하셨습니다. 그것이 바로 창세기 6장의 내용입니다.

창세기 3장 15절에서 아담과 하와가 타락한 직후에 하나님이 뱀에게 주신 말씀이 있습니다. 여자가 뱀과 원수가 되게 하시고, 뱀의 후손과 여자의 후손이 서로 갈등 관계에 있게 하시고, 마지막 세 번째 단계에서는 여자의 후손이 뱀의 머리를 상하게 함으로써 진멸하게 하신다고 말씀하셨습니다. 여자의 후손이 발뒤꿈치를 상하게 되는 역사의 발전 과정, 이후의 역사에서 일어나게 될 일들을 말씀해 주셨습니다. 여기서 여자의 후손은 경건한 셋의 후손들로 나타났고, 뱀의 후손은 타락한 가인의 후손들로 나타났습니다. 4장과 5장은 두 후손의 모습을 간략하게 요약해 줍니다. 하나님은 경건한 사람들이 불경건한 사람들을 본받지 않고, 때로는 아벨이 가인에게서 목숨을 잃게 되는 사건이 있을지라도 결코 가인의 길을 따르지 않기를 바라셨습니다. 이 세상 가운데 살아가면서 힘들지만 좁은 길을 가며 경건함을 계속 지키기를 원하셨습니다.

잘못된 결혼

그러나 가인의 후예들에게서 나온 악한 사람들의 번성이 선한 사람들의 번성보다 훨씬 강력해지기 시작했습니다. 그 계기가 오늘 본문에 나오는 결혼입니다. 이 세상에 죄악이 만연해지고 경건한 셋의 후손에게 죄악의 파도가 넘친 결과가 나옵니다.

"사람들이 땅 위에서 번성하기 시작하고 그들에게서 딸들이 태어났을 때 하나님의 아들들이 보기에 사람의 딸들이 좋았습니다. 그래서 자신들이 선택한 사람들을 아내로 맞아들였습니다"(1-2절).

여기서 하나님의 아들들에 대한 해석은 분분하지만, 이는 셋의 경건한 후손들을 가리킵니다. 천사들이나 다른 어떤 사람들이라고 말하기도 하지만 그런 것은 다 받아들이기 어려운 해석이고, 하나님의 아들들이라고 할 때는 창세기 5장에 기록된 셋의 경건한 후손을 의미하는 것입니다.

셋의 경건한 후손들이 사람의 딸들, 즉 가인의 후예들의 딸들을 좋아했다는 것입니다. 남자가 여자를 좋아하는데 무슨 문제가 있겠습니까? 당연한 것임에도 불구하고 이렇게 하나님의 아들들과 사람의 딸들이라고 구분한 이유가 있습니다. 하나님의 아들들이 하나님의 딸들을 좋아했다면 문제가 없습

하늘은 땅에서 열린다

니다. 그런데 하나님의 영광을 떠나 육체적인 본능에 따라 살아가고, 하나님의 영광스러움을 잃어버리고 타락한 죄인의 삶으로 살아가는 사람들의 딸들, 부모와 같이 악한 생각과 죄악의 삶을 살고 습관화된 악을 가지고 있는 딸들을 좋아했다는 것입니다.

결국 무엇을 좋아했겠습니까? 눈에 보이는 외모를 보고 결혼하기 시작했다는 것입니다. 그들의 내면에 선이 있는지, 무엇을 추구하는지, 하나님 나라와 의를 구하는지, 이 모든 것을 통해 판단하지 않고 눈에 보기에 좋은 대로 판단했습니다. 하와가 선악을 알게 하는 나무를 보았을 때 보기에 탐스럽고 먹음직스럽다고 했던 것처럼, 보는 것으로 결정을 한 것입니다. 영적인 판단을 하지 못하고 선택한 사람들을 아내로 삼기 시작했습니다. 결혼을 통해서 가인의 불경건한 계열에 속한 사람들과 셋의 경건한 계열에 속한 사람들이 혼합되는 것을 보여 줍니다.

결혼 이야기가 6장 초반부에 나오는 이유는, 왜 하나님이 이 땅을 심판하실 수밖에 없었는가를 설명하기 위해서입니다. 하나님은 이 땅에 가인의 후예들이 있었지만 그들을 한꺼번에 심판하지 않으셨습니다. 기다려 주셨습니다. 에녹과 같은 선지자를 보내서서 심판을 예언하셨고, 그들도 돌아오기를 기대하셨기 때문에 악한 사람들도 이 세상 가운데서 살아갈 수 있었습니다.

예수님이 산상 수훈에서 말씀하신 대로, 하나님은 은혜로우셔서 악인과 선인에게 동일하게 햇빛과 단비를 내려 주십니다. 악을 지지하거나 인정하신다는 뜻이 아닙니다. 하나님은 은혜로우신 분입니다. 이것을 '일반 은총'(Common Grace)이라고 합니다. 그들도 열심히 노력하면 돈도 잘 벌고 잘 먹고 잘 살고 편안하게 지낼 수 있는 것이 일반 은총입니다. 하나님이 악인을 사랑하시는 것이 아닙니다. 그들이 회개하고 돌아오기를 기다리시고 오래 참으시는 동안에만 일반 은총이 허용됩니다. 언젠가는 이 은총이 끝날 때가 있는 것입니다. 더 이상 하나님이 은총을 허용하지 않으시고 거두시는 때가 있습니다. 소돔과 고모라를 위해서 아브라함이 중보 기도를 했지만 의인 열 명이 없어서 그 땅이 심판을 받았습니다. 의인을 찾아보기가 어려울 정도로 악인이 횡횡하고 경건한 후손들이 멸종 위기에 처했다면 심판이 가까이 온 것입니다.

하나님의 아들들이 사람의 딸들을 선택해서 아내로 맞아들임으로써 경건한 셋의 후손들 가운데도 가인의 타락함이 급속도로 들어오기 시작합니다. 그래서 결혼이 중요합니다. 유대인들은 특히 모계를 더 중요시합니다. 어머니가 자녀들과 더 많은 시간을 보내기 때문에 어머니가 불신앙의 삶을 살면 자녀들은 당연히 그렇게 될 수밖에 없다는 것입니다. 타락의 가속도가 커서 하나님의 아들들이 사람의 딸들을 좋아하므로 경건한 셋의 후손들의 혈통이 엄청나게 세속화되고 타락하게 되었습니다. 하나님이 더는 기다리실 수 없는, 더 이상 일반 은총을 베푸실 수 없는 지경에까지 이른 것입니다.

"여호와께서 말씀하셨습니다. '내 영이 사람 안에 영원히 거하지 않을 것이니 이는 사람이 그저 육체일 뿐이다. 그들의 날은 120년이 될 것이다.' 당시에 그 땅에 네피림이라 불리는 족속이 있었으며 그 후에도 있었는데, 그들은 하나님의 아들들이 사람의 딸들에게 가서 낳은 자들이었습니다. 그들은 옛날부터 용사들이었습니다"(3-4절).

하나님이 하나님의 영을 사람의 육체 가운데 더 이상 두지 않을 것이라고 하셨습니다. 죽음이 왔다는 것입니다. 하나님의 영을 거두시고, 육체는 육체로 되돌아가게 하시겠다는 것은 이미 아담과 하와가 타락한 직후에 결정된 것입니다. 그런데 이제 그들의 정해진 날이 구체적으로 밝혀졌습니다. 120년이 될 것이라고 하셨습니다. 이 타락한 세상 가운데 살아 있는 사람들의 날은 120년밖에 남지 않았다는 것입니다. 그들이 이 땅 가운데서 자기가 하고 싶은 대로 선택하며 살고, 먹고 마시며, 자기가 원하는 사람을 아내와 남편으로 맞이해서 번성하며 살지라도 그들이 이 땅에서 살 수 있는 날은 120년밖에 남지 않았습니다. 하나님이 그 계시를 특별히 노아에게 보여 주셨습니다. 셋의 경건한 후손인 에녹에서부터 므두셀라, 라멕, 노아에 이르기까지 심판의 예언을 받았던, 하나님과 동행했던 가문에 하나님이 계시를 주신 것입니다. 이제 은혜 기간(Grace Period)은 120년밖에 되지 않는다는 것입니다. 이 기간이 지나면 하나님이 그 땅을 심판하신다는 것입니다.

이 구절에 하나님의 아들들이 얼마나 타락했는지를 보여 주는 단어가 나옵니다. '네피림'이라는 단어입니다. 하나님의 아들들이 사람의 딸들에게서 낳은 자들을 네피림이라고 합니다. 네피림은 그 정확한 뜻을 파악하기가 어렵습니다만, 학자들이 유사한 히브리어 동사를 찾아보니 '덮치다', '떨어뜨리다'라는 뜻을 가진다고 합니다. 평화롭게 살고 있는 사람들을 덮쳐서 그들을

하늘은 땅에서 열린다

폭력과 살인과 강포로 지배하고, 인간의 힘을 의지해서 정복하려는 사람들입니다. 이들을 용사라고 하는데, 좋은 의미에서의 용사가 아니고 나쁜 의미인 것입니다. 폭력을 의지해서 살아가고, 그것을 자랑스럽고 뿌듯하게 생각하고, 그것을 보람으로 여기면서 살아가는 인생을 네피림이라고 하는 것입니다. 민수기에서도 이스라엘 백성이 가나안 땅을 정탐했을 때 열 명의 정탐꾼으로 하여금 간이 녹아내리면서 두려움에 사로잡히게 했던 사람들이 바로 이 네피림입니다. 그 땅에 가 보니 네피림들이 있었던 것입니다.

"우리가 거기서 네피림, 곧 네피림에게서 나온 아낙 자손들을 보았습니다. 우리 눈에도 우리가 메뚜기처럼 보였으니 그들 눈에도 마찬가지였을 것입니다"(민 13:33).

네피림이라는 단어가 창세기부터 민수기까지 이어지는 것입니다. 바로 이 네피림이 하나님의 아들들과 사람의 딸들을 통해서 이 세상에 등장하게 되었습니다. 그런 사람들이 영웅 취급을 받는 시대, 자신의 힘과 폭력을 의지하며 자랑하는 사람들이 세상을 지배하는 시대가 되었습니다.

그러면 왜 하나님의 아들들이 사람의 딸들과 결혼하게 되었을까요? 첫째는 그들의 외모의 아름다움 때문입니다. 진정한 아름다움이 아니라 세상적인 가치를 보여 주는 아름다움에 기초해서 선택한 것입니다. 또 한 가지는, 아마도 하나님의 아들들이 결혼을 통해서 이 타락한 세상 가운데 보호받으려고 했던 것 같습니다. 하나님의 보호하심을 의지하지 않고 사람의 도움에 의지해서 이 세상에서 생존하려고 했던 것 같습니다. 이러한 결혼을 통해서 타락이 급속도로 이루어졌고, 결국은 안타까운 모습에 이르게 되었습니다.

"여호와께서 사람의 악이 세상에 가득한 것과 그 마음에 품는 생각이 항상 악하기만 한 것을 보셨습니다. 여호와께서 땅에 사람을 만든 것을 후회하시며 마음으로 아파하셨습니다"(5-6절).

결혼을 통해 급속하게 퍼진 악이 어디에까지 이르렀습니까? 세상에 가득했다고 했습니다. 이는 양적이고 범위적인 것입니다. 세상에 가득했을 뿐만 아니라 질적으로도 사람이 마음에 품는 동기와 상상과 모든 생각까지도 악한 것이 되어 버린 것입니다. 하나님이 더 이상 세상을 내버려 두실 수 없는, 하나님의 일반 은총을 더 이상 허용하실 수 없는 한계점에 도달한 것입니다.

이 세상에 악이 가득하되 마음의 생각도 항상 악할 수 있는 것입니다. 세상은 점점 더 악해지고 있습니다. 세상이 얼마나 악한지를 보려면 뉴스, 신문, 잡지를 볼 필요가 없습니다. 나의 생각을 들여다보면 됩니다. 내 머릿속에 떠오르는 생각, 상상을 보면 됩니다. "나는 무엇을 상상하는가?" 우리의 상상 속에 하나님의 의를 구하는 상상이 떠오르기를 축원합니다. 하지 말아야 할 사랑을 상상하거나 버려야 할 것을 품는 것들을 상상하면 안 됩니다. 우리의 상상을 거룩한 상상력으로 바꾸지 아니하면, 노아의 심판 이전에 있었던 사람들처럼 생각이 항상 악한 상태에 이르게 되는 것입니다.

하나님의 후회

하나님은 이러한 세상과 인간의 모습을 보고 후회하셨습니다. 이는 매우 충격적인 말씀입니다. 하나님이 후회하셨습니다. 이 세상을 창조하신 하나님, 보시기에 좋았다고 말씀하신 하나님, 이 세상에 복을 주시며 안식하셨던 하나님이 이 세상을 창조하신 것을 후회하셨다는 것은, 마치 하나님이 부족해 보이고 연약해 보이고 실패한 것처럼 느껴집니다. 하나님이 후회하셨다는 말씀이 어떻게 이해될 수 있습니까? 민수기에서 발람이라는 사람이 하나님은 후회하지 않으신다고 했습니다. 그러나 성경 여러 곳에서 하나님이 후회하신다는 말씀이 나옵니다. 사울을 향해서도 후회한다고 말씀하셨습니다. 하나님의 마음이 얼마나 안타까운지 우리로 하여금 깨닫게 하기 위해서 인간의 감정 상태를 빌려서 설명하실 수밖에 없었던 것입니다.

하나님이 후회하시는 것은 인간의 후회와 다릅니다. 인간의 후회는 우리가 행한 일을 다시 되돌리고 싶고 잘못됐다고 생각하는 것입니다. 그러나 하나님의 후회는 무엇입니까? 우리는 변하기 때문에 후회하는 것이지만 하나님의 후회는 변하시지 않기 때문에 후회하시는 것입니다. 하나님의 거룩하심은 여전히 변하지 않으셨습니다. 인간은 타락했지만 하나님은 여전히 거룩하신 분이기 때문에 후회하시는 것입니다. 마음 아파하시는 것입니다. 하나님의 세상을 향한 목적은 결코 취소되지 않았기 때문에 후회하시는 것입니다. 하나님이 창조하신 세계가 인간을 통해서 악하게 변화되었지만 하나님의 목적은 변하지 않았기 때문에 하나님이 후회하시는 것입니다.

또한 하나님의 후회하심은 인간의 모든 행위, 인간의 마음의 생각까지도

하늘은 땅에서 열린다

하나님이 민감하게 반응하시기 때문에 나타나는 감정입니다. 하나님이 창조하신 세계에 대해서 인간이 죄를 짓건 말건 "너희 맘대로 해라" 하며 아무런 감정도 느끼지 않고 관심도 없다면, 하나님이 이렇게 마음 아파하실 일이 없습니다. 하나님의 후회하심, 마음 아파하심은 세상 속에 일어나는 모든 일에 대해서, 각 사람의 마음과 생각과 상상까지도 하나님이 반응하시고 있기 때문입니다. 내가 악한 생각을 하면 하나님은 그 악한 생각에도 반응하시는 분입니다.

부모도 자녀의 마음을 모를 수가 있습니다. 무슨 생각을 하고 무슨 상상을 하는지 자녀들을 이해 못할 수 있습니다. 문제가 터진 다음에야 "네가 그런 생각을 했구나" 하고 후회하지 않습니까? 그러나 하나님은 이 세상 모든 사람들, 이 세상 모든 만물이 어떤 상태에 있는지를 다 느끼십니다. 그래서 하나님은 가슴 아파하시는 것입니다. 그리고 그 아픈 마음으로 예수 그리스도를 십자가로 보내신 것입니다. 십자가는 하나님이 이 세상을 어떻게 느끼시는지를 보여 주는 것입니다. 하나님이 얼마나 가슴 아파하시는지를 보여 주는 것이 바로 십자가의 모습입니다. 하나님이 우리를 얼마만큼 사랑하셨습니까? 십자가에 못 박히신 만큼 사랑하셨습니다. 우리를 사랑하시기까지 하나님은 마음 아파하셨습니다.

사탄은 결코 스스로의 힘으로 하나님을 대적할 수 없습니다. 결코 스스로의 힘으로 이 세상을 악하게 만들 수 없습니다. 이 세상이 급속하게 악화된 것은 사람을 통해서입니다. 악을 따라 행하는 사람을 통해서, 악의 지배를 받는 사람을 통해서, 하나님의 음성이 아니라 사탄의 음성에 순종하고 따라가며 사탄의 지배를 받는 사람들을 통해서 이 세상은 악해지는 것입니다. 그것이 결혼을 통해서 급속도로 악화되었고, 하나님이 타락한 세상을 후회하시고 마음 아파하시는 지경에까지 이르렀습니다.

심판을 넘어서는 사랑

드디어 하나님은 이 세상을 심판하기로 결정을 내리셨습니다. 하나님의 심판 이전에 하나님이 마음 아파하시며 후회하셨던 것이 얼마나 위로가 됩니까? 하나님이 창조하신 인간이 타락하고 타락하여 하나님의 마음을 찌르

듯이 감당할 수 없을 정도로 타락했는데, 거기에 무덤덤하게 "너희가 타락했으니 심판이다" 하며 냉정하고 부정하게 심판하시는 하나님이 아닙니다. 하나님의 심판 이전에 하나님 자신의 고통이 있었습니다. 하나님의 심판이 왜 정당한 심판입니까? 왜 의로운 심판입니까? 하나님이 조금도 마음 아파하지 않고 징벌하신 심판이 아니기 때문입니다. 인간의 고통보다 먼저 하나님의 고통이 있었습니다. 인간이 가슴 아파하는 것보다 하나님이 더 가슴 아파셨습니다. 인간이 자기 자녀가 고통 받는 것을 안타까워하는 것과는 비교할 수 없을 만큼 더 깊이 하나님은 이 세상 모든 사람들이 받는 고통을 가슴 아파하셨기에 하나님의 심판은 의로운 심판인 것입니다.

7절에서 하나님은 "내가 창조한 사람을 땅 위에서 쓸어버릴 것이다"라고 하셨습니다. 그래서 종교학자들은 "구약의 하나님은 열등한 신이다. 그렇게 비참하게 인간을 다 쓸어버리라고 하다니, 하나님은 무자비한 신이다" 라고 말합니다. 열등한 신으로 취급해 버립니다. 그러나 하나님은 열등한 분이 될 수 없습니다. 이 땅을 사랑으로 창조하신 하나님이 공의로 그 땅을 심판하시기 전에 무엇이 있었습니까? 하나님의 안타까움, 가슴 아파하심, 철철 끓어오르는 하나님의 후회가 있었습니다. 세상의 거짓된 신은 조금도 이러한 느낌이 없습니다. 인간이 당하는 고통보다도 더 큰 고통을 이미 느끼시는 하나님이시기 때문에 사랑의 하나님이신 것입니다.

하나님의 목적은 진노와 심판이 아닙니다. 그것은 하나님의 본래의 뜻이 아닙니다. 너희를 향한 생각은 재앙이 아니라, 심판이 아니라 구원이라고 말씀하셨습니다. 하나님의 목적은 무엇입니까? 이 땅에 하나님의 나라를 이루는 것입니다. 그 축복된 상태에서 우리가 하나님을 영광스럽게 하며, 축복의 통로로 살아가는 것이 하나님의 목적입니다. 그런데 그것과 정반대로 가는 인생, 그리고 끝까지 악한 길로 가는 인생, 하나님의 은총마저 무너뜨리는 한계에까지 도달하게 하는 악에 대해서 하나님은 더 이상 참으실 수 없는 것입니다. 하나님의 인내가 부족한 것이 아니라 인간의 악이 그렇게 악하다는 것입니다.

하나님의 창조와 하나님의 심판 사이에 인간이 타락한 깊이만큼 하나님의 아픔과 고통의 깊이도 더했다는 것에 은혜가 있습니다. 그래서 하나님의 심판은 이루어지지만, 하나님의 심판이 하나님의 사랑을 넘어서지는 못합니다.

하나님이 이 땅을 심판하시지만, 하나님의 진노는 결코 하나님의 사랑을 넘어서지 못합니다. 그 증거가 무엇입니까? 하나님이 이 세상을 쓸어버리시지만 보존하시는 사람들이 있다는 것입니다. 하나님의 진노가 하나님의 사랑을 넘어섰기 때문에 심판하시는 것이 아닙니다. 하나님이 이 땅을 심판하셔도 하나님의 진노는 하나님의 사랑을 넘어서지 못합니다. 그래서 이 심판도 하나님의 사랑의 심판인 것입니다. 그 증거가 하나님이 노아의 가문을 살려 주신 것입니다. 베드로후서 2장 5절에 보면 노아를 가리켜 의를 전하는 사람이라고 나옵니다.

"하나님께서는 옛 세상을 용서하지 않으시고 경건치 않은 사람들의 세상을 홍수로 덮으셨습니다. 그때 오직 의의 선포자인 노아의 여덟 식구만 지켜 주셨습니다"(벧후 2:5).

노아는 의의 선포자였습니다. 의를 전파했다는 것입니다. 이제 120년만 살게 될 것이라는 심판의 계시를 받고 노아가 그 120년 동안 얼마나 의를 전파했겠습니까? 구원받을 수 있는 길을 얼마나 전파했겠습니까? 그런데 노아의 가족 여덟 식구만 구원받았습니다. 어쩌면 노아에 속한 다른 가족들조차 심판의 계시를 받아들이지 않았는지도 모릅니다. 이 소수의 사람들만이 하나님이 예비하신 구원의 길로 들어올 수 있었습니다. 하나님이 노아의 여덟 식구에게만 "너희만 알아라" 하고 구원하신 것이 아닙니다. 120년 동안 그 당대의 사람들에게 돌아오고 회개하고 구원받을 수 있는 사랑의 기회를 주셨지만 여덟 명만 돌아온 것입니다. 8-9절에서 하나님이 노아를 보존하신 이유를 설명하고 있습니다.

"그러나 노아만은 여호와께 은혜를 입었습니다. 노아의 이야기는 이렇습니다. 노아는 의로운 사람으로 당대에 완전한 사람이었으며 하나님과 동행하는 사람이었습니다."

은혜라는 단어가 성경에 처음 등장합니다. 이 단어가 처음 성경에 등장하게 된 배경은 7절 말씀입니다. 창조하신 사람을 땅에서 쓸어버리시고, 짐승부터 공중의 새까지 모든 생물을 그렇게 하시고 후회하시는 하나님이 이제 은혜를 베푸십니다.

어둠이 짙으면 별이 더욱 빛나듯이, 이 세상이 타락한 가운데 하나님의 은혜가 더욱 빛나는 것입니다. 은혜는 이 세상의 타락을 배경으로 한 것입니다.

세상이 타락하지 않았으면 은혜라는 말은 성립되지 않습니다. 은혜라는 것은 마땅히 죽어야 하고, 마땅히 받을만한 가치가 없는 사람에게 베푸는 것이기 때문입니다. 이 세상은 쓸어버려야 하는 세상입니다. 심판받아야 마땅한 세상입니다. 그런데 하나님이 은혜를 베푸신 것입니다. 우리가 잘나서 선택받은 것이 아닙니다. 마땅히 심판받아야 하는 사람인데 하나님께 은혜를 받은 것입니다. 은혜라는 말만 들어도 가슴이 뜨거워지기를 주님의 이름으로 축원합니다.

필립 얀시는 은혜라는 단어만이 이 세상에서 유일하게 오염되지 않은 단어라고 했습니다. 사랑이라는 단어도 오염되어 버렸습니다. 자비라는 단어도 오염되어 버렸습니다. 그러나 은혜라는 단어만이 오염되지 않았습니다. 은혜는 받을 자격이 없는 사람에게 베풀어 주는 호의입니다.

왜 노아가 은혜를 입었습니까? 의로운 사람이었고, 당대에 완전한 사람이었고, 하나님과 동행하는 사람이었기 때문입니다. 세 번 말하지만 결국 같은 단어의 설명일 뿐입니다. 의가 무엇입니까? 그가 도덕적으로 흠이 없었다는 것입니까? 완전했다는 것입니까? 아닙니다. 노아는 나중에 술에 취해 하체를 드러냅니다. 얼마나 도덕적으로 불완전한 사람입니까? 도덕적으로 흠이 없고 모범적이었다는 것이 아닙니다. 그러면 여기서 의는 무엇입니까? 하나님의 심판의 계시를 믿음으로 받아들여서 의롭다 하는 것입니다. 하나님이 제시하신 구원의 길을 받아들인 것을 의롭다 여기신 것입니다. 그것이 의입니다. 타락한 인간의 의가 의로우면 얼마나 의롭겠습니까? 인간의 의는 더러운 옷과 같다고 했습니다. 아무리 도덕적으로 선해도 그 의는 더러운 옷과 같습니다. 욥을 보십시오. 아무리 의로운 삶이라 해도, 극심한 고통의 상황에 도달하게 되면 의가 얼마나 쉽게 무너집니까? 인간의 의에는 한계가 있는 것입니다.

노아의 의라는 것은 하나님이 덧입혀 주신 의입니다. 하나님이 주신 심판의 계시를 받아들이고 하나님의 말씀대로 순종했기 때문에 그것을 의로 여기신 것입니다. 그가 하나님과 동행했다는 것입니다. 여기서 완전하다는 것은 흠이 없다는 뜻이 아닙니다. 하나님이 주신 계시의 말씀을 그대로 따랐다는 것입니다. 방주를 지으라 하시면 방주를 지었고, 사람들에게 전파하라 하시면 전파했습니다. 인간의 의가 아니라 하나님의 말씀을 그대로 받아들이는 의였습니다. 그 의를 기초로 은혜를 받은 것입니다. 여기에 살길이 있다고 하시면 그 길로 가는 것이 하나님이 보시기에 의인 것입니다.

이 시대에 의롭게 사는 것은 무엇입니까? 하나님은 노아를 통해 이 세상에 의를 전파하시고 심판하실 것을 전파하셨듯이, 오늘날 의의 백성인 하나님의 백성을 통해 세상 속에 의를 전파하기 원하십니다. 하나님의 심판으로 역사가 끝나는 것이 아닙니다. 전 인류의 종말이 오겠지만 그 종말로 끝나는 것이 아닙니다. 하나님은 새 하늘과 새 땅을 준비하고 계십니다. 우리의 가문이 바로 은혜 입은 노아의 가문이 되기를 축원합니다. 이미 그렇게 되었음을 믿습니다. 또 노아처럼 주변 사람들에게 구원의 길을 널리 알리는 의의 전파자로 살아가기를 주님의 이름으로 축원합니다.

[11]세상은 하나님께서 보시기에 타락했고 폭력이 난무했습니다. [12]하나님께서 보시니 세상이 타락했는데, 이는 세상의 모든 육체가 스스로 자기 행위를 타락시켰기 때문이었습니다. [13]하나님께서 노아에게 말씀하셨습니다. "모든 육체의 끝이 이르렀다. 그들로 인해 땅이 폭력으로 가득 찼기 때문이다. 내가 곧 그들을 세상과 함께 멸절하겠다. [14]너는 잣나무로 방주를 만들고 그 방주에 방들을 만들어라. 그 안팎에 역청을 발라라. [15]그것을 만드는 방법은 이러하니 방주는 길이가 300규빗, 너비가 50규빗, 높이가 30규빗이다. [16]방주에는 창문을 만드는데 위로부터 1규빗 아래에 내고 방주의 문을 옆으로 내며 아래층과 2층과 3층으로 만들어라. [17]내가 곧 땅에 홍수를 일으켜 하늘 아래 생기가 있는 모든 육체를 다 멸절시키리니 땅에 있는 모든 것이 다 죽을 것이다. [18]그러나 너와는 내가 언약을 세우겠다. 너와 네 아들들과 네 아내와 네 며느리들은 방주 안으로 들어가라. [19]또한 너는 살아 있는 모든 것들, 곧 모든 육체 가운데 암수 한 쌍씩을 방주 안으로 들여보내 너와 함께 살아남게 하여라. [20]모든 종류의 새들, 모든 종류의 가축들, 땅에서 기는 모든 것들 가운데 살아남기 위해 둘씩 네게로 나아올 것이니 [21]너는 먹을 만한 모든 음식을 가져다 저장해 두어라. 이것이 너와 그들을 위한 식량이 될 것이다."
[22]노아가 그대로 행했으니 하나님께서 그에게 명령하신 대로 했습니다.

chapter 18

구원의 방주, 하나님의 언약

창세기 6:11-22

하나님은 의로우신 분입니다. 하나님은 새로운 시작을 계획하셨습니다. 인간의 타락으로 세상을 심판하시지만, 심판으로 끝내지 않으시고, 그 가운데 구원하신 백성을 통해서 새로운 하나님 나라의 비전을 보여 주셨습니다. 그들이 바로 노아의 가정이었습니다. 하나님은 노아와 언약을 맺으시고 새로운 인류를 시작하셨습니다.

타락한 세상과 임박한 심판

창세기를 통해서 우리가 얼마나 큰 축복을 받는지 모릅니다. 창세기가 없었더라면 우리의 시작이 어떠했는지 알 수 없었을 것입니다. 처음을 아는 것은 너무나 중요합니다. 어떤 문제이든지 시작을 알아야 해결할 수 있기 때문입니다. 우리의 인생이 고통스러운 것은 고통 그 자체보다는 원인을 모르기 때문입니다. 아무리 심한 고난이라도 고난의 원인이 해석되면 이겨 낼 수 있습니다. 또 우리는 그 고난이 언제까지 지속될지, 이 험한 세상이 언제까지 혼란스러울지 끝을 알지 못하기 때문에 힘들어합니다. 하지만 창세기를 통해서 하나님이 이 세상을 언제까지 방관하고 내버려 두시는 것이 아님을 알게 됩니다. 사탄의 음성에 순종한 인간으로 말미암아 하나님이 창조하신 이 세상이 타락했습니다. 타락한 세상 속에 악이 들어왔고, 그로 인해 이 세상이 혼란스럽게 되었습니다.

창세기는 우리의 생각의 틀을 교정시켜 줍니다. 서울대학교 심리학과 최인철 교수님이 쓰신 『프레임』(21세기북스, 2011)이라는 책이 있습니다. 우리의 생각의 틀, 세상과 역사를 바라보는 틀이 중요합니다. 개인의 인생과 역사를 바라보는 프레임, 즉 세계관을 성경적으로 교정하지 않으면 이 세상이 왜 이렇게 혼란스러운지, 도대체 이 세상이 어디로 가는지 알 수가 없습니다. 세상 사람들은 이리로 가야 한다, 저리로 가야 한다고 많은 말들을 합니다. 그러나 우리는 성경의 세계관, 성경이 우리에게 보여 주는 틀을 통해서 세상을 진단하고, 역사의 방향에 대해서 갈 길을 말해 줘야 하는 책임이 있습니다.

타락한 인간이 세상 속에 번성하기 시작했는데, 가인의 후손들의 모습을 보면 타락이 더욱더 심해졌다는 것을 알 수 있습니다. 특히 라멕을 보면 그 살인과 폭력과 강포함이 아주 심했습니다. 그러나 이와는 대조적으로 창세기 5장에서는 하나님이 택하신 셋의 후손들의 족보가 나옵니다. 특히 에녹과 노아의 경건함, 또한 하나님의 심판의 계시를 받아들이고 하나님이 이 세상의 악을 얼마나 미워하시는지를 깨닫고 느끼고 그 시대 사람들에게 복음을 전했던 예언자의 삶을 살았던 인물들이 등장했습니다.

하나님은 창세기 3장 19절에서 이렇게 말씀하십니다.

"뱀과 여자가 원수가 되게 하고, 뱀의 후손들과 여인의 후손들이 서로 갈등 관계에 있게 하고, 마지막에는 여자의 후손이 뱀의 머리를 온전히 상하게 함으로써 진멸시킬 것이다."

그 중간에 역사의 흐름이 들어 있는 것입니다. 뱀의 후손들과 여자의 후손들과의 갈등 관계는 당연한 것입니다. 선과 악이 어떻게 하나가 될 수 있겠습니까. 선과 악은 갈등이 있을 수밖에 없습니다. 셋의 경건한 후손들과 가인의 타락한 후손들은 사실 친하면 안 되는 것입니다. 우리는 이 세상을 사랑해야 합니다. 그러나 세상대로 살아서는 안 됩니다. 하나님이 세상을 사랑하셨다는 것은 세상처럼 타락했다는 것이 아닙니다. 타락한 세상을 구원하시기 위해서, 그들을 죄로부터 구원하시기 위해서 그들을 사랑하신 것이지 세상 사람들처럼 죄를 지었다는 것이 아닙니다. 마찬가지로 경건한 하나님의 사람들은 타락한 세상의 사람들을 사랑하지만 그들과 같아져서는 안 됩니다.

하늘은 땅에서 열린다

그런데 창세기 6장에서 경건한 사람들이 타락한 사람들의 모습과 같아지는 결정적인 계기를 발견하게 됩니다. 그것은 바로 결혼으로 나타났습니다. 경건한 셋의 후손들이 타락한 가인의 후손들과 결혼함으로써 세상은 급속도로 타락했고, 하나님이 택하신 순수한 백성의 영적인 질서가 무너짐으로써 구분이 없어져 버린 시대가 되었습니다. 그 결과 노아 시대에 이르러서 경건한 셋의 후손들이 몇 명밖에 남지 않았습니다. 하나님이 홍수의 심판을 말씀하시고 방주 안으로 들어오라고 하셨을 때 여덟 사람밖에 들어오지 않았습니다. 만약 하나님이 홍수 심판을 하지 않고 내버려 두셨다면, 소돔과 고모라가 의인 몇 명이 없어서 멸망당했던 것처럼 이 세상은 경건한 자를 전혀 찾아볼 수 없을 만큼 완전히 망가져 버렸을 것입니다.

하나님이 세상을 홍수로 심판하겠다고 하신 것은 악에 대한 하나님의 심판일 뿐 아니라, 하나님이 택하신 백성을 구원하시는 일입니다. 악에 대해서는 하나님의 심판이지만 의인에 대해서는 하나님의 구원인 것입니다. 이것이 동시에 일어나는 것입니다. 하나님의 심판은 곧 하나님의 구원입니다. 심판이 따로 있고 구원이 따로 있는 것이 아닙니다. 악에 대해서는 하나님의 징벌이요 심판이지만, 의인에 대해서는 그 심판과 악으로부터 구원하시는 것입니다.

하나님은 타락한 세상 속에서 인간을 창조하셨습니다. 이는 하나님의 모험입니다. 하나님을 배반할 가능성까지 있는 인간을 창조하시고 자유도 주신 것입니다. 꼭두각시나 기계나 인형 같은 존재가 아니라 스스로 판단하고 결정을 내려서 자신을 창조하신 창조주 하나님을 배반할 수도 있는 완벽한 자유 의지를 인간에게 주셨습니다. 인간은 그 의지로 의도적으로 불순종했고 반역했습니다. 하나님의 나라가 아닌 자신의 나라를 만들어 보려고 했습니다.

그러나 이것은 자신의 나라가 아니라 사탄의 나라입니다. 인간이 스스로 주인이 되려고 할 때 사실은 진정한 주인이 되지 못합니다. 사탄의 종이 될 수밖에 없는 것입니다. 인간이 자기 자신을 찾을 수 있는 유일한 길은 무엇입니까? 하나님이 주인이 되시도록 할 때 인간은 자신을 찾게 되는 것입니다. 진정한 자기 회복은 하나님이 내 인생에서 주인이 되시도록 할 때 이루어집니다. 인간은 하나님께 절대 순종해야 하는 존재이기에 하나님 앞에 나아갈 때 진정 자유로울 수 있습니다. 인간이 자유를 잃어버린 까닭은 인권이 상실됐기 때문이 아니라, 하나님의 권위가 무너졌기 때문입니다.

하나님은 타락한 인간이 망가뜨린 세상을 수습하기 위해 뒤따라가면서 대책을 세워 가시는 분이 아닙니다. 하나님은 인간의 타락도 이미 아셨습니다. 그 타락을 넘어서는 하나님의 계획을 다 알고 계셨습니다. 그것을 조금씩 알려 주고 계실 뿐입니다. 가정에서 두세 살 난 자녀들이 여기저기 만지면서 망가뜨리면 부모들이 뒤따라가면서 수습하듯이, 하나님도 우리를 뒤따라 다니는 것으로 생각하기 쉽습니다. 그러나 그것은 잘못된 시각입니다. 창세전에 하나님은 인간의 모든 문제까지도 다 알고 계셨습니다. 그러나 하나님은 그 문제를 넘어서서 하나님의 계획을 이루어 가십니다. 하나님의 목적은 무너지지 않습니다. 하나님은 타락한 인간들을 보면서 후회한다고 하셨지만, 그것은 "내가 잘못했네. 내가 괜히 인간을 만들었네" 하는 인간적인 후회가 아닙니다.

하나님은 계획을 가지고 계십니다. 그것은 하나님의 나라를 이루어 가시는 것입니다. 하나님이 통치하시고 하나님의 말씀대로 이루어지는 하나님 나라에 대한 하나님의 꿈을 포기하지 않으셨습니다. 인간의 죄악과 사탄의 훼방은 절대로 하나님의 나라를 이루어 가시는 하나님을 무너뜨릴 수 없습니다.

하나님이 홍수로 세상을 심판하신 것은, 이제는 더 이상 손을 쓸 수가 없어서 어쩔 수 없이 쓸어버리신 게 아닙니다. 하나님은 놀라운 계획 가운데 의인을 준비하셨습니다. 노아 당대에 심판에 대한 소식을 알려 주시고 시작하신 것이 아닙니다. 적어도 에녹 시대부터입니다. 노아의 아버지 라멕, 라멕의 아버지 므두셀라, 므두셀라의 아버지 에녹 때부터 하나님은 이 세상을 심판하실 것이라는 계시를 주셨습니다. 하나님은 4대에 이르는 가문을 통해 거의 천 .년(므두셀라가 969세에 이르기까지) 동안 사람들에게 구원의 소식을 전하고 심판을 전하셨습니다. 노아는 의의 전파자로서 그 시대를 살았습니다.

본문을 보면 하나님이 심판하셔야만 하는 세상이 어떤 세상인지를 보여 주고 있습니다.

"세상은 하나님께서 보시기에 타락했고 폭력이 난무했습니다. 하나님께서 보시니 세상이 타락했는데, 이는 세상의 모든 육체가 스스로 자기 행위를 타락시켰기 때문이었습니다. 하나님께서 노아에게 말씀하셨습니다. '모든 육체

하늘은 땅에서 열린다

의 끝이 이르렀다. 그들로 인해 땅이 폭력으로 가득 찼기 때문이다. 내가 곧 그들을 세상과 함께 멸절하겠다'"(11-13절).

하나님은 보고 계셨습니다. 하나님이 능력이 없어서 어지러워지는 이 세상을 그냥 방관하신 것이 아닙니다. 하나님은 모든 것을 지켜보시고, 하나님의 때를 기다리고 계셨던 것입니다. 하나님이 기다리신 것은 인간의 자유 의지입니다. 인간이 스스로 선택할 수 있는 기회, 그리고 돌아올 수 있는 회개의 기회를 주고 계셨던 것입니다. 세상이 점점 악해지지만 하나님은 돌아올 기회를 주셨습니다. 그리고 계시를 계속 주셨습니다. 하나님은 아무도 멸망에 이르기를 원하지 않으시기 때문에 오래 참으셨던 것입니다. 그러나 오래 참으심도 한계에 도달했습니다. 이 세상에 폭력이 난무하고 모든 육체가 자기 행위를 스스로 타락시켰기 때문에 하나님은 이 땅을 멸해야 하는 이유를 말씀하십니다.

하나님이 세상을 어떻게 멸절시키시든지 간에 하나님은 선하신 분이고, 의로우신 분입니다. 하나님이 노아의 가족을 보존하지 않으시고 이 세상을 마무리 지으셔도 하나님은 선하신 분입니다. 하나님은 실패자가 아니고 의로우신 분입니다. 하나님은 얼마든지 이 만드신 세상을 무효화시키고 제로로 돌려 버리실 수 있는 분입니다. 그래도 하나님은 조금도 문제가 없으신 분입니다. 그러나 하나님은 새로운 시작을 계획하셨던 것입니다. 인간의 타락으로 하나님이 세상을 심판하시지만, 심판으로 끝내지 않으시고, 그 가운데 구원하신 백성을 통해서 새로운 하나님 나라의 비전을 보여 주셨습니다. 그 가정이 바로 노아의 가정이었습니다.

구원의 방주

하나님이 이 세상을 진멸하겠다는 계획을 발표하시면서 가장 먼저 말씀하신 것이 무엇입니까? 방주를 만들라는 말씀입니다. 그것은 매우 중요한 의미가 있습니다. 하나님은 "내가 곧 땅에 홍수를 일으켜서 하늘 아래 생기가 있는 모든 육체를 다 멸절시키겠다"고 말씀하시기 전에 방주에 대한 청사진을 주셨습니다. 하나님은 멸망시키는 것보다 구원하는 것을 더 원하십니다. 이것이 하나님의 마음입니다. 너희를 향한 나의 계획은 재앙이 아니라 희망이고, 구원이고, 사는 것이라고 하십니다.

하나님은 잣나무로 방주를 만들라고 하셨습니다. 구체적인 수치까지 가르쳐 주셨습니다. 설계도를 주셨습니다. 안에는 역청을 발라서 방수 처리를 하도록 했습니다. 방주를 연구하는 학자들에 의하면, 성경에 나오는 방주의 크기는 가장 안정적인 크기라고 합니다. 어떤 바람과 물결과 파도에도 전복되지 않을 수 있는, 유체역학적으로 가장 안정적인 형태라는 것입니다. 그 크기를 보면 140만 입방피트로 굉장한 크기입니다. 거기에 들어갈 수 있는 인원은 어마어마합니다.

어쩌면 하나님은 회개하고 돌아오는 인간을 다 구원할 수 있는 크기를 준비하신 것 같습니다. 하나님은 생물도 사랑하시지만, 사실은 인간이 더 많이 들어오기를 원하셨을 것 같습니다. 그러나 그곳에 들어간 인간은 여덟 명밖에 되지 않았습니다. 배 선(船) 자를 보면 입 구(口) 자와 여덟 팔(八) 자가 있습니다. 왜 입 구 자와 여덟 팔자가 들어가 있는지 모르겠지만 참 신기한 일입니다. 마치 노아의 방주를 의미하는 것 같습니다. 그래서 창세기와 한자를 연결해서 나온 책들도 있습니다. 무엇인가 역사가 전해지지 않았을까 추측하는 것입니다.

"방주를 만들어라. 방주 안으로 들어가라." 최후의 심판의 계시가 주어졌을 때 하나님이 주신 말씀은 그들의 날이 120년이 되리라는 것입니다. 이것을 인간의 수명이 120살밖에 되지 않을 것이라는 뜻으로 해석하는 분들이 있습니다. 그러나 최근에 와서는 "이는 잘못된 해석이다. 장차 홍수 심판까지 남아 있는 날이 120년이라는 뜻이다. 구체적으로 연수를 가르쳐 주신 것이다"라고 합니다.

방주를 만들라는 하나님의 계시가 주어진 것입니다. 120년 후에 홍수가 일어날 것이기 때문에 노아에게 방주를 준비할 기간이 120년 주어진 것입니다. 방주를 만들라는 계시가 구체적으로 언제 주어졌는지는 사실 알 수가 없습니다. 방주의 제작 기간이 몇 년 걸렸는지는 우리가 추정할 뿐입니다. 그러나 그 크기를 볼 때 1, 2년 안에 만들 수 있었던 것은 아닙니다. 노아 한 사람이 만들 수 있는 것도 아니고, 노아의 가족들이 만들 수 있는 것도 아닙니다. 더군다나 그 당시 사람들이 볼 때는 어처구니없는 일이었습니다. 날씨도 좋은데, 바닷가도 아닌 곳에 엄청난 크기의 배를 만들려고 하니, 세상 사람들이

하늘은 땅에서 열린다

볼 때는 완전히 미친 일이었습니다.

노아가 방주를 제작하는 기간 동안에 그를 가장 힘들게 한 것은 아마 자기 자신의 이성이었을 것입니다. "내가 이것을 꼭 해야 하나? 내가 잘못 들은 것 아닐까? 이건 몽상이 아닌가? 이 큰 배를 여기에 만들다니." 노아는 하나님이 보시기에 의인이었지만, 하나님이 그를 의롭다 여겨 주신 것이지 그의 심성이 죄가 없는 상태라는 것은 아닙니다. 아담과 하와가 타락한 이후에 태어난 인간들에게는 하나님의 말씀에 대한 의심이 기본적으로 깔려 있는 것입니다.

그런데 노아가 하나님의 말씀에 순종할 수밖에 없었던 힘은 어디에서 나왔을까요? 저는 가정 교육이라고 봅니다. 에녹 때부터 므두셀라, 라멕, 노아, 이렇게 4대째 이어지는 믿음입니다. 만일 노아 당대에 이 계시가 전해졌다면, 어쩌면 조금은 흔들리지 않았을까요? 당대에 믿었던 분들을 과소평가하는 것이 아니고, 조상부터 내려오는 믿음의 뿌리를 말하는 것입니다. "이 땅에 심판이 올 것이다. 준비해야 한다. 할아버지, 아버지와 함께 많은 사람들에게 심판을 전하면서 구원받아야 한다. 하나님을 믿어야 한다. 심판이 올 것이니 회개해야 한다." 이렇게 의를 전파했던 삶의 간증이 노아를 지탱해 주었을 것이라고 생각합니다. 그가 의심이 전혀 들지 않았던 것이 아니라, 그런 의심이 들 때마다 할아버지 얼굴이 생각나고 아버지 얼굴이 생각이 나고 의를 전했던 선조들 생각이 난 것입니다. 타락한 세상 속에서 때로 연약한 믿음이 무너질 위험에 처할 때, 하나님을 의지하는 믿음보다는 내 안에서 일어나는 의심이 더 크게 솟아오를 때 그것을 이겨 나갈 수 있는 힘이 있어야 합니다. 우리를 하나로 묶어 주는 가정의 힘, 영적 공동체인 교회의 힘이 있어야 합니다.

우리의 믿음이 자녀들에게 잘 전해지면 선해질 세상이 결코 아닙니다. 이미 예수님이 노아의 시대와 같은 것이라고 2,000년 전에 말씀하셨습니다. 지금 이때는 노아의 때와 같습니다. 우리는 하나님이 노아에게 주신 방주의 사명을 갖고 있는 것입니다. 세상 사람들에게 "회개하라. 이 세상에 심판이 있을 것이다"라고 전하면서도 어떨 때는 우리 자신이 심판이 없을 것처럼 살아갈 때가 많습니다. 믿음이 흔들리는 것입니다. 교회가 세상의 유일한 희망이라고 하면서도 '아닐 수도 있다'라고 생각하는 것입니다. 그래서 사람들이 교회를 떠나게 되는 것입니다. '그렇게 믿었던 사람도 방주를 떠나게 되니, 이 시대에 도대체 몇 명이 남아서 노아의 시대처럼 구원받을 것인가.' 그 수가 적을 것이라고 하나님이 말씀하셨습니다. 그래서 "좁은 문으로 들어가라. 그 길로 들어가는 사람은 적다"고 하셨습니다. 이 세상이 점점 더 악해지기 때문에 우리의 마음을 말씀으로 붙잡아 놓지 않으면 타락한 세상과 함께 마지막 때에 우리가 심판에 휩쓸려 갈 것입니다.

하나님은 노아의 때에는 물로 심판하셨지만 마지막에 있을 심판에는 불로 심판하신다고 하셨습니다. 불의 심판이 남아 있는 것입니다. 요즘 세계 각국에서 만드는 무기들을 보면 거의 불장난입니다. 다 화력이 있는 것입니다. 전세계에 있는 원자폭탄만 터뜨려도 이 지구가 날아간다고 합니다. 불의 심판이 기다리고 있는 이때에 우리가 노아의 가문에 내려왔던 신앙, 마음속으로 하나님의 말씀을 믿고 의지하는 신앙을 잘 전수해 주지 않으면 언제 휩쓸릴지 모르는 것입니다.

노아가 방주를 만들면서 얼마나 많은 사람들에게 조롱을 받았겠습니까? 사람들에게 미쳤다는 이야기를 듣지 않았겠습니까? 그럼에도 불구하고 노아는 믿음으로 그대로 행했습니다. 그것이 저절로 되는 것이 아닙니다. 말씀하시니 그대로 행했다는 것은 너무 단순한 얘기입니다. 그러나 단순한 삶만큼 어려운 것이 없습니다. 말씀대로 행할 수 있는 단순한 믿음, 순종하는 믿음이 없으면 우리는 타락한 세상에서 휩쓸려 갈 수밖에 없는 것입니다.

노아는 오랜 시간 동안 방주를 지으면서 아마 여러 사람의 도움을 받았을 것입니다. 한두 사람의 도움이 필요한 것이 아니었을 것입니다. 곰곰이 생각해 보면 홍수가 임하기 시작해서 사람들이 물에 휩쓸려 가고 죽어 가기 시작했을 때 가장 아쉬웠던 사람들은 누구였을까요? 방주를 함께 짓고 못 들어간 사람이 아니었을가요? "어, 저거 내가 지었는데. 어, 저거 내가 역청 발랐는데" 하며 후회했을지 모릅니다. 예배당 건축공사를 같이 하면서 예수님은 안 믿는 사람이 없도록 해야 합니다. 공사든 사업이든 간에 교회와 관련된 일을 하는 사람들이 있으면 그들이 예수 믿게 하는 일에 우선순위를 두어야 합니다. 노아가 방주를 같이 짓고 들어가지 못한 사람을 봤을 때 "아휴, 저 사람 내가 그렇게 간곡히 말했는데 안 듣더니 휩쓸려 가네"라고 했을 것입니다. 그때 "내가 지었는데 들여보내 주세요" 하며 문을 두들겨 봐야 안 됩니다. 하

하늘은 땅에서 열린다

나님이 문을 닫아 버리신 다음에는 열리지 않습니다. 문이 닫힐 때가 올 것입니다.

하나님의 언약

하나님은 노아에게 이렇게 말씀하십니다.

"그러나 너와는 내가 언약을 세우겠다. 너와 네 아들들과 내 아내와 네 며느리들은 방주 안으로 들어가라"(18절).

함께 방주로 들어간 사람은 여덟 사람인데, 노아만 세우는 것이 아니라 노아를 대표해서 언약을 세우시겠다는 것입니다. 하나님이 언약을 세우겠다고 말씀하신 것은 이제 새로운 인류를 시작하시겠다는 뜻입니다. 아담을 통해서 이루고자 계획하셨던 것을 노아로부터 다시 회복하고자 하신 것입니다. 여기서 우리는 구약 역사의 사이클을 볼 수 있습니다. 하나님이 창조하신 세계가 인간으로 말미암아 타락했고, 하나님이 타락한 세상을 심판하시며 동시에 구원하셨는데, 거기서 구원하신 인간과 다시 창조하신 세상을 통해서 새로운 인류를 시작하신다는 것입니다. 하나님의 언약을 받은 노아는 두 번째 아담의 역할을 하는 것입니다.

9장을 보면, 하나님이 구원하신 노아와 그의 가족들이 새로운 인류로 번성하기 시작합니다. 그런데 11장에 가 보면 인간이 또 타락했습니다. 그렇게 언약을 맺어서 구원받은 백성은 심판을 경험했으면서도 또 타락했습니다. 이것은 무엇을 보여 줍니까? 심판만으로는 사람이 변하지 않는다는 것입니다. 하나님이 노아를 보존하셔서 새로운 인류를 구원하셨으면 무엇인가 달라지는 모습이 있어야 하지 않습니까? 그렇게 엄청나고 끔찍한 심판을 경험했으면 사람들이 뒤집어지는 혁명적인 변화가 있어야 하는데, 창세기 9-11장을 보면 사람들은 변하지 않았습니다. 그래서 하나님은 또다시 새로운 일을 시작하십니다. 바벨탑을 쌓은 인간들을 흩으시고, 아브라함이라는 한 사람을 선택하셔서 다시 새로운 인류를 시작하십니다. 심판으로 이 세상을 멸하시는 것이 아니라, 이제 아브라함의 후손인 예수 그리스도를 통해, 십자가의 구속을 통해, 하나님의 자기희생을 통해 전 인류가 돌아올 수 있는 길을 보여 주십니다. 하나님이 용서해 주시는 은혜의 사역으로 인류를 구속하시는 것입

247

니다. 이것이 하나님의 구원의 역사입니다.

내가 너와 언약을 세우겠다는 말씀은 언약의 시초로서 노아에게 대표성을 부여하는 것입니다. 창세기 9장을 보면, 하나님이 노아에게 하신 말씀이 아담에게 하신 말씀과 동일합니다. "자녀를 많이 낳고 번성해 땅에 가득하라."

이 세상은 물의 심판을 통해서 새로운 창조를 경험하게 됐습니다. 노아의 홍수가 이 땅을 뒤덮고 난 뒤에 대격변을 경험했습니다. 노아의 홍수가 이 세상을 어떻게 바꾸어 놓았는지, 그리고 그 홍수의 증거가 이 세상에 어떻게 남아 있는지 이 땅이 증거하고 있습니다. 마지막으로 중요한 구절이 있습니다. "그들은 전에 노아가 방주를 예비하는 동안 하나님께서 오래 참고 기다리실 때 끝내 불순종했던 사람들입니다. 물로 심판하실 때 구원받은 사람이 적으니 단 8명뿐이었습니다. 이제 물은 여러분을 구원하는 표인 세례를 의미합니다. 세례는 육체의 더러움을 없애는 것이 아니라 예수 그리스도의 부활로 인해 선한 양심이 하나님을 향해 응답하는 것입니다"(벧전 3:20-21).

베드로전서에서는 홍수의 심판을 "이것은 이 세상이 세례를 받은 것이다"라고 해석합니다. 세례는 영어로는 'baptism'이고, 헬라어로는 '밥티조에'입니다. 밥티조에는 밥풀이 튄다는 뜻이 아니라 '물에 잠기다'라는 뜻입니다. 그래서 세례를 할 때 침례교에서는 물에 잠기게 하고, 장로교에서는 물을 뿌리는 것입니다. 사실 이것은 문화적인 것입니다. 성경적으로 보면 침례를 하는 것이 경험상 좋다고 봅니다. 침례를 하면 물속에 들어갔다 나옵니다. 하나님이 세상을 물로 덮으신 것은 이 세상을 심판하신 것이지만, 동시에 정결하게 하신 것입니다. 물에 잠기면 어떻게 됩니까? 계속 있으면 죽습니다. 이는 죽음을 의미하는 것입니다. 우리의 옛사람이 예수님과 함께 십자가에 못 박혀 죽는 것이 세례의 첫 번째 의미입니다. 물에서 나오는 것은 부활을 의미하는 것입니다. 그래서 로마서 6장에서 우리가 그리스도와 연합해 세례를 받는 것이라고 설명합니다. 우리가 예수 그리스도와 연합해서 세례를 받은 사건을 홍수 심판으로 비유한 것입니다.

장로교에서는 "성부와 성자와 성령의 이름으로 주노라" 하면서 세례를 줍니다. 그런데 미국의 어느 침례교 목사님은 세례를 줄 때 이렇게 말합니다. "내가 예수님의 이름으로 너를 죽인다." 사실 죽음입니다. 물이 머리에 뿌려질 때, 혹은 물에 잠길 때 나의 옛사람이 죽는 것입니다. 하나님은 홍수 심판

하늘은 땅에서 열린다

으로 옛사람을 멸절시키시고 그 가운데 보존하심으로 새로운 일을 시작하신 것입니다. 내 안에 홍수 심판이 일어난 사건이 세례라는 것입니다. 믿음으로 순종하는 선한 양심이 살아나서 성령 안에 거듭난 자아가 바로 우리 안의 노아가 되는 것입니다. 하나님은 노아에게 새로운 약속을 주십니다. 이것이 홍수 심판이 우리에게 주는 의미입니다.

하나님이 심판을 예고하셨지만 사람들은 믿지 않았습니다. 8명만 구원을 받았습니다. 누가복음 17장 27절을 보면, 노아가 방주에 들어가는 날까지 사람들은 먹고 마시고 장가들고 시집가더니 홍수가 나서 다 멸했다고 했습니다. 먹고 마시고 시집가고 장가가는 것이 나쁘다는 것이 아니라, 거기에 취해서 다가오는 심판을 준비하지 못한 것입니다. 우리의 가장 중요한 준비는 결혼 준비가 아니라 심판을 준비하는 것입니다. 언젠가 방주의 문이 닫힐 때가 올 것입니다. 닫히면 열리지 않을 때가 올 것입니다.

지금은 열려 있는 은혜의 때이고, 회개할 수 있는 때입니다. 사람들을 방주 안으로 불러 모을 수 있는 전도와 선교의 때에 우리가 의의 전파자로서, 노아처럼 사명을 가진 자로서 한 명이라도 더 많은 영혼을 방주 안으로 인도하는 일에 쓰임 받기를 축원합니다.

¹하나님께서 노아와 그의 아들들에게 복을 주시며 말씀하셨습니다. "자녀를 많이 낳고 번성해 땅에 가득하라. ²땅의 모든 짐승들과 공중의 모든 새들과 땅에 기는 모든 것들과 바다의 모든 물고기들이 너희를 두려워하고 무서워할 것이다. 이것들을 너희 손에 준다. ³살아 있어 움직이는 모든 것들이 너희의 양식이 될 것이다. 푸른 채소와 같이 이 모든 것을 너희에게 주었다. ⁴그러나 고기를 피가 있는 채로 먹어서는 안 된다. 피에는 생명이 있다. ⁵너희가 생명의 피를 흘리면 반드시 값을 치를 것이다. 그것이 짐승이면 그 짐승에게 그 피에 대해 값을 치를 것이며 사람이 같은 사람의 피를 흘리게 하면 그 사람에게도 그 피에 대해 값을 치를 것이다. ⁶하나님께서 자기의 형상대로 사람을 만드셨기 때문에 누구든지 사람의 피를 흘리면 사람에게 피 흘림을 당할 것이다. ⁷너희는 자녀를 많이 낳아 번성하라. 땅에서 수가 불어나 땅에서 번성하라." ⁸그리고 하나님께서 노아와 그와 함께 있던 그의 아들들에게 말씀하셨습니다. ⁹"보라. 내가 너희와 너희 뒤에 올 너희의 자손과 언약을 세운다. ¹⁰또한 너희와 함께 있던 모든 생물들, 곧 너희와 함께 있던 새와 가축과 모든 들짐승들, 방주에서 나온 땅의 모든 생물들과 언약을 세운다. ¹¹내가 너희와 언약을 세워 다시는 모든 육체가 홍수로 인해 멸절되지 않을 것이며 다시는 이 땅을 멸망시키는 홍수가 없을 것이다." ¹²하나님께서 말씀하셨습니다. "이것이 내가 나와 너희 사이에, 또한 너희와 함께 있는 모든 생물 사이에 대대로 영원히 세우는 내 언약의 증표다. ¹³내가 구름 속에 내 무지개를 두었으니 그것이 나와 땅 사이에 세우는 언약의 표시가 될 것이다. ¹⁴내가 땅 위에 구름을 일으켜서 그 속에 무지개가 나타날 때 ¹⁵내가 나와 너 사이에 그리고 모든 종류의 생물들 사이에 세운 내 언약을 기억하겠다. 물이 홍수가 돼 모든 육체를 멸망시키는 일이 다시는 없을 것이다. ¹⁶무지개가 구름 속에 나타나면 내가 그것을 보고 나 하나님과 이 땅 위의 모든 육체 사이에 세운 영원한 언약을 기억하겠다." ¹⁷하나님께서 노아에게 말씀하셨습니다. "이것이 내가 나와 이 땅 위의 모든 육체 사이에 세운 언약의 표시다."

새로운 사명과 무지개 언약

창세기 9:1-17

인간의 타락한 본성이 변화되지 않았기 때문에 하나님이 아무리 좋은 구원의 방법을 제시하셔도 인간은 스스로 은혜의 길로 걸어가지 않습니다. 믿음이 없기 때문입니다. 그래서 하나님이 인간을 회복시키시기 위해 가장 중요시 하는 것이 우리의 믿음입니다. 그 믿음을 만들어 주는 도구가 바로 하나님의 언약인 것입니다.

변하지 않는 인간의 죄성

땅이 홍수로 인해 변화되었습니다. 그렇다면 하나님과 인간의 관계에서 변화된 것은 무엇이고, 변화되지 않은 것은 무엇일까요? 그것을 설명해 주는 것이 창세기 9장입니다. 먼저 변화되지 않은 것은 인간에 대한 하나님의 계획입니다.

"하나님께서 노아와 그의 아들들에게 복을 주시며 말씀하셨습니다. '자녀를 많이 낳고 번성해 땅에 가득하라'"(1절).

"너희는 자녀를 많이 낳아 번성하라. 땅에서 수가 불어나 땅에서 번성하라"(7절).

하나님이 노아에게 주신 이 명령은 창세기 1장 28절에서 아담에게 주신 명령과 동일한 내용입니다. 하나님은 아담에게 복을 주시며 명령하셨습니다. 땅에 번성하고 충만하고 땅을 정복하고 다스리는 하나님의 대리통치자이자 하나님의 청지기로서 복을 주신 것입니다. 홍수 심판은 임했지만 인간의 사명과 인간을 향한 하나님의 목적과 계획은 변함이 없습니다. 그래서 이 명령을 받은 노아는 두 번째 아담의 역할을 하게 되는 것입니다. 노아가 보존된 인간으로서, 새 인류의 대표자로서 아담이 받은 명령을 그대로 받은 것은 인간을 향한 하나님의 목적과 계획은 조금도 변함이 없다는 뜻입니다.

두 번째로 변하지 않은 것이 있습니다. 아담의 타락한 죄성입니다. 하나님이 이 땅에 홍수 심판을 내리신 것은, 아담과 하와가 하나님이 금하신 명령을 어긴 후에 가인의 후손으로부터 시작된 죄악이 세상에 가득해졌고, 또 하나님이 택하신 셋의 경건한 후손마저 가인의 타락한 후손의 딸들과 결혼해서 점점 사라져 갔기 때문입니다. 결국 노아의 방주를 예비하셨지만 8명밖에 들어오지 않았습니다. 심판이 그때에 이루어지지 않았더라면, 노아의 가족마저도 이 세상의 악에 휩쓸려 가지 않았을까요? 하나님은 마지막 순간까지 기다리시고 홍수 심판을 하셨습니다. 심판 이전에 타락한 인간의 본성이 변화되지 않은 것을 알 수 있는 것입니다.

창세기 8장 21절을 보면 하나님이 이렇게 말씀하십니다. "사람이 생각하는 것이 어려서부터 악하기 때문이다." 인간은 악함을 가지고 태어났습니다. 그 열매가 어디서 나타납니까? 바로 바벨탑을 쌓는 인간의 모습입니다. 인간이 흩어지기를 거부하고 성을 쌓고 자기를 스스로 보호하려고 했던 사건을 통해서 알 수 있습니다. 결국 홍수 심판이 임했어도 인간 안에 있는 죄성은 변화되지 않았습니다. 하나님의 능력이 부족한 것이 아니라 인간의 죄성이 그토록 악한 것입니다. 노아와 그의 가족은 그 끔찍한 홍수의 심판을 목격했습니다. 그러나 시간이 흘러가고 노아의 후손들이 세대에서 세대로 이어지면서 이 땅에 얼마나 끔찍한 홍수 심판이 있었는지를 잊어버리고, 다시 타락한 아담의 성품으로 되돌아갔습니다. 홍수 심판 이후에도 인간의 죄성은 변하지 않았습니다. 심판 자체가 인간을 변화시키지 못하는 것입니다. 그 끔찍한 심판이 있었으면 사람이 180도 달라져서 근본부터 변화해야 할 것 같지만, 교도소가 많아진다고 인간이 달라집니까? 법 집행이 강해지면 인간이 변화됩니까? 그렇지 않습니다. 인간의 죄성과는 상관없는 것입니다.

하늘은 땅에서 열린다

하나님의 달라진 방법

이제 하나님은 타락한 인간을 다른 방법으로 대하십니다. 본문을 통해 피조 세계에서 인간이 어떻게 변화됐는지 보겠습니다. 먼저 홍수 심판 이후에 인간과 피조 세계와의 관계가 달라졌습니다. 인간과 생물 간에 긴장 관계가 생깁니다.

"땅의 모든 짐승들과 공중의 모든 새들과 땅에 기는 모든 것들과 바다의 모든 물고기들이 너희를 두려워하고 무서워할 것이다. 이것들을 너희 손에 준다"(2절).

타락 이전의 아담과 하와가 생물들의 이름을 짓고, 생물들과 함께 지내는 모습을 우리는 상상하기 어렵습니다. 인간도 동물을 무서워하고 동물도 인간을 무서워합니다. 사실은 동물이 인간을 더 무서워한다고 합니다. 그래서 인간과 마주치는 동물의 반응을 보면 두 가지가 있습니다. 첫 번째는 자꾸 피합니다. 고양이나 개는 사람을 보면 멈칫하고 피합니다. 인간에 대한 두려움이 있기 때문입니다. 두 번째는 먼저 공격합니다. 사실은 공격하는 것도 두려움의 표현입니다. 두렵기 때문에 자신을 방어하려고 공격하는 것입니다. 두려움이 없으면 공격하지 않습니다. 어쨌든 인간과 생물 간의 관계가 두려워하는 긴장 관계로 됩니다. 이사야 말씀에 보면, 새 하늘과 새 땅이 임할 때는 인간과 동물 간의 관계와 동물과 동물 간의 관계가 회복됩니다. 사자와 어린양이 함께 뒹굴게 됩니다. 하나님이 천지를 창조하실 때의 관계, 서로 긴장 관계가 없고 무서워하지 않는 관계가 되는 것입니다.

또 하나 변화된 것은 하나님이 고기를 먹는 것을 허용하신 것입니다.

"살아 있어 움직이는 모든 것들이 너희의 양식이 될 것이다. 푸른 채소와 같이 이 모든 것을 너희에게 주었다. 그러나 고기를 피가 있는 채로 먹어서는 안 된다. 피에는 생명이 있다"(3-4절).

살아 있어 움직이는 모든 것들이 양식이 되는 것입니다. 심판 이전에는 채소가 인간의 주식이었습니다. 그런데 심판 이후에 하나님이 고기를 먹는 것을 허용하셨습니다. 그 이유에 대해서는 두 가지 설명이 가능합니다.

첫째는 변화된 자연 질서 때문입니다. 홍수 심판 이전에는 자연 질서가 파괴되지 않았기 때문에 추위와 더위가 없었습니다. 지구가 인간의 생명을 유지시켜 줄 수 있었습니다. 인간이 평균 900년 이상을 살 수 있을 만큼 건강을 지킬 수 있는 자연 질서가 있었습니다. 그러나 홍수 심판 이후에는 극심한 추위와 극심한 더위가 생겼습니다. 지구를 둘러싸고 있던 물의 띠가 사라짐으로 인해서 자외선을 차단하지 못하게 되었고, 여러 가지 자연 질서가 파괴됐습니다. 그로 인해서 인간에게 육식을 해야 하는 필요가 생긴 것입니다. 아주 추운 지역에는 풀과 채소가 나지 않는 지역도 많습니다. 그래서 하나님이 인간의 생존을 위해 육식을 허용하신 것입니다. 그러나 피가 있는 채로 먹지 말라고 하셨습니다. 어쩌면 홍수 심판 이전에도 동물의 피를 좋아하는 타락한 모습이 있었을지 모릅니다. 피는 생명이 있기 때문에 그 피를 소중히 여기라는 지침을 주시면서 고기를 먹을 수 있게 하셨습니다.

두 번째로, 레위기에 보면 제사 제도가 세워집니다. 동물의 희생 제사가 드려질 때 화목제를 통해 하나님께 드린 예물을 함께 먹는 교제를 허락하셨습니다. 제사 제도를 만들어 가시는 데 있어서 고기도 먹을 수 있도록 허용하심으로써 하나님의 계시를 분명하게 보여 주셨습니다. 이 외에도 여러 가지 이유가 있겠지만 인간을 향한 하나님의 선한 계획에 따라서 고기를 먹도록 허용하신 것입니다.

이렇게 변화된 것들이 있는데 이 중에 가장 중요한 것은, 홍수 심판으로도 변하지 않는 인간의 타락한 심성을 대하시는 하나님의 방법이 변화되었다는 것입니다. 하나님의 목적과 계획은 변화된 것이 없지만, 홍수 심판 이후의 인간을 새롭게 하실 때 하나님이 택하신 방법은 변화되었습니다.

노아의 심판과 방주 이야기를 들으면서 이런 생각을 해 보지 않으셨습니까? '아니, 홍수 심판으로도 변하지 않는 인간이라면, 완전히 홍수로 쓸어버리시고 아담과 하와처럼 새로운 인간을 창조하시면 될 것 아닌가. 그렇게 다시 시작하시면 방주도 지을 필요 없는 것 아닌가. 무에서 유를 창조하신 분이 굳이 그렇게 보존이라는 방법을 통해서 새로운 인류를 시작하실 이유가 있는가.' 저는 3일 동안 이 질문을 던지면서 기도하며 고민했습니다.

하나님이 주신 깨달음은 이것입니다. "왜 인간이 타락했느냐?" 하나님이 창조하신 아담과 하와가 부족하기 때문에 타락한 것이 아닙니다. 불완전하게 창조되었기 때문에 타락한 것이 아닙니다. 오히려 정반대입니다. 완전한 자유 의지를 가지고 하나님의 형상대로 스스로 판단하고 생각하고 결단할 수 있는 완전한 하나님의 창조물이었기 때문에 그 자유를 가지고 타락한 것입니다. 하나님이 새롭게 인간을 창조하시면 아담과 하와보다 더 업그레이드된 버전이 나올까요? 하나님이 "미처 생각하지 못한 게 있구나. 아담과 하와가 이 장치가 없어서 타락했구나" 하시면서 버전을 바꾸시면 인간이 타락하지 않을까요? 그게 아니라는 것입니다. 하나님의 창조는 완전한 창조입니다. 완전한 인간을 부여했기 때문에 그 능력이 하나님을 배반한 것이지, 하나님의 창조가 불완전했던 것이 아닙니다. 아담과 하와에게 칩이 하나 부족해서, 나사가 하나 빠져서 타락한 것이 아닙니다. 하나님은 "그렇게 창조하지 말 것을 후회된다. 타락하지 않도록, 반역하지 않도록 중요한 칩 하나를 빼고 다시 창조해야겠다"고 하시지 않습니다.

또 하나 중요한 이유는, 하나님은 인간을 포기하지 않으시기 때문입니다. 인간은 비록 하나님께 대항했지만, 하나님은 인간을 버리지 않으시고 인간이 반드시 돌아오도록 만드시는 능력의 하나님이라는 것을 보여 주시기 위해서입니다. 놀라운 일입니다. 그래서 어느 신학자는 이렇게 말했습니다. "타락 이전의 아담과 하와가 나누었던 하나님과의 관계보다 타락한 인간이 예수 그리스도의 십자가의 구속됨을 받아서 하나님과 나누는 교제가 더 친밀하다. 그러므로 하나님의 계획은 실패한 것이 아니다." 이것은 하나의 과정이었던 것입니다. 하나님의 계획이 중간에 중단된 것이 아니라, 이 모든 것이 하나님의 계획 가운데 있었던 것입니다. 인간이 타락한 이후에 하나님이 심판하시고 아브라함의 후손인 예수 그리스도를 보내신 것은 사후 대책으로 세우신 것이 아니라 사전 계획입니다. 하나님이 인간을 창조하시기 전에 세우신 계획입니다.

사도 바울은 성령 안에서 이것을 깨달았습니다. "창세전에 그리스도 안에서 나를 택하셨다. 십자가의 계획을 창세전에 가지고 계셨다." 하나님은 인간을 완전하게 창조하셨고, 인간이 타락하여 하나님을 배역하는 불순종과 타락의 사건에도 불구하고 하나님은 하나님의 목적대로 이루실 수 있는 능력 있는 분이라는 것을 보여 주기 위해 인간을 보존하신 것입니다. 그래서 새로 시작하신 것입니다. 창조할 능력을 다 써 버려서 다시 창조할 수 없으니까 보존하신 것이 아닙니다.

하나님의 말씀을 읽으면서 엉뚱한 질문을 던져 보는 것도 괜찮습니다. 가끔 기도하면서 "왜 하나님이 이렇게 하셨을까?"라고 질문을 던져 봅니다. 믿지 않으려는 질문이 아니라, 믿고 싶어서 떠오르는 질문은 적어 놓으십시오. 적어 놓으면 하나님이 반드시 해결해 주실 것으로 믿습니다.

은혜를 베푸시는 언약

타락 이전에 아담과 하와를 대하셨던 방법과 홍수 심판 이후에 인간을 대하시는 방법이 달라진 것이 하나 등장합니다. 바로 언약을 내리시는 것입니다. 9장 9절부터 17절까지를 보면 매 구절마다 거의 등장하는 단어가 '언약'이라는 단어입니다. 히브리어로는 '베리트'입니다. 두 당사자 사이에 어떤 관계를 맺을 때는 두 가지 방법이 있습니다. 먼저 약속이라는 단계가 있습니다. "우리 언제 저녁 먹자" 하는 식사 약속이나 "언제 만나자" 하는 약속은 바쁘면 취소 가능한 약속입니다. 그보다 한 단계 높은 약속이 있다면 맹세입니다. 맹세는 지키지 않으면 큰 문제가 일어날 때 하는 약속입니다. 결혼도 일종의 맹세입니다. 또 국가에 대한 맹세처럼 한 국가의 국민으로서 해야 하는 맹세가 있습니다. 자신의 의무를 반드시 행해야 하고, 그 의무를 행하지 않으면 문제가 되는 것이 바로 맹세입니다.

그런데 맹세보다 훨씬 강력한 단계가 있다면 바로 언약이라고 하는 단계입니다. 오늘날에는 찾아보기 힘듭니다. 고대 사회에서 두 당사자 가운데 맺은 언약을 지키지 않으면 그 대가는 죽음이었습니다. 이것을 지키지 않으면 내 생명을 걸겠다고 서로 약속하는 것입니다. 이렇게 지키지 않은 편이 죽어야 하는 약속을 뜻하는 것이 '베리트'(Berit)입니다. 언약입니다. 단순한 말의 약속이 아닙니다. 맹세 정도가 아니라 생명을 내건 약속입니다.

이 단어가 처음으로 성경에 등장합니다. 물론 시대와 문화마다 언약을 맺는 방식은 달랐습니다. 아브라함 시대에는 할례라는 제도가 나옵니다. 할례는 인간의 피부의 일부를 절단하는 것입니다. 그래서 언약을 맺는다고 할 때 "언약을 자른다"고 합니다. 이는 죽음을 의미하는 것입니다. 이 약속을 어길 때는 진짜 잘린다는 것을 상기시키기 위해 신체의 일부를 자름으로써 약속의 증거를 맺는 것입니다.

하나님이 아담과 하와를 대하실 때는 언약이라는 단어가 필요 없었습니다. 인간은 완전한 자유 의지를 가졌기 때문에 아담과 하와가 행위만 바르게 하면 되었습니다. 하나님과의 모든 관계의 키가 행위에 달려 있었습니다. 선악을 알게 하는 나무를 먹지 말라는 명령을 그냥 지키기만 하면 모든 관계가 정상적으로 움직여지는 것입니다. 그래서 신학자들은 아담과 하나님의 관계를 '행위 언약'이라고 말합니다. 호세아 6장 7절을 보면 "그들이 아담처럼 언약을 어겼다"라고 합니다. 언약이라는 단어는 창세기 2장에는 사용되지 않았지만 하나님과 사람의 행위에 근거한 언약이었습니다. 그러나 인간이 행위로 하나님을 범죄함으로 인해 홍수 심판 이후에는 하나님이 인간을 대하실때 은혜를 베풀어 주시는 언약이 필요했던 것입니다.

왜 노아가 방주를 통해서 살아남았습니까? 그 이유를 창세기 6장 8절에서 간단하게 설명합니다. 노아는 은혜를 입은 사람이었기 때문입니다. "노아는 의로운 사람이었다. 완전한 사람이었다. 하나님과 동행하는 사람이었다"라는 말씀 이전에 무엇이 나옵니까? 노아는 하나님께 은혜를 입었다고 합니다. 이 말씀이 먼저 나오는 것이 중요합니다. 노아가 도덕적으로, 윤리적으로 죄가 없기 때문에 의인이라고 불린 것이 아니라, 은혜를 입은 사람이었기 때문에 의인이라고 불린 것입니다. 은혜를 입은 사람을 완전하다고 하는 것입니다. 은혜를 입어야만 하나님과 동행할 수 있습니다. 타락한 인간은 하나님의 은혜가 없으면 하나님과 교제할 수 없습니다. 우리의 의는 무엇입니까? 우리의 완전은 무엇입니까? 하나님의 은혜를 덧입는 것이 의입니다. 하나님의 은혜를 덧입는 것이 완전입니다. 하나님의 은혜를 덧입어야만 하나님과 동행할 수 있습니다.

그래서 노아는 하나님의 은혜 위에 믿음으로 서 있는 새로운 대표였던 것입니다. 말세에도 노아와 같은 사람이 최후의 구원을 받는 것입니다. 노아는 은혜를 입은 사람입니다. 그 은혜에 믿음으로 반응했을 때 하나님은 그것을 '너의 의'라 여기시고, 완전하다 여기시고, 하나님과 동행할 수 있다고 여기신 것입니다.

하나님은 그 은혜를 어떤 방법으로 주셨습니까? 노아의 가문에게는 심판의 계시를 미리 알려 주심으로 은혜를 주셨습니다. 하나님의 계시를 믿음으로 받아들였을 때 그것을 의로 여김을 받고 은혜를 입게 된 것입니다. 그래서 언약이라는 단어 자체도 은혜라는 뜻을 포함하고 있습니다. 은혜 언약입니다.

전능하신 하나님이 우리와 언약을 맺으신다는 것은 있을 수 없는 일입니다. 하나님은 인간과 언약을 맺으실 필요가 없는 분입니다. 인간을 다 쓸어버리셔도 되는 분입니다. 우리와 일대일로 언약을 맺으실 필요가 없는 것입니다. 언약이라는 것은, 그것을 안 지키면 죽는 일대일의 언약입니다. 하나님이 생명을 내걸고 우리와 언약을 맺으실 필요가 없습니다. 그래서 그 자체가 은혜인 것입니다. 하나님이 언약을 맺으셨다는 것은 나는 "너희를 포기하지 않는다. 너희가 돌아오기를 원한다. 너희와 관계를 회복하기를 원한다. 너희가 멸망하지 않기를 원한다"고 말씀하시는 것입니다. 그래서 언약을 주신 것입니다.

문제는 은혜를 은혜로 받지 못하는 것입니다. 인간에게 믿음이 없는 것입니다. 인간이 하나님께 불순종함으로, 아담이 하나님께 반역함으로 하나님을 향한 믿음이 깨져 버린 것입니다. 노아의 방주를 예비하고 들어오라고 했는데 8명밖에 들어오지 않았습니다. 믿음이 망가졌기 때문입니다.

인간의 타락한 본성이 변화되지 않았기 때문에 하나님이 아무리 좋은 구원의 방법을 제시하시고 살 수 있는 길을 보여 주셔도 인간은 스스로 은혜의 길로 걸어가지 않습니다. 믿음이 없기 때문입니다. 그래서 하나님이 인간을 회복시키시기 위해 가장 필요한 것은 믿음입니다. "믿음으로 인해 은혜로 구원받았다"고 했습니다. 이것은 하나님의 선물이라고 했습니다. 선물이 되기 위해서는 믿음이 있어야 합니다. 그 믿음을 만들어 주는 도구가 언약인 것입니다.

제가 여러분에게 이렇게 약속을 합니다. "다음 주에 와서 여러분에게 일인당 10만 원씩을 나눠 드리겠습니다." 그러면 여러분은 '이 목사님이 돈이 많구나' 하고 생각하겠죠. 또 다음 주에 제가 "다음 주에는 100만 원씩 나눠 드리겠습니다" 합니다. 그리고 어떻게든 제가 약속을 지킵니다. 또 그 다음 주에 "200만 원씩 나눠 드리겠습니다"고 합니다. 그러면 여러분이 믿을까요, 안 믿을까요? 아마 믿을 것입니다. 두 번이나 약속을 지켰기 때문입니다. 약속을 지키면 마음에 믿음이 생깁니다. 타락한 인간은 이렇게 여러 번 하다가 사기를 칩니다. 악한 사람들이 사기 치는 방법은 처음에 믿음을 심어 주는 것입니다. 처음에는 약속을 잘 지키는 것 같다가 나중에 뒤집어서 사기 치는 것입니다. 그러나 하나님은 우리에게 한 약속을 지키고 실행하십니다. 성경을 쭉 읽어 나가다 보면 마음속에 믿음이 생깁니다. '우리 하나님은 믿을 수 있는 분이

하늘은 땅에서 열린다

시구나. 약속을 지키시는 분이구나. 언약대로 행하시는 분이구나.'

악한 사람을 순수한 마음으로 대하면 자꾸 이용합니다. 그래서 악한 사람을 상대하다 보면 자꾸 악해집니다. 인간은 그렇게 됩니다. 그런데 하나님은 인간의 악함에 대해서 끝까지 선하십니다. 하나님은 악함이 전혀 없으십니다. 그러니까 인간에게 항상 배신당하고 이용당하시는 것입니다. 하나님이 계속 이용당하신 역사가 바로 구약의 역사입니다. 인간은 끊임없이 약속을 어기고 배반하고 언약을 파기하니까 선하신 하나님이 계속 상처 입고 고통 받고 손해를 보십니다. 그 결과로 예수 그리스도를 십자가에 못 박으셨습니다. 그런데 놀라운 것은 그것이 하나님의 능력이었다는 것입니다. 하나님의 약함이 아니라 능력이었습니다. 선으로 악을 이기신 것입니다. 하나님의 언약으로 인간의 타락함을 고치신 것입니다. 새 언약이 되시는 예수 그리스도로 말미암아 홍수 심판으로도 변하지 않았던 인간의 심령이 변화된 것입니다. 이것이 하나님의 능력입니다.

하나님이 노아와 더불어 맺으신 언약은 두 가지입니다. 첫 번째는 다시는 홍수로 세상을 멸하지 않으시겠다는 언약입니다. 아마도 노아와 그의 가족들은 공포에 질려 있었을 것입니다. 물만 봐도 정신을 못 차리고 쓰러졌을 것입니다. 앞으로도 물을 많이 봐야 하는데 물만 보면 홍수 심판 때문에 두려워서 어떻게 살 수 있겠습니까? 그래서 "다시는 홍수로 세상을 멸하지 않겠다. 안심해라" 하고 염려를 덜어 주신 것입니다.

두 번째는 땅이 존재하는 한 이 세상은 보존될 것이라는 언약입니다. 영원하지는 않을 것입니다. 그러나 땅이 존재하는 한 하나님이 이 자연 질서를 보존하게 하실 것입니다. 돌아올 백성이 있어야 하기 때문입니다. 하나님이 기다리시기 때문입니다. 지금은 은혜의 시간입니다. 노아 시대의 언약 때문에 이 땅이 지금 보존되는 것입니다. 이렇게 해가 뜨고 지고, 사계절이 유지되고, 그 상태로 보존되는 이유는 하나님이 노아와 맺은 언약을 지금도 지키고 계시기 때문입니다.

그런데 하나님은 왜 보존하십니까? 언젠가는 하나님이 다시 심판하실 것이지만 보존하시는 이유는, 타락한 하나님의 백성들을 돌아오게 하시려는 것입니다. 오늘날 교회의 역할이 바로 그것입니다. 교회가 방주가 되어서 죄 가운데 있는 사람들을 건져 내어 하나님께로 돌아오도록 하는 것입니다. 그래서 하나님이 이 세상을 심판하지 않고 보존하고 계시는 것입니다.

하나님은 그 증표로 구름 위의 무지개를 보여 주셨습니다. 무지개는 혼합된 것입니다. 무지개가 나타나려면 두 가지가 있어야 합니다. 먼저 폭풍 속의 어둠에 빛이 있어야 합니다. 그리고 세세한 빗방울이 없으면 무지개는 나타나지 않습니다. 물과 빛이 혼합됨으로 인해서 그 빛에 있는 스펙트럼을 물이 나타내 보여 주는 것이 무지개입니다. 이것이 무지개와 하나님의 은혜가 비슷한 점입니다. 무지개가 폭풍 속의 어둠에 있는 빗물과 하나님의 태양 빛이 연합되어 나타나듯이, 죄와 하나님의 은혜가 결합되어 나타난 것이 하나님의 언약입니다.

하나님의 빛이 인간의 죄를 비추어 주는데, 장차 이 죄가 하나님의 빛으로 다 깨끗해질 것이라고 보여 주는 증표가 언약입니다. 그래서 무지개를 사용하신 것입니다. 무지개는 빛만 있어도 안 되고, 빗물만 있어서도 안 됩니다. 이 무지개는 하나님의 홍수에 대한 태양의 승리입니다. 어떤 신학자는 이렇게 이야기했습니다. "하나님의 은혜가 하나님의 심판을 이겼다. 하나님은 심판이 아니라 은혜로 구원하신다."

무지개는 하늘과 땅을 서로 연결해 줍니다. 하늘과 땅을 연결해 주는 하나님의 언약, 하늘이 열려서 이 땅을 축복하시는 하나님의 사랑과 은혜의 증표가 바로 무지개입니다. 무지개는 모든 사람이 볼 수 있습니다. 모든 사람을 구원하기 원하시는 하나님의 언약이 무지개를 통해서 나타난 것입니다.

홍수 심판으로 이 땅은 변화되었고, 인간을 대하시는 하나님의 방법도 변화되었습니다. 그러나 변하지 않은 것은 하나님의 목적과 하나님의 계획입니다.

이제 노아의 언약을 기초로 해서 하나님은 장차 오실 여인의 후손을 통해 우리를 구원하실 계획을 계속해서 말씀해 주실 것입니다. 계속되는 창세기 말씀을 통해 인간의 죄에도 불구하고 우리를 변하지 않고 사랑하시는 하나님의 사랑과 은혜를 깊이 누리게 되기를 축원합니다.

은혜를 입어야만 하나님과 동행할 수 있습니다.
타락한 인간은 하나님의 은혜가 없으면 하나님과 교제할 수 없습니다.
우리의 의는 무엇입니까? 우리의 완전은 무엇입니까?
하나님의 은혜를 덧입는 것이 의입니다. 하나님의 은혜를 덧입는 것이 완전입니다.
하나님의 은혜를 덧입어야만 하나님과 동행할 수 있습니다.

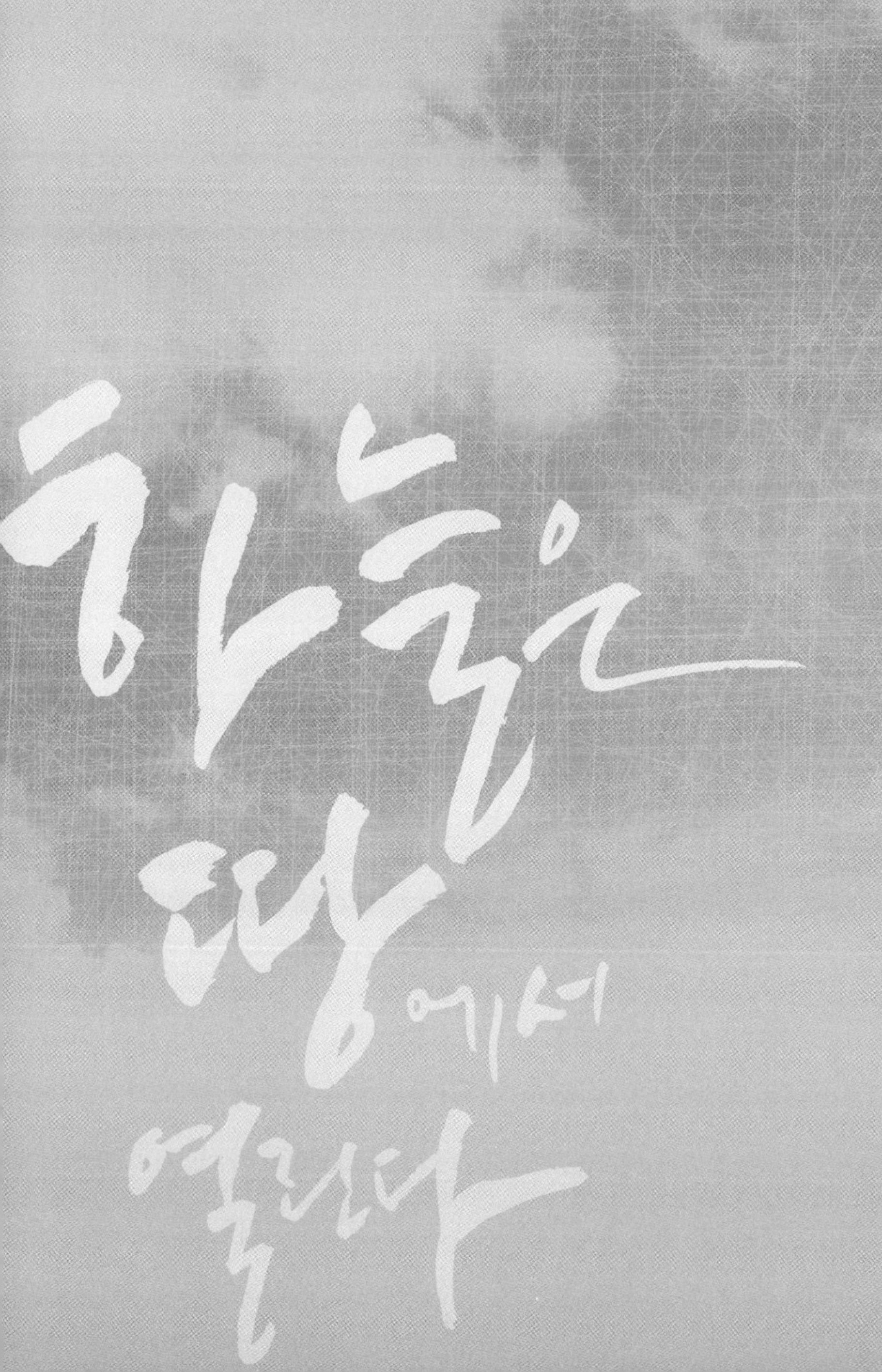
하늘을
담아
영원히

부르심을
따르는 삶

하나님의 부르심을 받은 사람은 **예배자**가 되는 것입니다.
하나님의 약속과 우리의 현실이 너무나 차이가 나지만 그 사이에서
예배하는 것입니다. 그러면 결국 약속은 현실이 될 것입니다.
세상 사람들은 예수 믿는 것을 구속이라고 생각합니다.
왜 그렇게 얽매여 사느냐고 합니다. 그러나 하나님의 약속에 붙잡힌 인생은
분명 자유로운 인생입니다. 진정한 행복과 기쁨이 넘치는 인생입니다.

[18]방주에서 나온 노아의 아들들은 셈, 함, 야벳인데 함은 가나안의 조상입니다. [19]이 세 사람이 노아의 아들들이었고 이들로부터 온 땅에 사람들이 퍼지게 됐습니다. [20]노아가 땅을 일구기 시작해 포도원을 세웠습니다. [21]그가 포도주를 마시고 취해 자기 장막 안에서 벌거벗고 있었을 때 [22]가나안의 조상인 함이 자기 아버지가 벌거벗은 것을 보고는 밖에 있던 다른 두 형제에게 이 사실을 말했습니다. [23]그러자 셈과 야벳은 겉옷을 어깨에 걸치고 뒷걸음으로 들어가서 아버지의 벌거벗은 몸을 덮어 주었습니다. 그들은 아버지가 벌거벗은 것을 보지 않으려고 얼굴을 돌렸습니다. [24]노아가 술이 깨 자기 작은 아들이 자기에게 한 일을 알게 됐습니다. [25]그래서 노아는 말했습니다. "가나안은 저주를 받을 것이다. 가나안은 가장 낮고 천한 종이 돼 그의 형제들을 섬기게 될 것이다." [26]그리고 노아가 다시 말했습니다. "셈의 하나님 여호와를 찬송하리니 가나안은 셈의 종이 될 것이다. [27]하나님께서 야벳을 크게 일으키셔서 그가 셈의 장막에서 살게 되며 가나안은 그의 종이 되게 하실 것이다." [28]홍수 이후 노아는 350년을 더 살았습니다. [29]노아는 모두 950년 동안 살다가 죽었습니다.

chapter 20

아버지의 실수와
자손들의 미래

창세기 9:18-29

하나님은 이스라엘 민족만을 구원하시는 것이 아닙니다. 하나님은 셈의 족속을 선택하셨지만, 야벳에게도 장막이 열리게 하셨습니다. 사도행전의 역사를 이미 예언하신 것입니다. 복음이 유대인들에게만 전해지는 것이 아니라 이방인에게도 전해져서 셈의 장막에서 야벳의 족속들이 함께 축복을 받게 되는 것입니다. 사도행전의 역사, 사도 바울의 사역이 노아의 예언을 통해 그대로 이루어진 것입니다.

창세기는 위대한 하나님의 이야기를 전해 주고 있습니다. 무엇보다도 인류와 만물의 시작을 가르쳐 주고 있습니다. 시작을 아는 사람은 언제나 원인과 진단이 정확합니다. 또 마지막을 아는 사람은 언제나 겸손합니다. 창세기를 통해서 우리가 지금 어떤 시대에 어떤 위치에서 또 어떤 사명으로 살고 있고, 살아가야 하는지를 보고 있습니다.

등산을 할 때 길을 잃어버릴 때가 있습니다. 초보자들은 길을 잃게 되면 어떻게 하면 빨리 산을 내려갈까를 생각한다고 합니다. 그래서 내려가는 길을 찾고 찾다가 오히려 더 길을 잃어버리고 계곡에 빠져 버리고 만다는 것입니다. 전문가들은 길을 잃어버리면 산으로 더 올라간다고 합니다. 계속 올라가서 산봉우리에 올라 정상에서 산을 내려다보면 내가 어디서 길을 잘못 들었는지, 또 어디로 내려가야 하는지를 볼 수 있다는 것입니다. 인생의 길을 잃어버리고 세상 속에서 방황할 때 우리는 산으로 올라가야 합니다. 하나님의 산으로 올라가서 하나님의 말씀과 기도를 통해 내가 살고 있는 이 세상을 내려다보는 것입니다. 그러면 어디로 가야 할지를 알고 내려가는 인생이 될 수 있습니다. 우리는 창세기를 통해서 정상에 올라와 있는 듯한 느낌을 받습니다. 왠지 내가 처한 형편이 예전보다 가볍게 여겨지지 않습니까? 달라진 것은 아무것도 없지만 원인을 알고 이 시대를 알고 나의 존재 의미를 알기 때문에 훨씬 가볍습니다. 고난이 어려운 것은 해석되지 않기 때문입니다. 또 앞으로 어떻게 될지 모르기 때문입니다.

우리는 창세기를 통해서 하나님의 위대한 이야기, 전 인류의 이야기를 배우고 있습니다. 전 인류를 다루시는 하나님의 계획과 역사하심을 깨달을 때 우리는 초연할 수 있습니다. 공부를 많이 해야 지혜로울 수 있는 것이 아닙니다. 믿음의 선배들은 공부를 많이 안 했어도 성경을 알기에 지혜로웠습니다. 역사 앞에서 담대했고, 역사를 변화시키는 인생이 될 수 있었습니다. 그래서 성경 이야기를 하나로 이해하는 것이 매우 중요합니다. 성경은 단편적인 사실을 모아 놓은 것이 아니라, 하나님이 이끌어 가신 하나님의 역사를 우리에게 보여 주는 것입니다.

하나님이 세상을 홍수로 심판하신 후에 새로운 인류가 시작되었습니다. 아담에게 주셨던 명령을 동일하게 주셨습니다. 그러나 홍수 심판으로도 인간은 변화되지 않았습니다. 인간 안에 있는 죄성이 그 무서운 심판을 경험하고도 변화되지 않은 것입니다. 죄가 그렇게 무서운 것입니다. 심판도 죄를 씻어 내지 못했습니다. 하나님은 타락한 인간을 다루시는 방법을 계속해서 새로운 방법으로 바꿔 가십니다. 하나님이 능력이 없으신 것이 아니라, 인간의 죄가 그토록 악하기 때문입니다.

홍수 심판 이전의 인간과 홍수 심판 이후의 인간은 달라진 것이 없습니다. 하나님은 인간과 언약을 맺으십니다. 성경에 처음으로 언약이라는 단어가 등장합니다. 물론 타락 이전에도 하나님이 아담과 맺으신 관계가 있지만 구체적으로 언약이라는 단어를 통해서 인간과 관계를 맺으신 것은 노아의 홍수 이후입니다. 하나님은 모든 인간을 진멸시키시지 않고 보존시킴으로써 그들과 새롭게 시작하신 것입니다. 하나님의 목적은 변하지 않았습니다. 하나님은 실패하지 않으셨습니다. 하나님은 타락한 인간을 구원하실 수 있는 능력 있는 분이라는 것을 보여 주시기 위해서 인간과 언약을 맺으십니다.

하늘은 땅에서 열린다

하나님의 넘치는 은혜

언약은 하나님의 은혜입니다. 천지를 창조하시고 만물의 주인이시고 심판자이신 하나님이 무엇이 부족해서 인간과 언약을 맺으시겠습니까? 언약을 맺는다는 것은 매인다는 것입니다. 자신을 묶는 것입니다. 약속을 지키지 않아도 되시는 분이, 약속을 하지 않아도 되시는 분이 약속을 하고 그 약속에 자신을 묶어 놓으시는 것입니다. 얼마나 제한을 받는 일입니까? 성경의 역사를 보면 하나님은 이 언약 앞에서 꼼짝 못하십니다. 스스로 맺어 놓으신 언약을 지키기 위해서 하나님이 얼마나 많은 대가를 치르시고, 얼마나 많은 수고를 하셨습니까?

누군가 "당신이 믿는 하나님은 어떤 하나님입니까?"라고 묻는다면 저는 이렇게 대답할 것입니다. "언약의 하나님이십니다. 언약을 맺으시고 언약에 신실하신 하나님입니다." 사람이 물에 빠져서 허우적거릴 때 그 사람에게 밧줄을 내줍니다. 밧줄만 내주지 않고 의지할 것을 자신의 몸에 묶어서 그 사람에게 던져 줍니다. 인간에게 구원의 밧줄이 내려졌는데 그 밧줄이 사람들을 건져 낼 수 있는 힘과 능력이 없다면 인간은 구원받을 수 없습니다. 그 밧줄을 붙잡기만 하면, 그 밧줄대로 인도함을 받기만 하면 구원을 받습니다. 이것이 언약의 밧줄입니다.

하나님은 노아에게 보존의 약속을 주셨습니다. 다시는 홍수로 이 땅을 진멸하지 않을 것이라고 하셨습니다. 이 땅이 영원할 것이라는 말씀이 아닙니다. 이 땅은 언젠가는 멸망할 것이지만, 이 땅이 멸망할 때까지 다시는 홍수 심판으로 진멸하지 않으시겠다는 말씀입니다. 새롭게 시작하는 노아의 가족들은 홍수로 인해서 엄청난 상처를 받았을 것입니다. 사람이 교통사고를 당한 것만 봐도 그것이 평생 기억에 남아서 스트레스가 됩니다. 어떤 사람이 죽는 것만 봐도 일종의 외상이 생깁니다. 그런데 몇 사람을 제외하고 다 죽었으니 얼마나 큰 상처와 충격이었겠습니까? 하나님이 이 정신적인 충격을 말씀으로 거두어 주시는 것입니다. 내가 다시는 홍수로 세상을 심판하지 않겠다고 하십니다. 땅이 존재하는 한 더위와 추위와 계절의 변화 등 자연 질서(비록 변형된 자연의 질서이지만)를 보존하겠다고 하십니다.

하나님은 보존의 은혜를 약속하셨습니다. 지금 이 시대에 해가 뜨고, 별이 있고, 사계절이 존재하고, 우리가 이 땅에 살 수 있는 것은 하나님이 노아와 맺으신 언약을 지금도 지키고 계시기 때문입니다. 그 언약에 근거해서 우리가 살고 있는 것입니다. 하나님의 언약은 영원한 것입니다. 아브라함과 맺으신 언약, 다윗과 맺으신 언약, 모세와 맺으신 언약은 시대마다 그 내용이 약간씩 달라지지만 인간을 구원하시는 하나님의 목적에는 변함이 없습니다.

하나님은 그 증거로 무지개를 보여 주셨습니다. 무지개는 참 신기한 현상입니다. 바람이 불고 먹구름이 끼고 비가 오는데 일곱 가지의 아름다운 색이 드러납니다. 빗물이라는 배경이 없으면 무지개는 나타나지 않습니다. 그 빗물에 빛이 비추어질 때 빛 속에 있는 일곱 가지 스펙트럼이 드러나서 아름다운 색을 나타내는 것입니다. 내가 너희에게 베푼 은혜가 이 무지개와 같을 것이라고 말씀하십니다. 우리의 죄가 깊으면 깊을수록 죄를 비추시는 하나님의 은혜의 빛이 비춰질 때 더 아름다운 인생을 살게 된다는 것입니다.

하나님은 이 무지개를 통해서 우리에게 큰 은혜를 베풀어 주십니다. 죄와 하나님의 은혜가 만날 때 죄는 하나님을 이기지 못합니다. 빗물과 어둠과 먹구름이 있다 할지라도 하나님의 빛이 비추어지면 그 어둠은 견딜 수가 없습니다. 그 어둠과 먹구름에서 일어나는 빗물이 더 아름다운 색이 되는 것입니다. 회색빛, 검은빛, 사람들에게 우울함을 주는 빛에 하나님의 빛을 비추어 주니 일곱 색깔로 더 아름답게 비추어지는 것입니다. 죄가 더하는 곳에 하나님의 은혜가 더욱 넘칩니다.

홍수에 대한 하나님의 빛의 승리가 바로 무지개입니다. "내가 너희를 이렇게 축복했다." 이 세상에 처음으로 열려진 하늘의 문의 상징이 무지개인 것입니다. 오늘 이 시대에도 발견할 수 있는 무지개를 바라볼 때마다 하나님이 세상을 향해 가지신 소망과 기대를 바라보기를 축원합니다. 나의 인생은 회색빛 같고 먹구름이 낀 것 같고 어두운 것 같지만, 하나님의 은혜의 빛이 비추어지면 무지개 빛깔이 될 것입니다. 하나님의 뜻과 계획이 바로 이것입니다. 하나님의 계획은 결코 먹구름이 아닙니다. 결코 홍수 심판이 아닙니다. 하나님은 무지개보다 더 찬란한 하나님의 계획을 보여 주기를 원하십니다.

노아의 실수

그런데 홍수 심판 이후에 인간이 변하지 않았다는 증거가 본문에 나와 있습니다. 그토록 경건하고 의인이었고 하나님과 동행했던 노아가 수치스러운 모습을 보여 주게 됩니다.

"노아가 땅을 일구기 시작해 포도원을 세웠습니다. 그가 포도주를 마시고 취해 자기 장막 안에서 벌거벗고 있었을 때 가나안의 조상인 함이 자기 아버지가 벌거벗은 것을 보고는 밖에 있던 다른 두 형제에게 이 사실을 말했습니다. 그러자 셈과 야벳은 겉옷을 어깨에 걸치고 뒷걸음으로 들어가서 아버지의 벌거벗은 몸을 덮어 주었습니다. 그들은 아버지가 벌거벗은 것을 보지 않으려고 얼굴을 돌렸습니다. 노아가 술이 깨 자기 작은아들이 자기에게 한 일을 알게 됐습니다"(20-24절).

이 사건은 홍수 심판이 일어난 후, 적어도 수십 년이 흐른 시점이었을 것입니다. 노아의 세 아들인 셈과 함과 야벳 가운데 함의 아들 가나안이 등장합니다. 가나안은 함의 넷째 아들이자 막내아들이고, 노아의 넷째 손자이기도 합니다. 노아가 함의 넷째 아들을 볼 때까지 시간이 흘렀으니, 적어도 수십 년의 시간이 흐른 시점의 일을 기록하고 있는 것입니다.

홍수 심판을 대비하여 많은 사람들에게 구원을 전파했던 노아입니다. 의인이었고 하나님과 동행했던 노아입니다. 그 노아가 포도원 농사를 짓고 포도나무에서 난 포도로 포도즙이 아니라 포도주를 만들어서 마시고는 완전히 취해 버립니다. 그 열기를 견디지 못해서 옷을 다 벗어 버리고 완전히 벌거벗은 채로 누워서 잠을 자고 있습니다. 옷을 벗고 자는 모습이라고 생각할 수도 있겠지만, 사실 그런 상황이 아닙니다. 완전히 술에 취해서 정신을 잃어버리고, 벌거벗고 수치를 드러내고 있는 노아의 모습을 보여 주는 것입니다.

노아가 얼마나 인내했습니까? 얼마나 큰 믿음을 보여 주었습니까? 에녹, 므두셀라, 라멕, 노아에 이르기까지 조상 때부터 내려오는 하나님의 심판의 계시를 잘 받아들였고, 방주를 예비하라는 하나님의 명령에 순종해서 사람들의 숱한 조롱과 반대와 비난에도 불구하고 방주를 예비했습니다. 그렇게 믿음으로 살았던 노아의 모습과 오늘 말씀은 너무 대조됩니다. 성경은 우리에게 진실을 감추지 않습니다. 이 땅에서 보존되었던 인간에게서조차 이렇게 타락한 모습이 나타나는 것은, 홍수 심판이 죄를 완전히 씻어 내지 못했다는 증거입니다.

사탄은 홍수 심판 이후에 만물이 회복되기 시작하고 수십 년이 지나서 노아의 마음이 방심한 것을 잘 알았습니다. 심판이 임박한 때에 인내와 경건함으로 살았던 노아가 이제 평온한 세월이 흐르자 마음에 경계심을 늦추게 되었습니다. 늘 삼킬 자를 두루 찾아다니는 사탄이 노아를 그냥 내버려 두지 않았던 것입니다. 우리는 언제 죄를 더 많이 지을까요? 고난 속에 있을 때입니까, 평온할 때입니까? 아담과 하와는 광야에 있을 때 죄를 지었습니까, 축복의 동산에 있을 때 죄를 지었습니까? 축복의 동산에 있을 때, 평온할 때 죄를 짓습니다. 평안할 때는 우리가 허리띠를 더 동여매고 경계심을 더 가져야 할 때입니다.

노아가 타락한 모습을 보이고 있을 때 노아의 세 아들 중에 함이 아버지의 수치스러운 모습을 발견하게 됩니다. 아버지의 벌거벗은 몸을 본다고 큰 문제이겠습니까? 그런데 그렇지 않습니다.

"가나안의 조상인 함이 자기 아버지가 벌거벗은 것을 보고는 밖에 있던 다른 두 형제에게 이 사실을 말했습니다"(22절).

이 문장 자체로는 아무 문제가 없는 것 같습니다. 아들이 아버지의 벌거벗은 모습을 보고 형제들에게 말한 것이 큰 문제입니까? 그런데 단어를 정확하게 해석하면, 여기서 '보고'는 그냥 있는 그대로를 보는 것이 아니라 속으로 은근히 조롱하면서 보았다는 의미입니다. 은근히 아버지를 조롱하고, 은근히 아버지의 수치를 기뻐했다는 것입니다. '왜 우리 아버지가 이렇게 되셨을까?' 하며 슬퍼하고 안타깝게 여겨야 하는데 그 모습이 마치 우스꽝스럽다는 듯이 속으로 즐거워하며 보았다는 것입니다. 또 형제들에게도 있는 사실을 객관적으로 말한 것이 아닙니다. 아주 큰 경사가 났다는 듯이, "이것 봐라. 아버지가 아주 볼 만하다"면서 구경거리가 났다는 듯이 전한 것입니다. 함의 마음속에는 아버지에 대한 조롱과 멸시가 있었습니다. 아버지의 수치스러운 모습을 오히려 즐기고 있었습니다. 이것은 함의 마음속에 있는 타락한 인간의 본성, 왜곡된 시각, 왜곡된 마음의 태도를 보여 주는 것입니다.

그러나 그 소식을 들은 셈과 야벳은 정반대의 반응을 보였습니다. 셈과 야벳은 차마 아버지의 수치스러운 모습을 보지 못하고, 뒷걸음치며 들어갔습

하늘은 땅에서 열린다

니다.

"그러자 셈과 야벳은 겉옷을 어깨에 걸치고 뒷걸음으로 들어가서 아버지의 벌거벗은 몸을 덮어 주었습니다. 그들은 아버지가 벌거벗은 것을 보지 않으려고 얼굴을 돌렸습니다"(23절).

조롱하면서 아주 좋은 일이라도 일어난 것처럼 여러 사람들에게 알리는 함의 태도와 뒷걸음치면서 겉옷으로 아버지의 수치스러움을 가려 주고 얼굴을 돌리는 셈과 야벳의 태도가 대조적입니다. 이 모습은 가인과 아벨이 하나님 앞에 제사를 드렸지만 가인의 제사는 열납되지 않고 아벨의 제사만 열납된 것과 같은 대조를 보여 줍니다. 두 종류의 인생을 보여 주는 것입니다.

두 종류의 인생이 존재합니다. 다른 사람의 수치를 보면서 즐기는 사람이 있고, 그것을 덮어 주는 사람이 있습니다. 하나님의 경건한 후손이 있고, 가인의 피를 이어받은 불경건한 후손이 있는 것입니다. 하나님은 이 모든 사람을 포기하지 않으십니다. 다 구원받기를 원하십니다. 그래서 구원자를 보내시기 위해서 경건한 혈통을 계속 준비하셨습니다. 창세기에서 가장 중요한 것이 혈통입니다.

세 아들들의 다른 반응과 다른 미래

노아는 술에서 깨어나서 자신에게 일어난 모든 일에 대해서 알고는 예언하기 시작합니다. 예언은 아주 중요합니다. 하나님이 타락한 아담과 하와 그리고 뱀에게 예언을 주시는 가운데 구원의 약속이 있었습니다. 창세기 3장 15절에서 "내가 너와 여자를 원수가 되게 하고, 여자의 후손과 뱀의 후손이 갈등 관계에 있게 하고, 궁극적으로 여인의 후손이 뱀의 머리를 상하게 할 것이다. 그리고 뱀은 여인의 후손의 발뒤꿈치를 상하게 할 것이다"라고 하셨습니다. 이것을 인간에게 주신 최초의 복음, 원복음이라고 합니다. 그것이 언제 주어졌습니까? 아담과 하와가 타락한 직후에 뱀에게 주어진 것입니다. 인간이 타락한 직후에 하나님은 놀라운 희망의 약속을 주셨습니다. 희망의 예언을 주셨습니다. 노아가 타락한 직후에 성령님이 노아에게 주신 예언을 통해서 하나님은 놀라운 회복과 축복의 약속을 주십니다. 동시에 죄에서 회복되지 않았을 때 임하는 저주와 심판에 관한 예언도 주십니다.

"그래서 노아는 말했습니다. '가나안은 저주를 받을 것이다. 가나안은 가장 낮고 천한 종이 돼 그의 형제들을 섬기게 될 것이다.' 그리고 노아가 다시 말했습니다. '셈의 하나님 여호와를 찬송하리니 가나안은 셈의 종이 될 것이다. 하나님께서 야벳을 크게 일으키셔서 그가 셈의 장막에서 살게 되며 가나안은 그의 종이 되게 하실 것이다'(25-27절).

세 아들에 대한 노아의 예언은 너무나 중요한 예언입니다. 장차 역사에서 일어나는 모든 민족과 열방의 역사의 큰 흐름을 미리 알려 주시는 예언입니다. 이것은 역사를 주관하시고 다스리시는 하나님의 영만이 하실 수 있는 예언입니다. 노아는 이것이 무슨 말인지 모르고 했을 것입니다. 노아가 이후에 일어난 모든 일을 알고 이런 예언을 할 수는 없는 것입니다.

먼저 가나안에 대한 저주부터 시작합니다. 그런데 함에 대한 저주가 아니라 가나안에 대한 저주였다는 것이 특이합니다. 가나안은 함의 아들입니다. 잘못한 것은 함인데 왜 그 아들에게 저주를 하실까요? 이것이 많은 학자들의 소위 '허'를 찌르는 것입니다. 어떤 학자는 "성경에 나와 있지는 않지만 함이 먼저 발견한 것이 아니라 가나안이 먼저 발견한 것이다. 가나안은 동성연애자였다. 그래서 할아버지의 수치스러운 모습을 보고 동성애적인 즐거움을 느꼈기 때문에 가나안을 저주한 것이다"라고 말합니다. 그러나 그것은 성경에 나와 있지 않은 일종의 추측일 뿐입니다. 종교개혁자 칼뱅은 "함을 저주하는 것보다 그의 아들을 저주하는 것이 더 큰 형벌이 될 것이다. 하나님이 나 자신을 저주하시는 것보다 내 자손을 저주하시는 것이 더 큰 형벌이기 때문이다"라고 말했습니다. 일리 있는 해석입니다.

그 해석을 읽으면서 저도 나름대로 해석을 했습니다. 정말 개인적인 해석입니다. "어떻게 보면 함의 혈통 중에서도 가장 악한 가나안만을 저주하신 것은 하나님의 은혜다. 함이 저주받았으면 함의 자손들이 모두 저주 가운데 있었을 텐데, 그중에서도 가장 악한 막내아들 가나안만을 저주하신 것은 그래도 은혜를 베푸신 것이다."

함의 여러 아들 가운데 특별히 가나안을 주목하신 이유는 무엇일까요? 나중에 역사에서 증명이 됩니다. 가나안이 바로 가나안 족속의 조상입니다. 이스라엘 백성이 가나안을 정복할 때 왜 가나안 땅이라고 합니까? 가나안 족속이 원주민이기 때문입니다. 그 땅을 지배하고 있는 민족이 가나안이기 때문입니다.

여호수아가 그 땅을 정복해 들어갈 때 가나안의 여러 족속이 있었는데, 기브온 족속이 두려워서 이스라엘과 화친 조약을 맺습니다. 옷을 찢고 지저분한 행색으로 마치 멀리서 온 민족인 것처럼 "우리는 당신의 종입니다" 하고 스스로 먼저 종이 되는 것입니다. 싸워 보지도 않고 무서워서 먼저 종이 됩니다. 거짓말로 조약을 맺었지만 조약은 조약이기 때문에 할 수 없이 스스로 종이 된 것입니다. 가나안에게 주신 예언이 그대로 이루어진 것입니다. 솔로몬 시대까지도 대부분의 종들이 가나안 족속이었습니다. 가나안은 형제들의 종이 될 것이라는 예언이 그대로 그들의 후대에 이루어졌습니다. 그리고 진멸되기까지 했습니다.

팔레스타인 일대에서 가장 악한 족속이 가나안 족속이었습니다. 우상을 섬기고 타락해서 하나도 남김 없이 진멸해야 하는 족속이었습니다. 인간의 모든 마음을 아시고 미래를 아시는 하나님이 앞으로 일어날 일을 미리 노아를 통해서 말씀해 주신 것입니다

어떤 사람들은 성경을 완전히 잘못 해석해서 셈, 함, 야벳이 백인종, 흑인종, 황인종이라고 해석합니다. 함은 흑인의 조상이고 셈은 백인의 조상이고 야벳은 황인의 조상이라는 것입니다. 저도 어렸을 때 주일학교 선생님에게서 이렇게 들었습니다. 그때는 너무나 감명 깊게 들었는데, 완전히 틀린 해석입니다. 흑인들이 노예가 된 것은 함의 저주 때문이라는 것은 잘못된 해석입니다. 가나안 족속은 흑인이 아니었습니다. 오늘날 아프리카인의 조상은 함의 다른 아들들인 구스, 미스라임, 붓입니다. 미스라임은 이집트인의 조상이고 붓은 리비아인의 조상입니다. 이집트, 에티오피아, 리비아, 그 아들들이 아프리카로 구분될 수 있는 함의 아들들입니다. 가나안은 오히려 셈 족속과 유사한 아랍 사람들의 얼굴입니다.

흑인의 노예화를 정당화시키기 위해서 신학적으로 잘못 해석한 것입니다. "너희는 백인들의 노예가 될 운명이다. 성경에도 기록되어 있다." 성경을 들이대면서 잘못된 이단 사상을 가르친 것입니다.

노아는 셈의 자손에게 축복을 합니다.

"그리고 노아가 다시 말했습니다. '셈의 하나님 여호화를 찬송하리니 가나안은 셈의 종이 될 것이다'"(26절).

“셈의 하나님”이라고 했습니다. 누구의 하나님이라고 특별히 선택한 것입니다. 누구의 하나님이라고 불릴 수 있는 사람은 많지 않습니다. 놀랍게도 하나님은 셈의 후손이 되는 아브라함에게 이렇게 말씀하십니다. “아브라함의 하나님, 이삭의 하나님, 야곱의 하나님.” 하나님이 특별한 은총을 베풀어 주시고 그 사람을 통해서 새로운 역사를 이끌어 가신다는 것을 설명할 때 누구의 하나님이라고 하는 것입니다. 놀랍게도 우리가 “나의 하나님”이라고 부를 수 있게 만드신 것입니다.

왜 셈이 하나님을 찬송합니까? 하나님이 셈을 통해서 이루실 일이 있다는 것입니다. 셈의 혈통을 통해서 아브라함이 선택되고, 아브라함의 혈통을 통해서 이삭이 선택되고, 다윗이 선택되고, 그리고 예수 그리스도가 태어나십니다. 이 땅을 구원할 메시아를 보낼 민족으로 선택받은 셈이 여호와 하나님을 찬송하고 있습니다.

그리고 가나안이 셈의 종이 될 것이라고 말하고 있습니다. 이것이 바로 이스라엘 역사를 통해 이루어졌습니다. 이스라엘의 가나안 정복을 통해서, 그리고 이후의 역사를 통해서 가나안이 셈의 종이 되는 증거가 나타나고 있습니다. 실제로 지금도 그 역사의 잔재가 남아 있습니다.

야벳도 축복을 받았습니다.

“하나님께서 야벳을 크게 일으키셔서 그가 셈의 장막에서 살게 되며 가나안은 그의 종이 되게 하실 것이다”(27절).

야벳이 받은 축복은 어떤 것입니까? 야벳은 셈과 함께 아버지의 수치를 덮어 주었습니다. 마치 하나님이 아담과 하와의 수치를 가죽옷으로 덮어 주시듯이, 하나님의 성품을 보여 준 것입니다. 야벳도 동일한 축복을 받았는데, 하나님이 야벳을 크게 일으키셔서 셈의 장막에서 살게 하셨습니다. 야벳은 오늘날 인도 유럽피안 족속의 조상입니다. 그리스, 로마, 인도에 해당하는 족속으로 알고 있는데 여기서 많은 문명과 문화가 발달했습니다. 법과 여러 가지 제도가 발달하고 문화가 꽃피운 곳입니다. 하나님이 창대케 되는 축복을 주신 것입니다.

그런데 야벳이 셈의 장막에서 살게 하셨습니다. 일차적으로 하나님의 약속을 받은 족속은 셈 족속입니다. 셈 족속 가운데 나중에 이스라엘 백성, 곧 아브라함의 자손이 있게 되는 것입니다. 언약의 장막이 열리는 것입니다. 하나

하늘은 땅에서 열린다

님은 이스라엘 민족만을 구원하시는 것이 아닙니다. 하나님이 셈 족속을 선택하셨지만, 셈 족속인 이스라엘 백성이 보기에 이방인 족속인 야벳에게도 장막이 열리는 것입니다. 사도행전의 역사를 이미 예언하신 것입니다. 복음이 유대인들에게만 전해지는 것이 아니라 이방인에게도 전해져서 셈의 장막에서 야벳의 족속들이 함께 축복을 받게 되는 것입니다. 유대인들에게만이 아니라 헬라인들에게도 복음이 전해졌던 사도행전의 역사, 사도 바울의 사역이 노아의 예언을 통해 그대로 이루어진 것입니다. 사도행전까지 가지 않더라도, 노아의 역사와 사도행전의 역사 중간에 있는 이사야서에서도 이런 예언을 했습니다.

"장막 터를 넓히고 장막의 휘장을 아낌없이 활짝 펼쳐라. 장막 줄을 길게 늘이고 말뚝을 단단히 박아라. 네가 좌우로 터져 나갈 것이기 때문이다. 네 자손이 뭇 나라를 차지하고 버려졌던 성읍들에 살게 될 것이다"(사 54:2-3).

장막 터를 넓히라는 말씀은 예배당을 크게 하라는 것이 아닙니다. 우리 집을 크게 하라는 것이 아닙니다. 하나님의 언약의 공동체의 문이 열리게 될 것이라는 말씀입니다. 그 장막을 넓게 펼치라는 것입니다. 문화와 민족으로 하나님을 제한하지 말라는 것입니다. 하나님의 언약은 모든 민족을 향해 퍼져 나가야 한다는 것입니다. 이스라엘이 장막을 가두었습니다. 모세로부터 받은 율법이라는 언약에 가두어서 이방인들을 들어오지 못하게 한 것입니다. "할례를 받아야 한다. 너희도 똑같이 율법을 지켜야 한다"면서 장막을 가둔 것입니다. 그러나 하나님의 뜻은 장막을 넓히는 것입니다. 야벳 족속에게도 이 장막 터를 여셨습니다. 이방인들에게도 복음이 전해졌습니다. 이스라엘 민족에게만 계시는 하나님이 아니라, 이스라엘의 하나님이신 동시에 모든 민족의 하나님이 되신 것입니다.

노아의 예언은 하나님의 미래에 대한 깊고 넓은 비전을 우리에게 보여 줍니다. 장차 언약을 성취할 약속의 상속자로 오시는 예수 그리스도, 셈의 자손으로 오시는 예수 그리스도, 아브라함의 후손으로, 다윗의 후손으로 오시는 예수 그리스도를 통해서 하나님의 장막에 수많은 백성들이 들어오게 하신다는 것입니다.

노아는 떠났지만 하나님은 노아의 혈통 가운데 새로운 인물을 준비하십니다. 하나님은 역사마다 새로운 인물을 준비하십니다. 다른 사람들을 버리셨다는 뜻이 아닙니다. 그 사람을 중심으로 하나님의 역사하심을 통해서 셈의 장막에 많은 사람들이 들어오게 하셔서 하나님의 나라를 이루어 가십니다. 이것이 인류 역사에 그대로 나타나고 있습니다. 인류의 역사는 사람들이 개척하고 만드는 것이 아니라, 우리의 모든 것을 아시고 인도하시는 하나님이 주관하시는 것입니다.

성경에 나타난 모든 역사는 사실이고, 성경에 나타난 하나님이 지금도 우리 곁에서 역사하고 계십니다. 우리의 삶이 하나님이 중심된 삶이 되기를 축원합니다. 우리가 하나님 나라의 백성, 새 언약의 백성으로서 날마다 믿음으로 승리하기를 주님의 이름으로 축원합니다.

하늘은 땅에서 열린다

죄와 하나님의 은혜가 만날 때 죄는 하나님을 이기지 못합니다.
빗물과 어둠과 먹구름이 있다 할지라도 하나님의 빛이 비추어지면
그 어둠은 견딜 수가 없습니다. 그 어둠과 먹구름에서 일어나는 빗물이
더 아름다운 색이 되는 것입니다.

하늘은 땅에서 열리다

[1]노아의 아들인 셈, 함, 야벳의 족보는 이러합니다. 홍수 후 그들에게 아들들이 태어났습니다. [2]야벳의 아들은 고멜, 마곡, 마대, 야완, 두발, 메섹, 디라스입니다. [3]고멜의 아들은 아스그나스, 리밧, 도갈마입니다. [4]야완의 아들은 엘리사, 달시스, 깃딤, 도다님입니다. [5]이들에게서 해안 민족들이 여러 땅으로 퍼졌으며 각각 언어와 족속을 따라 민족을 이뤘습니다. [6]함의 아들은 구스, 미스라임, 붓, 가나안입니다. [7]구스의 아들은 스바, 하윌라, 삽다, 라아마, 삽드가입니다. 라아마의 아들은 스바와 드단입니다. [8]구스는 또 니므롯을 낳았는데 니므롯은 땅의 첫 용사였습니다. [9]그는 여호와 앞에서 강한 사냥꾼이었습니다. '니므롯처럼 여호와 앞에 강한 사냥꾼'이라는 말도 이 때문에 생겨났습니다. [10]그의 나라의 시작은 시날 땅에 있는 바벨, 에렉, 악갓, 갈레였습니다. [11]니므롯은 이 땅에서 앗시리아로 나가 니느웨, 르호보딜, 갈라를 세웠고 [12]니느웨와 갈라 사이에 레센을 세웠는데 이것은 큰 성이었습니다. [13]미스라임은 루딤, 아나밈, 르하빔, 납두힘, [14]바드루심, 가슬루힘, 갑도림을 낳았는데 블레셋은 가슬루힘에게서 나왔습니다. [15]가나안은 맏아들 시돈과 헷을 낳고 [16]여부스 족속, 아모리 족속, 기르가스 족속, [17]히위 족속, 알가 족속, 신 족속, [18]아르왓 족속, 스말 족속, 하맛 족속을 낳았습니다. 그 후 가나안의 족속들이 흩어져 나갔습니다. [19]가나안의 경계는 시돈에서 그랄 쪽으로 가사까지, 그리고 소돔, 고모라, 아드마, 스보임과 라사까지였습니다. [20]이들은 함의 자손들로 종족과 언어에 따라 영토와 민족별로 갈라져 나갔습니다. [21]셈에게서도 자손이 태어났습니다. 그는 에벨 자손의 조상이었으며 야벳의 형이었습니다. [22]셈의 아들들은 엘람, 앗수르, 아르박삿, 룻, 아람입니다. [23]아람의 아들들은 우스, 훌, 게델, 마스입니다. [24]아르박삿은 셀라를 낳았고 셀라는 에벨을 낳았습니다. [25]에벨에게서 두 아들이 태어났는데 하나의 이름을 벨렉이라고 했습니다. 그의 시대에 땅이 나뉘었기 때문입니다. 그의 동생 이름은 욕단이었습니다. [26]욕단은 알모닷, 셀렙, 하살마윗, 예라, [27]하도람, 우살, 디글라, [28]오발, 아비마엘, 스바, [29]오빌, 하윌라, 요밥을 낳았습니다. 이들은 모두 욕단의 아들들입니다. [30]그들이 살던 지역은 메사에서부터 스발을 가로지르는 동쪽 산간 지대까지였습니다. [31]이들이 종족과 언어와 영토와 나라에 따라 나뉜 셈의 자손들입니다. [32]이들은 족보와 민족에 따른 노아 자손의 족속들입니다. 이들로부터 홍수 이후에 민족들이 땅 위에 퍼져 나갔습니다.

세계 민족의 역사,
번성하는 인류

창세기 10:1-32

족보는 중요한 기능을 합니다. 성경의 뼈대를 가르쳐 주고 성경의 목적을 보여 줍니다. 하나님은 한 민족, 한 혈통을 택하셨지만 그 혈통만 지키시는 것이 아니라 일차적으로 택하신 민족을 통해서 열방이 구원을 받게 하십니다. 이것이 하나님의 놀라운 구원 계획입니다. 이것을 족보를 통해서 우리에게 보여 주고 계신 것입니다. 창세기에 면면히 흐르는 족보들을 통해서 하나님은 세대마다 그 세대 가운데 일하고 계심을 알 수 있습니다.

역사의 흐름을 보여 주는 족보

본문을 보면 지루해 보이는 지명과 이름이 계속 나옵니다. 성경을 읽다 보면 특히 창세기에 이런 족보가 나옵니다. 이해하기도 힘들고 없어도 될 것 같지만, 하나님의 말씀은 한 구절도 불필요한 구절이 없습니다. 우리가 이해하지 못할 뿐입니다.

족보는 중요한 기능을 합니다. 성경의 뼈대를 가르쳐 주고 성경의 목적을 보여 줍니다. 이 족보가 성경에 기록되지 않았다면 우리는 예수 그리스도가 이 땅에 왜 오셨는지, 또 어떤 과정을 통해 오셨는지 이해할 수 없을 것입니다. 지명과 인종의 기원이 되는 사람들의 이름을 통해서 예수님이 신화 속에 갑자기 등장하는 인물처럼 이 땅에 오신 것이 아님을 알 수 있습니다. 역사를 주관하시고, 또 역사 속에 구원자를 보내기 위해 영원 전부터 섭리하시는 하나님을 체험할 수 있도록 우리에게 이런 과정을 보여 주시는 것입니다.

먼저 이 족보를 이해하기 위해서는 창세기 3장 15절에서 아담과 하와가 타락한 직후에 하나님이 뱀에게 주신 저주의 말씀을 살펴보아야 합니다.

"내가 너와 여자 사이에, 네 자손과 여자의 자손 사이에 증오심을 두리니 여자의 자손이 네 머리를 상하게 하고 너는 그의 발뒤꿈치를 상하게 할 것이다."

하나님이 뱀과 여자 사이에 갈등 관계를 주신 것입니다. 이것이 첫 번째 갈등 관계입니다. 이것은 하와와 뱀의 관계입니다. 두 번째로, 여기에는 역사적인 시간의 흐름이 포함되었습니다. 시간이 흐르면서 여자의 후손들과 뱀의 후손들 사이에 증오심을 두겠다고 하셨습니다. 하나님이 두 부류의 사람들로 나누어 놓으신다는 것입니다. 하나님을 예배하고 경외하는 자손들을 뱀의 후손들로부터 구별하신다는 것입니다. 뱀의 후손들은 타락한 아담의 후손들, 가인의 후손들입니다. 하나님이 특별히 은혜를 베푸셔서 선택하신 하나님의 백성을 구별하실 것입니다. 그리고 두 후손 사이에는 증오심이 있을 것입니다.

하나님의 경건한 후손들과 타락한 후손들 사이에는 증오심 있는 관계가 정상적인 관계입니다. 사람을 미워하는 것이 아니라 악에 대한 증오입니다. 죄를 미워하고 악을 싫어하는 것이 하나님의 경건한 후손들의 정상적인 반응입니다. 그러나 창세기 6장을 보면, 하나님의 아들들이 사람의 딸들의 아름다움을 보고 좋아해서 결혼함으로써 인류가 급속하게 타락하게 되고 홍수 심판에 이르게 되었습니다. 그래서 구약의 역사에는 두 흐름이 있습니다. 경건한 여인의 후손들과 뱀의 후손들 간의 갈등과 대립 관계를 계속해서 조명하고 있는 것입니다. 심지어는 한 형제 가운데서도 하나님 앞에 경건한 후손이 있고 그렇지 않은 후손이 있습니다. 바로 가인과 아벨입니다.

역사적으로 그렇게 타락한 후손 가운데 하나님이 경건한 후손을 선택하시고 구별하신 목적은 무엇입니까? 세 번째 단계에서 일어나는 일을 위해서입니다. 창세기 3장 15절에서 세 번째 단계에 일어나는 갈등 관계를 보면, 여자의 후손이 다시 단수로 돌아옵니다. 두 번째 단계에서는 여자의 후손들이었습니다. 복수였다가 다시 단수로 돌아와서 여자의 후손이 뱀의 머리를 상하게 합니다. 사탄의 머리를 상하게 함으로써 사탄을 진멸시킵니다. 그러나 여

하늘은 땅에서 열린다

인의 후손은 발뒤꿈치만 상하게 됩니다. 이것은 너무나 분명하게 십자가 사건을 보여 주는 것입니다.

사탄은 예수님의 몸을 창으로 찌르고, 그 발과 손에 못을 박았지만 죽음에서 부활하신 예수 그리스도안에는 작은 상처만 남았을 뿐입니다. 도마에게 보여 주시면서 "내 옆구리에 손을 넣어 보고 내 손을 만져 봐라"고 하셨듯이, 발뒤꿈치 정도만 상하게 하는 상처만 남았습니다. 그 상처도 믿음이 없는 자들을 위한 증거로 사용되는 상처에 불과한 것입니다. 십자가의 사건으로 사탄의 머리를 상하게 함으로써 사탄을 진멸시키시는 사건을 창세기 3장 15절에서 미리 예언하신 것입니다. 이는 타락 직후에 주신 말씀입니다. 그래서 신학자들은 이 말씀을 원시 복음, 최초의 복음, '프로토 에반젤리움'(Proto Evangelium)이라고 설명합니다.

이 말씀에 근거해서 역사가 움직여 가고 있는 것입니다. 창세기는 열 개의 족보로 단락을 이루고 있습니다. 또 구약 역사 곳곳에 사람과 지명 이름이 나오는 족보가 집대성되어 있습니다. 이 족보가 보여 주는 것은 여인의 후손과 뱀의 후손 간의 갈등 관계입니다. 그리고 "마지막에 예언된 여인의 후손이 누구인가? 여인의 후손이 누구의 혈통을 통해서 태어나는가? 어떤 과정을 통해서 태어나는가?"를 보여 주는 것입니다. 창세기는 족보를 중심으로 기록된 것입니다. 이 족보를 이해하지 못하면 창세기의 기록 목적을 이해할 수 없습니다.

이 족보는 히브리어로는 '톨레도트'(Toledoth)라고 하는데, 이렇게 기록되어 있습니다. "누구의 족보는 이러합니다. 누구의 기록은 이러합니다. 누구의 이야기는 이러합니다." 때로는 누구를 중심으로 한 이야기이고, 때로는 어떤 혈통에 대한 기록입니다. 창세기 2장에서 첫 번째 단락이 시작됩니다.

"하늘과 땅이 창조됐을 때 여호와 하나님께서 땅과 하늘을 만드시던 날의 기록이 이렇습니다"(창 2:4).

"만드시던 날의 기록이 이렇습니다." 이렇게 첫 번째 단락을 시작하는 것입니다. 아직 인간이 창조되기 전에, 하나님만 계셨을 때의 기록부터 시작하고 있습니다. 두 번째 단락은 5장 1절입니다.

"아담의 역사에 대한 기록은 이렇습니다. 하나님께서 사람을 창조하실 때 하나님의 형상을 따라 만드셨습니다."

5장 1절부터 8절까지 아담에 대한 기록을 보여 주고 있습니다. 세 번째 단락의 족보는 노아입니다.

"노아의 이야기는 이렇습니다. 노아는 의로운 사람으로 당대에 완전한 사람이었으며 하나님과 동행하는 사람이었습니다"(창 6:9).

노아가 등장합니다. 단락마다 누구의 이름이 나오느냐가 굉장히 중요합니다. 처음에는 하나님만 계셨고 그 다음에 아담이 있었습니다. 그 다음에 아담의 많은 후손들 가운데 한 단락을 매듭짓는 사람의 이름이 나오는데 그가 바로 노아입니다. 그 다음에 단락을 결정짓는 사람들의 이름이 나옵니다.

"노아의 아들 셈, 함, 야벳의 족보는 이러합니다. 홍수 후 그들에게 아들들이 태어났습니다"(창 10:1).

노아가 다시 반복되는데 이 단락에서 셈, 함, 야벳의 족보를 기록하고 있습니다. 중요하다는 것입니다. 그 다음 단락에서 누구의 이름이 제일 먼저 등장하는지 보십시오.

"셈의 족보는 이러합니다. 셈은 홍수 후 2년 뒤인 100세에 아르박삿을 낳았습니다"(창 11:10).

셈이라는 사람이 단락의 족보에 제일 처음으로 나옵니다. 셈이 중요한 인물이라는 것입니다. 하나님, 아담, 노아, 그리고 노아의 세 후손 중에서 셈에게 관심이 집중되고 있습니다. 셈에게도 여러 아들들이 있었습니다. 그 다음 단락에서 누구의 이름이 나오는지 보면 족보가 지금 지향하고 있는 인물의 계보를 알 수 있습니다.

"데라의 족보는 이러합니다. 데라는 아브람, 나홀, 하란을 낳았습니다. 하란은 롯을 낳았습니다"(창 11:27).

"데라의 족보는 이러합니다"로 시작합니다. 셈이 나오고, 그 다음에 아르박삿이 나옵니다. 셈의 여러 아들들 중에서 아르박삿이 중요하다는 것을 알 수 있습니다. 단락을 결정짓는 첫 구절에 나오는 사람의 이름은 매우 중요합니다. 하나님이 이 땅에 여인의 후손을 보내실 때 그의 혈통으로 선택되어 사용되는 이름들을 중심으로 창세기 족보가 기록되어 있기 때문입니다. 데라는 아브라함의 아버지입니다. 창세기 12장에서 아브라함이라는 인물이 갑자기 등장한 것이 아닙니다. 노아의 자손 중에 셈, 셈의 자손 중에 아르박삿, 아르박삿의 자손 중에 데라, 데라의 자손 중에 아브라함입니다.

하늘은 땅에서 열린다

어떤 경우에는 이 족보가 생략되는 경우가 많습니다. 모든 후손을 다 기록하지 않았습니다. 히브리어로 아들이 '밴'(ben)인데, 역대기나 열왕기를 보면 우리에게 혼동을 줄 때가 있습니다. 성경에 나오는 족보로 연대를 계산하면 안 됩니다. 히브리어로 '밴'은 직계로, 1대 아들도 아들이라 부르고 10대 아들도, 100대 아들도 그냥 아들이라고 부릅니다. 우리는 할아버지, 증조할아버지, 고조할아버지라고 명칭을 붙이지만 히브리어에서는 다 아버지입니다. 그래서 아버지라고 되어 있으면 아버지인지, 할아버지인지, 10대 할아버지인지 추적하기가 상당히 어려운 면이 있습니다. 또 아들도 그냥 아들인지, 손자인지, 10대 후손인지 추적하기 어렵습니다.

하나님은 왜 그런 언어적 특성을 가진 민족을 선택하셨을까요? 여인의 후손, 즉 아들이라고 그랬을 때는 아담과 하와의 아들인 가인과 아벨을 뜻하는 것이지만 그 아벨이 가인으로부터 죽임을 당함으로 또 이를 대신한 셋을 뜻하는 것입니다. 셋의 후손인 노아, 노아의 후손인 셈, 셈의 후손 가운데 아르박삿, 아르박삿 후손 가운데 데라, 데라의 후손 가운데 아브라함이기도 한 것입니다. 또 아브라함에게도 아들을 주신다고 했는데 아브라함의 아들이 이삭이지만 그 후손이 10대 후손도 아들이요, 100대 후손도 아들이기 때문에 아브라함의 후손으로 오신 예수 그리스도인 것입니다. 그러므로 수많은 세대가 흘러갔지만 하나님이 보시기에 여인의 후손은 예수 그리스도입니다. 언어적 특성으로도 너무나 잘 드러나는 것입니다. 하나님이 이 세상에 구세주를 보내실 때는 한 시대의 문화, 언어, 특징까지도 다 사용하셨다는 것을 족보의 흐름을 통해서 알 수가 있습니다.

창세기 10장에 있는 족보는 어느 시점에 있습니까? 노아의 시대와 아브라함의 시대를 연결하는 중간 과정을 간략한 족보로 설명합니다. 10장과 11장 전체가 족보인데, 그 사이에 바벨탑 사건이 삽입된 구조로 되어 있습니다. 10장의 족보는 족보를 기록하는 방법 중에 수평적 기록 방법입니다. 여러 후손들이 어떻게 퍼져 나갔는지를 수평적 관점에서 기록했습니다. 11장을 보면 10절부터 26절까지 다시 족보가 나오는데, 그 족보는 수직적 관점에서 기록했습니다. 여러 후손들 가운데 그들이 다 후손이 되지는 않습니다. 한 혈통으로만 계속 내려가는데, 여인의 후손을 향한 그 혈통이 선택되는 것입니다. 하나님은 타락한 유전 인자를 가지고 있음에도 불구하고 하나님을 경외한 하나님의 후손들 가운데서 약속의 상속자를 이어 가십니다. 11장을 보면, 하나님이 여러 아들들 가운데 한 사람을 선택해 가심으로써 혈통이 이어집니다.

본문을 보면 노아의 아들인 셈, 함, 야벳의 족보가 나옵니다. 노아로부터 아브라함 시대까지 연결되는 셈, 함, 야벳 가운데 하나님이 누구를 통해서 여인의 후손을 준비시키십니까? "셈의 하나님 여호와를 찬송하리로다"라고 했습니다. 노아는 수치스러운 행동을 한 후에 깨어서 하나님이 이 세 아들들을 통해서 어떤 일을 행하실 것인지를 성령의 감동을 받아 예언했습니다. 아버지의 수치스러움을 조롱하고 그것을 타락한 심성으로 기뻐했던 함에게는 저주가 주어졌습니다. 그리고 아버지의 수치를 가려 줬던 셈과 야벳에게는 축복이 주어졌습니다. 특별히 "셈의 하나님 여호와를 찬송하리로다"라고 했습니다. 셈의 후손을 통해 오시는 여인의 후손, 그를 통해 이루시는 하나님을 찬양했습니다. 야벳은 창대케 되어 셈의 장막에 거하게 됩니다. 비록 하나님께 일차적으로 선택받은 원줄기인 이스라엘 족속은 아니지만, 하나님이 셈의 장막을 열게 하심으로써 그 장막에 함께 거하게 된 많은 이방인들을 상징하는 민족의 이름이 되었습니다.

본문에서는 야벳의 족보가 먼저 등장합니다. 우리가 생각할 때는 셈, 함, 야벳의 순서대로 나와야 할 것 같지만 정반대로 야벳부터 나옵니다. 11장에서 아브라함의 배경을 설명하려면 야벳, 함, 셈의 순서대로 나오는 것이 낫습니다. 셈, 함, 야벳으로 가다가 다시 셈의 자손으로 가게 되면 읽는 사람들이 혼동할 수 있습니다. 창세기는 굉장히 논리적이고 계획적이고 정밀하게 족보라는 구조를 이용해서 어떤 의도가 있다는 것을 밝혀 주고 있습니다.

먼저 야벳의 아들들에 대한 기록을 보십시오. 10장 2절부터 5절까지의 내용인데, 2절을 보면 아들들의 이름을 열거합니다. 고멜과 마곡과 마대와 야완과 두발과 메섹과 디라스. 이 야벳의 아들들이 퍼져 나가는 데 있어서 5절이 중요합니다.

"이들에게서 해안 민족들이 여러 땅으로 퍼졌으며 각각 언어와 족속을 따라 민족을 이뤘습니다."

이후에 복음이 사도 시대에 전해질 때 해안 민족을 따라서 급속도로 확산됩니다. 이사야 11장을 보면, 해안 민족을 통해 복음이 확산된다는 예언이 나옵니다. 야벳의 후손들이 주로 소아시아와 유럽 지역에 있습니다. 사도 바

하늘은 땅에서 열린다

울이 집중적으로 사역한 지역이 바로 야벳의 후손들이 살던 지역입니다. 대부분 해안선을 따라서 발달한 소아시아와 유럽 지역은 바울이 여행할 때 배를 타고 다닐 수 있는 지역이었습니다. 해안 항구가 발달하지 않았으면 바울이 배를 타고 전도 여행을 할 수 있었겠습니까? 비록 풍랑을 만나고 어려움을 겪었지만 해안 도시가 발달했기 때문에 바울을 통해서 복음이 소아시아와 유럽 대륙에 급속도로 번성할 수 있었던 것입니다. 하나님이 야벳의 후손들을 해안 민족으로 퍼지게 하신 것은 복음의 확산을 위해서 준비하신 사건임을 알 수 있습니다. 셈의 장막에 거하게 되는 야벳의 축복을 보게 되는 것입니다.

두 번째는 함의 후손들에 대한 기록입니다.

"함의 아들은 구스, 미스라임, 붓, 가나안입니다"(6절).

네 아들들의 이름이 나오는데, 특별히 노아의 저주에서 거론된 이는 네 번째 아들인 가나안입니다.

이후에 나오는 함의 후손들의 이름을 보면 이스라엘 민족이 점령한 가나안 땅의 족속들과 일치합니다. 구스는 에티오피아이고 미스라임은 애굽이고, 붓은 리비아입니다. 15절부터 19절을 보면, 가나안의 여러 족속의 이름이 나옵니다.

"가나안은 맏아들 시돈과 헷을 낳고 여부스 족속, 아모리 족속, 기르가스 족속, 히위 족속, 알가 족속, 신 족속, 아르왓 족속, 스말 족속, 하맛 족속을 낳았습니다. 그 후 가나안의 족속들이 흩어져 나갔습니다. 가나안의 경계는 시돈에서 그랄 쪽으로 가사까지, 그리고 소돔, 고모라, 아드마, 스보임과 라사까지였습니다."

우리에게 친숙한 소돔과 고모라가 나옵니다. 이스라엘이 가나안을 정복할 당시의 영토를 설명하는 듯합니다. 왜 하나님이 이스라엘에게 가나안을 점령하라고 하셨을까요? 실제로 그 땅이 죄악이 가장 가득한 땅이었기 때문입니다.

"그의 나라의 시작은 시날 땅에 있는 바벨, 에렉, 악갓, 갈레였습니다"(10절).

바벨은 11장에 나옵니다. 시날 땅에서 바벨탑을 쌓습니다. 하나님을 반역한 반역의 원천지가 바로 시날 땅의 바벨이라는 것입니다. 함의 자손들 가운데서도 특히 가나안의 후손들이 퍼져 있던 지역에서 하나님을 향한 전면적인 반역과 악이 있었던 것입니다. 8절을 보면 구스는 니므롯을 낳았는데, 니므롯은 '반역자, 배역자'라는 뜻입니다. 니므롯이 바벨탑을 쌓는 데 주역이었을 것입니다.

11절을 보면 앗시리아와 니느웨가 나옵니다. 요나가 가기 싫어했던 니느웨입니다. 14절을 보면 블레셋이 나옵니다. 블레셋, 니느웨, 앗시리아, 바벨, 소돔과 고모라는 성경 역사에서 이스라엘 백성과 나쁜 관계였습니다. "네 자손과 여자의 자손 사이에 증오심을 두리니." 이 말씀이 그대로 이루어지고 있습니다. 적대 관계에 있을 수밖에 없습니다. 하나님을 대적하는 세력들이기 때문입니다.

다윗이 예루살렘을 정복할 때 그곳의 이름은 예루살렘이 아니라 여부스였습니다. 그래서 16절을 보면 여부스 족속이 나옵니다. 여부스는 예루살렘의 옛 지명입니다. 그런데 그 지역 주변에 함의 아들들이 있는 지역이 있었던 것입니다. 시날 땅에 있는 바벨도 있었습니다. 그런데 하나님이 그 땅을 어떤 땅으로 바꾸셨습니까? 다윗 왕국을 통해서 하나님의 성읍 예루살렘을 만드시고, 하나님이 예배를 받으시는 곳으로 바꾸어 버리셨습니다.

학자들은 지구의 중심을 가나안 땅으로 봅니다. 지구의 중심에 하나님을 향한 반역이 일어났지만, 하나님은 그 중심에 하나님의 성전을 두기를 원하셨습니다. 하나님을 예배하는 예루살렘 성을 세움으로써 하나님을 대적하는 인간들의 반역을 무너뜨리시고 하나님의 나라, 하나님이 예배 받으시는 땅으로 변화시키신 것입니다. 이것이 함의 아들들의 기록을 통해서 우리에게 보여 주는 것입니다.

이제 셈의 자손들이 나옵니다. 가장 중요한 말씀입니다.

"셈에게서도 자손이 태어났습니다. 그는 에벨 자손의 조상이었으며 야벳의 형이었습니다"(21절).

얼마나 상세하게 안내를 해 주고 있습니까. "이 사람 주목해 보십시오"라는 뜻입니다. 여기에 에벨이라는 사람이 등장하는데, '에벨'(Eber)이라는 단어에서 '히브리'라는 단어가 나온 것입니다. 모음만 바꾸면 에벨이 히브리가 됩니다. 다시 셈의 아들들이 나옵니다.

"셈의 아들들은 엘람, 앗수르, 아르박삿, 룻, 아람입니다"(22절).

엘람은 이란의 조상이고 앗수르는 바벨론의 조상이고 아르박삿이 바로 히브리 민족의 조상입니다. 룻은 터키의 조상이고 아람은 시리아, 메소포타미아의 조상입니다. 아르박삿은 셀라를 낳았고 셀라는 에벨을 낳았습니다. 이는 아르박삿, 셀라, 에벨로 이어지는데 에벨에게서 두 아들이 태어납니다. 그 두 아들 가운데 구별이 이루어집니다.

"에벨에게서 두 아들이 태어났는데 하나의 이름을 벨렉이라고 했습니다. 그의 시대에 땅이 나뉘었기 때문입니다. 그의 동생 이름은 욕단이었습니다"(25절).

가인과 아벨중에서 아벨로 이어지듯이, 노아의 세 아들 중에서 셈으로 이어지듯이, 이제 에벨의 두 아들 가운데 욕단의 기록이 먼저 나옵니다. 11장에 가면 벨렉의 후손의 족보가 기록되어 있습니다. 덜 중요한 순서를 먼저 기록하고, 진짜 중요한 사람의 이름을 뒷부분에 기록함으로써 혈통을 이어가게 하는 것입니다.

창세기 11장 10절은 "셈의 족보는 이러합니다"로 시작합니다. 한 단락이 시작되는 것입니다. 그리고 "셈은 홍수 후 2년 뒤인 100세에 아르박삿을 낳았습니다." 아르박삿이 중요한 사람이라는 것입니다. 그런데 아르박삿은 35세에 셀라를 낳았고, 에벨은 34세에 벨렉을 낳았고, 벨렉은 30세에 르우를 낳았습니다. 에벨에서 벨렉으로 이어지는 족보에서 욕단의 이름이 빠져 버렸습니다. 이 사람은 제외되었습니다. 앞에 여러 사람이 있었지만 족보를 추려 나가는 것입니다. 뒤로 갈수록 간략하게 수직적으로 해서 기록합니다. 벨렉은 르우를 낳고 르우는 스룩을 낳고 스룩은 나홀을 낳고 나홀은 데라를 낳습니다. 가지를 치고 중요한 혈통만 기록하는 것입니다. 초점이 데라에게 있는 것입니다. 그리고 데라의 세 아들들중에 아브라함이 있습니다. 이렇게 족보를 통해 여인의 후손을 예비하는 것을 보여 주는 것입니다.

창세기 11장까지 나오는 기록을 통해서, 하나님이 타락한 아담과 하와에게 창세기 3장 15절의 구원의 약속을 주셨고, 사탄의 머리를 상하게 하는 여인의 후손을 준비하셨다는 것을 알 수 있습니다. 창세기 3장 15절에서 말씀하신 약속을 지켜 가고 계십니다. 그 후손을 보존하고 계십니다. 인간의 타락에도 불구하고 하나님은 인간을 포기하지 않으시고, 타락한 후손 가운데 은혜를 베푸셔서 의로운 백성을 택하시고, 택한 백성만이 아니라 이 땅의 모든 사람들에게 구원의 기회를 주십니다. 여기에 소돔과 고모라, 니느웨, 앗시리아, 바벨론이 나옵니다. 하나님은 택하신 백성인 셈의 후손, 아르박삿의 후손, 데라의 후손, 아브라함의 후손을 왜 바벨론까지 포로로 보내셨을까요? 왜 앗시리아에 흩으셨을까요? 그들이 흩어짐으로 말미암아 그 민족들에게도 구원의 기회가 주어진 것입니다. 다니엘을 통해 하나님이 열방 가운데 나타나셨습니다. 택한 백성들이 가는 곳마다 구원받는 사람들이 나오는 것입니다. "너희 하나님, 당신의 하나님, 찬송을 받으실지어다"라는 고백이 나오는 것입니다.

하나님은 한 민족, 한 혈통을 택하셨지만 그 혈통만 지키시는 것이 아니라 일차적으로 택하신 민족을 통해서 열방이 구원을 받게 하십니다. 이것이 하나님의 놀라운 구원 계획입니다. 이것을 족보를 통해서 우리에게 보여 주고 계신 것입니다. 얼마나 놀라우신 하나님입니까? 이런 하나님을 찬양하는 우리가 되기를 바랍니다.

창세기에 면면히 흐르는 족보들을 통해서 하나님은 세대마다 그 세대 가운데 일하고 계심을 알 수 있습니다. 노아의 시대에 일하신 하나님은 셈의 시대에서도 일하시고, 셈의 시대에 일하신 하나님은 아르박삿의 시대에서도 일하시고, 아르박삿의 시대에 일하신 하나님은 에벨의 시대에서도 일하시고, 벨렉의 시대에서도 일하시고, 르우의 시대에서도 일하시고, 데라의 시대에서도 일하십니다. 그들이 어느 곳에 있든지 하나님은 그들을 주목하시고 그들을 통해 하나님의 일을 이루어 가십니다.

우리의 세대는 그냥 흘러가는 세대가 아닙니다. 우리는 아브라함의 후손들로 부름을 받았습니다. 우리의 세대 그리고 다음 세대들을 통해서 하나님은 구원의 역사를 이루어 가십니다. 노아의 약속을 통해서 이 땅이 보존되었기 때문입니다. 여인의 후손을 통해 이루신 그 구원이 이제는 예수 그리스도를 믿음으로 말미암아 아브라함의 후손이 된 우리를 통해서 온 세상에 전파되는 것이 하나님의 목적입니다. 우리 모두가 귀하게 쓰임 받기를 주님의 이름으로 축원합니다.

하늘은 땅에서 열린다

하나님은 한 민족, 한 혈통을 택하셨지만
그 혈통만 지키시는 것이 아니라
일차적으로 택하신 민족을 통해서
열방이 구원을 받게 하십니다.
이것이 하나님의 놀라운 구원 계획입니다.

[10]셈의 족보는 이러합니다. 셈은 홍수 후 2년 뒤인 100세에 아르박삿을 낳았습니다. [11]셈은 아르박삿을 낳은 후 500년을 더 살면서 다른 자녀들을 낳았습니다. [12]아르박삿은 35세에 셀라를 낳았고 [13]셀라를 낳은 후 403년을 더 살면서 다른 자녀들을 낳았습니다. [14]셀라는 30세에 에벨을 낳았고 [15]에벨을 낳은 후 403년을 더 살면서 다른 자녀들을 낳았습니다. [16]에벨은 34세에 벨렉을 낳았고 [17]벨렉을 낳은 후 430년을 더 살면서 다른 자녀들을 낳았습니다. [18]벨렉은 30세에 르우를 낳았고 [19]르우를 낳은 후 209년을 더 살면서 다른 자녀들을 낳았습니다. [20]르우는 32세에 스룩을 낳았고 [21]스룩을 낳은 후 207년을 더 살면서 다른 자녀들을 낳았습니다. [22]스룩은 30세에 나홀을 낳았고 [23]나홀을 낳은 후 200년을 더 살면서 다른 자녀들을 낳았습니다. [24]나홀은 29세에 데라를 낳았고 [25]데라를 낳은 후 119년을 더 살면서 다른 자녀들을 낳았습니다. [26]데라는 70세에 아브람, 나홀, 하란을 낳았습니다. [27]데라의 족보는 이러합니다. 데라는 아브람, 나홀, 하란을 낳았습니다. 하란은 롯을 낳았습니다. [28]하란은 자기가 태어난 갈대아의 우르에서 자기 아버지 데라보다 먼저 죽었습니다. [29]아브람과 나홀은 장가를 갔습니다. 아브람의 아내의 이름은 사래였고 나홀의 아내의 이름은 밀가였습니다. 밀가는 하란의 딸이었으며 하란은 밀가와 이스가의 아버지입니다. [30]사래는 아기를 낳지 못해서 자식이 없었습니다. [31]데라는 자기 아들인 아브람 그리고 자기 아들 하란의 아들인 손자 롯 그리고 자기 아들 아브람의 아내이자 자기 며느리인 사래를 데리고 함께 갈대아의 우르를 떠나 가나안으로 향했습니다. 그러나 그들은 하란에 이르러 거기에서 살게 됐습니다. [32]데라는 205세까지 살다가 하란에서 죽었습니다.

인류 구원을 위해 택하신 한 사람

———————————————————— 창세기 11:10-32

하나님은 인간의 혈통을 통해서 하나님의 사람들을 택해 가십니다. 하나님이 얼마나 능력 있는 분이신지, 얼마나 신실하신 분인지, 얼마나 인간을 사랑하시는지를 보여 주시기 위해서입니다. 하나님의 부르심을 받은 사람은 고민할 필요가 없습니다. 하나님의 부르심은 내가 만드는 것이 아닙니다. 아무리 내가 거역하려고 해도 가만히 보면 내가 거기에 가 있습니다. 이것이 하나님의 부르심입니다.

어떤 일이든지 "평생 해야 하는 일"이라고 생각하면 힘든 경우가 있습니다. 그러나 영원히 해야 하는 일이라고 생각하면 오히려 힘겹지 않습니다. 영원히 해야 할 일은 하나님을 예배하는 일이기 때문입니다. 반면에 영원한 천국이 완전히 임했을 때 우리가 할 수 없는 것이 있습니다. 대표적인 것이 전도입니다. 천국에서는 전도를 하려고 해도 할 수가 없습니다. 천국에는 전도대상자가 없기 때문입니다. 그러나 예배는 우리가 영원토록 하는 것입니다. 이 땅에서 함께 모여서 예배하는 것이 천국에서 영원히 드릴 예배입니다. 또 성도들이 함께 모여서 교제하는 것이 영원한 천국에서의 교제의 연습이요, 천국을 맛보는 일입니다.

하나님의 구원의 계획

앞에서 살펴보았듯이 창세기는 열 개의 큰 단락으로 이루어졌는데 족보로 시작됩니다. "누구의 기록은 이렇습니다. 누구의 이야기는 이렇습니다. 누구의 족보는 이렇습니다." 한 인물을 중심으로 해서 새로운 단락을 계속해서 이어 가는 것입니다.

왜 족보를 제일 앞에 기록함으로써 이야기를 전개해 나가는 것일까요? 창세기 3장 15절을 보면, 인간이 타락한 직후에 하나님은 뱀에게 저주를 내리시면서 인류를 구원할 계획을 발표하셨습니다. 이것이 원시 복음, 최초의 복음입니다. 여자와 뱀이 원수가 되게 하시고, 여자의 후손들과 뱀의 후손들이 서로 증오심을 가지는 갈등 관계에 있게 하시고, 마지막으로 여인의 후손으로 오시는 이가 사탄의 머리를 상하게 하심으로써 사탄을 진멸하게 하시는 하나님의 구원을 이룰 것이라고 말씀하셨습니다.

그래서 창세기에서는 여인의 후손이 누구인지를 알려 주기 위해 족보를 반복해서 보여 주는 것입니다. 누가 누구를 낳는 기록이 우리 눈에는 불필요해 보일지 모르지만 성경이 기록된 목적에서는 아주 중요한 것입니다. 여인의 후손이 어떤 혈통에서 나오게 되었는가를 보여주는 것입니다. 이 기록이 없었다면 우리는 예수님이 메시아임을 깨달을 길이 없게 되는 것입니다. 그러므로 족보를 기록해 주신 하나님께 감사해야 합니다. 사람들은 자신의 과거를 자랑하기 위해서 족보를 끄집어내지만, 하나님은 인류를 구원하시기 위해서 새로운 미래의 족보를 써 가셨던 것입니다.

족보의 구조를 보면 각 단락마다 중심이 되는 인물이 있습니다. 처음 단락에는 하나님이 나오십니다. 인간이 없었을 때의 하나님입니다. 인간은 인간으로부터 시작된 것이 아니라 하나님으로부터 시작됐다는 것입니다. 인간을 낳으신 분은 하나님이십니다. 하나님을 아버지라고 부르는 이유가 여기에 있는 것입니다. 우리 존재의 근원, 우리를 이 땅에 존재하게 하신 분이 하나님이기 때문에 우리를 창조하신 분의 정확한 존칭은 예수님이 보여 주신 대로 아버지라는 것입니다.

아담의 후손 중에서 여인의 후손을 태어나게 할 자는 아벨이었습니다. 그런데 아벨이 가인에 의해서 죽임을 당합니다. 하나님은 셋을 대신 허락하셨습니다. 그리고 셋의 후손들은 모두 타락했지만 하나님이 노아를 구분하셨습니다. 사실 그 이전에 하나님은 에녹, 므두셀라, 라멕, 노아, 이렇게 4대에 이르면서 하나님의 심판의 계시를 이 세상에 전한 의로운 가문의 피를 준비하셨습니다. 노아의 후손인 셈, 함, 야벳 가운데 하나님은 특별히 셈의 후손을 통해서 여인의 후손이 나올 것이라고 예언하셨습니다. 셈의 후손들 가운데 여러 후손이 있었지만 하나님은 아르박삿을 택하셔서 히브리 민족의 조상이 되게 하셨습니다. 하나님이 다른 자녀들을 버리신 것이 아닙니다. 특별히 한 혈통을 통해서 메시아를 준비하기 위해 택하신 인물들을 열거하고 있는 것입니다.

11장 11절 이하를 보면 셈 이후에 아르박삿, 아르박삿 이후에 셀라, 셀라 이후에 에벨로 이어집니다. '에벨'에서 '히브리'라는 단어가 나옵니다. 또 에벨의 두 아들이 있었습니다. 벨렉과 욕단입니다. 욕단의 족보가 먼저 나오고 더 중요한 인물의 족보가 나중에 나옵니다. 벨렉은 르우를 낳고, 르우는 스룩을 낳고, 스룩은 나홀을 낳고, 나홀은 데라를 낳는 데까지 이르게 됩니다.

그런데 27절을 보면 큰 단락이 다시 시작됩니다. "데라의 족보는 이러합니다." 데라의 후손을 통해서 여인의 후손이 나올 것이라고 말씀하셨습니다. 성경이 기록된 목적은 창세기 3장 15절에서 하나님이 말씀하신, 사탄의 머리를 상하게 함으로써 사탄을 진멸하게 할 구원자, 메시아, 여인의 후손이 누구인지 보여 주기 위한 것입니다.

하나님은 여인의 후손을 보내지 않고 그냥 하나님의 능력으로 사탄을 멸하실 수 있었습니다. 하나님을 배역하고 인간을 타락하게 한 사탄을 여인의 후손을 보내는 과정 없이도 얼마든지 진멸하실 수 있습니다. 그런데 굳이 이런 혈통을 통해서 여인의 후손을 보내심으로써 사탄을 상하게 하시는 이유는 무엇일까요? 이런 질문을 통해 하나님이 새로운 계시를 주십니다. 만일 하나님이 여인의 후손을 보내는 과정 없이 인간을 타락시킨 사탄을 멸하셨다면, 인간은 역사적으로 패배자로 끝나는 것입니다. 사탄에게 넘어간 존재로 끝나는 것입니다. 하나님은 그것을 원하지 않으셨습니다. 하나님의 자존심이라고 설명하면 외람될지 모르지만, 하나님이 하나님의 형상대로 창조하신 인간이 사탄에게 넘어진 존재로 그냥 영원토록 기록되는 것은 하나님께는 있을 수 없는 일인 것입니다.

자녀가 실패하고 넘어지면 부모가 해결해 줄 수는 있습니다. 그러나 자녀는 실패자로, 넘어진 자로 계속 그렇게 있는 것입니다. 그래서 어린 자녀들이 걸음마를 배울 때 심하게 넘어지면 잡아 주고 일으켜 세워야 하지만, 웬만하면 내버려 두어야 합니다. 스스로 일어나는 훈련을 해야 다리에 힘이 생기고, 내가 넘어져도 일어날 수 있다는 자신감을 얻게 되기 때문입니다.

인간은 사탄의 유혹을 받아 쓰러졌지만, 하나님은 그 쓰러진 상태로 내버려 두지 않으시고 사탄을 진멸하심으로써 인간이 이길 수 없는 능력을 해결해 주셨습니다. 그러나 여전히 이 세상 속에 사탄이 존재합니다. 그러나 사탄은 끝난 것입니다. 이미 예수님이 이기셨습니다.

베드로전서에서 사탄은 우는 사자같이 두루 삼킬 자를 찾아 나선다고 했습니다. 어떤 분은 이렇게 해석을 합니다. 이것이 옳은 해석인지는 과학적으로 증명하지 못했지만 사자는 울지 않는다고 합니다. 사자가 울면 다 도망가 버리기 때문입니다. 〈동물의 왕국〉을 보면 사자는 먹이의 근거리까지 조용히 가서 덮칩니다. 그런데 일대일로 기린이나 다른 동물들과 붙으면 달리기가 안 되고 상대적으로 체력이 약해서 따라갈 수 없어서 큰소리로 운다고 합니다. 안타깝게도 다른 동물들은 사자의 그 울음소리만 들어도 오금이 저려서 제대로 뛰지도 못한체 붙잡히고 맙니다. 그래서 사자는 우는 소리를 내서 다른 동물들이 두려워 할 때 사냥한다는 것입니다.

사탄을 왜 우는 사자로 비유했을까요? 예수 그리스도 안에 있는 자들에게는 이제 사탄이 힘이 없습니다. "사탄아, 물러가라" 하면 물러가는 존재입니다. 그런데 사탄의 울음소리를 듣고 우리가 두려워하는 것입니다. 우리는 두려워할 필요가 없습니다. 예수님이 사탄의 머리를 상하게 하셨습니다. 예수님이 오셔서 사탄을 진멸시키심으로써 우리도 이 세상에서 사탄을 이길 수 있게 된 것입니다. 하나님은 예수 그리스도 안에서 그리스도의 영으로 사탄을 이길 수 있다는 것을 하나님의 자녀들에게 체험시켜 주기를 원하시는 것입니다. 그런 과정 없이 하나님이 해결해 버리시면 우리는 사탄을 이기는 경험을 할 수 없습니다.

하나님은 우리를 영적 전쟁 가운데 두셨습니다. 하나님은 자신이 있으신 것입니다. 아담의 최초의 넘어짐으로 인해 사탄이 역사하는 세상이 되었지만, 예수 그리스도가 오심으로 더 이상은 사탄이 왕 노릇하지 못하는 세상이

하늘은 땅에서 열린다

된 것입니다. 이제 그리스도 안에 있는 자들이 "사탄아, 물러가라!" 하면 사탄은 물러가는 존재가 되어 버린 것입니다. 하나님은 우리가 그 승리를 이 세상에서 경험하기를 원하십니다.

사탄은 하나님께 진멸되었지만, 여전히 활동하고 있습니다. 그러나 두려워할 필요가 없습니다. 하나님은 우리가 승리할 수 있는 재료를 주셨습니다. 이 세상에 살면서 마음껏 사탄을 이기고 짓밟고 승리하는 것을 경험하게 하십니다. 하나님은 얼마나 위대하신 하나님이신지, 그것을 경험해 보고 영원한 천국에 오라고 하십니다. 찬양할 거리, 간증할 거리를 만들어 주시기 위해서입니다. "왜 사탄을 존재하게 하시느냐. 왜 이 세상에 악이 존재하느냐." 이렇게 부정적으로 볼 것이 아닙니다. 우리가 이 땅에서 승리를 경험하도록 하나님은 이 세상을 지금 보존하고 계십니다.

하나님의 부르심

하나님은 인간의 혈통을 통해서, 여인의 후손을 보내시는 과정 속에서 사람들을 택해 가십니다. 하나님이 얼마나 능력 있는 분이신지, 얼마나 신실하신 분인지, 얼마나 인간을 사랑하시는지를 보여 주시기 위해서입니다. 하나님이 그 외의 사람들을 모두 지옥에 보내셨다는 것이 아니라, 하나님의 특별한 목적에 따라 선택하신 사람들이 있다는 것입니다. 그래서 이 부르심에는 두 가지 종류가 있습니다. 하나는 구원으로의 부르심입니다. 하나님은 우리 모두를 그리스도 안에서 부르십니다. 응답하지 않는 것은 인간일 뿐입니다.

두 번째 부르심은 구원받은 모든 백성 중에서 하나님의 특별한 계획과 목적을 위해서 선택하시는 부르심입니다. 하나님이 노아를 그렇게 부르셨습니다. 그리고 아브라함을 그렇게 부르셨습니다. 11장 27절 이하에 보면 데라와 그의 자손들 가운데 일어난 일들을 기록하고 있습니다. 이 본문은 하나님이 아브라함을 믿음의 조상으로, 이스라엘 민족의 시조로 부르신 배경을 설명하는 내용입니다.

어떤 의미에서 창세기의 장, 절 구분은 무의미 한 면이 있습니다. 구성이나 전개상 잘못된 부분도 있고 시정하면 더 좋을 부분도 있기 때문입니다. 예를 들어 창세기 12장을 11장 27절부터 구분했더라면 훨씬 더 이해가 빠를 것입니다. 하나님이 왜 아브라함을 선택하셨고, 또 아브라함은 왜 하나님의 부르심에 순순히 따랐는지 알 수 있습니다. 그래서 이 본문하고 창세기 12장을 읽으면 더 뚜렷하게 아브라함의 부르심과 인생에 대해서 이해할 수 있는 것입니다.

"데라의 족보는 이러합니다. 데라는 아브람, 나홀, 하란을 낳았습니다. 하란은 롯을 낳았습니다. 하란은 자기가 태어난 갈대아의 우르에서 자기 아버지 데라보다 먼저 죽었습니다"(27-28절).

하나님이 아브라함을 부르신 배경을 보면 하나같이 부정적이었습니다. 하나님은 왜 아브라함을 선택하셨습니까? 그가 하나님을 잘 섬겼고, 그의 조상이 하나님을 잘 섬겼기 때문입니까? 물론 그는 경건한 셋, 노아, 셈, 아르박삿, 에벨의 혈통에서 나왔지만 그의 아버지 데라는 우상을 섬기던 사람이었습니다. 하나님이 놀라운 구원의 은혜를 베푸시고 여인의 후손의 혈통을 택하신다면 경건한 혈통 가운데서 선택하실 것 같은데, 갈대아 우르에서 우상을 섬기던 데라를 통해 새로운 일을 행하셨습니다. 여호수아 24장 2-3절을 보면 데라에 대한 기록이 나옵니다.

"옛날 너희 조상들은 강 저편에 살았는데 그들은 아브라함의 아버지며 나홀의 아버지인 데라를 비롯해 모두 다른 신들을 섬기고 있었다. 그러던 가운데 내가 너희 조상 아브라함을 강 건너 땅에서 데려다가 가나안 땅으로 인도해 그 땅 전역에 두루 다니게 하고 그 씨를 많게 하려고 그에게 이삭을 주었다.'"

여기에 보면 아브라함의 아버지, 데라를 비롯해 모두 하나님을 섬긴 것이 아니라 다른 신들을 섬겼다고 했습니다. 바벨탑 사건으로 하나님은 노아의 후손들을 온 지면에 흩으셨습니다. 흩어진 민족 가운데 그들은 갈대아 우르에서 우상을 섬겼다는 것입니다. 아마도 달을 신으로 섬겼을 것입니다. 달은 인간이 다스려야 할 하나님의 피조물인데, 피조물을 섬기는 것입니다. 나무를 섬기고 바위를 섬기고 동물을 섬깁니다. 인도는 소의 천국입니다. 소가 지나가면 모두가 멈춰 섭니다. 소를 섬기는 것입니다. 이렇게 우상을 섬기는 가정이었다는 것입니다. 하나님이 부르실 만한 어떤 자격도 안 됩니다. 하나님을 알지도 못합니다. 그러나 하나님은 그 우상을 섬기는 가정에서도 새로운 일을 행하시고, 아브라함이라는 하나님의 계획을 택하셨습니다.

또 하나 부정적인 요소가 있습니다. 데라의 자손은 기록된 바에 의하면 삼

하늘은 땅에서 열린다

형제로 아브람, 나홀, 하란입니다. 그런데 막내 동생 하란이 자기가 태어난 갈대아 우르에 있을 때 아버지 데라보다 먼저 죽었습니다. 자연적 수명으로 말하자면 막내가 가장 오래 살아야 할 사람 아닙니까? 그런데 막내가 아버지보다, 형보다 먼저 죽었습니다.

한 가정에서 부모님이 돌아가셔도 큰 상실의 상처가 남습니다. 그런데 가장 오래 살아야 할 자녀가 가장 먼저 죽는다면, 그것은 배우자의 죽음이나 부모님의 죽음보다 훨씬 큰 상처를 남깁니다. 그러나 하나님은 때로 인생 가운데 그런 상실을 통해서 그 가정을 부르십니다. 그 상실, 그 빈자리를 통해서 그 가정을 하나님의 나라로 인도하시는 것입니다. 성경에는 축복된 일들 가운데 부르심을 받은 사람이 거의 없습니다. 우리가 생각할 때 기대되는 일들을 통해서 부르심을 받은 사람은 거의 찾아볼 수 없습니다. 대부분 부정적인 사건을 통해서, 사람들이 환영하지 않는 고난을 통해서 하나님의 부르심에 응답하게 됩니다.

모세가 어떻게 하나님의 부르심을 받았습니까? 애굽의 왕국에 있을 때가 아닙니다. 40세 때, 그가 모든 것을 할 수 있었을 때, 애굽의 왕자로서 혈기도 있고 지식도 있고 능력도 있었을 때 하나님이 그를 부르시지 않았습니다. 그는 스스로의 힘으로 무엇인가 해 보려고 하다가 살인을 저질렀습니다. 그리고 광야에서 40년 동안 아무도 알아주지 않는 목자 일을 했습니다. 40년 동안 광야에서 양과 염소를 치며 살아가는 것이 얼마나 힘든 일입니까? 자기 자신을 포기하고, 나는 아무것도 할 수 없다고 여긴 그때 하나님이 모세를 부르셨습니다.

부르심을 받고 모세는 다섯 번이나 부인했습니다. "나는 못합니다. 나는 말도 못하고, 뭐도 못하고…" 그러자 하나님이 그를 달래셨습니다. "너 말 못해? 그럼 아론을 대변인으로 붙여 줄게." 나중에 모세가 한 일을 보십시오. 아론이 말한 것은 별로 없습니다. 모세가 다 말했습니다. 나중에 모세가 흥분해서 얼마나 말을 잘했습니까? 모세는 변명했던 것입니다.

아브라함의 가정에서 막내 동생 하란이 먼저 죽는 사건이 있었습니다. 가족의 죽음에는 반드시 하나님의 부르심이 있는 것입니다. 하나님이 왜 우리에게 죽음을 주셨습니까? 그 죽음을 통해서 하나님의 임재를 깨닫게 하시는 것입니다. 우리가 이 땅에서 영원히 사는 것이 아니라는 것, 육신 속에 사는 것은 영원하지 않다는 것을 깨닫게 하시는 것입니다. 제가 예언합니다. 100% 확신하건대 우리는 모두 죽습니다. 기분 나쁘십니까? 그래도 모두가 죽습니다. 그게 현실입니다. 그러므로 죽음을 준비해야 합니다. 죽음을 준비하는 사람이 지혜로운 것입니다. 어떤 면에서 우리는 이 땅에서 살아가고 있는 것이 아니라 죽어 가고 있는 것입니다.

사람들은 죽음이라는 단어를 싫어합니다. 미국에서도 막다른 길을 '데드 엔드'(Deadend)라고 하는데, 점점 없어진다는 의미라고 합니다. 사람들이 싫어한다는 것입니다. 그래서 관도 관이라고 하지 않고 파우치(Pouch)라는 말로 바꿔서 쓰기 시작하는 것입니다. 사망보험도 생명보험이라고 합니다. 그러나 죽음이라는 단어를 외면할 것이 아닙니다. 죽음을 통해 일하시는 하나님을 보면 죽음은 두려워할 것이 아닙니다.

하나님이 언제 아브라함의 가정을 부르셨습니까? 갈대아 우르에 있을 때 부르셨습니다. 창세기 12장에서 하나님이 "네 고향, 네 친척, 네 아버지의 집을 떠나 내가 네게 보여 주는 땅으로 가거라" 하셨을 때 그들은 어떻게 움직였을까요? 갈대아 우르에서 평온하게, 아무 문제도 없이, 잘 먹고 잘 살고 있는데 하나님이 갈대아 우르를 떠나 내가 보여 주는 땅으로 가라고, 고향을 떠나라고 하시면 떠나게 됩니까? 아닙니다. 아브라함도 우리와 똑같은 인간입니다. 우리가 갑자기 다른 곳으로 이주하고 싶을 때는 현재 살고 있는 곳에 무엇인가 문제나 불평이 있는 것입니다.

하나님은 우리가 살아가고 있는 이 세상 속에 영원한 소망을 두지 않게 하기 위해서 때로 우리의 삶을 불편하게 만드십니다. "여기가 고향이 아니다. 현재 살고 있는 땅이 영원한 땅이 아니다"라는 것을 가르쳐 주기 위해서 자꾸 정을 떼게 하시는 것입니다. 그중에 하나가 사랑하는 가족의 죽음입니다. 그 집을 떠나고 싶고, 그 지역을 떠나고 싶은 생각이 드는 것입니다. 큰 사고를 당하면 한국을 떠나고 싶지 않습니까? 하나님이 우리 인생을 움직이실 때, 때로는 감당하기 힘든 깊은 고통으로 우리의 삶을 움직이시는 것입니다.

저는 아브라함의 가정이 하란의 죽음 직후에 첫 번째로 하나님의 부르심을 받았을 가능성이 높다고 생각합니다. "왜 이런 일이 우리 가정에 있을까?" 마음이 뒤집어지고, 절망과 상처와 고통 속에 있을 때 하나님이 음성을 들려주시는 것입니다. "네 고향, 네 친척, 네 아버지의 집을 떠나 내가 네게

하늘은 땅에서 열린다

보여 주는 땅으로 가거라."

사도행전 7장을 보면, 갈대아 우르에서 부르심을 받은 것이 스데반에 의해서 증거되고 있습니다.

"형제들이여, 그리고 어르신들, 내 말을 들어 보십시오. 우리 조상 아브라함이 하란에 살기 전 아직 메소포타미아에 있었을 때 영광의 하나님께서 그에게 나타나 '네 고향과 친척을 떠나 내가 네게 보여 줄 땅으로 가거라'고 말씀하셨습니다"(행 7:2-3).

하란에 살기 전 메소포타미아의 갈대아 우르에 있을 때, 영광의 하나님이 그를 부르셨다는 것입니다. 아브라함이 그 부르심을 받고 온 가족을 데리고 이주하기 시작한 것입니다. 갈대아 우르를 떠나 이동하다가 하란이라는 곳에 머무르게 됩니다. 갈대아 우르에서 가나안 땅으로 가는 길의 딱 중간에 하란이 있습니다. 흥미로운 것은 하란이라는 곳의 이름과 죽은 동생의 이름이 동일하다는 것입니다. 우연의 일치인지, 하나님의 섭리인지 알 수 없지만 하란이라는 이름의 도시에 그의 가족이 머무른 것입니다. 잠시가 아니라 꽤 오랫동안 머물렀습니다. 하란은 '교차로'(Cross)라는 뜻으로 아주 상징적인 이름입니다. 아버지 데라가 하란에 머물겠다고 주장했을 가능성이 높습니다. "얘야, 나 여기 살란다. 나 더 이상 못 가겠다. 다리도 아프고, 아들 생각도 나고." 그래서 한동안 하란에 산 것입니다.

아브라함이 하나님의 부르심을 따르는 데 있어서 어떻게 보면 장애가 되는 인물은 누구입니까? 아브라함의 아버지 데라입니다. 그런데 아브라함은 아버지의 말씀을 따른 것입니다. 인간적으로는 효도하는 것이지만 하나님의 목적지는 가나안 땅입니다. 아브라함이 최초로 부르심을 받았을 때 믿음의 상태는, 하나님의 말씀보다 아버지의 말씀이 더 위에 있는 상태였던 것입니다. 이것이 우리의 모습 아닙니까? 하나님의 절대적인 말씀에 서기보다는 사랑하는 가족의 얘기를 따르게 되는 것입니다. 예수님을 믿다가도 부모님이 "얘, 교회 나가지 마라" 하시면 나가기가 힘들어집니다. 아브라함도 바로 그런 믿음의 상태에서 시작한 것입니다.

아브라함의 가족이 하란에 머무릅니다. 창세기 11장 32절을 보면, 데라는 205세까지 살다가 하란에서 죽었습니다. 결국 아버지 데라는 가나안 땅에 가지 못하고 하란에서 그냥 죽은 것입니다. "나는 여기서 죽으련다" 하고는

4부 부르심을 따르는 삶

거기서 생애를 마쳤습니다. 추측하건대 데라가 만일 아브라함과 가나안 땅까지 갔다면 몇 십 년은 더 살지 않았을까요? 그러나 드라마를 보면 갑자기 배역이 끝나는 사람이 있잖아요. "너는 이제 끝났다. 빨리 올라와라." 그래서 데라를 205세에 부르신 것입니다. 아마 아브라함과 계속 갔다면 300세는 넘기지 않았을까 하는 생각도 해 보는데, 저의 추측이니까 안 믿으셔도 됩니다.

아브라함은 부르심을 따라 가는 여정에 있어서 아직 그 믿음이 견고해진 상태가 아니었습니다. 동생의 죽음과 연결된 가정에 일어난 불안한 상황, 하나님의 어떤 부르심에 따라 움직일 수밖에 없도록 하나님이 몰아가신 것입니다. 그래서 하나님은 여러 차례에 걸쳐 아브라함을 부르셨을 것입니다. 갈대아 우르에서 부르시고, 하란에서 살고 있을 때 부르시고, 데라가 죽은 후 아브라함을 또다시 부르셨을 것입니다.

아브라함의 부르심의 배경에는 부정적인 요소가 또 있습니다.

"사라는 아기를 낳지 못해서 자식이 없었습니다"(30절).

하나님이 여인의 후손을 이 세상에 보내시는 혈통으로 택하시고 부르신 사람인데, 하나님이 아담과 노아에게 주신 창조의 명령, 이 세상에 번성하고 이 세상에 충만하라는 명령을 이룰 조상으로 선택하신 사람인데, 그의 아내는 자녀를 낳지 못하는 사람이었습니다. 하늘의 별처럼 많은 자손을 주게 하시는 분이라면, 자녀를 잘 낳는 여인을 아내로 둔 사람을 선택하시는 게 맞지 않습니까? 그런데 하나님은 정반대의 조건을 가진 사람을 선택하신 것입니다. 우상을 섬기고 있었고, 아버지가 하나님의 부르심 가운데 있지 않았고, 자녀를 낳지 못하는 아내를 두었습니다. 당시에 자녀를 낳지 못하는 것은 오늘날과는 비교할 수 없을 만큼 큰 수치로 여겨졌습니다. 신의 저주를 받았다고 느낄 만큼 사람들이 조롱하고 멸시하던 시대였습니다. 자녀를 낳지 못한 가정의 아픔이 아브라함과 사라에게 있었던 것입니다.

이러한 조건들을 보면 하나님이 한 민족의 조상으로 부르실 만한 자격이 하나도 없습니다. 그래서 하나님이 부르신 것입니다. 하나님은 역전의 하나님이십니다. 만일 하나님이 자녀도 잘 낳고, 하나님을 잘 경외하는 사람들 중에 택하셨더라면 '나는 원래 잘난 사람이야'라고 생각할 수 있습니다. 그러나 창세기 12장부터 22장까지의 중요한 이야기는 "과연 아브라함이 자녀를 낳을 수 있는가"입니다. 하나님은 왜 그런 문제를 가지고 갈등하게 하십니

하늘은 땅에서 열린다

까? 하나님이 하셨다는 것을 보여 주시기 위해서입니다. 우리의 어떤 조건에 따라서 우리가 부르심을 받는 것이 아니라는 것을 보여 주시기 위해서입니다. 하나님은 때로 부정적인 요소를 가진 사람을 부르심으로써 하나님의 능력을 보여 주십니다. 하나님께는 능치 못함이 없다는 것을 보여 주시는 것입니다.

그러므로 하나님의 부르심을 받은 사람은 고민할 필요가 없습니다. 하나님의 부르심은 내가 만드는 것이 아닙니다. 나의 비전과 하나님의 부르심은 다른 것입니다. 내가 이런 꿈을 꾸었다 할지라도 하나님이 부르시면 가게 되어 있습니다. 하나님의 부르심은 절대 거역할 수가 없습니다. 아무리 내가 거역하려고 해도 가만히 보면 내가 거기에 가 있습니다. 이것이 하나님의 부르심입니다. 하나님은 부르신 자에게 능력을 부어 주십니다. 현재 나에게 그런 능력이 없다 할지라도 하나님이 부르셨으면 그 부르심에 쓰임 받는 능력도 함께 주십니다.

저는 목사로 부르심을 받았는데, 사실 굉장히 내성적인 성격이고 소심합니다. 어린 시절에는 대중 앞에 나와서 말하는 것을 굉장히 힘들어했습니다. 사실은 제일 두려웠습니다. 사람들한테 말하는 것이 굉장히 힘들었습니다. 저의 선천적인 능력으로 말씀을 전하는 게 아닙니다. 저는 잡담을 하면 피곤해서 견딜 수가 없습니다. 잡담을 오래 하면 누워야 합니다. 그런데 말씀만 전하면 에너지가 살아납니다. 부르심 때문에 하는 것이지, 제가 선천적으로 말하는 능력이 있어서 하는 것이 아닙니다. 하나님이 특별한 계획으로 부르실 때는 그 은사와 능력도 함께 주시는 것입니다. 그래서 걱정할 필요가 없습니다.

그 일이 너무 힘들 것 같아서, 그 길이 너무 두려워서 못 갈 것 같다면 가지 말아 보십시오. 그러면 언젠가는 가게 되어 있을 것입니다. 부르심이 무엇인지 모르는 채로 지금 하는 일을 계속하면 되는 것입니다. 굳이 자기가 만들면 안 됩니다. 어떤 사람은 부르심을 자기 스스로 만들려고 합니다. 제가 신학교 다닐 때 어느 학생이 열심히 기도하더니 어느 날 응답을 받았다고 했습니다. 그 학생이 하나님께 "제가 이렇게 신학교까지 왔는데 왜 저를 힘들게 하십니까?"라고 했더니 하나님이 이렇게 말씀하셨다고 합니다. "내가 언제 너한테 신학교 가라고 그랬냐?" 자기가 만들어 놓고 자꾸 하나님께 책임지라고 하는 것입니다.

하나님의 부르심이 있으면 하나님이 책임지십니다. 하나님이 하십니다. 아브라함은 쓰임 받을 수 있는 능력이나 조건을 갖추지 않은 사람이었습니다. 하나님은 그런 사람을 택하셔서 하나님의 위대한 일에 사용하셨습니다. 하나님이 부르시면 쓸모없는 인생이 없습니다. 그리고 하나님은 우리 모두를 부르고 계십니다. 아브라함만 부르시는 것이 아닙니다. 우리 한 사람, 한 사람을 부르고 계십니다. 우리가 듣지 못했을 뿐입니다. "너를 향한 나의 계획은 이것이다. 너는 이렇게 너의 인생을 살아라. 너는 어디에서 살아라." 구체적으로 부르시는 하나님입니다. 그 음성에 귀 기울여서 아브라함처럼 이 시대의 역사에 쓰임 받기를 축원합니다. 하나님의 부르심을 듣게 되는 위대한 은혜가 있기를 축원합니다.

하나님은 부르신 자에게 능력을 부어 주십니다.
현재 나에게 그런 능력이 없다 할지라도 하나님이 부르셨으면
그 부르심에 쓰임 받는 능력도 함께 주십니다.

하늘은
땅에서
열리다

¹여호와께서 아브람에게 말씀하셨습니다. "네 고향, 네 친척, 네 아버지의 집을 떠나 내가 네게 보여 주는 땅으로 가거라. ²내가 너를 큰 민족으로 만들고 네게 복을 주어 네 이름을 크게 할 것이니 네가 복의 근원이 될 것이다. ³너를 축복하는 사람에게는 내가 복을 주고 너를 저주하는 사람에게는 내가 저주하리니 땅의 모든 족속이 너로 인해 복을 받을 것이다." ⁴그리하여 아브람은 여호와께서 말씀하신 대로 떠났습니다. 롯도 아브람과 함께 갔습니다. 아브람이 하란을 떠날 때 나이는 75세였습니다. ⁵그는 아내 사라와 조카 롯과 그들이 모은 모든 재산과 하란에서 그들이 얻은 사람들을 데리고 가나안 땅을 향해 떠나 가나안 땅에 이르렀습니다. ⁶아브람이 그 땅을 지나 세겜 땅 모레의 큰 나무 앞에 이르렀는데 당시 그 땅에는 가나안 사람들이 살고 있었습니다. ⁷여호와께서 아브람에게 나타나 말씀하셨습니다. "내가 네 자손에게 이 땅을 주겠다." 아브람은 여호와께서 자신에게 나타나신 그곳에 제단을 쌓았습니다. ⁸거기에서 그는 벧엘 동쪽에 있는 산으로 가서 장막을 쳤는데 그 서쪽에는 벧엘이 있고 그 동쪽에는 아이가 있었습니다. 거기에서 그는 여호와를 위해 제단을 쌓고 여호와의 이름을 불렀습니다. ⁹아브람은 계속 이동해서 네게브로 나아갔습니다.

부르심과 온전한 순종

창세기 12:1-9

하나님의 부르심을 받은 사람은 예배자가 됩니다. 하나님이 나타나신 그 땅에 제단을 쌓고 예배하면서 움직이는 것입니다. 하나님의 약속과 우리의 현실이 너무나 차이가 나지만 그 사이에서 예배하는 것입니다. 하나님의 선하심을 의심하지 않고 하나님의 약속을 붙잡아야 합니다. 그러면 결국 약속은 현실이 될 것입니다.

살다 보면 좋은 일도 있지만, 때로는 우리가 원치 않는 좋지 않은 일들도 많습니다. 그러나 분명한 것은 하나님이 우리의 삶을 주관하고 계신다는 것입니다. 또 하나님의 계획은 선하시다는 것입니다.

어렸을 때 숙제로 십자수를 한 기억이 있습니다. 밑에서 보면 그림이 이상하지 않습니까? 우리의 삶이 왜 엉망진창으로 보이냐면 밑에서 봐서 그렇습니다. 하나님이 십자수를 뜨고 계시기 때문에 밑에서 보면 그 그림이 이상하지만 하나님이 다 완성하신 다음에 뒤집어서 보여 주시면 너무나 아름다운 모습인 것입니다.

우리 하나님은 섭리의 하나님입니다. 온 땅을 창조해 놓고 손을 떼고 자연 질서대로 움직이도록 버려두시는 하나님이 아닙니다. 인간을 하나님의 형상대로 창조해 놓고 인간이 타락하든 말든 내버려 두시는 분이 아닙니다. 하나님은 모든 창조의 세계에서 모든 것을 주관하시고 다스리시고 개입하시는 분입니다. 그 모든 과정 속에서 마지막 때에 하나님의 개입과 선한 다스리심을 거부한 영혼들에게는 하나님의 심판이 있을 것입니다. 그리고 이 땅에서 하나님의 다스리심과 섭리와 선하심을 경험하면서 사는 사람들은 영원한 나라에서 하나님의 말씀과 진리와 빛 가운데서 영원히 살 것입니다. 그러므로 이 땅에서 사는 것은 영원한 나라를 경험하는 것입니다. 영원한 나라를 연습하는 것입니다. 우리가 날마다 하나님을 예배하는 것은 영원히 하나님을 예배하는 것입니다.

우리는 천국에서 영원히 하나님을 예배할 것입니다. 그래서 우리가 함께 모여서 드리는 예배가 참 중요합니다. 예배가 지루하고 따분하고 재미없으면 천국을 사모하는 마음이 덜해지는 것 같습니다. "천국에 가면 영원히 예배드려야 하는데 이렇게 지루한 예배를 영원히 드린다는 말인가?" 잘못된 투사를 하는 것입니다. 이 땅에서 함께 드리는 예배가 얼마나 큰 은혜인가를 체험해야 합니다.

하나님이 창조하신 세상이 타락으로 말미암아 망가졌지만, 사탄의 개입으로 인간이 하나님을 배역하게 됐지만 하나님은 인간을 포기하지 않으셨습니다. 인간이 패배자로 남지 않고 승리자가 되어 하나님과 친밀한 자로, 또 하나님께 영광을 올려 드리는 자로, 하나님 나라의 대리 통치자로 서는 모습을 보고 싶으신 것입니다. 그래서 하나님은 역사 속에 개입하시고 모든 만물을 주관해 가십니다.

역사의 분기점에 등장한 아브라함

창세기 1장부터 11장까지 하나님의 역사를 보면 하나님이 전 인류의 역사를 다루십니다. 성경을 두 부분으로 나누면 구약과 신약입니다. 성경을 세 부분으로 나눈다면 어떻게 나누겠습니까? 창세기 1장부터 11장까지가 전 인류를 다루는 원시 역사이기 때문에 한 부분으로 나뉠 수 있습니다. 창세기 12장부터는 아브라함으로 시작하는 이스라엘 중심의 세계 역사입니다. 저는 그 역사가 사도행전 1장의 오순절 성령 강림까지라고 생각합니다. 사도행전 2장은 성령이 강림하시고 방언의 역사로 온 인류에게 복음이 증거되고, 그래서

하늘은 땅에서 열린다

다시 세계 역사로 돌아가는 분기점인 것입니다. 이스라엘 중심의 역사에서 성령의 역사로 말미암아 다시 온 인류가 하나 되는 역사로 바뀌는 시점이 바로 사도행전 2장의 오순절 사건입니다. 그 분기점들에는 중요한 사건이 있습니다.

창세기 11장은 바벨탑 사건으로 끝납니다. 인간의 죄악이 극도로 달한 모습을 상징적으로 보여 주는 사건입니다. 인간이 죄악과 능력의 연합으로 하나님을 대항하는 바벨탑을 쌓아 올린 것입니다. 심판의 증거로 하나님은 언어를 혼잡하게 하셨습니다. 서로 대화가 통하지 않게 함으로써 그들을 흩어 버리신 것입니다.

사도행전 2장에서는 방언의 역사가 일어났습니다. 서로 배우지도 않은 언어가 통한 것입니다. 방언의 역사는 하나님이 바벨탑에서 심판으로 내리신 언어의 혼잡을 다시 회복시키고 언어를 통일시키심으로써 온 인류를 다시 성령 안에서 회복시키신 놀라운 표적입니다.

하나님이 전 인류의 역사를 다루시다가, 이스라엘 중심의 역사를 다루시다가, 다시 성령 안에서 전 인류가 하나로 통일되는 역사를 다루시는 것을 보여 주는 것입니다. 이 중요한 분기점에 등장한 인물이 바로 아브라함입니다. 그는 하나님의 벗, 하나님의 친구라고 불렸습니다. 모든 믿는 사람들의 조상이라고 불린 유명한 아브라함의 이야기가 시작되는 것입니다.

마태복음 1장을 보면, 예수님을 소개하는 족보는 이렇게 시작합니다. "아브라함의 자손이며 다윗의 자손인 예수 그리스도의 족보입니다." 예수님의 수많은 조상 가운데 왜 아브라함과 다윗만 등장한 것일까요? 그 두 사람만 조상이라는 뜻이 아닙니다. 다시 조상들의 이름이 계속해서 나옵니다. 히브리 민족이 글을 쓸 때는 중요한 문장을 먼저 기록합니다. 예를 들면 창세기 1장 1절에서 "하나님께서 태초에 하늘과 땅을 창조하셨습니다"라는 위대한 선언을 먼저 발표하고, 어떻게 창조하셨는가를 서술하는 방법을 사용하는 것입니다.

마태복음 1장 1절에서 "아브라함의 자손이며 다윗의 자손인 예수 그리스도의 족보입니다"라고 했습니다. 그 모든 족보를 한 문장으로 요약한다면, 많은 인물 중에서 가장 중요한 대표적인 인물을 뽑는다면 아브라함과 다윗이라는 것입니다. 그 외의 사람들이 중요하지 않다는 것이 아니라, 이 두 사람이 바로 예수 그리스도의 복음을, 예수님이 이 땅에 오신 목적을, 이 땅을 향한 하나님의 은혜를, 또 이 땅에 임한 하나님의 나라를 가장 선명하게 보여 주는 인물이라는 것입니다. 그래서 분량도 깁니다. 다른 어떤 인물보다도 아브라함과 다윗의 인생 이야기가 긴 것은, 하나님이 그들의 인생에 간섭하셔서 어떻게 다스리셨고, 그들을 통해서 하나님의 나라를 어떻게 보여 주셨는지를 가장 명확하게 보여 주기 때문입니다. 아브라함과 다윗의 생애는 우리가 깊이 이해해야 하는 것입니다. 두 사람을 이해할수록 예수님을 더 알게 됩니다. 예수님의 복음을 깨닫고 하나님의 나라를 깊이 알 수 있습니다.

하나님이 아브라함을 택하신 것은, 노아와 언약을 맺으신 후 300년의 시간이 흐른 시점입니다. 이 300년의 기간 동안에 있었던 두 가지 큰 사건을 성경은 기록하고 있습니다. 하나는 창세기 9장 26-27절에서 하나님이 노아의 입을 통해 말씀하신 예언입니다. 셈, 함, 야벳 중에 특별히 "셈의 하나님 여호와를 찬송하리니"라고 했습니다. 하나님이 셈의 족속을 통해서 장차 오실 여인의 후손, 사탄을 진멸시킬 여인의 후손을 택하신다는 암시가 숨어 있는 것입니다. 이후에 기록들을 보면 창세기 9-11장을 통해 셈의 후손과 함의 후손과 야벳의 후손들이 어떻게 창대케 되었는지를 보여 줍니다. 그 예언이 어떻게 이루어졌는지 보여 주는 것입니다.

함의 자손들이 퍼져 나간 지역은 우리에게 익숙한 소돔과 고모라, 앗시리아, 하나님을 배역하는 시날 땅의 바벨입니다. 바벨탑을 쌓은 주역들이 바로 함의 자손들이었습니다. 이스라엘의 가나안 정복 사건은 단순히 한 민족이 다른 민족의 영토를 빼앗는 사건이 아닙니다. 이미 고대로부터 하나님이 가나안 족속의 죄악을 지켜보고 참고 또 참으시다가 그 민족을 멸하기로 작정하신 것입니다. 하나님이 멸하기로 작정하셨을 때는 이미 그 죄악이 하나님의 사랑을 넘어설 만큼 극심했을 때입니다. 잘못했다고 바로 진노하시는 하나님이 아닙니다. 노아 시대에 예언됐지만 실행은 여호수아 시대에 이루어졌습니다. 그 사이에 은혜의 기간이 있었던 것입니다. 회개하고 돌아올 수 있는 은혜의 기간이 가나안 족속에게도 있었던 것입니다. 그러나 그들은 돌이키지 않았습니다.

야벳의 자손은 창대케 되었습니다. 유럽 지역, 오스트레일리아, 아시아 일부가 야벳 족속의 지역입니다. 특별히 해안 도시를 중심으로 창대케 되었는데 이는 이방인들도 유대인에게 주어진 약속의 복음을 함께 이어받을 수 있도록 하기 위함입니다. 셈의 장막에서 시작된 복음의 역사가 야벳의 창대함

하늘은 땅에서 열린다

을 통해서 온 세상에 번성하도록 하나님이 계획하신 것입니다.

아브라함은 셈의 후손입니다. 창세기 11장에서 이어지는 후손 가운데 아르박삿, 데라, 그 다음이 아브라함입니다. 그러므로 아브라함이 하나님의 택하심을 받은 것은 전적인 은혜인 것입니다.

또 한 가지 중요한 사건은 바로 바벨탑 사건입니다. 함의 자손들이 시날 평원에 모여서 니므롯이라는 사람의 주도로 하늘까지 닿는 탑을 쌓아서 스스로를 보호하려고 했습니다. 하나님이 아브라함을 선택하신 후에, 그들이 바벨탑을 쌓음으로써 추구하려고 했던 모든 것을 베풀어 주신다는 것입니다. 그들은 스스로를 보호하려고 했습니다. 그러나 아브라함에게는 하나님이 은혜를 주십니다. "너를 저주하는 사람들은 저주를 받고 너를 축복하는 사람들은 복을 받을 것이다"라는 보호의 약속을 더불어 주십니다. 그들은 탑을 쌓아 높아지려고 했습니다. 그러나 하나님은 아브라함에게 약속하십니다. "내가 너를 큰 민족으로 만들고 네게 복을 주어 네 이름을 크게 할 것"이라고 은혜로 먼저 약속을 주십니다. 인간들이 성을 쌓고 탑을 쌓아 추구하려는 모든 것을 하나님은 아브라함에게 은혜로 다 주시는 것입니다.

그래서 창세기 12장은 11장을 배경으로 한 것입니다. 바벨탑으로 상징되는 인간의 타락과 죄악에 대해서 하나님은 은혜로 반응하신 것입니다. 흩으심으로 심판하셨지만 그 가운데 아브라함이라는 한 사람을 선택하셔서 그를 통해 모든 민족과 모든 나라에게 하나님 나라의 복음을 전하기를 원하셨던 것입니다.

하나님이 노아 시대에는 어떻게 구원하셨습니까? 노아와 그의 가족들을 심판 가운데 보존하심으로써 구원하셨습니다. 그대로 보존만 된 것입니다. 심판이 끝나고 자손이 다시 번성하니까 그들은 되돌아갔습니다. 보존을 통한 구원이었기 때문에 새로운 변화의 역사가 전혀 일어나지 않은 것입니다.

그런데 아브라함을 선택하신 것은 다릅니다. 하나님이 아브라함을 택하신 것은 그냥 보존이 아닙니다. 하나님의 선택을 통해서 놀라운 일을 구체적으로 이루시는 것입니다. 우리의 구원은 단지 보존만이 아니라 하나님이 우리의 삶 속에 간섭하셔서 우리의 속사람으로부터 새로워지는 구원을 이루시는 것입니다. 단지 살아나는 구원이 아니라, 마음으로부터 예배하고 찬양하고 하나님을 섬기는 백성으로 온전히 변화되는 것입니다.

“너희는 변화되어야 한다.” 이것은 율법입니다. 그러나 변화되도록 만드는 것은 은혜입니다. 사람은 홍수 심판으로도 변하지 않았습니다. 흩으심의 심판으로도 달라지지 않았습니다. 사람은 달라지지 않는다는 것입니다. 하나님도 아십니다. 그래서 다 쓸어버리는 심판을 다시 하시지 않고 이제는 선택하시는 것입니다. 한 사람으로부터 시작하시는 것입니다. 나머지 사람들은 하나님을 배역했지만 하나님은 개의치 않으시고 흩어진 인류 가운데 한 사람을 택하셔서 그 택한 사람을 통해서 새로운 씨앗, 하나님을 경외하는 자손을 번성케 하십니다. 그 민족으로 하여금 온 세상의 민족을 하나님의 백성으로 변화시키게 하시는 것이 하나님의 구원의 계획이었던 것입니다.

하나님은 아브라함에게 축복을 융단 폭격처럼 내리십니다. 그래서 어떤 신학자는 융단 축복이라고 했습니다. 창세기 12장 1절에서 3절까지 보면 복이라는 단어가 다섯 번이나 나옵니다. 반면 창세기 3장에서 11장까지 저주라는 단어가 다섯 번 나옵니다. 인간이 타락한 이후에 이 땅에 융단 저주가 임한 것입니다. 그런데 하나님은 융단 저주가 임한 땅을 다시 융단 축복으로 덮어 버리십니다. 얼마나 놀라우신 하나님입니까? 창세기 12장 3절에서 “땅의 모든 족속이 너로 인해 복을 받을 것이다”라고 했습니다. 땅이라는 단어는 창세기 1장부터 12장까지 여러 번 나옵니다. 창세기 1장 1절에서 “하나님께서 태초에 하늘과 땅을 창조하셨습니다”라고 했는데, 여기서 땅은 ‘에렛츠’를 말하는 것으로 3장의 타락 이후에 나오는 땅과 다른 단어를 썼습니다. 타락 이전의 땅과 타락 이후의 땅이 다른 것입니다. 타락 이전의 땅은 너무나 좋고 아름다운 땅이었지만, 타락 이후의 땅은 저주받은 땅입니다. 그런데 창세기 12장에서 그 저주받은 땅을 다시 하나님의 축복으로 변화시킬 것이라고 했습니다. 융단 저주가 임한 땅을 융단 축복으로 변화시키는 일에 하나님이 택하신 사람이 바로 아브라함입니다.

그런데 아브라함의 조건이 어땠습니까? 그는 축복의 도구가 될 만한 자격이 있어서 선택받은 것이 아닙니다. 그의 아버지 데라는 우상을 섬기고 있었습니다. 그의 아주 오랜 조상인 노아, 셈, 에녹은 경건한 후손이었지만 갈대아 우르에 흩어져 살던 그의 가족들은 우상을 섬기고 있었던 것입니다. 그러나 하나님은 그 가운데서 새로운 일을 행하셨습니다. 또 아브라함의 아내 사라는 아이를 낳지 못하는 여인이었습니다. 조건에 합당하지 않았습니다. 큰 민족을 이루려면 아이를 잘 낳는 여인을 둔 사내를 택하셔야 하지 않습니까? 그러나 인간적으로 볼 때 부족해 보이고 불가능해 보이는 모든 조건이 하나님께는 너무나 좋은 조건입니다. 불행해 보이고 연약해 보이고 불가능해 보이는 조건을 다 갖춘 사람일수록 하나님이 살아 계시다는 것을 더 분명하게 드러낼 수 있습니다. 주변 사람들이 "아, 정말 하나님은 살아 계시구나. 하나님은 능력이 많으시구나"하고 깨닫게 하는 대상자로서는 아브라함이 적격자인 것입니다.

하나님은 아브라함에게 땅을 주겠다고 하셨는데 이주자에게 무슨 땅이 있습니까? 갈대아 우르와 하란을 거쳐서 살다가 아버지와 이별하고 가나안 땅으로 들어왔는데 무슨 땅이 있겠습니까? 본문에서 그 이야기를 하고 있는 것입니다. 하나님이 "너는 고향, 친척, 아버지의 집을 떠나 내가 네게 보여 주는 땅으로 가라. 그 땅을 주겠다"고 하셨는데 가 보니까 가나안 민족들이 있는 것입니다. 하나님이 그 땅을 주겠다고 하셨으면 그 땅에 아무도 없고 이름표가 바뀌어 있어야 하지 않습니까? "소유주 아브라함"이라고 바뀌어 있어야 하는 것 아닙니까? 그런데 바뀌기는커녕 악한 민족들이 득실대는 땅이었던 것입니다. 아브라함은 얼마나 낙심하고 두려워했을까요. 하나님의 약속과 우리가 처한 현실 사이에는 반드시 괴리감이 있습니다. 하나님이 우리에게 약속을 주실 때, 그 약속이 내일 바로 이루어지지 않는다는 것입니다.

하나님은 약속을 주심으로 우리에게 무엇을 가져다주기를 원하시는 것입니까? 언약의 형태로 우리를 상대하시는 이유가 무엇입니까? 노아에게 언약이라는 단어가 처음 쓰였습니다. 언약이라는 단어가 나오면 무조건 괄호 안에 은혜라는 단어를 넣으면 됩니다. 하나님이 무슨 아쉬울 게 있어서 인간과 약속을 맺으시겠습니까? 언약이라는 것은 쌍방적인 것입니다. "너도 이런 의무를 행하고 나도 이런 의무를 행하자. 내가 제시한 조건에 네가 합당하게 행하면 내가 이런 것을 주겠다." 이런 것이 쌍방 간 언약입니다. 하나님이 우리를 그렇게 대하시는 것입니다. 그렇게 인격적으로 대하시는 것입니다.

노아 이전에는 잘못하면 그냥 심판해 버리셨습니다. 죄를 멸하시는 하나님이라는 것을 보여 주셨습니다. 그런데 심판으로도 인간이 변하지 않는 것을 아시기에 하나님은 우리를 범죄하지 않은 사람처럼, 그 속에 죄가 없는 사람처럼 인격적으로 대해 주시는 것입니다. 언약을 맺으시는 것입니다. 은혜로 축복하시는 것입니다. 인간이 그 언약을 어길지라도 하나님은 끝까지 지키십니다. 그것이 이스라엘 역사를 통해 우리에게 보여 주는 것입니다. 하나님이 택하신 아브라함과 그의 후손들은 끊임없이 하나님을 배반하지만, 하나님은 그 언약에 신실하게 반응하십니다. 하나님이 언약을 얼마나 신실하게 지키시는지를 보여 주는 하나님의 기록을 읽다 보면 "하나님은 정말 신실하시구나. 하나님은 믿을 만한 분이시구나. 하나님이 약속하신 것은 반드시 이루어지는구나"라는 굳센 믿음이 생겨납니다.

그래서 아브라함은 믿음의 조상인 것입니다. 그 믿음의 조상을 이끌어 내실 때 하나님이 주신 약속은 불가능한 약속이었습니다. 갈대아 우르에 있던 사람을 이주시켜서 그 땅을 주겠다고 하셨습니다. 사람이 아내와 조카 롯, 그렇게 작은 가족을 데리고 가나안 땅에 들어갔는데 그곳은 이미 가나안 족속들이 득실대는 땅이었습니다. 그런데 어떻게 그 땅을 가진다는 말입니까? 인간적으로는 불가능한 것입니다.

하나님이 너로 큰 민족을 이루겠다고 하셨는데 아브라함의 아내는 아이를 낳지 못하고 있었습니다. 그때 아브라함은 75세였고 사라는 65세였습니다. 그때까지는 아브라함이 가능성이 있겠다고 생각했을지도 모르겠습니다. 그러나 25년이 지난 후에야 아기를 가졌습니다. 왜 25년이라는 시간이 흘렀습니까? 불가능하다고 포기할 때까지 기다리신 것입니다. 정말 하나님이 하셨다고 고백할 때까지 하나님은 붙잡고 계셨던 것입니다.

모든 조건을 보면 하나님의 약속과 정반대의 현실만 놓여 있습니다. 그 가운데 하나님이 약속을 어떻게 지키시는지 보여 주심으로써 아브라함의 생애를 읽는 우리가 마음속에 하나님에 대한 믿음을 가지고 아브라함의 자손으로 구원받게 하시는 것입니다. 하나님이 아브라함에게 주신 약속의 내용을 한번 보십시오.

"여호와께서 아브람에게 말씀하셨습니다. '네 고향, 네 친척, 네 아버지의 집을 떠나 내가 네게 보여 주는 땅으로 가거라. 내가 너를 큰 민족으로 만들고 네게 복을 주어 네 이름을 크게 할 것이니 네가 복의 근원이 될 것이다. 너를 축복하는 사람에게는 내가 복을 주고 너를 저주하는 사람에게는 내가 저주하리니 땅의 모든 족속이 너로 인해 복을 받을 것이다'"(1-3절).

여기서 반복되는 단어가 복입니다. 복이라는 단어가 다섯 번 반복됩니다.

하늘은 땅에서 열린다

또 반복되는 단어는 '내가'라는 단어입니다. 히브리어든 원어든, 어떤 언어든지 간에 대명사는 가능하면 반복하지 않는 것이 더 고급 언어입니다. 대명사를 반복해서 쓰는 것은 좋은 문장이 아니라고 합니다. 히브리어 성경에도 가능하면 단순화하는 문법이 있는데 본문에서는 대명사가 반복해서 나옵니다. 원어에서도 그렇고 우리말 성경에서도 그렇습니다. "내가 네게 보여 주는 땅으로 가거라. 내가 너를 큰 민족으로 만들겠다. 너를 축복하는 사람에게는 내가 복을 주고 너를 저주하는 사람에게는 내가 저주하리라.", "그것이 과연 가능할까요?"라고 질문하면 하나님은 "내가 한다"라고 말씀하시는 것입니다.

복의 내용은 크게 세 가지입니다. 첫째는 땅을 주신다는 것이고, 두 번째는 자손을 주신다는 것이고, 세 번째는 그 땅과 자손을 합쳐서 복의 근원이 되게 하신다는 것입니다. 그러므로 아브라함의 인생, 아브라함의 후손들의 인생에서는 "과연 아브라함에게 자손이 주어지느냐"를 봐야 합니다. 그 다음에 "아브라함의 후손들에게 이 땅이 주어지느냐", 그 다음에 "두 개가 합쳐서 과연 복의 근원이 되느냐"를 추적해 보면 하나님이 "내가 하겠다"라는 말씀을 왜 하시는지 알 수 있습니다.

역사를 잠깐 삽입해서 미래를 내다보면 어떤 일이 일어납니까? 아브라함에게 이삭이 태어납니다. 이삭이 태어난 다음에 당장 큰 민족이 됐습니까? 아닙니다. 이삭의 아들 야곱의 두 아내가 서로 아이 낳기 경쟁을 하는 사건이 터집니다. 하나님은 인간의 질투심마저도 넘어서서 오히려 열두 아들을 야곱에게 주십니다. 그러나 열두 아들로 큰 민족이 될 수 있는 길은 아직도 요원합니다. 그런데 열두 아들이 서로 질투해서 요셉을 팔아넘김으로 인해 요셉이 애굽에 가게 되었습니다. 이후 그의 형제들과 아버지 야곱을 비롯해 70여 명의 가족들이 요셉이 총리로 있는 애굽으로 가게 됩니다. 그리고 그곳에서 번성하기 시작한 것입니다.

하나님은 애굽의 창대한 문명과 풍부한 곡식을 아브라함에게 주신 약속을 이루기 위해서 사용하셨습니다. 아브라함과의 약속을 이루기 위해서 일시적으로 애굽을 잘 살게 해 주신 것입니다. 그 약속이 이루어진 다음에는 애굽이 그렇게 잘 살지 못했습니다. 그래서 애굽에서 번성하게 된 것입니다. 애굽 사람들이 두려워할 정도로 큰 민족이 된 것입니다.

출애굽기에 아주 재미있는 사건이 나옵니다. 히브리 아이들을 다 죽이라고 했는데 산파가 가기 전에 벌써 낳아 버린 것입니다. 히브리 민족이 왜 그렇게 아이를 잘 낳았습니까? 하나님이 아브라함에게 주신 약속을 지키신 것입니다. 하나님이 아이를 잘 낳을 수 있는 능력도 주신 것입니다. 하나님이 아브라함에게 자손을 창대케 하고 큰 민족을 이루겠다고 하신 약속을 지키신 것입니다. 그 민족에게 율법을 주시고 그 민족을 한 국가로 만드시고, 출애굽의 사건을 통해 가나안을 정복케 하는 사건을 주십니다. 이제 자손을 주셨으니 두 번째 약속인 땅이 남아 있습니다. 하나님이 땅을 주시는 사건은 여호수아의 정복 사건이 아닙니다. 하나님이 아브라함에게 주신 약속이기 때문에 땅이 나오는 것입니다. 땅과 자손 중에 어떤 약속이 먼저 이루어져야 합니까? 사람이 있어야 땅이 필요한 것입니다. 하나님의 자연의 법칙에 따라 자손을 번성케 하시니 땅이 필요한 것입니다. 그리고 땅을 정복하는 것입니다. 자손의 약속이 먼저 이루어지고 그 다음에 땅의 약속이 성취되는 것입니다.

그럼 땅의 약속만 성취되면 끝나는 것입니까? 아닙니다. 그러면 하나님이 아브라함에게 주신 약속이 다 이루어지지 못하는 것입니다. 축복의 통로가 되어야 하는 것입니다. 축복의 통로가 되기 위해서 하나님이 택하신 사람이 다윗입니다. 그래서 다윗이 중요한 것입니다. 다윗은 하나님의 마음에 합한 사람이었습니다. 하나님의 주권을 그대로 나타낼 수 있는 왕 중에 대표적인 사람이 다윗이었습니다. 그 마음이 하나님의 마음과 하나가 되어 있었습니다. 하나님의 통치가 그 땅 위에 가장 잘 나타난 시대가 다윗의 시대입니다. 다윗 왕국은 굉장히 영광스러웠습니다. 물질적으로 창대했고 경제적으로 부강했고 군사적으로도 막강했습니다. 다윗과 솔로몬의 시대에는 그 주변의 열국들이 지혜를 얻기 위해 찾아오고, 잘 보이려고 찾아왔습니다. 하나님이 그 나라를 흥하게 하셨기 때문입니다. 그 많은 열국 중에 아브라함의 자손을 창대케 하셨습니다. 복의 근원이 되게 하시는 것입니다.

그런데 거기서 실패한 것입니다. 자손과 땅의 축복을 받아서 이제 그 나라가 창대케 되고 하나님의 나라가 임하므로 모든 민족의 복의 통로가 되는 것이 하나님의 계획이었는데, 다윗 왕국의 찬란한 영광이 인간의 죄악으로 말미암아 다시 실패한 것입니다. 그래서 하나님이 다윗 왕국을 멸하신 것입니다. 바벨론의 포로로 끌려가고 앗시리아의 포로로 끌려간 것입니다. 다윗 왕국이 멸망하기 전에, 다윗이 하나님께 성전을 지어 드리려고 할 때 하나님이

하늘은 땅에서 열린다

다윗에게 이런 약속을 하셨습니다. "네가 나를 위하여 집을 지어 주겠느냐? 내가 너를 위하여 집을 지어 주겠다. 네 뒤에 오는 아들이 성전을 지을 것인데, 그는 사람의 아들이며 동시에 나의 아들이다." 누구를 말씀하신 것입니까? 예수 그리스도입니다.

하나님이 아브라함에게 후손을 주겠다고 하셨는데, 그러면 하나님이 다윗 왕정이 실패할 것을 모르시고 아브라함에게 약속하신 것일까요? 아닙니다. 바울은 이렇게 해석했습니다. 하나님은 아브라함에게 약속하실 때 이미 자손들이라고 하지 않으시고 단수를 쓰셨다는 것입니다.

"하나님께서 아브라함과 그의 자손에게 약속을 주실 때 여러 사람을 가리켜 '자손들에게'라고 하지 않으시고 오직 한 사람을 가리켜 '네 자손에게'라고 하셨는데 이는 곧 그리스도이십니다"(갈 3:16).

바울은 놀라운 사람입니다. 아브라함의 생애를 갈라디아서에서 해석할 때 갈라디아 교회에 율법에 대한 문제가 일어났습니다. 율법을 지켜야 구원을 얻는다고 가르치는 사람들을 깨닫게 하기 위해서 아브라함을 예로 든 것입니다.

쉽게 말하면 아브라함이 먼저 있었습니까, 모세가 먼저 있었습니까? 연대순으로 분명하게 아브라함입니다. 하나님이 아브라함에게 주신 약속이 먼저 있었습니까, 모세에게 주신 율법이 먼저 있었습니까? 아브라함에게 주신 약속이 이미 430년 전에 준비된 것입니다. 그러므로 율법보다 아브라함의 약속이 먼저입니까? 아브라함의 약속이 먼저입니다. 아브라함이 모세의 율법을 지킴으로 구원을 얻었습니까, 믿음으로 구원을 얻었습니까? 아브라함은 모세를 알지도 못합니다. 아마 천국 가서 이렇게 인사할 것입니다. "네가 내 후손이었니?"

430년 후에 있었던 모세의 율법으로 인해 아브라함이 구원을 얻은 것이 아닙니다. 창세기 15장 6절에서 "여호와께서 아브람의 그런 믿음 때문에 그를 의롭게 여기셨다"고 했습니다. 바울이 이스라엘의 역사를 가지고 아브라함과 모세를 비교하면서 해석하고 있는 것입니다. 아브라함은 믿음으로 구원을 얻었습니다. 모세의 율법이 아브라함의 약속으로 해석되어야 합니다. 바울은 때로 모세의 율법이 아브라함의 약속에 거스르는 것이 된다면 폐기될 수 있다고 해석한 것입니다. 아브라함이 믿음으로 구원을 얻은 것처럼 우리도 믿음으로 구원을 얻으니 율법으로 구원을 얻는다는 생각에서 벗어나라는 갈라디아서의 교훈입니다.

그런데 여기서 핵심은, 자손이라고 할 때 복수를 쓰지 않았다는 것입니다. 아브라함의 후손으로 오시는 그 한 사람을 통해 이루실 하나님의 구원을 약속하는 것입니다. 다윗의 나라가 깨진 것처럼 보이지만, 하나님은 아브라함에게 약속을 주실 때부터 이미 예수 그리스도를 내다보신 것입니다.

하나님이 택하신 사람들에게 주신 약속들이 모두 연결되어 있는 것입니다. 조금씩 더 분명하게 나타내실 뿐, 이후에 온 것이 이전 것을 취소시키는 것이 아닙니다. 모세의 율법이 아브라함의 약속을 취소시키는 것이 아닙니다. 또 다윗의 약속이 모세의 율법을 취소시키는 것이 아닙니다. 하나님이 역사 속에 보관하시면서 더 명백하게 우리에게 말씀하시는 것입니다.

하나님은 아담을 통해 세우신 역사를 아브라함을 통해 새롭게 시작하셨습니다. 그 역사를 모세, 다윗을 통해서 새롭게 시작하셨습니다. 그러나 인간은 끊임없이 하나님을 배반했고, 결국 하나님은 예수 그리스도를 통해 회복시키시는 것입니다. 그분을 통해서 하나님의 나라가 온전히 이루어지는 것입니다.

다시 아브라함으로 돌아가면, 아브라함이 그 땅에 갔지만 그 땅을 당장 취한 것은 아닙니다. 그래서 아브라함은 그 땅을 통과만 합니다. "이제 가나안 땅에 왔는데 가나안 족속들이 있구나. 어떡하지?" 그러면서 지나가는 것입니다. 할 수 있는 것이 아무것도 없었습니다. "하나님이 이 땅을 저에게 주셨습니다. 이 땅은 이제부터 제 소유입니다." 이렇게 말해 봤자 사람들이 알아듣겠습니까? 그냥 눈치 보면서 그 땅을 지나가는 것입니다. 본문의 마지막 구절을 보면 네게브까지 나아갔습니다. 네게브는 이스라엘 남부 지역에 있는 사막입니다. 무서우니까 내 땅이라고 주장도 못하고, 그냥 조용히 그 땅으로 내려간 것입니다.

그러나 아브라함이 한 것이 있습니다. 그냥 이동하지 않았습니다. 하나님이 그때마다 나타나셨습니다. 세겜 땅에 갔을 때는 "이 땅을 주리라"고 하셨습니다. 구체적으로 "이 땅이 네 땅이다"라고 말씀하셨습니다. 하나님의 계시가 나타나기 시작했습니다. 그때 아브라함이 무엇을 했습니까? 예배를 드렸습니다.

하나님의 부르심을 받은 사람은 예배자가 된다는 것입니다. 하나님이 나타나신 그 땅에 제단을 쌓고 예배하면서 움직이는 것입니다. 하나님의 약속과 우리의 현실이 너무나 차이가 나지만 그 사이에서 우리는 예배해야 합니다. 하나님의 선하심을 의심하지 않고 하나님의 약속을 붙잡아야 합니다. 밑을 내다보면 우리의 현실은 깜깜하고 가나안 족속이 득실거리고 있지만, 또 약속과 현실은 너무나 괴리가 있지만, 하나님의 약속을 붙잡고 예배하며 나아가는 것입니다. 제단을 쌓고 나아가는 것입니다. 그때 약속은 현실이 될 것입니다. 약속과 현실 사이를 예배로 가득 채우기를 주님의 이름으로 축원합니다. 그때 하나님의 나라가 우리 가운데 임하고, 아브라함에게 주신 축복의 약속이 우리를 통해서도 이 땅에 풍성하게 나타날 것입니다.

¹⁰그 땅에 흉년이 들었습니다. 기근이 심했기 때문에 아브람은 이집트로 내려가서 얼마간 살았습니다. ¹¹그는 이집트에 들어가기 직전에 아내 사라에게 말했습니다. "보시오. 당신은 용모가 아름다운 여인임을 내가 알고 있소. ¹²이집트 사람들이 당신을 보고 '이 여인이 아브람의 아내구나' 하며 나는 죽이고 당신은 살려 줄지 모르오. ¹³부탁이오. 당신이 내 여동생이라고 해 주시오. 그러면 당신으로 인해 그들이 나를 잘 대접할 것이고 당신 덕에 내가 살게 될 것이오." ¹⁴아브람이 이집트에 들어갔을 때 이집트 사람들이 사라를 보았는데 그녀는 매우 아름다웠습니다. ¹⁵바로의 신하들도 그녀를 보고 바로 앞에 가서 칭찬을 했습니다. 그래서 사라는 바로의 왕실로 불려 들어갔습니다. ¹⁶바로는 사라 때문에 아브람을 잘 대접해 주었습니다. 그래서 아브람은 양, 소, 암수 나귀, 남녀 하인들, 낙타를 얻었습니다. ¹⁷그러나 여호와께서는 아브람의 아내 사라의 일로 인해 바로와 그의 집안에 큰 재앙을 내리셨습니다. ¹⁸그러자 바로가 아브람을 불러 말했습니다. "네가 어떻게 내게 이럴 수 있느냐? 그녀가 네 아내라고 왜 말하지 않았느냐? ¹⁹왜 너는 그녀가 네 여동생이라고 말해서 내가 그녀를 아내로 얻게 했느냐? 자, 네 아내가 여기 있다. 어서 데리고 가거라." ²⁰그리고 바로는 자기 신하들에게 명령해 아브람이 그의 아내와 그의 모든 소유물을 갖고 떠나게 했습니다.

chapter 24

인간의 실수에도 무효화되지 않는 언약

창세기 | 12:10-20

하나님의 부르심은 거부할 수 없는 부르심입니다. 반드시 그렇게 되고야 마는 것이 하나님의 부르심입니다. 내가 선택할 수 있는 것은 하나님의 부르심이 아닙니다. 우리는 신비로운 하나님의 부르심 가운데 있는 것입니다. 꼼짝 못하는 것입니다. 인간의 불순종, 연약함, 그리고 불신앙에도 불구하고 하나님의 부르심은 거절할 수 없습니다. 반드시 그 길로 가야만 합니다.

하나님의 주권으로 맺어진 언약

하나님은 전 인류 가운데서 한 사람을 택하여 부르셨습니다. 창세기 11장까지는 하나님이 전 인류를 한꺼번에 다루셨습니다. 그 가운데 간헐적으로 하나님께 선택받아서 쓰임 받은 사람들이 있었지만 아주 짧은 기사로 언급되었을 뿐입니다.

그런데 하나님은 바벨탑을 쌓아 올린 인간들을 흩으시고, 흩으신 인간들 가운데 셈의 후손을 택하시고, 그 가운데 아브라함을 택하여 부르셨습니다. 그 부르심은 아주 특별한 하나님의 은혜의 부르심입니다. 하나님은 그것을 언약이라고 부르십니다. 언약은 서로 합의하에 계약을 통해서 이루어지는 것이지만, 하나님이 아브라함을 부르신 언약은 주권적인 언약이라고 말할 수 있습니다. 그것은 일방적인 언약입니다.

아브라함은 "나 좀 불러 주십시오" 하고 요청하지 않았습니다. "하나님, 제가 하나님의 역사에 쓰임 받기를 원해서 자원하니 저를 사용해 주십시오." 이렇게 부탁한 적도 없습니다. 또 "제 아내가 아이를 낳지 못하니 전능하신 하나님이 제 아내에게 우리 가정의 아이를 허락해 주십시오"라고 기도한 적도 없습니다. 왜냐하면 우상을 섬기고 있었기 때문입니다. 아브라함의 자원으로 이루어진 것도 아니고, 아브라함의 모든 언약을 하나님과 의논해서 결정한 것도 아닙니다. 어느 날 갑자기 하나님이 아브라함을 찾아오신 것입니다. 그리고 약속을 주시면서 떠나라고 요구하신 것입니다. 그래서 하나님과 아브라함이 맺은 언약은 다른 어떤 언약보다도 하나님의 주권, 하나님의 일방적인 은혜로 부르신 것입니다. 어쩌면 아브라함은 하나님 앞에서 불평했을지도 모릅니다. "제가 언제 하나님께 큰 민족을 만들어 달라고 했습니까? 제가 언제 저로 하여금 창대케 해 달라고 요청했습니까?" 하나님이 먼저 부르시고 하나님 자신을 그 언약에 얽매이게 하신 것입니다. 이것이 얼마나 큰 하나님의 은혜입니까?

인간을 구원하기 위한 하나님의 계획 가운데서 하나님이 인간과 언약을 맺으신 것입니다. 마치 하나님이 그 언약 때문에 사시고, 그 언약 때문에 아무것도 못하시는 것처럼 말입니다. 하나님은 그 언약만 나오면 꼼짝 못하시는 것입니다. 전능하신 하나님, 모든 것에 자유로우신 하나님이 한 인간과 맺은 언약으로 구속을 받으신다는 것이 얼마나 불필요해 보이고 무능력해 보입니까? 그러나 하나님은 겸손하셔서 인간을 구원하기 위해 아브라함과 약속을 맺으신 것입니다. 이것이 하나님의 은혜입니다. 만약 인간이 "하나님, 제가 원하지도 않았는데 왜 저에게 이 언약을 주셔서 이렇게 하십니까? 귀찮습니다"라고 말한다면, 물에 빠진 사람을 건져 냈더니 왜 나를 살렸느냐고 소리치는 것과 똑같습니다. 살리려는 하나님의 노력과 구원의 손길 앞에서 나를 왜 살렸느냐고 말하는 것입니다.

창세기 12장 3절을 보면, 하나님은 아브라함을 통해서 세상의 모든 족속과 저주받은 땅을 하나님의 축복으로 바꾸시기 위해 융단 축복을 베푸셨습니다. 약속을 먼저 주신 것입니다. 바벨탑을 쌓은 인간들이 추구했던 세상의 복이 아니라 하늘에서 내려 주시는 복, 인간이 쟁취하고 싸워서 얻는 세상의

하늘은 땅에서 열린다

복이 아니라 하나님이 내려 주시는 복을 약속해 주시고 "가라. 너의 고향, 친척, 아버지의 집을 떠나라"고 하셨습니다. 하나님이 언약에 매이셨고, 하나님이 부르시는 약속에 따라 사는 인생으로 아브라함을 이끄셨습니다.

아브라함에게 이 부르심은 사실 잡아당김입니다. 아브라함이 말씀대로 고향, 친척, 아버지의 집을 떠나 하란에 머무르다가 아버지와 이별하고 가나안 땅으로 간 것을 보면서, 우리는 아브라함이 참 대단하다고 생각합니다. "어떻게 갈대아 우르를 떠나고 하란을 떠날 수 있었을까?" 이 단계에 있는 아브라함의 믿음을 너무 과대평가하는 경향이 있습니다. 아브라함의 인생을 전체적으로 보면, 사실 아브라함은 위대한 믿음이 있어서 따라갔다기보다는 갈 수밖에 없었던 것입니다. 거기에는 여러 가지 요소가 있었습니다. 동생의 죽음, 아이를 낳지 못하는 아내로부터 받는 긴장과 스트레스 등 여러 가지 종합적인 상황을 통해서 하나님은 아브라함을 몰아붙이신 것입니다. 천국에서 아브라함을 만나면 꼭 물어보고 싶은 시점이 바로 여기입니다. "그때 하나님이 어떻게 당신을 부르셨고, 당신은 무슨 생각으로 따라갔느냐?" 틀림없이 아브라함은 이렇게 대답할 것입니다. "당신이 내 입장이었어도 갈 수밖에 없었을 것이다." 이것이 부르심입니다.

부르심은 때로는 우리의 용기와 상관없습니다. 나의 선택과도 상관이 없습니다. 가장 상관없는 것이 나의 능력입니다. 아브라함의 능력이나 인간적인 조건이나 용기나 심지어 믿음 때문에 이루어진 것이 아닙니다. 하나님이 우리를 부르신다면 우리가 어떠한 형편과 조건에 있든지, 능력이 어떠하든지, 심지어 하나님께 어떠한 반응이 있었든지 그 부르심대로 그 사람을 끌고 가십니다. 하나님의 부르심은 거부할 수 없는 부르심입니다. 반드시 그렇게 되고야 마는 것이 하나님의 부르심입니다. 하나님이 뜻과 계획이 있어서 인간을 부르셨는데 인간의 거부에 의해서 부르심이 취소된다면 그것은 하나님의 부르심이 아닙니다. 하나님의 부르심은 거부할 수 없는, 취소될 수 없는 부르심인 것입니다. 하나님의 부르심은 식사 한번 하자고 하는 그런 약속이 아닙니다. 선택적으로 이루어지는 것은 부르심이 아닙니다. 내가 선택할 수 있는 것은 하나님의 부르심이 아닙니다.

신학교에 가서 목회자가 되는 것이 하나님의 뜻인지 상담하러 오는 분이 간혹 있습니다. 그럴 때 제가 물어봅니다. "몇 퍼센트 정도 하나님이 부르신 것 같습니까?” 80% 정도인 것 같다고 하면 “20% 정도 더 기다리십시오”라고 합니다. 100% 미만은 부르심이 아니기 때문입니다. 또 어떤 분은 신학교에 가는 것도 선택인데, 어떻게 해야 할지 모르겠다고 합니다. 그렇다면 아닙니다. 다른 방향으로 가십시오. 하나님의 특별한 사역으로의 부르심은 A냐, B냐로 오지 않습니다.

스펄전 목사님은 목회자가 되겠다고 찾아오는 사람들에게 이렇게 상담을 하셨습니다. “만약 당신이 그 길을 가지 않고 다른 길을 선택할 수 있다면 다른 길로 가십시오.” 하나님의 부르심은 그렇게 선택으로 주어지지 않습니다. 하지 않으면 안 됩니다. 그 길밖에 없는 것입니다. 내가 여러 가지 길 중에서 선택하는 것이 아니라, 그 길 외에 다른 길로 갈 수 없도록 하는 것이 하나님의 분명한 부르심입니다.

마틴 루터는 친구와 함께 길을 걸어가다가 친구가 벼락에 맞아서 죽는 것을 보고 하나님의 강렬한 부르심을 체험했습니다. 그때 그는 이런 고백을 했습니다. “하나님은 나를 친절하게 또 따뜻하게 손을 잡아 안내하시는 것이 아니라 나를 잡아 이끄신다.” 루터는 사로잡아 이끄시는 하나님의 부르심을 경험한 것입니다. 우리 모두의 삶 속에서 각자 다른 모습으로, 다른 음성으로, 포기할 수 없는 하나님의 부르심으로 우리를 부르시는 것입니다. 그것이 하나님의 부르심입니다.

아브라함은 하나님의 부르심을 따라 순종해서 갈 수밖에 없었던 것입니다. 그것이 어떤 상황인지 우리는 다 이해할 수 없지만, 믿음의 삶을 살아가다 보면 이것은 분명히 하나님의 부르심이라고 확신할 수밖에 없는 순간이 옵니다. 모든 상황 속에서 나의 개인적이고 내적인 음성을 통해, 때로는 하나님의 음성으로 생생하게 들려올 때가 있습니다. 어거스틴은 그런 음성을 들었습니다. 방탕한 삶을 살고 있을 때 “집어서 읽어라”고 하는 음성이 들린 것입니다. 성경을 집어서 읽었더니 로마서 13장에 “어두움의 일들을 벗어 버리고 빛의 갑옷을 입읍시다”라는 말씀이 들어왔습니다. 어거스틴은 그 말씀을 통해 완전히 회심했습니다. 때로는 우리가 이해할 수 없는 신비한 상황과 꿈과 계시를 통해서도 하나님은 우리의 삶을 전혀 다른 인생으로 부르실 수가 있습니다.

그 부르심이 정말 하나님의 부르심인지 아는 두 가지 방법이 있습니다. 첫

하늘은 땅에서 열린다

번째는 그 부르심을 포기할 수 있는 유혹을 견딜 수 있느냐는 것입니다. 만약 포기할 수 있다면 하나님의 부르심이 아닙니다. 하나님의 부르심이면 포기해도 그 길을 가게 됩니다. 그러니 일부러 포기할 필요는 없습니다. 그런데 내가 견딜힘이 없다면 포기해 보십시오. 반드시 그 길로 가게 됩니다. 하나님은 부르신 자를 절대로 버리지 않으시기 때문입니다. 나는 힘이 없어서 포기할 수 있습니다. 그것이 바로 본문에서 아브라함에게 나타난 모습입니다. 하나님의 부르심을 따라 살기 시작했는데, 모든 환경과 상황과 조건이 너무나 힘들기 때문에 때로는 그 부르심에서 일탈하는 삶을 살 수도 있습니다. 그러나 하나님은 절대 포기하지 않으십니다. 내가 포기한다고 해도 포기하지 않으시는 하나님입니다. 하나님은 부르신 자를 반드시 그 부르신 길 가운데로 돌아오게 하십니다.

사실 우리는 그런 과정을 어느 정도 체험하고 삽니다. 하나님의 부르심을 따라 살다가도 엉뚱한 길로 갔다가 여러 가지 위험과 어려운 상황을 겪고 나서 이렇게 이야기합니다. "이 길이 아닌가 봐." 그리고 다시 돌아옵니다. 하나님의 부르심 가운데 때로 우리는 쉬운 길, 빠른 길, 평온한 길을 선택하지만 그것이 하나님의 방법이 아닐 경우가 많습니다. 때로는 어려워 보이는 좁은 길이고 내가 선택하기 싫은 길일 수도 있습니다.

두 번째로, 하나님의 부르심 가운데 있으면 과거에는 나의 선천적인 능력으로는 할 수 없었던 일들을 할 수 있게 됩니다. 아브라함은 아이를 낳을 수 없는 아내를 통해서 큰 민족을 이루게 됩니다. 갈대아 우르에서 이주해 온 아브라함에게 하나님이 가나안 땅을 주십니다. 그리고 그는 모든 족속의 축복의 통로가 됩니다. 이것은 아브라함의 능력으로 된 것이 아닙니다. 하나님의 부르심 가운데 있으면 나의 능력으로는 이룰 수 없는 일을 하나님이 이루게 하십니다.

믿음과 순종의 길

그 기간까지는 나의 믿음과 인내가 요구됩니다. 저절로 이루어지는 것이 아닙니다. 그러나 하나님은 반드시 이 모든 과정을 통해서 하나님의 부르심의 열매를 맺고야 마십니다. 창세기 12장부터 아브라함의 생애가 자세하게 기록되는 이유가 여기에 있는 것입니다. 지금까지는 노아 시대의 홍수 심판에 대해 간략하게 이야기했습니다. 노아 인생에 대해서는 "그는 의인이었다. 하나님과 동행했다. 에녹도 하나님과 동행했다"하는 정도로 간략하게 설명했습니다. 그러나 아브라함의 인생부터는 길게 확대시킵니다. 부르심을 따라 믿음으로 사는 여정이 그렇게 쉬운 인생이 아니며, 거기에는 많은 실패와 좌절이 있고, 때로는 절망과 유혹에 넘어가는 우리의 연약함이 있을 수밖에 없다는 것을 가르쳐 주기 위해서입니다. 영화에서처럼 주인공의 표정 하나까지도 주목합니다.

그래서 아브라함의 생애를 보면, 아브라함과 사라의 말 한마디에서도 그 마음에 숨은 동기까지 느낄 수 있도록 그의 가정에 집중합니다. 아브라함이라는 인물이 위대해서가 아닙니다. 오히려 이 과정을 보면 아브라함의 연약함과 불신앙이 더 많이 드러납니다. 부르심의 약속이 주어졌지만 그 약속이 자신의 현실과 조건과 너무나 다르기 때문에 흔들리는 아브라함의 모습을 통해서 바로 우리의 현재 모습을 보여 주시는 것입니다.

아브라함이 말씀을 따라, 약속을 따라 갔다고 하지만, 그것은 바람만 불면 언제든지 흔들릴 수 있는 연약한 믿음의 수준이었습니다. 그러나 하나님은 단 한 번의 순종으로 그 부르심을 평가하지 않으십니다. 하나님은 홍수 심판을 통해서도 인간의 죄악의 본성이 바뀌지 않는다는 것을 이미 아십니다. 심판의 현장을 경험하고도 바뀌지 않는 인간의 본성이 하나님의 부르심에 순종 한번 했다고 바뀌겠습니까? 하나님은 사실 기대하지 않으십니다. 하나님은 우리가 얼마나 쉽게 넘어질 수 있는지 다 아십니다. 그래서 하나님이 언약으로 맺으신 것입니다.

왜 율법이 아니라 언약입니까? 율법은 불순종하면 아웃입니다. 그것이 율법입니다. 그러나 은혜의 언약은 불순종한 사람도 포기하지 않고 버리지 않으신다는 것입니다. 타락한 인간과 언약을 맺으시고 그 언약을 신실하게 이끌어 가시는 하나님입니다. 이것이 아브라함의 생애를 통해서 보게 되는 교훈입니다.

창세기 12장 이후에 일어나는 아브라함의 모든 사건, 그의 일거수일투족에 대한 해석은 어디에 근거합니까? 창세기 12장 1-3절에서 하나님이 아브라함에게 주신 약속에 근거해서 해석하면 됩니다. 너무나 쉬운 것입니다. 우리 인생의 해석은 어디에 근거합니까? 하나님의 말씀과 약속에 근거합니다. 역사를 창조하시고 주관하시는 하나님의 관점이 아니고서는 우리의 인생은 해석되지 않습니다. 아브라함 한 사람의 위대함을 평가하기보다는 아브라함과 언약을 맺으시고 신실하게 지키시는 하나님의 관점에서 아브라함의 인생을 평가해야 올바른 해석이 가능한 것입니다.

하나님의 부르심이 거부할 수 없는 부르심이라고 해도 때로 우리의 순종의 첫걸음은 연약할 수 있습니다. 아브라함의 순종도 연약했습니다. 아브라함은 아버지 데라에 의해서 지체했습니다. 갈대아 우르를 떠나서 하란에 머물렀습니다. 여호수아와 사도행전에 보면 그곳은 가나안으로 가는 길의 중간 지점에 있는 교차로입니다. 아버지 데라의 이름의 뜻도 '지체하다'입니다. 그는 지체하는 사람이었습니다. 하나님의 부르심을 따라 떠났지만 아버지가 가기 싫다고 하면 갈 수 없는 형태의 믿음이었던 것입니다. 그러나 하나님이 그를 다시 한번 강하게 부르셨을 때 아브라함은 아버지 데라와 이별합니다. 데라는 하란에서 결국 죽게 되고, 아브라함은 조카 롯을 데리고 하나님이 지시하신 가나안 땅으로 갑니다.

그런데 가나안 땅으로 들어와 보니, 이 땅은 아브라함의 이름으로 문패가 바뀐 땅이 아니었습니다. 잔인하고 포학한 가나안 족속들로 가득 차 있었습니다. 함의 자손들 중에서도 가나안 자손들이었습니다. 노아가 함을 저주할 때 특별히 가나안을 저주했습니다. 이미 노아 시대에 저주받은 족속이니 아브라함 시대에도 악하기가 이를 데가 없는 상태였습니다. 아브라함은 그런 민족들의 눈치를 보면서 슬슬 지나간 것입니다. 하나님이 세겜 땅을 주겠다고 하셔서 그곳에 제단을 쌓고 예배를 드렸지만 네게브 남부까지 내려갔습니다.

그런데 그 땅에 큰 기근이 찾아왔습니다. 믿음은 기근을 만납니다. 내가 이해할 수 없는 시련을 반드시 만납니다. 전도할 때 "예수 믿으면 만사형통합니다. 예수 믿으면 뭐든지 문제가 해결됩니다. 예수 믿으면 문제가 술술 풀립니다" 하고 가르치는 분들이 있는데 상당히 위험한 것입니다. 물론 예수 믿었는데 인생이 확확 풀릴 수도 있습니다. 그러나 정반대가 될 수도 있습니다. 예수 안 믿을까 봐 좋은 면만 이야기해야 할까요? 그렇게 전도하면 안 됩니다. 예수를 믿는 순간 그 다음 날 인생이 확 변화되어서 좋은 일이 생기는 사람도 있습니다. 그러나 아브라함의 인생을 보면 부르심을 따라갔을 때 갑자기 기근이 온 것입니다. 이게 웬일입니까? 하나님이 지시하신 땅으로 가면 그 땅이 옥토여야 하고, 방해하는 사람도 없어야 하고, 기근도 없어야 하지 않습니까? 그러나 하나님의 부르심을 따라가는 믿음이 견고해지기 위해서는 반드시 믿음의 시험이 필요한 것입니다.

아브라함에게 주어진 시험은 사실은 똑같은 것입니다. 모든 사건 속에서 하나님이 원하시는 정답은, 창세기 12장 1-3절 말씀으로 돌아가라는 것입니다. "내가 너희에게 준 약속을 기억하라. 그 약속만 기억하면 모든 시험 문제가 풀리는 것이다"라고 하십니다. 그런데 하나님의 약속을 잊어버리면 무슨 문제가 나와도 모두 어려운 문제가 됩니다. 부르심을 따라가는 사람의 인생에서 생기는 모든 시험은 나를 부르신 부르심으로 돌아가면 다 해결됩니다.

아브라함은 가나안 땅에서의 첫 시험에서 실패했습니다. 10절을 보면, 그 땅에 흉년이 들어 기근이 심해져서 아브라함이 애굽에 내려가서 얼마간 살았습니다. 기근이 왔을 때 양식이 있는 곳으로 움직이는 것이 뭐 그리 문제입니까? 가족이 있는데, 흉년이 오면 풍년이 있는 곳으로 옮기는 것은 너무나 합리적인 선택입니다. 적어도 모든 사람들에게는 지혜로운 선택입니다. 그러나 아브라함에게는 이것이 안 되는 것입니다. 아브라함은 부르심을 받은 사람이기 때문입니다. 다른 모든 사람들에게는 합리적이고 지혜로운 선택일 수 있습니다. 그러나 그 땅으로 부르심을 받은 아브라함은 기근이 왔으면 먼저 "하나님이 부르신 땅인데 왜 기근이 왔을까?"를 생각했어야 합니다. 기근이 있는 땅이지만 버티고 씨름했어야 합니다. 그러나 아직 아브라함에게는 그럴 만한 믿음과 영적 분별력이 없었습니다. 그래서 그는 아주 쉽게 애굽으로 내려갔습니다.

하나님은 이 시험을 통해서 사람들이 생각하는 선과 하나님이 생각하시는 선이 다르다는 것을 가르쳐 주기를 원하신 것입니다. 하나님이 생각하시는 선은 무엇입니까? 때로 모든 상황과 형편이 우리가 생각하는 대로 되지 않을지라도 하나님의 약속을 따라, 부르심을 따라 그곳에 머무는 것입니다. 아브라함이 볼 때는 기근을 피해서 가는 것이 최고의 선이었습니다. 이것이 사람들이 생각하는 최선입니다. 그러나 하나님의 최선은 기근을 뚫고 나가는 것입니다. 흉년을 넘어서는 것입니다. 그릿 시냇가의 물이 말라 목마르고 허기

진 엘리야에게 까마귀를 보내어 먹을 것을 공급하신 것처럼, 기적의 체험을 통해서 그가 믿음의 위대한 인물로 성장하는 것을 기대하셨습니다. 그러나 아브라함은 하나님의 부르심에 따라 자신의 선택과 합리성을 뛰어넘는 믿음의 세계까지는 아직 들어가지 못했습니다. 그래서 고민하지 않고 너무 쉽게 애굽으로 내려갔습니다.

우리가 믿음으로, 부르심을 따라 살아갈 때 상황과 환경을 구분할 필요가 있습니다. 상황이란 우리에게 주어지는 것입니다. 나의 선택과 상관없이 일어나는 사건입니다. 기근이 온 것은 상황이 벌어진 것입니다. 내가 바꿀 수 있는 것이 아닙니다. 그런데 환경은 그 상황 속에서 내가 어떤 믿음의 선택을 하느냐에 따라서 바뀔 수 있고 만들어질 수 있습니다. 넓게 말하면 모두 환경이라고 말할 수 있지만, 그것을 구분하는 것입니다. 내가 어찌할 수 없는 상황이라는 환경도 있지만, 내 믿음의 선택에 따라서 얼마든지 바뀔 수 있는 환경, 내가 만들어 갈 수 있는 환경도 있는 것입니다.

약속의 땅에 기근이 왔지만 아브라함이 그 상황 속에서 믿음의 선택을 했다면 환경은 바뀔 수 있었을 것입니다. 내가 어찌할 수 없는 상황에 이끌리는 인생이 아니라, 그 상황 속에서 믿음의 선택을 통해 환경을 바꾸고 만들어 가는 인생이 되기를 축원합니다.

온도계에는 두 가지 종류가 있습니다. 현재 온도를 나타내는 온도계가 있고, 온도를 낮추고 올릴 수 있는 온도조절기가 있습니다. 온도가 올라가는 것을 그냥 보고 있는 온도계 같은 인생이 있고, 지금 바깥의 상황은 덥지만 온도조절기를 움직이며 환경을 바꾸는 온도조절기 같은 인생이 있습니다. 온도조절기 같은 인생이 바로 믿음의 선택입니다. 기근이라는 상황 속에서도 하나님이 원하시는 환경을 믿음으로 만들어 가는 것입니다. 하나님은 그것을 아브라함에게 체험시켜 주기를 원하셨습니다. 그런데 아브라함은 실패했습니다.

이제 아브라함은 애굽으로 내려가서 큰 위험에 도달하게 됩니다. 아내를 바로에게 빼앗길 뻔한 것입니다. 불신앙의 선택은 반드시 위험을 가져옵니다. 이 위험은 하나님이 우리를 괴롭히기 위해서, 우리가 괘씸해서 주시는 것이 아니라 우리가 하나님의 부르심 가운데 온전히 거할 수 있도록 인도해 가시는 것입니다.

327

애굽 사람들은 함의 자손들입니다. 함의 아들 가운데 미스라임이 애굽의 선조입니다. 함의 여러 아들 가운데 가나안도 저주를 받았습니다. 미스라임은 그 정도까지는 아니지만, 어쨌든 함의 저주를 받은 아들들 가운데 한 명입니다. 그 당시 애굽을 보면 일부다처제는 아주 평범한 일상생활이었고, 성적으로 타락했을 뿐 아니라 다신교였습니다. 우상이 가득했습니다. 심지어는 바로 스스로가 신이 되려고 했습니다. 바로는 스스로 신이 되고 영원히 죽지 않으려고 미라를 만들었습니다. 하나님이 인간에게 주신 자연의 은총을 가지고 탑을 쌓았습니다. 애굽 사람들이 올린 인간의 문명은 지금 봐도 놀랍습니다. 하나님이 인간에게 주신 능력은 엄청난 것입니다. 타락한 인간이라도 능력이 엄청난 것입니다. 그러니 성령 안에 있는 우리에게는 얼마나 큰 능력을 주셨겠습니까? 자신을 과소평가하지 말기를 바랍니다.

네게브 사막에서 애굽으로 내려가니까 애굽 사람들의 눈이 정상이 아니었습니다. 이 사람들을 보니까 살기가 등등했습니다. 사라가 얼마나 아름다웠던지, 사람들이 전부 그녀만 쳐다보는 것입니다. 심상치 않은 기운을 느낀 것입니다. 이 당시에 아브라함이 75세 였으니까 그녀는 65세였습니다. 20년 후에 그랄 땅에 가서도 많은 사람들이 아브라함과 사라를 주목합니다. 그때 사라는 80세가 넘었습니다. 80대에도 주목을 받았으니 60대에는 얼마나 주목을 받았겠습니까? 아브라함이 두려운 것입니다. 두려움 속에서 순간적으로 인간적인 생각을 한 것입니다. '만일 아내라고 공적으로 시인하면 나는 뒷골목에서 죽임을 당할 것이다.' 얼마나 살기가 등등했으면 아브라함이 그랬겠습니까? 그렇다고 아내를 하녀라고 하면 평생 야단맞으며 살 것 같으니까 "누이라고 하자. 사실 이복누이니까 거짓말은 아니다"라고 합리화한 것입니다. 그 당시에는 사람이 많지 않았기 때문에 근친결혼이 많이 이루어져서 이복누이와 결혼한 것입니다. 그러나 사실은 자기가 살려고 거짓말한 것입니다.

이런 수치스러운 일을 왜 기록했겠습니까? 아브라함이 인격적으로 훌륭해서 선택받은 것이 아님을 보여 주는 것입니다. 아브라함의 인격적 자질 때문에 하나님이 그를 믿음의 조상으로 세우신 것이 아님을 이 사건 하나가 보여 주는 것입니다. 자기가 살려고 아내를 위험에 처하게 한 것입니다. 결국 바로에게 소문이 전해졌고, 사라가 바로의 궁에 불리어 갔습니다. 그 대가로 아브라함은 낙타, 암소, 나귀 등 많은 선물을 받게 됩니다. 그러나 하나님은 바로

하늘은 땅에서 열린다

의 집에 재앙을 내리셨습니다. 어떤 재앙인지는 알지 못합니다. 태평한 애굽에는 일어날 수 없는 재앙이었을 것입니다. 바로는 사라가 들어온 시점과 재앙의 시점이 일치하니, 틀림없이 이 여인과 관련된 것임을 알았을 것입니다. 그녀를 추궁했을 것이고 아브라함이 사라의 남편이었다는 것을 알았을 것입니다. 바로는 아브라함을 불러서 이렇게 말합니다. "왜 네가 나를 속였느냐? 왜 아내라고 얘기하지 않았느냐?"

하나님이 왜 사라를 보호하셨습니까? 이후에 일어난 모든 일들은 창세기 12장 1-3절 말씀을 근거로 해석해야 합니다. 사라가 만일 바로의 자손을 낳기라도 하면, 무슨 문제가 생깁니까? 한 가정이 깨지는 것이기도 하지만, 하나님의 약속이 무너지는 것입니다. 아브라함과 사라를 통해서 자손을 낳아야 하나님의 역사가 이루어지기 때문입니다. 하나님의 약속은 당대 최고의 권력자인 바로도 무너뜨릴 수 없는 것입니다. 하나님은 재앙을 내리셔서 다시 가나안 땅으로 올라오게 하신 것입니다.

하나님은 약속을 지키십니다. 그래서 사라를 보호하신 것입니다. 아브라함과 사라는 큰 재물을 이끌고 애굽에서 쫓겨나게 됩니다. 돌아올 때 아브라함과 사라 사이에는 냉전이 흘렀을 것 같습니다. 아마 아브라함의 얼굴에는 오선지가 그려졌을지도 모릅니다. 세속적인 사람이었다면 신이 나서 "이 재물 봐라. 이렇게도 우리가 부자가 되네" 하면서 왔을지도 모릅니다. 요즘 세상을 보면 일부러 사기 쳐서 그렇게 돈 버는 사람도 있지 않습니까? 그러나 그들은 기쁠 수가 없었습니다. 하나님의 약속이 분명하게 생각났기 때문입니다. '아, 우리가 기근이 났다고 움직이니까 이런 일이 생기는구나.'

그런데 더 놀라운 것은 우리는 불순종했고 하나님의 부르심을 붙잡지 못했는데, 우리가 나올 때 보니까 하나님이 우리를 축복하셨다는 것입니다. 불순종했기 때문에 축복받은 것이 아니라, 불순종에도 불구하고 하나님은 창대케 하려는 약속을 이루어 가시는 것입니다. 우리는 신비로운 하나님의 부르심 가운데 있는 것입니다. 꼼짝 못하는 것입니다. 하나님의 부르심은 거역할 수 없습니다. 취소되지 않습니다. 인간의 불순종, 연약함, 그리고 불신앙에도 불구하고 하나님의 부르심은 거절할 수 없습니다. 반드시 그 길로 가야만 합니다.

그래서 불순종의 세월을 많이 보낸 후에 순종하지 말고, 빨리 순종하는 것이 좋습니다. 그러면 아브라함과 사라처럼 부부 관계가 그렇게 나빠지지 않습니다. 훨씬 더 건강하게 살아갈 수 있습니다. 그러나 현실은 어떻습니까? 우리는 하나님의 약속보다 현실을 더 크게 보기 때문에 상황에 이끌립니다. 약속에 이끌리고 부르심에 이끌리는 인생이 아니라, 상황에 이끌리고 나의 불신앙과 두려움과 의심에 이끌리는 삶을 살기 때문에 우리는 믿음의 굴곡을 겪을 수밖에 없는 것입니다.

저는 대학을 졸업하고 신학대학교에 입학했습니다. 그러고 나서 휴학을 하고 군대에 갔습니다. 제대하면 신학교로 다시 가야 했습니다. 부르심을 분명히 받았기 때문입니다. 그런데 군 생활을 하면서 부르심의 믿음이 흐려졌습니다. 처음에는 다 잘 때 혼자 불을 켜고 성경을 읽곤 했는데, 시간이 지나가면서 믿음이 약해졌습니다. 다시 직장 생활로 돌아가고 싶었습니다. 직장 생활을 하는 평범한 성도로 살고 싶었습니다. 신학교로 다시 돌아갈 생각을 하니까, 고향 교회에서 건축 문제로 목사님이 여러 권사님들에게 멱살 잡히던 생각이 자꾸 났습니다. 몇몇 사람들이 "이 벽돌, 내가 헌금으로 한 건데 내 눈에 흙이 들어가기 전까지는 안된다"고 하면서 나이 지긋하신 목사님의 멱살을 잡고 흔드는 모습을 봤습니다. 어릴 때였는데 지금까지도 잊히지가 않습니다. 멱살 잡히기도 싫고, 직장 생활이 하고 싶어서 생각이 복잡해졌습니다.

그런데 제대하기 3개월 전에 목에 혹이 나기 시작했습니다. 하룻밤만 지나면 부풀어 오르기 시작하는데, 풍선이 부풀어 오르는 것 같았습니다. 수술을 해야 하는데 군의관들이 다 못하겠다고 했습니다. 자기도 제대해야 하는데 너무 위험한 부위여서 수술을 못하겠다는 것입니다. 그래서 연대에 있던 군의관이 수술을 잘해 줄 수 있는 병원으로 저를 데리고 갔습니다. 그런데 그곳은 제가 다니던 신학교에서 두 정거장 떨어진 곳이었습니다. 저는 소름이 끼쳤습니다. '대한민국의 그 많은 병원 중에서 왜 하필 그곳으로 끌고 갔을까?' 하나님이 제 목을 치셔서 부르심 가운데로 다시 돌아오게 된 것입니다.

보름 동안 병원에 누워 있으면서 믿음이 회복되었습니다. "내가 너를 불렀는데 너는 어디로 가느냐?"고 하시는 것 같았습니다. 그래서 제 목에 흉터가 있습니다. 이것은 하나님이 만드신 상처입니다. 언제 다른 쪽에서 크게 혹이 나올지 늘 조마조마합니다. 의사들이 95% 재발한다고 했는데, 아직까지 재

하늘은 땅에서 열린다

발이 안 됐습니다. 인간적으로 볼 때 재발하는 병이었는데, 하나님이 고쳐 주시고 재발하지 않도록 붙잡아 주시는 것입니다. 혹시라도 제 믿음이 연약해질까 봐 그 수술의 흔적을 증거로 초심을 잃지 않게 해 주신 것입니다. 부르심을 거역하면 상처를 입게 돼 있습니다. 저는 상처 입고 주님께 돌아왔지만 여러분은 상처 안 입고 가는 삶이 되기를 축원합니다.

¹아브람은 자기 아내와 모든 소유물을 갖고 이집트를 떠나 네게브로 올라갔습니다. 롯도 아브람과 함께했습니다. ²아브람에게는 가축과 은과 금이 아주 많았습니다. ³그는 네게브를 떠나서 계속 여행을 해 벧엘에 이르러 자신이 전에 장막을 쳤던 벧엘과 아이 사이의 장소에 도착했습니다. ⁴그곳은 그가 전에 처음으로 제단을 쌓았던 곳이었습니다. 거기서 아브람은 여호와의 이름을 불렀습니다. ⁵한편 아브람과 함께 다니던 롯에게도 양과 가축과 장막들이 따로 있었습니다. ⁶그들이 함께 머물기에는 그 땅이 너무 좁았습니다. 그들이 함께 지내기에는 그들이 가진 것이 너무 많았습니다. ⁷아브람의 양치기들과 롯의 양치기들 사이에 싸움이 일어났습니다. 그 당시에는 가나안 사람과 브리스 사람도 그 땅에 살고 있었습니다. ⁸아브람이 롯에게 말했습니다. "우리는 한 친척이므로 너와 나 사이에, 네 양치기와 내 양치기 사이에 더 이상 싸움이 없도록 하자. ⁹온 땅이 네 앞에 있지 않느냐? 나를 떠나거라. 만약 네가 왼쪽으로 가면 나는 오른쪽으로 가겠고 네가 오른쪽으로 가면 나는 왼쪽으로 가겠다." ¹⁰롯이 눈을 들어 요단의 온 들판을 보니 그곳은 소알에 이르기까지 사방에 물이 넉넉한 것이 마치 여호와의 동산이나 이집트 땅 같았습니다. 이때는 여호와께서 소돔과 고모라를 멸망시키시기 전이었습니다. ¹¹롯은 요단의 온 들판을 선택해 동쪽으로 갔습니다. 두 사람은 이렇게 헤어졌습니다. ¹²아브람은 가나안 땅에 정착했고 롯은 평원의 성들에 정착해 소돔 가까이에 장막을 쳤습니다. ¹³그런데 소돔 사람들은 여호와 앞에서 아주 악한 죄를 짓고 있었습니다. ¹⁴롯이 아브람을 떠난 후에 여호와께서 아브람에게 말씀하셨습니다. "네가 있는 곳에서 눈을 들어 동서남북을 바라보아라. ¹⁵네가 보는 이 온 땅을 내가 너와 네 자손에게 영원히 주겠다. ¹⁶그리고 내가 네 자손을 땅의 먼지와 같이 되게 하겠다. 먼지를 셀 수 있는 사람이 있다면 네 자손도 셀 수 있을 것이다. ¹⁷일어나 이 땅을 동서남북으로 누비며 다녀 보아라. 내가 그것을 네게 주겠다." ¹⁸그리하여 아브람은 자기 장막을 옮겨 헤브론에 있는 마므레의 큰 나무숲에 살았으며 거기서 여호와께 제단을 쌓았습니다.

세상의 길과 믿음의 길

창세기 13:1-18

세상 사람들은 예수 믿는 것을 구속이라 생각합니다. 자유로운 인생을 살지 왜 그렇게 구속받는 인생을 사느냐고 합니다. 그러나 하나님의 약속에 붙잡힌 인생은 분명 자유로운 인생입니다. 하나님의 말씀에 얽매인 인생은 진정 기쁘고 행복한 인생입니다. 어정쩡하게 매이면 피곤합니다. 확실하게 매이기를 바랍니다.

창세기 1장부터 11장에서는 전 인류의 역사를 상대하시는 하나님이 기록되었습니다. 12장부터는 하나님의 모든 관심이 셈의 후손, 데라의 후손인 아브라함 한 사람에게만 있는 것처럼 기록되어 있습니다. 하나님이 전 인류를 구원하시는 방법은, 아브라함이라는 한 사람을 택하시는 것이었습니다. 그에게 하나님이 어떠한 분인지 나타내심으로써 그를 믿는 조상으로 세우셨습니다. 하나님이 아브라함과 함께하셨듯이, 그의 후손으로 오시는 예수 그리스도를 믿는 모든 사람들에게도 그렇게 대하신다는 것을 가르쳐 주시는 것입니다. 하나님은 무서운 홍수 심판을 통해서도 변화되지 않는, 씻어지지 않는 인간의 죄를 자신의 독생자 아들 예수 그리스도를 보내심으로 단번에 구원하시는 은총을 허락하셨습니다.

11장까지 보면, 하나님께로부터 구원받고 보존받은 사람들이 있습니다. 에녹, 노아와 같은 이런 사람들을 통해서는 구체적인 내용을 알 수 없습니다. 노아는 의인이었고 하나님이 보시기에 완전했고, 에녹은 하나님과 동행했습니다. 물론 그들은 하나님의 심판의 계시를 받아들임으로써 의인이라 여김을 받았고, 하나님과 동행했습니다. 그러나 구체적으로 어떻게 의인이 되었는지에 대해서는 알 수 없습니다.

그러나 12장부터 나오는 아브라함의 기록에서는 인간이 어떻게 의인이 되었는지 그 구체적인 방법과 내용을 가르쳐 줍니다. 그래서 아브라함의 인생은 매우 중요한 것입니다. 아브라함은 믿음으로 의롭게 되었습니다.

믿음의 길

믿음에는 두 가지의 종류가 있습니다. 원래 한가지이지만 구분을 하자면 두 단계의 믿음이 있습니다. 믿음은 내가 만드는 것이 아닙니다. 내가 만들 수 있는 것도 아닙니다. 믿음에는 그 대상이 있습니다. 그 대상을 바라볼 때 그 대상이 어떻게 말하고 행동하느냐에 따라서 내 안에 믿음이 생겨나는 것이지, 내가 먼저 믿음을 만들 수 있는 것이 아닙니다. 한 번도 본 적 없고, 대화도 나눠 본 적이 없는 사람이 나타나서 "나를 믿어라" 하면 어떻게 믿습니까? 하나님이 우리에게 믿으라고 하실 때는 그런 맹목적인 믿음이 아닙니다. 처음에 하나님이 찾아오셔서 믿음을 요구하실 때는 믿을 수밖에 없는 하나님, 언약을 지키시는 신실하신 하나님으로 오십니다. 그 은혜로운 하나님이 우리 가운데 나타나심으로 우리에게 믿음이 생겨나는 것입니다. 아브라함을 부르신 하나님을 그가 믿게 된 순간부터 아브라함을 의롭다 여기신 것입니다.

두 번째 단계의 믿음은 하나님으로부터 선물로 받는 믿음의 단계가 아니라, 거기서 더 나아가 내가 적용하는 믿음입니다. 아브라함의 첫 단계의 믿음은 하나님의 언약을 통해서 마음속에 생겨난 믿음입니다. 내가 실패할수록 이상하게도 하나님의 약속이 이루어지는 것입니다. 실패하면 하나님이 버리셔야 할 텐데, 오히려 나의 실패 속에 더 가까이 오셔서 나를 지켜 주시는 하나님을 체험하면서 아브라함은 하나님을 믿을 수밖에 없었던 것입니다. 우리가 하나님을 믿는 것은 우리가 똑똑해서 믿는 것이 아닙니다. 다 믿어진 것입니다. 믿을 수밖에 없게 된 것입니다. 하나님이 그 믿음을 의롭게 여기신 것입니다. 믿음조차도 하나님으로부터 온 것입니다.

그런데 우리에게 요구되는 두 번째 믿음이 있습니다. 적용하는 믿음입니다. 내가 선택하는 믿음입니다. 그것이 창세기 22장에서 아브라함에게 나타나는 믿음입니다. 아브라함이 이삭을 바쳤을 때 하나님은 구체적인 약속을 주지 않으셨습니다. "이삭을 죽이는 척만 해라. 그러면 내가 붙잡을게"라고 하시지 않았습니다. 이삭을 제물로 바치라고 하셨습니다. 그때는 아브라함이 생각했던 것입니다. 고민했던 것입니다. 믿음을 적용해야 했습니다. "죽은 자와 같았던 나와 사라를 통해서 천지를 창조하신 능력으로 생명을 탄생케 하셨다면, 하나님의 말씀에 순종함으로 나갈 때 죽은 이삭을 살리실 것이다." 이렇게 믿은 것입니다. 이것이 적용하는 믿음입니다. 삶의 모든 순간마다 하나님을 믿는 믿음을 적용하며 나아가는 것입니다.

"믿음으로부터 믿음에 이르게 합니다"(롬 1:17).

첫 번째 믿음은 하나님이 나에게 선물로 주신 믿음입니다. 약속을 통해서 찾아온 믿음입니다. 두 번째 믿음은 내가 적용하는 믿음입니다. 히브리서 12장 2절을 보면, "믿음의 창시자요 완성자이신 예수를 바라봅시다"라고 했습니다. "믿음의 창시자"라는 것은 믿음을 시작하신 자라는 뜻입니다. 믿음을 시작하신 자요, 완성자이십니다. 우리의 믿음을 시작하게 하신 이도 주님이시고, 우리의 믿음을 완성하게 하시는 이도 주님이십니다. 이 믿음의 의미를 가르쳐 주시기 위해 하나님이 택하신 사람이 아브라함입니다. 아브라함의 인생이 이렇게 중요하기 때문에 길고 상세하게 기록한 것입니다.

많은 분들이 욥기를 묵상하면서 고난을 받았다는 표현을 하는데, 욥의 기록이 그렇게 긴 것은 필요가 있기 때문입니다. 인간의 고난은 우리에게 가장 보편적이고 고난 중에 있지 않은 사람이 없기 때문에, 또 고난의 의미가 깊고 하나님이 고난을 통해서 역사하시는 바가 크기 때문에 그 고난을 길게 설명하는 것입니다. 그 안에는 하나님의 깊은 묵상이 있습니다. 우리가 고난을 통해서 역사하시는 하나님을 다 이해하지 못하기 때문에 어려운 것입니다. 욥기가 이해되지 않는 분들은 사실은 감사해야 합니다. 욥의 고난을 아직 경험하지 못했기 때문입니다. 그런데 욥과 같은 고난을 겪은 분들은 욥기가 어렵지 않습니다. 나와 똑같은 이야기이기 때문입니다. 그래서 욥기가 어렵게 묵상되는 분들은 "하나님, 감사합니다. 제가 아직 이 고난이 무엇인지 모르는군요” 하고 감사해야 합니다. 그러나 그 고난 가운데 있을지라도 감사하기를 바랍니다. 욥의 하나님이 나의 하나님이 되시기 때문입니다.

시편이 이해되지 않는 것은 시편을 기록한 저자들의 고난과 고통을 우리가 다 이해하지 못하기 때문입니다. 그 입장이 되어 보지 않고서는 경험할 수 없는 하나님입니다. 하나님의 묵상의 깊이가 말씀을 통해 더 깊어져야 합니다.

하나님이 허락하신 가나안 땅으로 아브라함이 들어갔을 때, 그는 하나님이 자신을 특별하게 취급하고 계신다고 느끼기 시작했습니다. 하나님이 나타나셨기 때문입니다. 예전에는 음성으로만 말씀하셨던 하나님이 직접 나타나신 것입니다. 하나님의 나타나심이 성경에 처음 등장하는 것이 바로 아브라함이 가나안 땅에 들어갔을 때입니다. 하나님은 노아에게도 말씀하셨고, 아담에게도 말씀하셨습니다. 타락 이전에는 하나님이 아담과 함께 거니셨습니다. 그런데 인간이 타락한 후에 하나님이 처음 나타나신 것은 아브라함이 가나안 땅으로 순종하며 들어갔을 때입니다.

아브라함은 하나님 앞에서 예배하고 제단을 쌓았습니다. 기근이 오자 그는 애굽으로 내려갔습니다. 사실 먹을 것이 없어서 먹을 것이 있는 곳으로 찾아가는 것 자체는 지나치게 부정적으로 볼 필요는 없습니다. 누구나 상황이 어려우면, 먹을 것이 있는 곳으로 가는 것이 자연적이고 합리적인 반응입니다. 그러나 아브라함이 특별한 부르심을 받은 사람이기 때문에 문제가 있는 것입니다. 일반적인 사람에게는 합리적이고 상황 대처 능력이 빠른 것이지만, 아브라함은 부르심을 받은 사람이었기 때문에 다른 기준이 적용되는 것입니다. 그는 그 상황 속에서 하나님께 예배하면서 하나님이 주신 부르심의 약속과 이 상황이 어떤 관계에 있는지를 살펴보며 선택해야 하는 사람이 되어 버린 것입니다. 그런데 안타깝게도 그는 애굽에서 거짓말을 하게 됩니다. 하나님이 부르신 사람에게 요구되는 것은 상황에 잘 대처하는 것이 아니라, 부르심의 약속에 합당하게 결정하는 것입니다. 하나님은 그 기준으로 부르심을 입은 사람을 보십니다.

앞으로 일어나는 아브라함의 인생에 대한 평가는 무슨 기준으로 이루어져야 합니까? 창세기 12장 1-3절에서 하나님이 아브라함에게 주신 약속입니다. 아브라함의 생애는 이 약속을 근거로 해서 판단해야 합니다. 인생의 사건

하늘은 땅에서 열린다

이 얼마나 많습니까? 그런데 성경은 선택적으로 중요한 사건들만 압축해서 기록했습니다. 하나님의 부르심과 상관없는 사건들이라면 기록할 이유가 없는 것입니다. 아주 핵심적인 내용만 기록한 것은 하나님의 부르심의 약속과 아브라함의 삶의 모습이 어떻게 연관되었는지를 설명하기 위한 것입니다. 그래서 모든 판단의 기준은 창세기 12장 1-3절 말씀이 되는 것입니다. 이후의 창세기의 모든 해석도 마찬가지입니다.

아브라함이 아내 사라를 누이라고 거짓말했습니다. 두려웠기 때문입니다. 애굽으로 내려갈 때 그에게 두려움이 임했습니다. 그런데 애굽 사람들과 가나안 사람들을 객관적으로 비교해서 보면, 가나안 사람들이 더 악한 사람들이었습니다. 노아의 저주에서도 애굽 사람들의 선조인 미스라임은 거론되지 않았습니다. 함의 아들 가나안을 저주했습니다. 역사적인 증거를 통해서 봐도 가나안 족속들이 지은 죄가 애굽 사람들이 지은 죄보다 훨씬 악했습니다. 하나님은 가나안을 정복할 때 애굽까지 정복하라고 하지 않으셨습니다. 애굽에 있었던 강포함과 악함과 음란함과 일부다처제와 다신교는 가나안에서는 이미 보편적인 것들이었습니다. 그러므로 사라에 대한 위협이 애굽에서 처음 시작되었다고 볼 수 없습니다. 이미 가나안에서도 그런 위협이 있었을 것입니다.

그런데 아브라함은 가나안에 있을 때는 그런 두려움을 겪지 않았습니다. 가나안 땅에서 하나님이 나타나실 때마다 그는 예배하고 제단을 쌓았습니다. 하나님의 약속을 기억했습니다. 이상하게 두렵지 않았던 것입니다. 하나님의 부르심을 따라, 약속을 따라 사는 사람은 아골 골짜기, 빈 들에서도 두렵지가 않습니다. 상황이 아무리 힘들어도 절망하지 않습니다. 그런데 애굽으로 내려가면서 그는 이상하게 하나님을 향한 예배를 잃어버리고 제단 쌓는 것을 잃어버렸습니다. 만일 그가 애굽에 내려가면서 제단을 쌓았더라면 다른 일이 일어났을 것입니다. 그는 두려움이 없었을 것입니다.

우리의 삶 속에서 하나님의 부르심의 약속과 하나님 앞에서 예배하는 일을 잃어버리면 반드시 상황에 이끌리며 사는 인생이 됩니다. 하루의 큐티를 잃어버리면 반드시 그날 상황에 이끌리는 인생을 살게 됩니다. 주일 예배를 게을리 하면 반드시 한 주의 인생 속에서 상황과 환경에 이끌리게 됩니다. 이 세상의 두려움에 사로잡혀서 불필요한 거짓말을 하게 되고, 두려움에 근거해서 안 해도 되는 일을 하게 됩니다. 실패하게 되는 것입니다. 아브라함이 주는 첫 번째 교훈은, 예배를 잃어버리면 두려워하고 두려워하면 실패하게 된다는 것입니다.

하나님은 이런 실패에도 불구하고 아브라함이 많은 재물을 이끌고 애굽에서 나오게 하셨습니다. 아브라함은 사라와 그의 종들과 재물을 이끌고 나오면서 설명할 수 없는 신비한 감정을 느꼈을 것입니다. 실패했음에도 불구하고 주님 안에 있다고 생각했을 것입니다. "너를 축복하는 사람에게는 내가 복을 주고 너를 저주하는 사람에게는 내가 저주하리라." 하나님이 이 무조건적인 약속을 지켜 가고 계셨던 것입니다. 하나님이 사라를 보호하신 이유는 하나님이 주신 약속을 지키시기 위해서였습니다. 아브라함의 인생에서 일어나는 모든 일들은 하나님의 약속과 뗄 수 없는 것이었습니다.

피곤한 인생으로 보이지 않습니까? 그래서 많은 사람들은 예수 믿는 것을 구속이라 생각합니다. 자유로운 인생을 살지 왜 그렇게 구속받는 인생을 살아야 하느냐고 합니다. 그러나 그렇지 않습니다. 하나님의 약속에 붙잡힌 인생은 분명 자유로운 인생입니다. 하나님의 말씀에 얽매인 인생, 하나님의 말씀에 매인 사람이 진정 자유롭고 기쁘고 행복한 삶입니다. 어정쩡하게 매이면 피곤합니다. 확실하게 매이기를 바랍니다. 하나님이 아브라함을 확실하게 매셨는데 아브라함이 자꾸 하나님의 약속 밖으로 어긋나는 모습을 보여 줘서 기록이 길어진 것입니다. 그리고 우리 모두가 그런 인생을 사는 것을 아시기 때문에 아브라함의 기록을 상세하게 기록해 주신 것입니다.

세상의 길

아브라함이 애굽으로부터 큰 재물을 가지고 나왔습니다. 조카 롯도 함께 있었습니다. 그런데 재물이 너무 많아서 롯과 함께 살 수 없을 정도가 되었습니다. 땅은 좁고 식구들과 재물은 많았습니다. 그래서 롯의 양치기와 아브라함의 양치기가 서로 싸우게 되었습니다. 단편적으로 보면 부유해지니까 서로 싸우는 것이라고 볼 수 있습니다. 그러나 아브라함의 인생은 창세기 12장 1-3절 말씀으로 해석해야 합니다. 하나님이 융단 축복을 내려 주실 때 조건이 있었습니다. "네 고향, 네 친척, 네 아버지의 집을 떠나라." 고향, 친척, 아

하늘은 땅에서 열린다

버지의 집을 떠나라고 하셨을 때는 모든 가족이 포함된 것입니다. 하나님은 아브라함 한 사람을 부르신 것입니다. 그래서 그의 아버지도 떠나야 했고, 그의 친척도 떠나야 했고, 엄밀히 말하면 롯도 떠나야 했던 것입니다.

그런데 아브라함은 하란을 떠날 때 왜 조카 롯을 데리고 떠났을까요? 롯이 같이 가자고 했는지, 아니면 아브라함이 같이 가자고 했는지 알 수 없지만 롯이 동행한 이유는 무엇일까요? 제 생각에는 먼저 죽은 하란에 대한 책임감 때문인 것 같습니다. 조카 롯은 하란의 아들입니다. 먼저 죽은 형제의 아들입니다. 내가 챙겨야 하지 않겠느냐는 너무나 인간적인 마음이 든 것입니다. 하나님은 그것 자체를 책망하시거나 비난하시지 않으십니다. 그러나 전 인류를 구원하시는 하나님이 약속의 상속자로, 인류를 구원하시는 메시아의 조상으로, 여인의 후손을 이 땅에 태어나게 하는 인물로 택하신 사람은 여러 명이 아니라 아브라함 한 사람입니다. 그러므로 가나안 땅의 유업도 아브라함에게 주신 것이지, 롯에게 주신 것이 아닙니다.

아브라함과 롯이 재산이 많아서 서로 이별한 것 같지만 그 뒤에는 하나님의 섭리가 있었던 것입니다. 아브라함을 혈혈단신으로 부르셔서 그 한 사람을 통해서 하나님의 새로운 역사를 이루시고자 할 때, 때로는 자신이 책임져야 할 가족마저도 이별하도록 이끄시는 하나님의 섭리가 숨어 있는 것입니다. 이것이 바로 부르심의 인생입니다. 때로 선교사님들이 부르심으로 갈 때는 사랑하는 가족에 대한 책임마저도 내려놓습니다. 이 세상의 판단으로는 다 이해할 수 없는 것입니다.

조카 롯도 많은 재물이 있는 상황이었기 때문에 독립해서 살아갈 수 있는 여건이 되었습니다. 그래서 분리가 이루어진 것입니다. 이것도 하나님의 뜻 가운데 있는 것입니다. 고향, 친척, 아버지의 집을 떠나라는 말씀이 이루어지고 있는 상황 속에 있는 것입니다.

헤어질 때 아브라함이 조카 롯에게 먼저 말합니다. 너그러운 마음으로 네가 오른편을 선택하면 내가 왼편으로 가고, 네가 왼편을 선택하면 내가 오른편으로 가겠다고 말합니다. 아브라함의 넓은 마음을 보여 주는 것입니다. 조카에 대한 사랑과 롯의 아버지 하란에 대한 형제애가 느껴집니다. 그래서 본문을 읽을 때마다 아브라함의 너그러운 덕, 넓은 마음에 감동을 받습니다.

그런데 아브라함의 선택은 무슨 기준으로 해석해야 합니까? 창세기 12장

1-3절로 돌아가야 합니다. 이것 자체는 삼촌의 넓은 아량입니다. 훌륭한 모습입니다. 유교적 관점에서 해석하면, "아브라함은 가정에 덕을 세운 훌륭한 사람이다. 훌륭한 어른이다"로 끝나는 것입니다. 그런데 우리는 그렇게 끝낼 수가 없습니다. 창세기 12장 1-3절의 약속에 비추어 보면, 아브라함이 너그러운 덕을 세웠지만 그 덕은 위험한 것이었습니다. 이것은 또 다른 불순종을 만들어 낼 수 있는 너그러움이었습니다.

아브라함이 애굽에 내려가서 아내를 누이라고 거짓말함으로써 어떤 위험이 생겼습니까? 인간의 편에서 보면 사라를 빼앗길 뻔한 위험이 있었지만, 더 큰 위험은 하나님의 약속이 깨질 뻔한 것입니다. 그러나 하나님은 능력 있으시기 때문에 사라를 보호하셨고, 하나님의 약속은 지켜졌습니다. 하나님의 약속을 깨뜨릴 뻔한 위험을 자초한 것입니다. 자손에 대한 약속이 깨질 뻔한 것입니다.

롯에게 네가 원하는 땅을 선택하라고 했을 때 이것은 아브라함 편에서 볼 때는 너그러운 선택이었습니다. 그러나 만일 롯이 "이 가나안 땅을 선택하겠습니다"라고 했다면, 아브라함이 "그래라. 그럼 나는 다른 곳으로 가겠다"라고 했다면, 무슨 문제가 생기는 것입니까? 가나안 땅을 아브라함에게 주신 하나님의 약속은 어떻게 되는 것입니까? 아브라함은 하나님의 선택을 자꾸 위험으로 내놓는 선택을 한 것입니다. 거기까지는 바라보지 못한 것입니다. 여전히 인간적인 수준입니다. 아브라함은 훌륭한 사람이고 훌륭한 삼촌입니다. 그러나 너그러운 위험에 빠진 것입니다.

만일 롯이 가나안 땅을 선택했더라도 하나님은 능력이 있으시기 때문에 어떻게 해서든지 그 땅을 아브라함에게 돌려주셨을 것입니다. "네가 이 가나안 땅을 다 가져라. 나는 요단 강 건너편으로 가서 새로운 삶을 시작하겠다." 아브라함의 마음은 이 정도의 마음이었던 것입니다. 순수한 마음이고, 조카에 대한 사랑이고, 형제에 대한 사랑입니다. 그러나 중요한 것은 하나님의 약속을 잊어버린 너그러움이라는 것입니다. 인간적으로 볼 때는 너무나 너그럽고 포용력 있지만, 하나님의 약속의 관점에서 볼 때는 문제가 생기는 포용과 너그러움이라는 것을 알아야 합니다.

요즘 시대에 가장 무서운 신은 포용이라는 신입니다. 심지어는 성경 말씀도 문을 열라고 합니다. 우리가 믿는 유일한 진리, 예수 그리스도만이 구원을

하늘은 땅에서 열린다

하실 수 있다는 교리도 너무 배타적이니까 문을 열라는 것입니다. "포용해야지. 너그러워야지. 하나님은 사랑이신데." 그래서 너그럽게 문을 열었습니다. 꼭 예수님만 안 믿어도 구원을 얻는다고 말합니다. 그러나 이렇게 문을 열면 너그럽게 무너지는 것입니다. 너그러움은 분명 덕이지만 하나님의 최선은 아닌 것입니다. "너그러운 하나님이 왜 이렇게 진노하시느냐. 하나님은 나쁜 하나님이시다." 이렇게 말할 수 없습니다. 하나님은 너그러운 하나님이시만, 또한 의로운 하나님이십니다. 아브라함은 너그럽게 행동했지만 의로운 행동은 아니었습니다. 그런 면에서는 아브라함의 선택을 객관적으로 볼 수 있어야 합니다.

하나님의 부르심을 따라가는 입장에서 롯은 다행히 가나안을 선택하지 않았습니다. 가나안은 척박한 땅이었기 때문입니다. 가나안 땅은 일 년에 두 차례 우기가 없으면 망합니다. 가나안을 젖과 꿀이 흐르는 땅이라고 하는데, 대부분 젖과 꿀이 안 흐릅니다. 그런데 하나님이 축복하시는 우기철이 되면 놀랍게도 젖과 꿀이 흐르는 땅이 됩니다. 정말 하나님이 간섭하시고 권고하시지 않으면 살 수 없는 땅이 가나안 땅입니다. 그래서 축복의 땅입니다.

롯은 넓고 풍요로운 땅을 바라봤습니다. 그가 바라본 땅은 멸망이 예정되어 있는 소돔과 고모라였습니다. 소돔 땅은 지금의 사해 근처라고 합니다. 그 당시에는 소금이 중요한 자원이었기 때문에 소금을 사고팔면서 경제가 활성화된 땅이 바로 사해 근처였을 것입니다. 롯이 소돔과 고모라 땅을 보고 장차 동편에 정착함으로써 모압과 암몬 자손의 조상이 되는 것입니다. 이스라엘이 가나안을 정복하러 갈 때 애굽에서 그들을 대적하고 가장 힘들게 한 족속이 모압과 암몬 족속이었습니다. 롯의 자손들입니다.

아브라함이 롯에게 해 준 것을 생각하면 모압과 암몬 족속은 비켜 줬어야 합니다. 그러나 그들은 그런 역사를 기억할 수 없습니다. 그들은 약속의 일차적인 자손이 아니었기 때문입니다. 롯은 눈에 보이는 대로, 이기적인 목적대로, 물질적인 탐욕으로, 현재 보이는 풍요로움을 근거로 해서 선택하는 사람이었습니다. 하나님이 아브라함에게 주신 약속을 받아서 그 약속을 따라 선택하는 사람이 아니었던 것입니다. 다행히 롯이 다른 땅을 선택함으로써 아브라함은 가나안 땅을 얻게 되었습니다.

롯이 떠나고 나서 하나님이 아브라함에게 다시 나타나셨습니다. 하나님이 아브라함에게 나타나시는 시점을 보면, 항상 아브라함에게서 누군가 떠날 때입니다. 창세기 12장 1-3절을 보면 아브라함의 아버지가 떠났을 때 약속이 주어집니다. 사도행전 7장 4절을 보면 "그의 아버지가 죽은 후"라고 되어 있습니다. 그런데 창세기 11장 26절을 보면 데라가 아브라함과 나홀과 하란을 70세에 낳았다고 했습니다. 창세기 연도로만 계산해 보면, 데라가 아브라함이 떠난 후에 육십 몇 년을 산 것이 됩니다. 그런데 분명히 사도행전 7장 4절에는 아버지가 죽은 후에 떠났다고 되어 있습니다. 충돌이 일어납니다. 그런데 데라가 아브라함과 나홀과 데라를 일 년 내에 낳았다면 세 쌍둥이라고 할 수밖에 없습니다. 족보를 계산할 때 70세부터 낳기 시작했다고 해석해야 하는 것입니다. 그러므로 아브라함의 연도를 계산하면 데라가 아브라함을 낳았을 때가 130세 정도 되는 것입니다. 그리고 데라가 죽은 후 아브라함이 떠난 것입니다. 아버지와의 이별 직후에 하나님이 나타나 약속을 주셨습니다. 창세기 22장에서 아브라함이 이삭을 마음에서 떠나보내고 제단에 바친 후에 하나님이 강하게 나타나셔서 약속을 주셨습니다.

본문에서도 롯이 떠납니다.

"롯이 아브람을 떠난 후에 여호와께서 아브람에게 말씀하셨습니다. 네가 있는 곳에서 눈을 들어 동서남북을 바라보아라. 네가 보는 이 온 땅을 내가 너와 네 자손에게 영원히 주겠다. 그리고 내가 네 자손을 땅의 먼지와 같이 되게 하겠다. 먼지를 셀 수 있는 사람이 있다면 네 자손도 셀 수 있을 것이다. 일어나 이 땅을 동서남북으로 누비며 다녀 보아라. 내가 그것을 네게 주겠다"(14-17절).

하나님이 가나안 땅을 주겠다고 하시면서 더 구체적으로 확신을 주셨습니다. "눈을 들어 동서남북을 바라보아라. 보이는 이 땅을 내가 네 자손에게 영원히 주겠다. 바라보아라"고 하셨습니다. 바라보는 것에 그치는 것이 아니라 누비며 다녀 보라고, 종과 횡으로 다녀 보라고 하셨습니다. 하나님의 약속을 믿음으로 주장하는 사람들은 언제나 하나님의 약속의 땅을 바라봅니다. 바라볼 뿐만 아니라 다녀 보는 것입니다. 바라보는 믿음과 다녀 보는 믿음, 이 두 가지가 함께 있어야 합니다. 바라보기만 해서는 안 됩니다. 그 땅을 밟고 주장하고 다녀 보는 믿음이 있어야 합니다. "이 땅을 너에게 주리라." 롯이 떠난 후에 하나님은 아브라함에게 다시 한번 비전을 주셨습니다.

그런데 비전이라는 말에 오해가 있습니다. 진정한 비전은 하나님의 부르

하늘은 땅에서 열린다

심입니다. 내가 되고 싶은 것 이상이 나의 비전이 되면 반드시 실망합니다. 진정한 비전은 하나님의 약속에 근거한 것입니다. 하나님이 나를 부르신 부르심 가운데서 동서남북을 바라보는 것입니다. 롯의 비전은 육신으로부터 나오는 비전이었지만, 아브라함이 바라보는 동서남북의 비전은 하나님의 부르심 가운데 약속 위에 서서 바라보는 비전입니다. 이 비전을 회복하기를 축원합니다. 하나님의 부르심 가운데 바라보는 비전이 우리에게 필요합니다. 그러기 위해서는 아브라함이 고향, 친척, 아버지의 집을 떠난 것처럼 우리에게 친숙했던 것, 하나님을 의지하지 않았던 것, 하나님 없이 살았던 것, 하나님의 약속을 주장하지 않았던 모든 것을 떠나보내야 합니다. 그때 하나님이 비전을 보여 주십니다. 내가 붙잡고 있을 때는 하나님이 보여 주셔도 볼 수가 없습니다.

롯이 아브라함을 떠난 후에 하나님은 다시 동서남북을 바라볼 수 있는 비전을 주셨습니다. 나에게 하나님의 비전을 보여 주시지 않은 것은 내 안에 떠나보낸 일이 없기 때문입니다. 포기하는 일이 없기 때문입니다. 내려놓는 일이 없기 때문입니다. 아브라함이 롯을 내려놨을 때 하나님은 아브라함에게 다시 약속을 확신시켜 주셨습니다. 이런 아브라함의 체험이 우리의 체험이 되기를 주님의 이름으로 축원합니다.

¹시날 왕 아므라벨, 엘라살 왕 아리옥, 엘람 왕 그돌라오멜, 고임 왕 디달 때 ²이들이 소돔 왕 베라, 고모라 왕 비르사, 아드마 왕 시납, 스보임 왕 세메벨, 벨라 왕, 곧 소알 왕과 전쟁을 일으켰습니다. ³이들이 싯딤 골짜기, 곧 염해에서 연합해 모였습니다. ⁴그들은 12년 동안 그돌라오멜을 섬기다가 13년째에 이르러 반역을 일으킨 것입니다. ⁵14년째 되는 해 그돌라오멜과 그와 연합한 왕들이 나가 아스드롯 가르나임에서 르바 족속을 치고 함에서 수스 족속을 치고 사웨 기랴다임에서 엠 족속을 치고 ⁶세일 산간 지방에서 호리 족속을 쳐서 광야 근처 엘바란까지 이르렀습니다. ⁷그리고 그들이 돌이켜서 엔미스밧, 곧 가데스에 이르러 아말렉 족속의 모든 영토와 하사손다말에 사는 아모리 족속을 정복했습니다. ⁸그때 소돔 왕, 고모라 왕, 아드마 왕, 스보임 왕, 벨라 왕, 곧 소알 왕이 출전해 싯딤 골짜기에서 전투를 벌였는데 ⁹그 다섯 왕은 엘람 왕 그돌라오멜, 고임 왕 디달, 시날 왕 아므라벨, 엘라살 왕 아리옥, 이 네 왕과 맞서 싸웠습니다. ¹⁰싯딤 골짜기는 온통 역청 구덩이로 가득해서 소돔 왕과 고모라 왕이 도망칠 때 그 속에 빠졌고 그 가운데 나머지는 산간 지대로 도망쳤습니다. ¹¹네 왕이 소돔과 고모라의 모든 물건들과 양식들을 다 빼앗아 갔고 ¹²또한 그들은 소돔에 살고 있는 아브람의 조카 롯도 사로잡고 그의 재산까지 약탈해 갔습니다. ¹³거기에서 도망쳐 나온 한 사람이 히브리 사람 아브람에게 가서 이 사실을 알렸습니다. 그때 아브람은 아모리 사람 마므레의 큰 나무숲 근처에서 살고 있었는데 마므레는 에스골과 아넬의 형제로서 이들 모두는 아브람과 동맹을 맺고 있었습니다. ¹⁴아브람은 자기 조카가 포로로 잡혀 갔다는 소식을 듣자 자기 집에서 낳아 훈련받은 사람 318명을 거느리고 단까지 쫓아갔습니다. ¹⁵한밤중에 아브람은 그의 종들을 나눠 그들을 공격해 쳐부쉈습니다. 다메섹 북쪽에 있는 호바까지 그들을 추격해 ¹⁶모든 물건들을 되찾고 그의 조카 롯과 롯의 소유뿐 아니라 부녀자들과 다른 사람들까지 모두 찾아왔습니다.

chapter 26

가나안 땅의 미래 주인

육신의 눈으로 넉넉해 보이는 것이 가장 위험한 선택일 수 있습니다. 거기에 시선을 두고 선택하면, 반드시 위험해집니다. 하나님의 부르심과 예배 가운데 있는 사람은 세상의 권력과 부 앞에서 담대해집니다. 때로 내가 할 수 없는 생각을 합니다. 하나님의 약속이 함께하고, 하나님이 함께하시기 때문입니다.

하나님의 부르심

아브라함은 믿는 자들의 조상으로 부르심을 받은 사람입니다. 하나님이 아브라함과 맺으신 언약은 아브라함과 그의 혈통의 후손들만이 아니라 예수 그리스도를 믿는 모든 자들에게 주시는 하나님의 부르심인 것입니다. 그러므로 아브라함에 관한 인생을 읽으면서 아브라함의 하나님이 바로 나의 하나님이라고 적용할 수 있습니다. 또 아브라함을 다루시는 하나님의 방법이 바로 나를 다루시는 방법이고, 아브라함과 함께하신 하나님의 원리가 바로 나와 함께하시는 원리라고 적용할 수 있습니다. 그래서 아브라함의 인생이 이렇게 상세하게 기록될 필요가 있었던 것입니다.

하나님은 아브라함을 부르셔서 새로운 시작을 하셨습니다. 이미 이 땅에는 타락한 인류가 가득했습니다. 하나님을 경외하지도 않고 하나님을 알고자 하는 마음의 소원도 없는 흩어진 노아의 후손들 가운데서 하나님은 아브라함이라는 한 사람에게 집중하심으로써 우리 한 사람 한 사람을 어떻게 대하시는지, 어떻게 부르시는지, 또 우리에게 어떤 계획을 가지고 계시는지 상세하게 보여 주십니다.

구원이란 하나님의 부르심입니다. 우리의 신앙생활에서 너무나 익숙해졌지만 그 의미를 잃어버린 것이 바로 '구원받았다'라는 단어입니다. 사람들은 '받는다'라는 단어를 좋아합니다. 구원받았다고 하면 주인은 나고, 내가 필요한 어떤 것을 받았다고 생각합니다. 그러나 구원은 내가 그 자리에 있는 상태에서, 내 존재가 변하지 않은 상태에서 나에게 그 무엇인가를 더하는 것이 아닙니다. 구원이란 하나님 나라의 백성으로 부르심을 받은 것입니다.

교회란 구원받은 백성의 모임입니다. 헬라어로는 '에클레시아'(Ekklesia)입니다. '에크'(Ek)는 '~으로부터'(From)라는 뜻의 전치사입니다. '클레시아'는 '부름'을 받았다는 뜻입니다. '클레오'(Caleo)라는 단어에서 영어 'call'이 나온 것입니다. 교회는 불러냄을 받은 사람들입니다. 구원받았다고 하면 사람들은 내가 있고, 내가 무엇을 받았고 취했다고 생각합니다. 여전히 내가 주인이 됩니다. 그러나 '에클레시아'라는 단어는 원래 불러냄을 받은 사람들이라는 뜻입니다. 부르신 분이 있는 것입니다. 우리는 모두 불러냄을 받은 사람들입니다. 무엇으로부터 불러냄을 받았습니까? 세상으로부터? 그 세상의 중심엔 누가 있습니까? 사탄에 속해 있지만 사탄에게 넘어간 내가 있는 것입니다. 나의 나라로부터 하나님의 나라로 불러냄을 받은 사람들이 교회인 것입니다.

오늘날 심각한 문제는 교회론의 문제입니다. 내가 선택해서 교회에 다니는 것이라는 왜곡된 개념이 들어온 것입니다. 교회는 내가 다니는 것이 아닙니다. 내가 교회입니다. 내가 교회로 부름을 받은 것입니다. 이 시각의 차이가 신앙생활에 변화를 가져다줍니다. 교회란 에클레시아는 바실레이아(Basileia : 왕권)인 하나님의 나라로 불러냄을 받은 것입니다. 우리가 예수 그리스도를 믿고 아브라함의 영적 후손이 됨으로써 하나님의 나라로 부름을 받은 것입니다.

아브라함이 고향, 친척, 아버지의 집을 떠났다는 것은 그를 사로잡고 있던 우상의 나라, 나 자신의 나라, 하나님과 상관없는 세상의 나라로부터 이제는

하늘은 땅에서 열린다

하나님의 부르심의 약속을 따라 살아가는 인생으로 불러냄을 받은 것입니다. 그런 상태를 구원받았다고 하는데, '구원받았다'라는 말보다는 "나는 하나님의 나라로 부르심을 받았다"라고 표현하는 것이 정확합니다. 우리는 성도로 부르심을 받은 것입니다. 그 나라의 백성이 되려면 거룩해야 하는데, 인간의 의로는 거룩할 수 없기 때문에 우리를 의롭다 여겨 주시고, 하나님 나라의 백성으로 부르신 것입니다. 내가 부르심을 받았다는 것은 주인이 있다는 것입니다. 나를 부르신 분이 있는 것입니다. 그리고 나는 그 부르심에 합당하게 살아야 하는 것입니다.

이 부르심에는 구원으로의 부르심, 즉 하나님 나라로의 부르심이 있고, 하나님 나라에 합당한 자로 살아가도록, 하나님이 주시는 은사와 사역으로의 부르심이 있습니다. 이 두 개는 분리할 수 없습니다. 하나님 나라로 부르심을 받은 모든 사람에게는, 하나님이 아브라함에게 가나안 땅을 유업으로 주신 것처럼, 하나님이 유업으로 주시는 땅이 있습니다. 하나님의 유업, 하나님이 나에게 맡기신 사명을 통해서 하나님 나라를 이 땅에 드러내는 일로 부르심을 받은 것입니다.

교회는 하나님 나라의 부르심에 합당해야 합니다. 교회라는 이름을 쓰면서 하나님 나라에 합당하지 않다면 하나님의 심판의 대상이 됩니다. 하나님 나라에 합당하지 않은 이 세상은 모두 멸절됩니다. 구약의 역사가 보여 주는 것은 하나님 나라에 합당하지 않은 것은 반드시 심판받는다는 것입니다. 우리는 날마다 하나님 나라의 백성으로서 살아가야 합니다.

영적인 회복

아브라함은 애굽에 내려가서 큰 위험을 겪고 난 후에 롯과 이별하게 됩니다. 그 사이에 아브라함은 다시 하나님을 예배하게 되었습니다.

"그는 네게브를 떠나서 계속 여행을 해 벧엘에 이르러 자신이 전에 장막을 쳤던 벧엘과 아이 사이의 장소에 도착했습니다. 그곳은 그가 전에 처음으로 제단을 쌓았던 곳이었습니다. 거기서 아브람은 여호와의 이름을 불렀습니다"(창 13:3-4).

아브라함은 다시 애굽에서 올라와서 전에 그가 처음으로 제단을 쌓았던 곳에서 하나님을 예배했습니다. 이때 아브라함의 감격과 기쁨과 회복을 한 번 상상해 보십시오. 애굽에서 큰 위험을 겪고, 그럼에도 불구하고 자기에게 은혜를 베푸시는 하나님을 체험하고 나서 드리는 예배였습니다. 어린 시절부터 부모님이 예배드려야 한다니까 억지로 예배드리는 인생을 살다가 실패를 경험하고, 그 실패에도 불구하고 나를 붙잡아 주시는 하나님의 은혜를 경험하고 드리는 예배하고는 비교할 수가 없는 것입니다. 지금 아브라함은 하나님께 보다 가까이 다가갔습니다. 더 정확하게 설명하면 하나님이 아브라함에게 더 가까이 오신 것입니다. 우리가 실패할수록 하나님은 우리를 더 멀리 떠나시는 것이 아니라 더 가까이 우리에게 찾아오십니다. 아브라함은 그 하나님을 경험한 것입니다.

이 말씀에서 '전에', '처음'이라는 단어가 반복되는 것은 아브라함의 영적 회복을 의미하는 것입니다. 아담과 하와가 타락하기 전에 하나님과 나눴던 교제보다 타락한 인간이 하나님의 은혜로 구원받고 하나님과 나누는 교제가 더 친밀한 것입니다. 죄가 있어야 한다는 것이 아니라, 죄에도 불구하고 우리에게 은혜를 베풀어 주시는 하나님 때문에 우리는 하나님과의 친밀감을 누릴 수 있다는 것입니다. 아브라함이 그런 영적 세계로 들어가고 있는 것입니다.

롯과의 이별에서 그는 너그럽게 "네가 어디를 선택하든지 네가 왼쪽으로 가면 나는 오른쪽으로 가고, 네가 오른쪽으로 가면 나는 왼쪽으로 가겠다"고 했습니다. 인간적으로는 얼마나 멋있고 너그럽고 통이 큽니까? 그러나 하나님의 약속에 근거해서 보면, 아브라함은 조카에 대한 사랑 때문에 하나님이 가나안 땅을 유업으로 주신 것을 잊어버린 것입니다. 가족에 대한 사랑, 또는 주변에 있는 사람과의 관계 때문에 하나님 나라의 시각을 잃어버릴 때가 얼마나 많습니까? 하나님 나라의 시각을 가장 많이 잃어버리는 장소가 바로 가정입니다. 가족 관계에서도 하나님 나라의 의를 구하면 그 가정은 반드시 회복됩니다. 우리의 사랑이 의를 추구할 때 더욱 건강해지고 견고해집니다.

그러나 롯은 육신적인 안목만을 가진 사람이었습니다. 소알의 넓은 들판과 풍요로움을 바라보면서, 사해 근방의 소돔과 고모라의 화려한 모습을 보면서 그곳으로 들어갔습니다. 그러나 소돔과 고모라는 인간의 눈으로 볼 때는 너무나 가고 싶은 도시이지만, 하나님의 약속의 관점에서 보면 하나님의 심판이 예언되어 있었던 버림 받은 도시였습니다. 그것을 구별하지 못한 롯은 그로 말미암아 대단히 위험한 지경에 처하게 되었습니다. 아브라함이 약속에 대한 불신으로 애굽에서 위험에 처한 것처럼, 롯은 소돔과 고모라를 택함으로써 위험한 구덩이로 스스로 선택해서 들어간 것입니다.

아브라함은 헤브론으로 이사해서 잘 살고 있었습니다. 헤브론은 팔레스타인 가나안 중심에 있는 산지입니다. 자연 요새화가 되어 있는 산지에 아브라함이 살고 있었습니다. 그때 북방 원정군에 의해서 소돔과 고모라 성이 멸망했고, 소돔 성에 살고 있던 롯이 붙잡혀 갔다는 긴급한 소식을 듣습니다. 이 소식을 들은 아브라함은 어떻게 반응했습니까? 그의 반응을 통해서 하나님이 어떻게 역사하셨는지 본문에 나옵니다. 1-3절을 보면 그 당시 가나안 땅에 일어났던 큰 전쟁에 관해 기록하고 있습니다.

"시날 왕 아므라벨, 엘라살 왕 아리옥, 엘람 왕 그돌라오멜, 고임 왕 디달 때 이들이 소돔 왕 베라, 고모라 왕 비르사, 아드마 왕 시납, 스보임 왕 세메벨, 벨라 왕, 곧 소알 왕과 전쟁을 일으켰습니다. 이들이 싯딤 골짜기, 곧 염해에서 연합해 모였습니다."

여기에 보면 9명의 왕의 이름이 나옵니다. 왜 이렇게 주변 국가들의 왕의 이름이 나오는 것일까요? 이 본문만을 가지고 큐티한다고 생각하면 마음이 갑갑해질 것입니다. 그러나 하나님의 약속의 물줄기, 하나님이 지금까지 아브라함과 함께하셨던 관점에서 보면 이해하기가 한결 쉽습니다. 아브라함의 스케일이 그만큼 커진 것입니다. 아브라함은 한 사람만을 상대한 것이 아니라, 애굽으로 내려가서 바로를 만났습니다. 또 메소포타미아 문명을 이루었던 당시의 강대국들과 사해 주변에 모여 살고 있던 도시 부족 형태의 다섯 개 국가의 왕들의 이름이 거론된다는 것은 그만큼 아브라함의 존재가 부각되었다는 것입니다. 너를 창대케 하리라고 말씀하신 하나님의 약속이 이루어진 것입니다.

아브라함이 상대하는 대상이 벌써 나라들이 되었다는 것은 하나님의 약속이 이루어지고 있다는 것입니다. 아브라함의 모든 인생은 창세기 12장 1-3절 말씀을 통해서 봐야 합니다. 아브라함이 강해져서 주변 열국에서 일어난 전쟁 이야기가 등장하는 것입니다. 이 사건은 고고학자들에 의하면 B. C. 20세기 정도에 실제로 일어났던 일입니다. 소돔과 고모라 등 사해 주변에 있던 여러 도시 국가들이 반란을 일으켰습니다. 그러자 엘람 왕 그돌라오멜이 "이것

봐라. 이것들이 컸다고 이제 반역을 하네? 맛 좀 보여 줘야지” 하면서 주변에 있던 나라들과 연합국을 형성해서 쳐들어온 것입니다. 그래서 시날 왕, 엘라살 왕, 엘람 왕, 고임 왕이 북방 연합군이고, 이들이 정복하러 내려온 나라의 왕들이 소돔 왕, 고모라 왕, 아드마 왕, 스보임 왕, 벨라 왕이 되는 것입니다. 그들은 싯딤 골짜기, 곧 염해에 모여 있었습니다. 12년 동안 그돌라오멜을 섬기다가 반역을 하자 쳐들어온 것입니다. 그런데 단지 그들만을 목표로한 것이 아니라, 이것을 계기로 가나안 땅 일대를 완전히 초토화시키고 점령하려는 목적을 가지고 내려온 것입니다. 그래서 그들이 내려오면서 요단 강동편의 족속들을 다 점령하기 시작했습니다.

“14년째 되는 해 그돌라오멜과 그와 연합한 왕들이 나가 아스드롯 가르나임에서 르바 족속을 치고 함에서 수스 족속을 치고 사웨 기랴다임에서 엠 족속을 치고 세일 산간 지방에서 호리 족속을 쳐서 광야 근처 엘바란까지 이르렀습니다. 그리고 그들이 돌이켜서 엔미스밧, 곧 가데스에 이르러 아말렉 족속의 모든 영토와 하사손다말에 사는 아모리 족속을 정복했습니다”(5-7절).

북방 왕들의 정복 루트를 보면 다메섹에서부터 파죽지세로 내려온 것을 알수 있습니다. 가르나임에서 시작해 엘바란 광야를 우회하여, 훗날 이스라엘 정탐꾼들이 머물렀던 가데스 바네아까지 아말렉 족속을 무찌르며 치고 올라온 것입니다. 당시 아브라함은 헤브론에 머물고 있었는데 거기서부터는 중부 산지가 시작되는 곳이었기 때문에, 이들은 산지보다는 편안한 길을 택함으로 아브라함은 무사할 수 있었습니다. 하나님이 아브라함을 전쟁의 위협 속에서 돌보아 주신 것입니다.

상황이 이렇게 되자 소돔 왕을 비롯한 다섯 개의 작은 부족 도시 국가들이 연합을 해서 싯딤 골짜기에서 그돌라오멜을 선두로 한 북방 왕들과 대치하게된 것입니다. 당시 싯딤 골짜기에는 큰 역청 구더기 많았기 때문에 그것을 방패막이로 삼은 것입니다. 그러나 소용없었습니다. 무자비한 점령군들을 이겨낼 수가 없었습니다. 10-12절을 보면 어떻게 이들이 쑥대밭이 되었는가를 보여 줍니다.

“그때 소돔 왕, 고모라 왕, 아드마 왕, 스보임 왕, 벨라 왕, 곧 소알 왕이 출전해 싯딤 골짜기에서 전투를 벌였는데 그 다섯 왕은 엘람 왕 그돌라오멜, 고임 왕 디달, 시날 왕 아므라벨, 엘라살 왕 아리옥, 이 네 왕과 맞서 싸웠습

하늘은 땅에서 열린다

니다"(8-9절).

숫자적으로 보면 네 명의 왕과 다섯 명의 왕인데도 비교가 되지 않았습니다. "싯딤 골짜기는 온통 역청 구덩이로 가득해서 소돔 왕과 고모라 왕이 도망칠 때 그 속에 빠졌고 그 가운데 나머지는 산간 지대로 도망쳤습니다. 네 왕이 소돔과 고모라의 모든 물건들과 양식들을 다 빼앗아 갔고 또한 그들은 소돔에 살고 있는 아브람의 조카 롯도 사로잡고 그의 재산까지 약탈해 갔습니다"(10-12절).

남부 사해 근처에 있었던 소돔과 고모라를 비롯한 도시의 부족 국가들이 멸망하고, 롯이 사로잡혀 간 이야기를 통해서 우리가 붙잡아야 할 말씀의 씨앗은 무엇일까요? 특히 10-12절에서 소돔과 고모라 왕이 역청 구더기에 빠졌다는 것은, 두 왕이 얼마나 절박한 상황 가운데 비참하게 패배했는지 보여주는 것입니다. 자신들이 방패막이로 삼았던 역청 구덩이에 스스로 빠져 죽었기 때문입니다. 그만큼 비참하게 진 것입니다. 왕이 역청 구더기에 빠질 정도면 얼마나 큰 참패를 한 것입니까? 이는 소돔과 고모라에 임한 하나님의 심판이었습니다. 북방 왕들의 입장에서 보면 조공을 바치다가 안 바쳐서 괘씸해서 내려와 징벌한 것이지만, 하나님은 북방의 악한 왕들을 통해서 더 악한 소돔과 고모라를 징벌하신 것입니다. 소돔과 고모라에 대한 징벌은 이미 노아의 예언에서 나옵니다.

"가나안의 경계는 시돈에서 그랄 쪽으로 가사까지, 그리고 소돔, 고모라, 아드마, 스보임과 라사까지였습니다"(창 10:19).

소돔, 고모라, 아드마, 스보임은 다 전쟁을 통해 멸망한 지역의 이름입니다. 가나안의 후예들이 살았던 지역인 것입니다. 함의 후손들이 살던 곳이었고, 노아가 저주한 지역이었습니다. 노아는 구체적인 내용은 모르고 성령의 감동을 받아 예언했지만, 하나님의 심판의 계획이 이미 노아의 입술을 통해 예언된 것입니다. 그로부터 한참 후에 하나님은 소돔과 고모라를 멸망시키셨습니다. 그때까지는 하나님이 봐주신 것입니다. 회개하기를 기다리신 것입니다. 하나님은 예고와 동시에 심판하시는 법이 없습니다. 예고하신 후에도 수백 년, 수천 년을 기다리고 계신 것입니다. 예수님이 오셔서 나를 믿지 않은 자들은 이미 심판을 받았다고 말씀하셨습니다. 그로부터 2,000년이 넘게 흘렀지만 아직 심판이 없습니다. 이는 하나님의 인내인 것입니다.

"롯이 눈을 들어 요단의 온 들판을 보니 그곳은 소알에 이르기까지 사방에 물이 넉넉한 것이 마치 여호와의 동산이나 이집트 땅 같았습니다. 이 때는 여호와께서 소돔과 고모라를 멸망시키시기 전이었습니다"(창 13:10).

하나님이 멸망시키시기 전이라는 것은 하나님의 심판이 임박했다는 것입니다.

"그런데 소돔 사람들은 여호와 앞에서 아주 악한 죄를 짓고 있었습니다"(창 13:13).

소돔과 고모라에 대한 언급이 자주 나오는 것은 하나님의 심판이 임박했다는 뜻입니다. 바로 그 순간에 롯이 그 안으로 들어간 것입니다. 육신의 눈으로 보면 넉넉해 보이기 때문입니다. 넉넉해 보이는 것이 가장 위험한 선택일 수 있습니다. 육신의 눈으로 볼 때 소돔과 고모라는 풍요로웠습니다. 지상 낙원처럼 보였습니다. 그러나 한때 지상 낙원이었던 땅에 지금 가 보면 소금 뻘입니다. 오래 있기 힘든 지역이 되어 버렸습니다. 하나님 나라의 약속을 통해서 선택하지 않고 세상의 풍요로움에 근거해서 선택하면 반드시 위험해집니다.

소돔과 고모라는 멸망합니다. 하나님이 바벨론과 앗시리아를 통해서 약속의 땅에 거하는 하나님의 백성을 심판하셨듯이, 그돌라오멜이 이끄는 북방 연합군은 부와 풍요로움 속에서 하나님께 악한 죄를 범한 소돔과 고모라를 심판하시는 하나님의 도구였습니다. 하나님은 악한 자들을 심판하실 때, 선한 사람들의 손에 피를 흘리지 않게 하시려고 더 악한 사람들을 통해서 심판하시는 것입니다. 그리고 그 심판의 도구로 쓰임 받았던 사람들도 결국 심판하십니다.

첫 번째 묵상해야 할 점은, 이 전쟁은 소돔과 고모라에 대한 하나님의 심판이라는 것입니다. 두 번째는, 이 전쟁을 통해서 아브라함이 어떻게 반응했는가 하는 것입니다. 롯이 사로잡혀 가고 소돔과 고모라가 멸망했다는 소식을 들었을 때 아브라함은 놀라운 반응을 보였습니다.

"아브람은 자기 조카가 포로로 잡혀 갔다는 소식을 듣자 자기 집에서 낳아 훈련받은 사람 318명을 거느리고 단까지 쫓아갔습니다. 한밤중에 아브람은 그의 종들을 나눠 그들을 공격해 쳐부쉈습니다. 다메섹 북쪽에 있는 호바까지 그들을 추격해 모든 물건들을 되찾고 그의 조카 롯과 롯의 소유뿐 아니라

하늘은 땅에서 열린다

부녀자들과 다른 사람들까지 모두 찾아왔습니다"(14-16절).

아브라함은 '나는 헤브론 산지에 있으니 안전한데 굳이 개입할 필요가 있겠는가?'라고 생각하지 않았습니다. '조카 롯이 사로잡혀 갔으니 내가 죽더라도 가서 롯과 함께 죽어야겠다'라는 마음으로 간 것도 아니었습니다. 아브라함은 달라졌습니다. 이는 아브라함의 뜻밖의 모습입니다. 애굽으로 내려갈 때의 아브라함의 모습과는 정반대의 모습입니다. 아내를 누이라고 얘기할 만큼 아브라함은 두려움이 많은 사람이었습니다. 그런데 본문에서 아브라함은 영화주인공 같은 용기 있는 모습을 보여 줍니다.

아브라함은 헤브론에서 단까지 쫓아 올라갑니다. 아브라함은 롯을 구하기 위해 예루살렘 아래의 헤브론에서 그 위의 단, 다마스커스 단까지 갔습니다. 거기서 더 나아가서 호바까지 쫓아갔습니다. 거리가 240km, 정도 되는데 순식간에 쫓아 올라간 것입니다. 아브라함이 헤브론에서 단까지 쫓아 올라갈 결심을 했다는 것은 굉장히 놀라운 일입니다. 용기 없이는 불가능한 일입니다. 북방 연합 왕들의 전력이 어떻습니까? 요단 동편을 쓸어버리고 초토화시키고 올라간 민족입니다. 318명의 적은 숫자로 어떻게 그들을 쫓아갈 생각을 했을까요? 쉽게 말해서 제정신이 아니었습니다.

합리적으로 생각하면 가면 안 되는 것입니다. 헤브론에 잘 숨어 있어야 하는 것입니다. 죽은 척하고 쥐 죽은 듯이, 아무도 없는 것처럼 불 다 끄고 다녀야 합니다. 그런데 그들을 쫓아갔다는 것입니다. 이것은 인간의 판단을 넘어서는 것입니다. 하나님이 함께하시지 않으면 도저히 생각할 수 없는 것입니다. 하나님의 부르심과 예배 가운데 있는 사람은 때로 내가 할 수 없는 생각을 합니다. 나로서는 할 수 없는 결정을 하게 됩니다.

아브라함이 쫓아 올라가서 싸웠는데, 아마도 주력 부대를 치지는 않았을 것입니다. 포로들을 끌고 가면 시간이 많이 걸리니까 주력 부대는 앞서 가고 약탈물을 끌고 가는 부대는 뒤에 가게 됩니다. 그래서 아브라함은 후미 부대를 쳤을 것입니다. 매복했다가 밤에 기습하면 전력을 알 수가 없는 것입니다. 낮에 보면 전력이 보이지만 밤에 공격하면 도대체 어느 정도의 인원인지를 추측할 수가 없기 때문에 밤의 전쟁이 효과적인 것입니다. 그들과 싸워서 조카 롯과 부녀자들과 소유물들을 이끌고 다시 돌아온 것입니다.

아브라함은 어떻게 이런 결정을 내릴 수 있었을까요? 왜 아브라함이 달라졌을까요? 그가 애굽에서 올라온 후에, 그리고 롯과 이별한 후에 하나님이 나타나셨습니다. 하나님의 나타나심과 "이 땅을 내가 네 자손에게 주리라"고 하신 하나님의 약속에 근거해서 보면, 그들은 감히 하나님이 유업으로 주신 땅을 침범한 것입니다. 북쪽 연합군들은 야심에 의해서 가나안 땅에 쳐들어왔지만, 그것은 약속의 관점에서 보면 하나님 나라에 대한 도전입니다. 이 세상의 나라와 권력이 아무리 강해도 하나님 나라의 영역에 침범하면 하나님이 가만히 내버려 두지 않으십니다. "너를 축복하는 사람에게는 내가 복을 주고 너를 저주하는 사람에게는 내가 저주하리라." 아브라함이 그 약속을 붙잡는 믿음으로 변화되기 시작한 것입니다. 믿음이 아니면 이런 생각을 할 수 없습니다. 이것은 인간적으로 볼 때 자살 행위와 같습니다.

그리고 하나님은 그들을 놀라운 기적의 도구로 사용하신 것입니다. 이것이 14장에서 보여 주는 것입니다. 가나안 땅은 두 개의 큰 세력 사이에 있었습니다. 남쪽으로는 애굽으로 대표되는 세상의 권력, 북쪽으로는 메소포타미아 북방 왕으로 대표되는 세상의 권력, 이 두 문명 사이에 가나안 땅이 있었습니다. 그래서 이 땅을 '사이에 낀 땅'(The Land Between)이라고 말합니다. 애굽은 항상 북진하려고 했기 때문에 그 땅이 점령당하고, 북쪽에 있는 민족은 애굽을 점령하려고 내려가면서 그 땅을 침범했습니다. 그래서 항상 전쟁이 끊이지 않았습니다. 그런데 놀랍게도 하나님이 그 땅을 아브라함에게 유업으로 주시고, 그 땅을 보호해 주신 것입니다. 아브라함이 애굽으로 내려갈 때는 두려움에 사로잡혀서 세상 권력 앞에서 벌벌 떨었지만, 이제 세상의 권력과 대항할 수 있는 담대한 믿음이 생긴 것입니다.

부르심을 따라 살아가는 사람은 담대합니다. 용기가 있습니다. 하나님의 약속이 함께하고, 하나님이 함께하시기 때문입니다. 우리 안에 있는 모든 두려움이 사라지고, 아브라함의 믿음의 용기가 우리 안에 회복되기를 주님의 이름으로 축원합니다.

하늘은 땅에서 열린다

내가 부르심을 받았다는 것은 주인이 있다는 것입니다.
나를 부르신 분이 있는 것입니다.
그리고 나는 그 부르심에 합당하게 살아야 하는 것입니다.

하늘은 땅에서 열린다

¹⁷아브람이 그돌라오멜과 그와 연합한 왕들을 이기고 돌아오자 소돔 왕이 사웨 골짜기, 곧 왕의 골짜기로 나와 그를 영접했습니다. ¹⁸그때 살렘 왕 멜기세덱이 빵과 포도주를 갖고 왔습니다. 그는 지극히 높으신 하나님의 제사장이었습니다. ¹⁹멜기세덱이 아브람을 축복하며 말했습니다. "하늘과 땅의 창조자인 지극히 높으신 하나님, 아브람에게 복을 주시길 빕니다. ²⁰당신의 적들을 당신 손에 넘겨주신 지극히 높으신 하나님께 찬양하시오." 아브람은 갖고 있는 모든 것에서 10분의 1을 멜기세덱에게 주었습니다. ²¹소돔 왕이 아브람에게 말했습니다. "백성들은 내게 돌려주고 물건들은 그대가 가지시오."
²²그러나 아브람은 소돔 왕에게 말했습니다. "내가 하늘과 땅의 창조자이신 지극히 높으신 하나님 여호와께 내 손을 들어 맹세합니다. ²³왕께 속한 것은 실 한 오라기나 신발끈 하나라도 받지 않겠습니다. 왕께서 '내가 아브람을 부자로 만들었다'라고 말하지 못하게 말입니다. ²⁴다만 젊은이들이 먹은 것과 나와 같이 간 사람들, 곧 아넬과 에스골과 마므레의 몫 말고는 하나도 받지 않겠습니다. 그들에게는 그들의 몫을 주십시오."

축복을 받을 때와 거절할 때

창세기 14:17-24

아브라함은 멜기세덱의 축복은 겸손함으로 받고 소돔 왕에게는 담대하게 거절했습니다. 하나님의 사람이 주는 축복은 겸손하게 받아야 합니다. 그러나 이 세상의 사람으로부터 오는 것은 단호하게 거절할 수 있어야 합니다. 그래야만 하나님이 나를 복되게 하시는 인생을 경험하게 됩니다.

신앙생활의 신비로움

하나님의 부르심을 따라 살아가는 사람들의 삶은 신비롭습니다. 어떤 사람들은 신앙생활에서 신비적인 요소를 다 없애 버리려고 합니다. 그러나 우리는 많은 신비를 경험합니다. 우연처럼 보이는 만남이 돌이켜 보면 반드시 있어야 하는 필연의 만남이었다는 것도 신비이고, 내 능력으로는 도저히 할 수 없었던 일임에도 불구하고 많은 일들을 할 수 있었던 것 또한 신비입니다. 분명히 실패이고 낙심할 만한 일이었는데, 돌이켜 보니 그 실패가 오히려 나에게 축복이 되고 유익이 되었던 이 모든 것이 다 신비로운 것입니다. 이 모든 것 위에는 우리의 삶을 통해 역사하시는 하나님의 임재하심이 있기 때문입니다. 신앙은 신비로운 것입니다.

그러나 신비주의는 잘못된 것입니다. 신비로운 현상만을 추구하는 것, 우리 인생의 자연적인 법칙을 통해서 심은 대로 거두게 하시는 하나님의 법칙을 무시하고 심지 않은 데서 거두려는 것, 초월적인 것만을 추구하는 것은 잘못된 신비주의입니다. 그것은 신비 그 자체를 하나님으로 여기는 것입니다. 하나님은 반드시 우리의 삶 속에서 신비한 하나님으로 다가오십니다. 신앙은 신비입니다.

아브라함의 삶을 보면, 갈대아 우르에서 그저 평범하게 열심히 일해서 잘 먹고 잘 사는 것만을 위해서 살았더라면 결코 경험할 수 없었던 놀랍고 신비로운 일들을 경험합니다. 부르심의 약속을 따라 사는 사람에게는 놀라운 일이 일어나는 것입니다. 이것은 아브라함에게만 일어나는 일이 아닙니다. 하나님의 부르심의 약속을 굳게 붙잡고 믿음으로 나아갈 때, 우리의 삶을 통해서 하나님의 신비하심이 놀랍게 나타날 것입니다. 그것이 바로 하늘이 땅에서 열리는 삶입니다. 하나님의 부르심을 따라 살아가는 사람에게는 하늘 문이 열리면서 도저히 상상할 수 없었던 놀라운 일들이 일어나게 되는 것입니다.

그런 사건이 창세기 14장에 나타났습니다. 한 가족의 지도자인 아브라함이 자신의 집에서 훈련받은 군사 318명과 주변에서 도와주는 일부의 사람들과 더불어서 거대한 세상 세력인 북방 연합군과 맞섭니다. 그돌라오멜로 대표되는 북방의 원정 세력, 가나안 남부 지역을 초토화시키고 가나안 일대를 완전히 섬멸시킨 거대한 세력과 맞붙어서 롯을 구출해 옵니다. 이는 신비로운 사건입니다. 세상적인 기준으로 보면, 군사력으로 비교해서 어떻게 아브라함이 이길 수 있겠습니까? 그러나 아브라함이 혼자 싸운 것이 아니라 하나님이 함께 싸우셨기 때문에 이 싸움은 당연히 승리인 것입니다.

구약 성경에 보면 이러한 승리가 얼마나 많이 나옵니까? 기드온의 300명의 용사가 그 엄청난 군사를 이겼습니다. 오히려 많은 인구와 군사가 있었을 때는 하나님이 군사를 줄이라고 하셨습니다. 기드온이 볼 때는 부족한 인원임에도 불구하고 하나님은 계속 줄이라고 말씀하셨습니다. 계속 줄여 가서 결국 300명만 남았을 때, 하나님의 약속과 부르심을 따라 믿음으로 나아가는 300명을 통해서 하나님은 엄청난 승리를 경험하게 하셨습니다. 사람이 부족하고 자원이 부족하고 내 능력이 부족한 것이 아니라, 하나님의 부르심을 믿는 믿음이 부족한 것입니다.

하늘은 땅에서 열린다

축복에 대한 반응

아브라함이 이 엄청난 승리를 경험하고 돌아왔을 때, 그는 가나안 땅의 영웅이 되었습니다. 지금까지 그는 가나안 땅의 이방인처럼 살았습니다. 어울리지 못하고 환영받지 못하는 상태에 있었습니다. 그런데 그가 단까지 쫓아올라가서 포로로 잡혔던 사람들과 재물을 찾아오면서 가나안의 영웅이 된 것입니다. 그가 가나안의 영웅이 돼서 돌아왔을 때 두 명의 사람이 아브라함을 환영합니다. 한 사람은 소돔 왕이고 또 한 사람은 살렘 왕 멜기세덱입니다.

두 왕이 아브라함을 영접했을 때 아브라함은 어떤 반응을 보였습니까? 이것이 본문에서 우리에게 주고자 하는 교훈입니다. 부르심을 따라 걸어가서 놀라운 승리를 경험한 아브라함은 어떤 반응을 보였습니까? 오늘 이 시대에 하나님 나라로의 부르심을 따라 살아가는 우리에게 아주 중요한 지침이 되는 말씀이기 때문에 이 장면을 기록하고 있는 것입니다. 애굽의 세상 권력 앞에서 두려워하고, 그래서 자신의 아내를 누이라고 속이기까지 했던, 아브라함이 이제 북방의 거대한 메소포타미아의 세상 권력 앞에서 담대하게 승리하고 돌아왔습니다. 그가 승리 직후에 보여 준 모습은 세상 권력과 싸워 이긴 것 이상의 놀라운 영적 승리를 우리에게 보여 줍니다.

"아브람이 그돌라오멜과 그와 연합한 왕들을 이기고 돌아오자 소돔 왕이 사웨 골짜기, 곧 왕의 골짜기로 나와 그를 영접했습니다. 그때 살렘 왕 멜기세덱이 빵과 포도주를 갖고 왔습니다. 그는 지극히 높으신 하나님의 제사장이었습니다"(17-18절).

여기에 보면 소돔 왕이 먼저 나옵니다. 소돔 왕이 왕의 골짜기로 나와 그를 영접했습니다. 그런데 그때 살렘 왕 멜기세덱이 빵과 포도주를 갖고 나왔습니다. 그는 지극히 높으신 하나님의 제사장이었습니다. 거의 동시에 일어난 사건이었습니다. 소돔 왕이 먼저 등장하는데 소돔 왕과의 만남을 이어 가지 않고 바로 살렘 왕 멜기세덱의 기사가 끼어듭니다. 그래서 많은 사람들이 멜기세덱의 이야기를 후대 사람들이 편집해서 첨가한 것이라고 말합니다.

소돔 왕과 살렘 왕이 거의 동시에 영접하러 왔는데, 어쩌면 소돔 왕이 먼저 인사하려고 했는데, 지금 아브라함의 마음은 누구에게 더 가 있습니까? 살렘 왕에게 가 있습니다. 소돔 왕을 대할 때 아브라함의 태도와 살렘 왕을 대할 때 아브라함의 태도는 정반대입니다. 소돔 왕에게는 냉정하고 불친절하게 대합니다. 친해지고 싶지 않다는 듯 차갑게 대합니다. 그런데 살렘 왕에게는 마음을 다해서 긍정적으로 반응하고, 깊은 사귐을 가집니다.

살렘 왕 멜기세덱이 먼저 빵과 포도주를 가지고 아브라함을 환영하며 영접했습니다. 살렘이라는 도시 국가가 있었는데 정확한 위치는 학자들도 추정하기가 어렵습니다. 예루살렘에서 나온 살렘일 가능성이 가장 높다는 것이 유력한 이론입니다. '살렘'이라는 말은 평화라는 뜻입니다. '샬롬'과 같은 어원입니다. 예루살렘에서 '예루'는 '야라'라는 말로 '기초를 놓다'라는 뜻입니다. 예루살렘은 '평화의 기초다'라는 의미입니다. 멜기세덱은 두 단어가 합쳐진 이름입니다. '멜렉'과 '아비멜렉'은 '왕'이라는 뜻입니다. '세덱'은 '쩨덱', '의'라는 뜻입니다. 합치면 '의의 왕'이라는 뜻입니다. 본문에도 의의 왕이라고 해설을 했습니다. 살렘이라는 지역의 왕, 평화의 왕이며 동시에 의의 왕인 것입니다.

또한 그는 지극히 높으신 하나님의 제사장이라고 했습니다. '엘엘룐'(El elyon)이라는 하나님의 이름이 등장합니다. 여기서 우리는 신비한 점을 발견하게 됩니다. 그 당시에 아브라함만 하나님을 믿고 있었던 것이 아니라는 점입니다. 하나님을 경외하는 사람들이 곳곳에 있었다는 것입니다. 하나님이 아브라함을 택하셨다고 해서 아브라함만 하나님을 믿은 것이 아니었다는 것입니다. 어쩌면 아브라함이 갈대아 우르에서 부름 받기 전에, 아브라함보다 먼저 하나님을 더 깊게 만난 사람들이 있었다는 것입니다. 그들 중 대표적인 사람이 멜기세덱입니다. 또 한 사람이 성경에 나오는 욥입니다. 욥기는 성경의 순서에서 시편 앞에 있지만 그 시대적 배경은 창세기입니다. 욥은 창세기 연도에 가까운 사람입니다. 욥과 그의 세 친구들은 하나님을 아는 사람들이었습니다. 하나님이 아브라함을 선택하신 것은 아브라함만 하나님을 믿고 있었기 때문이 아닙니다. 노아의 후손인 셈의 후손들 가운데도 하나님을 믿는 사람들이 있었습니다.

특별히 멜기세덱은 지극히 높으신 하나님의 제사장이라고 했습니다. 제사를 드리는 사람들이 있었다는 것입니다. 모세 시대의 제사 제도가 확립되지 않았을 때에도 하나님 앞에서 드리는 제사의 원형은 존재했을 것이라고 말할 수 있습니다. 그가 당시에 많은 사람을 하나님 앞으로 인도하는 역할

하늘은 땅에서 열린다

을 했던 사람이라는 것입니다. 어떤 분들은 멜기세덱이 참 신비로운 인물이어서 구약 시대에 성자 하나님으로 나타나셨거나 혹은 천사와 같은 존재로 나타난 게 아니냐고 추측합니다. 그러나 성경 전체를 볼 때 하나님의 아들이라고 하지 않고 하나님과 닮았다고 한 것을 보면, 그는 신비로운 인물이지만 셈의 후손 가운데 경건한 후손이었다고 보는 것이 더 맞을 것 같습니다. 그토록 악했던 가나안 땅, 그래서 하나님의 심판이 임해야만 하는 그 땅에 살렘 왕 멜기세덱 같은 사람이 존재할 수 있었다는 것 자체가 신비입니다. 또한 그 사람이 전쟁을 마치고 돌아오는 아브라함을 영접하는 사건은 아브라함의 인생에서 아주 중요한 것입니다.

멜기세덱은 구약에서 또 한 번 등장합니다. 시편 110편 4절을 보면, 다윗이 메시아가 탄생할 것을 예언하면서 "너는 멜기세덱의 계열을 따르는 영원한 제사장이다"라고 말하는 구절이 나옵니다. 히브리서 7장을 보면, 한 장 전체에서 멜기세덱을 인용하면서 예수님을 설명합니다. 히브리서에서 멜기세덱을 인용한 것은, 예수 그리스도가 구약의 모세의 제사장 제도보다 훨씬 탁월하신 분이고, 그 제사장들보다 더 위대하신 대제사장이시라는 것을 설명하기 위해서입니다. 이스라엘 백성이 다 제사 제도와 제사장에 묶여 있기 때문에 메시아 되심을 보지 못한 것입니다. 그래서 그것을 깨닫게 하기 위해 인용한 인물이 멜기세덱이었습니다.

"그는 아버지도 없고 어머니도 없고 족보도 없습니다. 생의 시작도 없고 생명의 끝도 없지만 하나님의 아들을 닮아 항상 제사장으로 있습니다"(히 7:3).

여기서 아버지, 어머니도 없고 족보도 없고 시작도, 끝도 없다는 말은 누군가에 의해서 태어나지 않았다는 뜻이 아닙니다. 아버지와 어머니가 누구인지, 언제 태어나고 죽었는지 확인할 길이 없다는 것입니다. 족보가 없고, 또 창세기의 한 부분에만 살짝 등장하기 때문에 신비로운 인물이라는 것입니다. 장차 오시는 대제사장 예수 그리스도는 영원하신 제사장이며 신비로우신 분이며 사람과 같지 않은 사람이지만 사람을 뛰어넘으시는 영원하신 하나님의 제사장이라는 것을 설명하기 위해 멜기세덱을 인용한 것입니다. 멜기세덱의 후손이라는 뜻이 아니라, 멜기세덱의 신비함과 초월함을 가지고 이 세상에 오시는 대제사장이라는 것을 설명하는 것입니다.

아브라함과 멜기세덱의 만남을 보겠습니다. 멜기세덱이 아브라함을 환영하면서 빵과 포도주를 갖고 나옵니다. 아브라함이 소돔 왕보다 멜기세덱을 먼저 맞이하면서 상대한 것은 그에게 빵과 포도주가 있었기 때문이 아닙니다. 어떤 사람은 먹을 것이 있어서 그쪽으로 먼저 간 것이 아니냐고 하는데, 이는 아브라함을 너무 무시하는 말입니다. 그는 멜기세덱의 영성에 이끌린 것입니다. 멜기세덱이 아브라함을 축복합니다.

"멜기세덱이 아브람을 축복하며 말했습니다. '하늘과 땅의 창조자인 지극히 높으신 하나님, 아브람에게 복을 주시길 빕니다'"(19절).

멜기세덱이 아브라함을 축복했습니다. 그런데 그가 고백하는 하나님은 어떤 하나님이십니까? 하늘과 땅을 창조하신 하나님입니다. 얼마나 정확한 하나님에 대한 고백입니까? 천지를 창조하신 하나님, 가나안 땅의 수많은 신들 중 하나가 아니라 모든 신들과 비교할 수 없는 높고 위대하신 하나님, 그 하나님의 제사장이 아브라함을 축복하고 있는 것입니다.

이 축복은 무슨 의미가 있습니까? 첫째로, 믿음으로 단까지 쫓아 올라가서 싸워서 이기고 돌아온 아브라함의 행동에 대한 하나님의 인정이고 격려입니다. "너 참 잘했다. 멋있었어. 잘했어. 그게 바로 믿음이야. 그렇게 네가 선택하기를 원했어." 애굽으로 내려갈 때는 있지도 않은 일을 먼저 두려워해서 거짓말했던 아브라함이 스스로의 결단으로 올라가서 애굽보다 더 무서운 세력과 담대하게 싸워 하나님이 가나안 땅에 주신 자신의 기업을 지키는 능동적이고 적극적인 태도를 보인 것을 하나님이 인정해 주신 것입니다. "잘했다. 내가 너를 기뻐한다." 이렇게 축복해 주시는 것입니다. 둘째로, 멜기세덱의 축복이 의미하는 것은 네가 지금 승리한 것은 너의 능력 때문이 아니라, 하나님의 임재하심으로 가능하게 된 것임을 기억하라는 뜻입니다. 그래서 멜기세덱이 이렇게 고백합니다.

"'당신의 적들을 당신 손에 넘겨주신 지극히 높으신 하나님께 찬양하시오.' 아브람은 갖고 있는 모든 것에서 10분의 1을 멜기세덱에게 주었습니다"(20절).

당신의 적들을 당신 손에 넘겨주신 분은 하나님이시라는 것입니다. 그것을 기억하게 해 주는 것입니다. 아브라함이 가나안의 영웅이 되어 돌아와서 가나안 족속이 아브라함을 떠받들고 칭송하고 알아줄 때, 아브라함도 인간인지라 한편에서 우쭐하는 마음이 생기지 않겠습니까? "너희는 초토화됐지

하늘은 땅에서 열린다

만 나는 이기고 왔어. 너희에게 속한 것을 내가 되찾아 왔어.” 이런 우쭐함이 생길 수 있는 것입니다.

사람의 마음 한구석에는 자기를 높여 주면 그 높여 주는 것에 편승해서 영광을 받으려는 욕심이 언제나 존재합니다. 그 칭찬을 지나치게 구하면 타락하게 됩니다. 사람을 칭찬하는 것은 때로는 그 사람으로 하여금 시험에 들게 할 수 있는 것입니다. 칭찬은 넘어지게 한다는 말씀이 잠언에 있습니다. 『칭찬은 고래도 춤추게 한다』(21세기북스, 2003)는 책도 있는데, 고래는 춤추게 하지만 사람은 넘어지게도 합니다.

가나안 족속들이 아브라함을 추켜세울 때 하나님은 아브라함에게 찾아올 수 있는 영적인 위험을 아시고 멜기세덱을 보내신 것입니다. 그리고 이것을 기억하게 하신 것입니다. “승리의 능력이 어디서부터 온 것이지를 기억하라. 너의 능력이 아니라 하나님의 능력이었다. 너의 손의 힘이 아니라 하나님의 손의 능력으로 가능하게 되었다.” 이 축복의 메시지에 아브라함에 대한 교훈도 포함되어 있는 것입니다. “당신의 적들을 당신 손에 넘겨주신 지극히 높으신 하나님께 찬양하라.”

인생의 모든 승리가 나의 힘과 능력으로 되지 않았다는 것을 인정하는 것이 진정한 축복입니다. 그것을 잊어버리는 순간 내가 경험하는 승리가 도리어 나를 넘어지게 하는 것이 될 수 있습니다. 구약의 역사가 그것을 보여 줍니다. 열왕들의 기록을 보면, 아사 왕은 처음에는 하나님의 능력으로 블레셋 군대를 무찔렀지만 후에 구스인들이 쳐들어왔을 때는 하나님을 의지하지 않고 외교력과 자신의 지혜를 의지해서 실패했습니다. 하나님이 그 손에서 벗어나게 하셨습니다. 열왕들의 이야기가 반복되는 이유는, 승리할 때 넘어지기가 쉽다는 것을 가르쳐 주기 위한 것입니다. 멜기세덱의 축복을 통해 아브라함의 영혼을 붙잡아 주고 있는 것입니다. 그리고 그 하나님은 지극히 높으신 하나님이라는 정확한 고백을 하고 있는 것입니다.

아브라함이 멜기세덱의 축복에 어떻게 반응합니까? 첫째로, 겸손하게 반응합니다. 만약 아브라함의 마음속에 교만이 있었다면 멜기세덱의 축복을 받아들이지 않았을 것입니다. “당신이 뭔데 나에게 축복하느냐?”고 했을 것입니다. 다른 사람의 축복을 받아들이지 못하는 것도 교만입니다. 다른 사람의 동역과 협력을 인정하지 않는 것은 다 교만입니다. 아브라함이 멜기세덱의 축복을 그대로 겸손하게 받아들인 것은 그가 올바른 영성 가운데 있었다는 것을 보여 줍니다.

둘째로, 멜기세덱에게 10분의 1을 주었습니다. 축복을 받은 아브라함이 축복에 대해 반응한 것입니다. 여기서 십일조의 원형이 나옵니다. 성경에 처음으로 십일조가 등장합니다. 모세 시대에 십일조가 세금의 형태로, 종교적 의무의 형태로 제정되기 전에 처음으로 등장합니다. 고대에서 10분의 1이라는 것은 소유권의 인정입니다. 10의 1을 드림으로써 나머지 전체도 나의 소유가 아니라 다 하나님의 소유라는 것을 인정하는 것입니다. 아브라함이 하나님의 제사장 멜기세덱에게 10분의 1을 줄 때 이것은 자기가 가져온 전리품의 10분의 1이라고 하지 않았습니다. 갖고 있는 모든 것에서 10분의 1이라고 했습니다. 이것은 하나님의 소유권을 인정하는 것입니다. 오늘날에도 십일조를 어떻게 하느냐로 참 논란이 많은데 원리가 중요합니다. 하나님의 소유를 인정하는 것입니다. 어떤 분들은 세금을 떼고 해야 하느냐, 마느냐를 가지고 심각한데 믿음으로 하면 됩니다. 원리가 중요한 것입니다.

교육전도사 때 아내랑 몇 번 심하게 대립한 적이 있습니다. 그때 교육선도사 월급이 아주 적었습니다. 30만 원 정도의 월 사례비였는데, 저는 현금으로 받은 사례비만 십일조로 내면 된다고 했습니다. 가끔 성도님들이 교역자들에게 연말이 되면 상품권을 주시는데, 아내가 상품권도 현금으로 바꿔서 십일조를 한 것입니다. 저는 시험에 들었습니다. 상품권을 현금으로 바꾸니까 상품권이 들어오는 게 겁이 나는 것입니다. 그래서 저는 현금만 십일조로 내자고 하고, 아내는 상품권도 다 내자고 해서 몇 번 갈등을 한 적이 있습니다. 결국 제가 졌습니다.

"10의 1을 하나님께 드리지만 나머지 9도 하나님의 소유입니다"라고 고백하는 우리가 되어야겠습니다.

멜기세덱에 대한 아브라함의 반응은 사람에 대한 반응이 아니라 하나님에 대한 반응입니다. 이것이 멜기세덱의 축복과 아브라함의 반응이 아름답게 이루어진 예배의 형태가 되는 것입니다. 헌금도 예배인 것입니다.

그리고 나서 아브라함은 소돔 왕을 만납니다.

"소돔 왕이 아브람에게 말했습니다. '백성들은 내게 돌려주고 물건들은 그대가 가지시오'"(21절).

소돔 왕도 감사한 마음이 있는 것입니다. 소돔 왕은 역청 구덩이에 빠져 죽은 왕 이후에 다시 세워진 왕일 것입니다. 왕은 아브라함이 자신들에게 속한 사람들과 전리품을 되찾아오니까 너무 감사했습니다. 그래서 이제 사람들은 나에게 돌려보내고 전리품은 다 가지라는 것입니다. 얼마나 통 큰 선물입니까? 전리품도 꽤 있었을 텐데 다 가지라는 것입니다. 어떻게 보면 감사의 표시니까 고맙다고 하고 받으면 될 것 같은데, 아브라함의 반응은 아주 쌀쌀맞고 차가웠습니다.

"그러나 아브람은 소돔 왕에게 말했습니다. '내가 하늘과 땅의 창조자이신 지극히 높으신 하나님 여호와께 내 손을 들어 맹세합니다. 왕께 속한 것은 실 한 오라기나 신발끈 하나라도 받지 않겠습니다. 왕께서 '내가 아브람을 부자로 만들었다'라고 말하지 못하게 말입니다"(22-23절).

소돔 왕에게 "하늘과 땅의 창조자이신 지극히 높으신 하나님 여호와께 내 손을 들어 맹세합니다"라고 말합니다. 놀라운 것은 멜기세덱이 축복할 때 고백했던 하나님과 동일한 하나님을 고백하고 있다는 것입니다. 이것을 통해서 우리가 알 수 있는 것은, 아브라함이 멜기세덱의 축복을 받은 것이 깊은 영향을 미쳤다는 것입니다. 멜기세덱이 고백한 하나님이 그대로 아브라함의 입을 통해서 전달되고 있습니다. 그에게서 영향을 받은 것입니다.

우리는 서로 배웁니다. 어느 교회에 가 보면 기도가 비슷합니다. 새로운 것 같지만 다 목사님 기도를 듣고 배우고 자라서 고백할 수 있는 것입니다. 자녀의 기도를 들어 보면 부모가 하는 기도를 배운 것입니다. 그래서 장로님들의 기도가 중요합니다. 공예배 때 장로님들의 기도를 보면 그 교회의 영성을 알 수 있습니다. 성도들이 그 대표 기도를 듣고 하나님에 대한 기도를 배워 가는 것입니다. 다른 사람의 기도를 잘 듣는 것도 중요합니다. 그 사람이 고백하는 하나님을 나도 함께 고백하게 될 때, 그 고백과 고백을 통해서 우리의 신앙이 전수되고 전파되는 것입니다. 그래서 교회의 성도님들이 기도하는 것을 보면 그 교회 목사님의 영성을 알 수 있습니다. 다 연결되는 것입니다.

멜기세덱과의 만남을 통해서, 아브라함이 깊은 영향을 받은 것입니다. 영성이 깊은 믿음의 사람을 만나면 영향을 받습니다. 그리고 그분의 기도를 따라 하고 싶어집니다. 나도 저렇게 믿고 싶다고 생각하게 됩니다. 아브라함의 고백 속에 멜기세덱의 고백이 이어지는 것을 볼 수 있습니다. 아브라함은 소돔 왕을 만나기 전에 반드시 멜기세덱을 먼저 만났어야 하는 것입니다. 만약 멜기세덱이라는 인물이 등장하지 않았다면, 어쩌면 아브라함은 소돔 왕이 주는 엄청난 선물을 받았을지도 모릅니다. 이는 영적으로 위험한 것입니다.

영적인 승리를 경험하고 난 뒤에 반드시 찾아오는 시험이 있습니다. 제가 군에 입대해 적전술을 배울 때 고지를 점령했다고 안심하면 안 된다고 배웠습니다. 반드시 후방 20%까지 내려가 봐야 합니다. 적은 고지 뒤에 숨어 있기 때문입니다. 태극기를 꼽고 우리가 승리했다고 기뻐할 때 적이 뒤통수를 때리러 나타나기 때문에 고지 너머까지 확인해야 합니다. 한 번도 전쟁을 경험해 보지는 못했지만 원리적으로 그렇다는 것입니다.

영적 전쟁도 마찬가지입니다. 승리 이후에 사탄은 틈새를 노리고 있습니다. 소돔 왕이 가져다주는 전리품은 어쩌면 영적인 시험입니다. 아브라함은 멜기세덱과의 영적으로 깊은 만남을 통해서 소돔 왕을 분별할 줄 알았습니다. 그래서 그 전리품을 거절했습니다. 당신에게서는 실 한 오라기라도, 신발 끈 하나라도 받지 않겠다고 했습니다. 왜 그랬을까요? 왜 이렇게 냉대했을까요? 소돔 왕과는 거리를 두는 것이 하나님의 뜻이기 때문입니다. 지금 소돔과 고모라는 심판을 앞두고 있습니다. 이 재물은 악을 통해서 얻은 재물입니다.

아브라함의 놀라운 고백을 보십시오. 이것을 받지 않는 이유를 당당하게 설명합니다. "당신이 '내가 아브람을 부자로 만들었다'고 말하는 것을 원하지 않습니다." 이 말은 절대 듣기 싫은 것입니다. 이것이 올바른 믿음의 자세입니다. 아브라함을 부하게 하는 것은 하나님 한 분이셔야 합니다. 그래야 "너를 축복하는 사람에게는 내가 복을 주고 너를 저주하는 사람에게는 내가 저주하리라"는 창세기 12장 1-3절의 약속이 이루어지는 것입니다. 아브라함의 인생은 철저하게 하나님이 주시는 복을 통해서만 부유하게 되는 것입니다. 그것이 부르심을 따라 사는 사람입니다. 세상의 사람들은 "감사합니다" 하고 받으면 되지만 아브라함은 부르심 가운데 있기 때문에 그럴 수 없습니다.

그러면 애굽 사람이 주는 것은 왜 받았을까요? 하나님이 받으라고 하셨기 때문에 받은 것입니다. 하나님이 부강하게 하신 것입니다. 그러나 아무리 선한 사람이라 할지라도 하나님이 주신 것이 아니면 받지 않아야 합니다. 부르심을 따라 사는 사람은 그래서 소돔 왕이 주는 것을 거절한 것입니다. 아브라함을 통해서 이루시는 하나님의 나라는 철저히 하나님이 세우셔야 하기

하늘은 땅에서 열린다

때문에 먼 훗날 부강하게 될 때 소돔 자손들이 "우리 조상이 도와줘서 이렇게 된 거 아니야?"라는 말을 하지 않게 해야 하는 것입니다. 하나님의 사람은 하나님이 축복하시는 것입니다. 그러므로 이 땅에서 부르심을 따라 사는 사람은 이 세상의 것들에 의존하지 말아야 합니다. 지극히 높으신 하나님, 천지를 창조하신 하나님이 "내가 너를 축복할 수 있으니 너는 세상적인 방법을 의존하지 마라. 내가 할 수 있다는 것을 믿으라"고 하십니다.

아브라함은 멜기세덱의 축복은 겸손함으로 받고 소돔 왕에게는 담대하게 거절했습니다. 하나님의 사람이 주는 축복을 겸손하게 받기를 축원합니다. 그러나 이 세상의 사람으로부터 오는 것은 단호하게 거절할 수 있기를 바랍니다. 그래야만 하나님이 나를 복되게 하시는 인생을 경험하게 됩니다. 이것이 전쟁에서 승리하고 돌아온 아브라함을 통해서 주시는 하나님의 교훈입니다.

아브라함을 통해 역사하시는 하나님이 얼마나 놀랍습니까? 15장을 보면 하나님이 아브라함에게 나타나셨습니다. "나는 너의 방패다. 너의 큰 상급이다"라고 하셨습니다. 아브라함이 돌이켜 보니 두려운 것입니다. 북쪽에서 쳐들어올까 봐 두렵지 않겠습니까? 믿음으로 쫓아 올라가서 정신없이 싸울 때는 승리했는데, 살다 보니 저 사람들이 언제 쳐들어올지 몰라 불안했습니다. 그 시점에서 하나님이 다가오셨습니다. "내가 너의 방패가 되어 주겠다. 내가 너의 큰 상급이다."

아브라함이 하나님께 질문합니다. "하나님, 자손을 주시겠다고 했는데 자손을 주시지 않으니, 다메섹에서 데려온 엘리에셀을 양자로 들이겠습니다. 양자도 자손 아닙니까?" 10년쯤 지나니 믿음이 없어지는 것입니다. 믿음의 승리 이후에 믿음의 하향선이 나옵니다. 아브라함이 처음부터 믿음의 조상으로 우뚝 선 것이 아닙니다. 믿음으로 살다가 또 약간의 내리막길을 걷습니다. 하나님은 하늘의 별을 보여 주시면서 "네 몸에서 날 자가 네 후사가 될 것이다. 다메섹의 엘리에셀을 양자로 들이는 것은 아니다"라고 하셨습니다. 양자가 잘못된 방법이라는 것이 아니라, 네 몸에서 반드시 태어날 것이라고 확인시켜 주신 것입니다. 이때 아브라함이 하나님을 믿으니 그 믿음을 의로 여기신 것입니다.

16장을 보면 사라가 이제 불신앙을 보입니다. 그래서 "여보, 이제 자손을 주신다는데 자손이 없으니 세상 사람들이 하는 것처럼 우리 두 번째 아내를 들이는 것이 좋겠어요” 하며 하갈을 아브라함에게 들입니다. 아브라함이 얼마나 악하냐면 하나님께 물어보지도 않고, 거절도 안 하고 바로 하갈을 받아들입니다. 이게 남자의 연약한 모습입니다. 그래서 이스마엘이 나온 것입니다. 그는 불신앙의 자손입니다. 그러나 하나님은 이스마엘도 보호하십니다. 아브라함의 씨이기 때문에 축복하고 보호하십니다. 그러나 약속의 씨는 아닙니다.

17장을 보면 이스마엘이 13세 때, 아브람이 99세 때 하나님이 나타나십니다. “나는 전능한 하나님이다. 너는 내 앞에서 온 마음으로 순종하며 깨끗하게 행하여라”고 하십니다. “너의 그 행동은 나를 전능하지 못한 하나님으로 만든 것이다”라고 하시는 것입니다. 이스마엘이 13세가 되기까지 가만히 계시다가 “나는 전능한 하나님이다. 너는 내 앞에서 완전하라. 너는 할례를 행하고 내가 너에게 이룰 것을 지켜보라”고 하십니다.

18장을 보면 천사들이 여행객을 통해 나타나서 내년 이맘때 자손이 있을 것이라고 말합니다. 그러자 아브라함과 사라는 속으로 웃었습니다. 그리고 이렇게 말했습니다. “이스마엘이나 잘 살길 원합니다.” 천사가 “네가 웃었다”고 지적하자 사라는 안 웃었다고 부인했습니다. 하나님은 마음을 보신 것입니다. 아브라함과 사라가 하나님의 약속을 비웃었습니다. 영적 승리를 경험한 아브라함과 사라이지만 현실을 볼 때 시간이 점점 흘러가니까 불가능한 약속처럼 보인 것입니다.

창세기 21장을 보면 하나님은 말씀하신 대로 사라를 돌아보셨고 사라에게서 아들이 태어나게 하셨습니다. 그리고 그 아들의 이름을 이삭이라고 합니다. 이삭은 히브리어로 ‘이쯔학’이라고 하는데, 아마 의성어일 것입니다. 입을 쫙 벌리고 “이쯔 학” 하고 웃은 것입니다. 이삭의 뜻이 “하나님이 나를 웃게 하시다”이니 웃을 수밖에 없는 것입니다. 아브라함과 사라의 약속에 대한 비웃음을 가슴에서부터 터져 나오는 웃음으로 바꾸신 것입니다. 이것이 하나님의 놀라운 능력입니다. 전능하신 하나님, 지극히 높으신 하나님, 천지를 창조하신 하나님. 아브라함의 인생 속에서 얼마나 많은 하나님의 이름을 경험했는지 모릅니다. 그래서 그가 약속의 자손을 보게 되었습니다.

22장에서 하나님은 아브라함에게 아들을 바치라고 하셨습니다. 아브라함이 어떻게 바칠 수 있었습니까? 25년의 믿음의 여정을 통해 결론을 내린 것입

하늘은 땅에서 열린다

니다. 하나님이 시키시면 해야 한다는 믿음을 얻은 것입니다. 그래서 이삭을 바칠 수 있었습니다. 아브라함이 처음부터 훌륭했기 때문에 아들을 바칠 수 있었던 것이 아닙니다. 믿음의 경지에 이르기까지 실패와 좌절과 불신앙이 있었지만 그 실패에도 불구하고 함께하시는 하나님, 변함없이 약속을 지키시는 하나님을 통해서 믿음을 배우게 된 것입니다. 믿음은 배우는 것입니다.

우리의 자연적인 심성에는 믿음이 없습니다. 하나님은 우리의 자연적인 심성에 믿음을 만들어 주시기 위해 언약을 맺고 찾아오셨습니다. 그 언약을 지키시고, 신비로운 일들을 통해서 우리의 마음속에 믿음을 만들어 주시는 것입니다. 그리고 어느 순간에는 우리에게 시험을 주십니다. 믿음은 시험을 통해 자라기 때문에 때론 고난을 주십니다. 고난을 통해서 믿음이 견고해지는 것입니다. 그런 과정을 통해 아브라함이 믿음의 조상으로 만들어진 것입니다.

이삭의 하나님, 야곱의 하나님뿐 아니라 나의 하나님 되심을 깊이 체험하고, 그 하나님을 날마다 모시고 동행하고, 그래서 이 땅에서 하늘을 사는 우리가 되기를 주님의 이름으로 축원합니다.

하늘은 땅에서 열린다

저자 이재훈

온누리교회 2대 담임목사. 온누리교회에서 차세대 사역을 시작으로 맞춤전도 사역을 개발하였고, 멀티사이트 교회로서의 전략 개발을 이끌었다. 시대를 이끌어가는 창의적인 교회론을 추구하며 하용조 목사를 통해 주신 Acts29 비전을 이어 나가고 있다.

명지대학교, 합동신학대학원(M.Div.), Trinity Evangelical Divinity School(Th.M.), Gordon-Conwell Theological Seminary(D.Min. Candidate)에서 공부하였다. 두란노서원 『빛과 소금』 편집장과 뉴저지초대교회 담임목사를 역임하였고, 현재 횃불트리니티 신학대학원 겸임교수로 재직 중이다.

저서로는 『주여, 우리에게 기도를 가르쳐 주소서』(두란노), 『순전한 복음』(두란노, 공저) 등이 있다.